文以载道

中国出版"走出去"数字化模式研究

国家社会科学基金项目

韩建民 付玉 著

浙江出版联合集团
浙江科学技术出版社

版权所有　侵权必究
图书在版编目（CIP）数据

文以载道：中国出版"走出去"数字化模式研究 / 韩建民，付玉著. -- 杭州：浙江科学技术出版社，2024.12. -- ISBN 978-7-5739-1045-5
Ⅰ．G239.2-39
中国国家版本馆CIP数据核字第2024Z59X57号

文以载道：中国出版"走出去"数字化模式研究
韩建民　付玉　著

出版发行	浙江科学技术出版社
	杭州市拱墅区环城北路177号　邮政编码：310006
	办公室电话：0571-85176593
	销售部电话：0571-85062597
排　版	杭州真凯文化艺术有限公司
印　刷	杭州捷派印务有限公司
经　销	全国各地新华书店
开　本	787mm×1092mm 1/16
印　张	22.25
字　数	408千字
版　次	2024年12月第1版
印　次	2024年12月第1次印刷
书　号	ISBN 978-7-5739-1045-5
定　价	88.00元

策划编辑	罗　璀	责任编辑	罗　璀　方　晴
责任美编	金　晖	装帧设计	顾　页
责任校对	张　宁　贾小焓　陈中威	责任印务	叶文炀

如发现印、装问题，请与承印厂联系。电话：0571-56798200。

序

《文以载道：中国出版"走出去"数字化模式研究》是韩建民同志承担的国家社科基金课题，研究成果得到有关方面肯定，也填补了出版界在这一领域的研究空白，具有较高的学术价值和很强的现实指导意义。中国出版"走出去"有它的历史逻辑、现实逻辑和内在规律，这本书正是从数字化角度系统探讨了中国出版"走出去"的若干问题，尤其在把握规律方面提出了客观、中肯、科学的分析。此书的出版对开拓国际话语体系、传播中华优秀传统文化、讲好中国故事、增进国际交流有很好的促进作用。

中国出版"走出去"是体现国家文化软实力的重大战略，党的二十届三中全会进一步提出了构建更有效力的国际话语传播体系。习近平总书记提出"一带一路"倡议后，有关方面抓住历史机遇，积极推动体制机制和内容创新，中国出版"走出去"取得了较大的成绩，这些"走出去"的成果亟待总结和提升。本书梳理了这些经验与案例，重点研究如何构建中国出版"走出去"数字化模式与路径，并尝试提供可操作的决策思路和评价方法，颇具前瞻性和可行性。

本书结合媒介融合理论、跨文化传播理论、全球化理论、软实力理论等多种理论，建构了中国出版"走出去"研究的理论框架，为未来的相关研究奠定了理论依据。研究成果从历史的维度，第一次比较清晰地梳理了"一带一路"共建国家出版的历史脉络和现实状况。本书基于现状、问题、对策思路，在大量文献的支撑下，对"一带一路"共建国家的数字化建设情况进行了翔实的描述，对中国出版"走出去"的现状进行了相对清晰的剖析，总结了中国出版"走出去"的"三五"模式，即三种数字化模式、五种路径方法，具有现实指导意义。

中国出版"走出去"或者说中国文化对外传播，面临着非常多的困难，值得深入研究，这也是此书力图解决的实际问题。然而，要想研究好上述问题，的确不易。一方面，"一带一路"共建国家数量多，各国的语言、文化、风俗、习惯，尤其是政治制度不尽相同，这就为研究本身增加了难度。另一方面，面对如此复杂的问题，需要研究者自身具备出版方面的综合研究能力，既包含了出版本身的知识广度，又涵盖了研究者的语言、文化、学科知识背景的丰富程度。能否驾驭，则要考验研究者的水平。好在韩建民同志及其团队有厚实的研究基础和丰富的实践经验，基本能够克服这几方面的问题，在丰富材料的基础上还原研究问题的真相，为这一研究成果的实践价值增添了亮点。

为了更好地解决以上研究难题，课题组在前期工作中，除了系统地理论梳理，还深入实践一线，对国内出版机构"走出去"的相关工作以及国际市场与国际受众群体分别进行了调研，以此提升书中结论的科学性与可操作性。自承担课题以来，韩建民同志参加法兰克福书展3次、美国书展1次，到访"一带一路"共建国家和相关展位，深入爱思唯尔、施普林格等国际出版机构充分调研，获得了大量一手资料。在国内数据收集方面，课题组采集分析了行业基本数据，这些数据来源于官方数据、媒体报道、第三方调查报告、出版机构公开发表的文章等。同时，课题组赴17家不同类型出版机构和北京国际图书博览会、北京图书订货会等全国性的行业盛会，多次开展访谈与问卷调查，从中收集到不少一手数据。此外，课题组从全国出版机构中选取10余家出版社和多家平台企业进行深入的典型案例分析。在案例选取上，注重案例的代表性。在学术出版板块，基于学科差异性，分别对上海交通大学出版社、浙江大学出版社和陕西师范大学出版总社进行了深入调查研究；在专业出版板块，基于地域分布和专业特色，分别调研了人民邮电出版社、江苏科学技术出版社、浙江科学技术出版社、吉林科学技术出版社等科技类出版单位，童趣出版有限公司、少年儿童出版社等少儿类出版机构，以及人民出版社、浙江人民出版社、浙江教育出版社、河南文艺出版社等其他出版机构；在内容平台板块，则深入调研了中文在线、阅文集团、米哈游等民营机构的出海情况。

在对中国出版"走出去"国际市场与受众群体调研的过程中，韩建民同志所在课题组于2018年、2019年、2023年多次赴法兰克福书展进行国外出版机构相关情况调研与用户访谈等工作，为本书的研究内容提供了一手的资料支撑。2019年，韩建民同志带队赴纽约参加美国书展时，访问了爱思唯尔位于波士顿的分部，与其就科技出版国际化相关问题展开了充分交流。可以说，本书课题组扎实地完成了研究需要的前期调研工作。难能可贵的是，韩建民同志带领的学术团队不仅进行了扎实丰富的调研，而且善于发挥文理兼长的学术背景进行理论分析，这种分析也体现在对我国主题出版的理论突破上，近些年主题出版理论和实践的快速发展有韩建民同志的贡献。

中国出版为何要"走出去"？本书从制度层面阐释了国家顶层设计对出版"走出去"的决策依据和逻辑变化，从中可以看出中国出版"走出去"是如何深度融入中国发展实际和国际传播格局变迁的。同时，又基于现实逻辑提出了出版"走出去"，尤其是面向"一带一路"共建国家进行数字化范式转变的依据。本书提出文明互鉴、文明对话需要借助数字化手段，数字思路的提出和全球信息技术产业革命的双重作用最终可为出版"走出去"另辟新径。中国出版如何"走出去"？本书立足国内出版实践，对此进行了探索，研究了"一带一路"背景下中国出版"走出去"的数字化模式，总结出下面三种模式。第一种模式是基于产品"走出去"的数字化模式，具体包含四种方式：一是数字版权输出与运营模式，二是IP全产业链运营模式，三是基于数据库的信息服务模式，四是数字教育解决方案服务模式。第二种模式是基于渠道"走出去"的数字化模式，具体包含四种模式：一是数字内容平台，二是线上营销推广，三是跨境图书电商，四是版权贸易服务。第三种模式是基于资本"走出去"的数字化模式，那么，资本如何"走出去"？一是建立战略联盟模式，即和国外出版机构建立战略联盟，二是建立海外分支机构模式，三是直接收购海外出版机构模式，四是投资参股模式。可以说，这样的归纳总结言简意赅，准确贴切。

关于如何进一步推进中国出版"走出去"，本书立足微观、中观、宏观几个层面进行了阐述。比如在政策路径方面，书中提出应加强顶层设计，这涉及以下几个方面：一是从资助项目输出到资助平台建设；二是从资助资源开发到资助人才培养；三是从提供资金支持到资金和技术支持并重；四是从重视事前开发到兼顾事后反馈。再比如就市场路径方面，书中阐释了包括叙事策略、品牌策略、协同策略在内的相关办法。关于人才队伍的建设路径，本书提出一要强化技能和知识，二要提升能力和素质，三要重视价值和文化，四要发展信息和数字。对"走出去"评估体系建设，书中提出了包含评估目标、评估对象和范畴、评估思路和框架、评估指标体系设计等在内的一系列内容。以上这些为行业发展和出版的国际化建设提供了有效参考，对政府部门制定、引导和评估出版"走出去"建设政策的有效性和优化方向提供了决策支持。总之，本书是研究中国出版"走出去"数字化模式的前沿之作。

  本书的独特价值在于：第一，作为国内首部探讨出版"走出去"数字化研究的力作，率先总结提出出版"走出去"数字化的四对范畴和三种模式，阐释了如何处理好平台和产品的关系、政府与市场的关系、政治读物与一般读物的关系、传统出版与数字出版深度融合的关系，以及如何建立基于产品、渠道和资本"走出去"的模式，对当下出版业深入海外市场、传播中华优秀传统文化具有启发价值。第二，研究更新了既有的对出版"走出去"的滞后认识，指出出版"走出去"的数字化呈现"星星之火，可以燎原"的快速发展态势，无论是传统出版社还是泛民营出版企业，已经在纸质出版"走出去"之外开拓了集电子书、有声书、教学视频、流媒体、内容平台、网络游戏等众多数字形态的另一片天地。第三，点明当前出版"走出去"已经实质性改变了以往国际传播过多集中于中医、武术、美食、人文、风光等中国符号的局面，日渐与当前中国日新月异的发展情况、学术进展和思想脉系同步前行。出版"走出去"的内容质量和产品结构进一步优化，中华优秀传统文化、现当代文学、主题出版、专业出版、学术出版等占有相当比重，为"一带一路"共建国家认识现代中国提供了有效途径，这些为读者认识出版在国际传播格局中的地位和角色提供了有价值的信息资料。

  韩建民同志是第十二届韬奋出版奖获得者，从事出版工作近四十年，曾任上海交通大学出版社社长、上海世纪出版集团副总裁等职，策划出版了一系列著名出版项目，如"大飞机出版工程""东京审判出版工程""中国顶尖学科出版工程"《平易近人——习近平的语言力量》等，为我国出版事业和文化建设工作做出了较大贡献。他策划出版的这些项目不但在国内影响深远，而且也都是中国出版"走出去"的优秀典范。

  韩建民同志是我的老朋友，他善于学习，勤于思考，工作务实。2017年加盟杭州电子科技大学后，积极从事主题出版和出版国际化研究，提出了一系列新理念新思路，对中国主题出版事业发展和中国出版"走出去"做出推动性贡献。他将理论与实践相结合，和团队成员创新了主题出版的理论体系。他带领的团队是国内主题出版研究的领先团队，于2022年6月被列入国家新闻出版署第一批出版智库。韩建民同志和团队成员及相关出版单位一起，运用新主题出版理念策划了一大批出版项目，产生了很好的影响。韩建民同志带领的团队和国内专家、相关出版社一起开拓了科技类主题出版等新领域，引领了行业发展。

中国出版"走出去"是一个大课题，也是一个前赴后继的事业，需要几代人不断努力，才能真正实现中国出版世界话语体系的强大与完善。面向未来，我们需要更多像韩建民同志这样既有实践经验，又有理论创新的学者，进行更多的深入研究。

中国编辑学会会长

2024年6月

目 录

第一章
中国出版"走出去"：历史脉络与经验现实 001

第一节 回溯历史：在全球出版格局中重塑中国出版强国地位 003
第二节 重归现实：中国出版"走出去"的制度设计与变化 012
第三节 经验参照：中国出版"走出去"的发展阶段 030
第四节 深化认识：中国出版"走出去"的发展特征 042

第二章
"一带一路"与中国出版"走出去"的角色定位 047

第一节 "一带一路"与新型国际关系路径——政治经济学视角 049
第二节 "一带一路"与中国文化的对外传播：历史渊源与价值 056
第三节 "一带一路"背景下中国出版"走出去"的功能定位 063

第三章
数字丝路：面向"一带一路"共建国家出版"走出去"的新理路　075

第一节　数字丝路与出版"走出去"数字化发展的必然性　077
第二节　融合出版与数字出版：数字化的两种基本形态　095
第三节　数字化变革与出版"走出去"生态链的核心构成要素　100

第四章
"一带一路"与中国出版"走出去"数字化探索与实践　109

第一节　面向"一带一路"共建国家基础设施的互联互通　111
第二节　面向"一带一路"共建国家出版"走出去"与数字化建设现状　121
第三节　传统出版社"走出去"数字化的典型样本　145
第四节　泛民营出版"走出去"数字化的典型样本　163

第五章
"一带一路"背景下中国出版"走出去"的数字化模式　181

第一节　基于产品"走出去"的数字化模式　183
第二节　基于渠道"走出去"的数字化模式　194
第三节　基于资本"走出去"的数字化模式　206

第六章
"一带一路"与中国出版"走出去"数字化发展的困难 219

第一节 宏观层面的环境风险 221
第二节 中观层面的产业发展问题 228
第三节 微观层面的数字化困境 243

第七章
中国出版"走出去"数字化模式实现的一般路径 253

第一节 政策路径：强化"一带一路"出版"走出去"的顶层设计 255
第二节 市场路径：坚持全产业链运作，延伸出版链条 263
第三节 人才路径：强化"一带一路"多元化的队伍建设 273
第四节 评价路径：建立中国出版"走出去"的效果评估体系 280
第五节 技术路径：以新智能技术融合贯穿出版"走出去"的全过程 287

结 语
中国出版"走出去"数字化发展评析 299

参考文献索引 328

后 记 343

中国是世界上最早发明纸张和印刷术的国家，出版事业的发展也很早，图书出版活动在最开始便起着保存和传播中华文明的重要作用。随着纸张制作和印刷术的传播，世界各地的文明得以记录和保存，可以说，与中国出版业相关的生产、流通、技术发明等都曾为人类文明做出了巨大的贡献。然而，中国出版业的发展并非一帆风顺，现代中国出版业是在积贫积弱的困境中起步的。如今，在党和国家的支持以及出版业人员的代代努力之下，中国已经进入世界出版大国的序列。中国出版业在推进中华民族伟大复兴、推动中华文明的世界传播方面占据核心地位。

党的二十大报告深入阐释了文化建设在中国式现代化进程中的作用，提出"推进文化自信自强，铸就社会主义文化新辉煌"的战略部署，同时再次强调"坚守中华文化立场，提炼展示中华文明的精神标识和文化精髓，加快构建中国话语和中国叙事体系，讲好中国故事、传播好中国声音，展现可信、可爱、可敬的中国形象"。记录、传播、弘扬中华文明，是中国出版业的天职，也是出版相较于其他传播媒介的优势。为更好地理解中国出版"走出去"的当下性，有必要先从历史视角回顾中国出版"走出去"的必然性、制度支撑与发展脉络。

第一节　回溯历史：在全球出版格局中重塑中国出版强国地位

19世纪之前，中国与欧美地区的出版业发展几乎是同步的，甚至在某些方面领先于这些地区。当时全球的出版市场还远未形成，中国和欧美出版市场的联系并不紧密，是相对独立、分离的。在中国古代社会，官方出版、民间刻坊、家庭私刻等出版与经营主体就已存在，宋朝之后，民间图书的商业活动已经比较明显。古代中国的出版业可以说是营利性与非营利性并存。在欧美国家，中世纪出版的宗教色彩较为浓厚。文艺复兴之后，工业革命推动印刷相关技术发展，大众教育普及程度提升，书籍制作和传播的成本降低，出版产业分工细化，出版产业链初步形成，出版业日益发展成一个产业，成为资本主义市场经济体系的组成部分。20世纪中后期，西方出版产业进一步壮大，且全球化进程加快，形成了欧美主导的全球出版市场。自20世纪开始，中国逐步被卷入全球出版市场，成为西方图书的主要输出地。2000年后，这一态势开始改善，中国图书输出与输入比例相对有所提高。

一、松散连接：世界出版业发端与中国出版业的诞生

与出版相关的核心要素包括文字的出现、造纸术的发明、出版业的产生、印刷技术的起步。在人类历史上，世界各国文字诞生的时间都不同。最古老的图画文字出现在公元前3500年的美索不达米亚平原，后来埃及人使用这种文字后，它被称为象形文字。印度文字诞生于公元前2200年，中国甲骨文诞生于公元前1300年，最早的字母文字——希腊语诞生于公元前1600年。造纸术诞生于汉朝时期的中国，在8世纪时传入阿拉伯世界，11世纪传入欧洲。雕版印刷术最早出现在7世纪的唐朝，活字印刷术出现在11世纪的宋朝。后来活字印刷术在13世纪分别传播到朝鲜、日本及东南亚地区，又通过丝绸之路传播到波斯，最后经过蒙古西征传入欧洲，并在15世纪被改进为金属印刷。欧洲的古登堡制造了德国第一台原始印刷机，最开始的印刷品以《圣经》为主。直至19世纪，随着纸张成本的下降、蒸汽动力和排版技术的发明，出版才正式成为一个成熟的产业。

世界上的图书最早是从泥板上的图画发展起来的。中国人将写有文字的木片或竹简串在一起，制成了中国最早的图书。2000多年前，希腊就有莎草纸文稿了，后来出现了羊皮纸图书。羊皮纸取材于动物皮革，如牛皮和羊皮，比莎草纸和竹简更轻巧柔软。尽管当时的主要沟通方式是口头传播，但手抄图书一直存在。古罗马时期，图书贸易活动诞生。古罗马人模仿希腊的莎草纸手稿，用拉丁文从事文学创作，利用规模很大的抄写作坊出版图书。这时的抄写工作一般依赖奴隶来完成，图书的价格比较低廉。在罗马，许多私有图书馆应运而生，公共图书馆也开始有了新的发展。2世纪到

10世纪，莎草纸图书开始在欧洲慢慢消失了。5世纪时，罗马帝国分裂，北方的游牧民族南下，社会处于战乱时期，对图书的存在构成了威胁。由于这一时期是欧洲中世纪基督教神权时期，因此图书的创作和收藏主要是在修道院、教堂中进行。这一时期的文字创作主要以艺术的形式呈现，商贸活动并不发达。12世纪后，欧洲城市兴起，大学出现，非宗教性的图书贸易活动开始发展，图书出版的内容主要是把希腊经典著作翻译成拉丁文。14世纪，古罗马作家的经典著作开始被发掘，并陆续被翻译成意大利文、英文、法文等。14、15世纪，欧洲陆续出现了一大批大型图书馆，比如佛罗伦萨的洛伦斯图书馆、罗马的梵蒂冈图书馆、巴黎的国家图书馆和英国的牛津大学图书馆，人们对图书的需求量开始上升。在1440年之前，世界图书预计只有几十万册；在1490年以后，世界图书的数量大约已经增加到900万册；到1500年，仅在德国境内就有60多个城市有印刷机。这一时期，印刷术也从德国传入丹麦、瑞典、俄国、意大利、法国、乌克兰等国家。1500年，仅在意大利的威尼斯就有150家印刷厂。[1]相对应地，纸张已经取代羊皮纸成为图书制作的主要原料，修道院的手写书稿搭配插图的方式已经被木刻印制插图搭配金属印刷模式所替代。

15世纪兴起的金属活字印刷术推动欧洲各地建立起上千个印刷厂，很多出版社也随之建立起来，比如剑桥大学出版社、牛津大学出版社、巴黎大学出版社、海德堡大学出版社等。欧洲大陆的图书发行事业开始发展起来，图书出版的商业贸易网络初步建立起来。图书的发行开始依靠正规的贸易渠道，15世纪的法兰克福贸易博览会就有图书博览这一区域。这一时期的图书发行遇到的最大障碍是图书检查，教会和宫廷曾经颁布了许多图书禁令，比如1538年亨利八世颁布皇家特许制度，直接导致英国每出版或发行一本书都必须得到皇室的批准。

1550—1800年间，图书出版业最初是由欧洲各地的印刷厂主导的，印刷厂决定印刷什么样的图书，并负责发行自己印制的图书。后来，大学对图书的需求越来越大，专门的图书发行商就出现了。最早的图书发行是由大学校园的文具店来承担的。还有一个比较重要的市场主体就是作家，作家群体的增加，与启蒙运动、宗教改革带来的欧洲整体阅读和写作能力提升这一过程有着密切关联。1759年大英博物馆图书馆建立，1800年华盛顿国会图书馆建立，读者群体数量增加，阅读需求扩大，作家的地位也随之提升。

1690年开始，欧洲各地出现咖啡馆这样的公共消费场所，这为报纸、小册子、图书、诗歌集的推广提供了新的空间。在1850年之前，图书的发行和阅读仍然局限在较窄的社会阶层中，主要是以受到教育的知识阶层和中产阶层为主。

在中国古代早期至隋唐之前，中国图书使用的普遍载体是竹简，原因是竹子的制作和加工成本较低，储存的时间也比较长。与简册并存的载体是丝帛，不过丝帛的成本较高，一般只收藏于贵族阶层中。在雕版印刷术产生之前，多数的书籍生产也是通过民间的抄书匠来完成的，图书出版的效率较低。雕版印刷术产生后，被用于佛教、政治、文学等领域。11世纪，毕昇发明活字印刷术，沈括的《梦溪笔谈》对印刷术从雕版到活字的转变过程进行了详细记载。活字印刷术发明之后，出现了一大批民间书坊，形成了从图书的编辑、制版、印刷到交易的一条龙产业链。宋朝之后，中央和地方都建立了图书出版的专门机构，国子监负责典籍的官刻。在民间，出现了商业性质的私刻坊，主要翻版制作一些儒学经典和小说、故事话本，也有一些非商业化的私人刻书坊，主要是为家族的典籍传承之用。宋朝开始，图书业务主要以民间为主体，这得益于宋朝比较发达的商品经济、较为宽松的政治环境和印刷技术的普及。这一时期图书的发行主要面向普通知识阶层和士大夫官僚阶层。藏书文化也开始流行，一些规模大的藏书地点甚至壮大成书院。很多图书来自民间书坊，书院的先生和学生如果有自己的文章和书籍要出版，也会通过民间的书坊来进行印刷，如朱熹的不少作品就是民间书坊刊刻的。宋朝的出版业带动了书院文化的发展，推进了科举制的进步。

明朝时期，在书籍市场的空间分布上，当时全国形成了四大图书贸易中心，即北京、南京、苏州、杭州。杭州是书籍的汇聚地，当时连寺僧都参与到书商的队伍中来，可见杭州为书籍生产与集聚的繁华之地。在刻书方面，则以江苏、浙江、福建等地最多。明成祖迁都永乐之后，北京逐渐成为版刻中心之一。地方官刻以苏州府所刻的数量较多，家刻多分布在江苏、浙江、福建等地，坊刻多分布在南京、苏州、建阳、新安等地。著名的书坊有100多家，南京、苏州和建阳书坊以刻小说、戏剧闻名于世，新安书坊以刻插图版画闻名于世，北京和杭州的书市发达，书坊则不多。到清朝，杭州出版业的领导地位被南京、北京取代，但浙江的官私刻书事业仍有重要的地位。[2]从印刷业历史的中西对比来看，这一时期图书出版的市场主体开始孕育，并形成一定的网络结构，图书的商业化发展开始起步。

二、被迫卷入：世界殖民体系、图书贸易与近代中国出版业发展

中国近代出版业的诞生与世界出版业的进一步发展是密切联系的。19世纪开始，欧洲和北美的社会变革剧烈。首先，世界出版业的劳动分工进一步细分化。19世纪初，图书的出版、印刷、装订、销售往往是由一家公司负责的，到19世纪末期，出版、印刷、装订和销售已经各自成为独立的行业。其次，大众阅读市场进一步扩大。这一时期，欧洲和北美的人口迅速增加，教育进一步普及，印刷技术的发展，比如机械化排字技术的发明、电子照排的出现、高速轮转印刷机的出现、工业化造纸的兴起等，降低了图书生产的成本。

19世纪初，纸张生产仍然依赖手工操作，纸张占图书成本的20%，到19世纪末，纸张只占图书生产成本的7%。这一时期，小说开始替代诗歌成为主要的阅读类型。除了小说，教科书、科技类图书的规模进一步壮大。最后，运输技术的发展拓宽了图书的覆盖面。19世纪开始，铁路交通的发展延展了图书的发行空间，一些出版公司可以在铁路沿线设立书亭，售卖图书。渐渐地，图书贸易开始不只局限在一国之内，国际图书贸易形成，如法国医学著作出版商巴伊尔于1826年在伦敦开设机构，出售法文医学教科书，后又在纽约和马德里设立了办事处；1841年，美国帕特曼出版商在伦敦设立办事处；1860年，英国麦克米伦出版社在印度开设办事处，1869年在纽约设立办事处，后又在韦恩斯伯勒设立办事处。1860年开始，欧美地区的图书出版业开始与世界其他地区图书市场产生联系，主要以欧美图书的输出为主，英国、德国、美国等地区的图书，尤其是科技类图书输出到日本、印度等国家。1868年，日本最大的图书进口公司丸善株式会社在东京成立。

到1900年，国际图书出版市场形成。英国出版的图书品种数从1825年的600种增加到1890年的近7000种，美国出版的图书品种数从1881年的2000种增加到1910年的11760种。这一时期，殖民地图书市场得到迅速发展，比如麦克米伦出版社在孟买、墨尔本、多伦多创办了分部，牛津大学出版社在多伦多、墨尔本、孟买、开普敦创办分社，德国图书出口到欧洲其他国家以及中东、拉丁美洲等地区。1914年到1918年，第一次世界大战对欧洲的图书出版造成了一定的影响，纸张价格上涨，海运力量减弱，图书出版种类减少。第一次世界大战结束到第二次世界大战开始前的20年左右的时间里，欧洲出版业开始恢复，图书的装帧设计水平有所提高，最具代表性的是企鹅丛书

的发展。在美国，大学出版业开始有了发展。1920年，有60万名学生在1000所高等学校学习，到1940年，有150万名学生就读于1700所高等院校；1920年，美国有4.7%的年轻人在大学学习，到1940年，这一比例上升到9.1%。在欧洲、北美、亚洲市场，英美出版社开始了激烈竞争。图书市场的最大突破是图书俱乐部的发展，美国、英国的图书俱乐部在20世纪20年代陆续建立，会员一度扩充至几十万人，图书俱乐部也成为一种新的图书销售渠道，俱乐部的图书推荐和宣传对图书销售具有重要的推动作用。除图书俱乐部外，一些出版社还在报纸上刊登广告。这一时期欧美大型出版商的图书出口业务已经占据了相当比例，比如英国出版社在20世纪40年代的图书出口业务占总营业额的30%，即使是在第二次世界大战期间，这一比例也能维持在20%左右。

中国近代出版业的发展与世界殖民体系的卷入密切相关。19世纪到20世纪中期，中国近代图书出版事业开始转型，这一时期中国的图书出版只是局限在国内发展，欧美等国家和地区的一些图书开始传入中国，而中国反向输出到这些国家和地区的图书则比较少。在图书内容上，出现了一些反映近代侵华战争的历史类图书。鸦片战争后，中国市场上出现了两部影响较大的反映鸦片战争的历史类图书，一部是夏燮的《中西纪事》，该书编于1850年，1859年抄写成16卷，1865年增订成24卷，主要是根据奏稿、函札、章程、档案等资料编写而成；另一部是梁廷枏的《夷氛闻记》，又称《夷氛纪闻》，写于1849年到1853年间，该书记载了广州人民反抗英国侵略军入城和焚毁洋馆的斗争。除了这两部历史纪实性图书，这一时期还有一些文学类图书，主要是诗歌与散文，记载了鸦片战争中的重要事件。

19世纪80年代中法战争后，市面上出现了《华洋战书》《黑旗刘大将军事实》等书，包含了上谕、清廷与法国外务大臣往来文牍等内容。1895年，中日甲午战争期间，出现了《东方兵事记略》《绘图扫荡倭寇纪要初集》《清日战争实纪》等书。1900年，反映八国联军侵华战争的历史类图书和文学类图书的数量较多，一些图书将战争的原因错误地归因于义和团反洋教，因此不少图书是与义和团运动相关的，比如《拳匪纪事》《庚子北京事变纪略》《京津拳匪纪略》等书。除了记录历次侵华战争的图书，士大夫阶层和早期的知识分子创作、翻译、出版了一些反映个人政治主张和民族危机的图书，比如林则徐的《四洲志》、魏源的《海国图志》、郑观应的《盛世危言》。还有一些图书对世界各国的历史、地理等进行了介绍，提出"师夷长技以制夷"的主张。

历次侵华战争和国内的太平天国运动对图书出版业的打击较大。太平天国运动之后，清政府和地方的官方书局得以恢复和重建，用以刊刻传统经史书籍。其中，比较有代表性的有湖北巡抚胡林翼在1859年设立的官方书局，负责刊印《读史兵略》《弟子箴言》《大清一统舆图》等作品；闽浙总督兼浙江巡抚左宗棠在1864年设立的官书局，刻有《六经》；两江总督曾国藩1864年在南京设立的金陵书局。后来各个地方纷纷设立官方书局，1896年，清政府将强学会创办的强学书局改组，设立直隶官书局，又称京师官书局。官书局经费来自公款，出版的图书主要是朝廷钦定御纂的书和各类史子集。清末，官书局刊行的图书种类有1000多种，印刷出版的部分教科书对传播西方文化起到了一定的作用。

近代机械印刷技术从欧美、日本传入中国，雕版印刷被凸版、平版和凹版印刷术替代，印刷的版料主要是铅印和石印，这为中国印刷事业的转型奠定了基础。这一时期传教士在国内开始印刷宗教宣教品。1843年，上海第一个由英国教会创办的印书机构——墨海书馆成立。1845年，美国传教士在宁波创建美华书馆，1860年，美华书馆迁至上海，有工人100多名。这些在华创办的书馆主要负责出版宗教、商业、自然科学等方面的书籍及教科书。到1890年，外国教会和传教士创办的出版机构共编译出版中文图书1000多种，报刊70多种，其中40多种报刊是宗教性质的。[3]

这一时期中国处于旧书业向新书业转型的过程中。旧书业的典型出版机构有北京琉璃厂、上海棋盘街和地方的旧书市，新书业则包括商务印书馆、中华书局、世界书局等。在北京、上海及各省府所在地，民间旧书业比较发达，比如嘉庆、道光年间，江西书商和冀州书商之间彼此竞争，琉璃厂的旧书铺开始有了发展，一些在京会馆也多聚集在琉璃厂一带，因此书籍售卖群体多是士绅和读书科考群体等。在山东聊城，刻书业发达，全部书坊的年总销量有二三十万部。在新书业中，张元济任职的南洋公学译书院（今上海交通大学出版社前身）曾买下亚当·斯密的《原富》译稿，并同意付二成版税，这是中国近代最早实行版税制度的实例。1895年到1898年间，全国约有西书556种，上海翻译出版的占85%以上。五四运动之后，党的出版印刷工作开始发展，一批马克思主义理论和马列主义经典著作开始被有组织地翻译出来。由于这一时期中国社会处于变动之中，一方面，书籍的商业化在继续往前发展，但另一方面，书籍的政治功能、文化功能开始更多地被强调。中国的出版业是在世界出版国际化的态势下发展起来的，但中国的图书并未实质性参与到国际市场的竞争中。

三、现代转型：世界出版发展与中国民族出版业的重启

第二次世界大战后，出版业的国际化兼并和发展仍在继续，同时欧美之外的出版业开始兴起。欧美国家经济发展进入平稳期，接受高等教育的人数进一步增加，大学出版社的规模和数量进一步扩大。与大学出版社同步发展的是欧美国家的大众市场，比如企鹅出版集团发起了"平装本革命"。20世纪50年代，随着民族独立解放运动的发展，欧美国家在世界各地设立的出版社分部转型为本国的出版社，并继续与欧美国家保持出版业务往来。欧美国家的出版业也开始拓展到广大的发展中国家。比如，牛津大学出版社1946年在南非开设分社，1949年在尼日利亚设立办事处，1952年在巴基斯坦设立办事处，1954年在东非设立办事处，到1967年，图书出口已经占到牛津大学出版社销售总额的55%。美国出版社的海外分部陆续设立在欧洲、日本、新加坡、墨西哥和巴西等地。1950—1975年，英国图书出口销售额几乎占到其销售总额的44%。1974—1980年，美国图书出口量占全部图书销售量的9.5%左右。

这一时期，印度出版的图书中，40%是英文版图书，其中有一部分又出口到非洲和东南亚等低成本市场。1985年，中国出版的图书约有4万种，但中国图书出口到世界的种类和数量并不多。苏联是当时社会主义国家中最大的图书生产商，1985年苏联出版的图书种类大概有8万种。苏联的许多图书由专门负责海外贸易的苏图公司提供，1982年，其出口到其他社会主义国家和第三世界国家的图书有7000多万册。

中国图书的国际化发展是从2000年开始的，在文化"走出去"战略的推动下，图书的进出口贸易有了较大增长。经过近些年的发展，中国图书出版业在世界出版格局中的地位进一步提升。在全球图书市场，美国、中国、德国、英国、日本、法国是六大图书市场，占全球图书市场份额的67%。在图书市场规模上，中国的出版市场规模是比较庞大的，已经超越欧美出版强国跃居第一，但庞大的市场规模是以国内庞大的人口基数为依托的，在图书的进出口，尤其是出口规模上，与欧美的差距还是较大。从2020年数据来看，中国图书市场规模为970亿元左右，图书出口数量达665万册，总额约1.7亿元，图书出口地区主要集中在东亚、东南亚，英国、法国等西方国家较少，其中少儿读物的出口比例有所下降，文化、教育类图书的出口价格有所提升；进口图书数量达3974万册，进口金额达到3.6亿元。2020年，中国数字出版产业规模超过万亿元，其中电子书规模为62亿元、移动出版（移动游戏、移动阅读等）规模为2448.36亿

元、长音频市场规模为272.4亿元。2011年，电子出版物的引进和输出分别是185项、125项；2020年，电子出版物的引进和输出数量分别是33项和736项。[4]数字出版的种类从以往的电子书、报、刊扩展到在线教育、有声读物、游戏、音乐等网络出版，尤其是网络文学的海外传播取得了一定成效。2021年上半年，全球图书与工具书类的应用海外消费支出超过9.8亿美元，中国出海的图书与工具书类的应用总消费支出达到9450万元，约占全球总量的1/10。

根据2020年英国出版商协会的出版报告（按报告发布当日2021年9月10日汇率折算，1英镑=8.9元人民币），英国出版市场总额达到64亿英镑（合计人民币约570亿元），数字出版总额为30亿英镑（合计人民币约267亿元），其中有声读物销售收入到2021年预计达到1.51亿英镑（合计人民币约13亿元）；图书、期刊等印刷品总额为34亿英镑（合计人民币约303亿元），英国的图书出口仍然占市场份额的58%左右。英国的前三大出口市场——美国、澳大利亚、德国的出口销售收入有所增长，包括荷兰、阿联酋、西班牙和印度在内的其他主要市场的收入有所下降。[5]根据美国出版社协会2021年的数据（按报告发布当日2022年9月16日汇率折算，1美元=6.9元人民币），美国出版市场规模近293亿美元（合计人民币约2022亿元），其中电子书的销售总额为19.7亿美元（合计人民币约136亿元）、音频销售总额为17.5亿美元（合计人民币约121亿元）。2020年，法国出版市场的总收入约为80亿美元（合计人民币约552亿元），其中图书总收入占出版市场总额的39.8%左右，约为32亿美元（合计人民币约221亿元）。美国在全球图书的出口份额中仅次于英国，加拿大、英国、中国、墨西哥是美国图书出口的四大目的地，2019年美国仅出口到墨西哥的纸质图书总额就超1.02亿美元（合计人民币约7亿元）。

在出版企业规模上，中国出版集团有限公司等国内骨干出版企业开始参与到全球出版市场格局中。2021年全球出版企业50强中，中国有4家企业进入排名。这一排名是由法国出版杂志《图书周刊》发起，国际书业研究院（RWCC）研究撰写的。在前10名的出版社中，爱思唯尔（英国/美国/荷兰）、汤姆森路透（美国，隶属于伍德布里奇公司）、威科（荷兰）、施普林格（德国）、威利（美国）这5家是专业性出版社，总收入占前10名总收入的55%；有3家是大众类出版集团，分别是贝塔斯曼（总部位于德国，旗下有企鹅兰登书屋、西蒙与舒斯特公司）、阿歇特（法国，隶属于拉加代尔集团）、哈珀·柯林斯（美国，隶属于新闻集团）；英国皮尔森旗下的培生出版社是最大的教育出版集团；中国凤凰出版传媒集团位居第9位，2021年总营业额为13.9亿欧元（合计人民币约102亿元）；排名第1位的爱思唯尔2021年的总营业额为46亿欧元（合计人民币约338亿元）。中国进入前50强的另外3家出版集团分别是中南出版传媒集团股份有限公司（排名第20位）、中国出版股份有限公司（排名第29位）、中国科技出版传媒集团有限公司（排名第41位）。

在大型出版集团的收入区域分布上，一般来自本国之外的市场。比如，德国的贝塔斯曼集团从1980年开始，海外的营业额就已经超过本土市场，2000—2001年的集团财报数据显示，当年的总收入达200.4亿欧元，德国以外的收入占69%，美国占31%、德国以外的欧洲地区占31%、其他国家占7%。贝塔斯曼的读者俱乐部遍及全球17个国家和地区，拥有超过2500万会员。1997年，贝塔斯曼与中国科技图书公司合资建立贝塔斯曼中国书友会，发展会员70万人。法国阿歇特出版集团收入的60%来自法国本土之外的其他企业，比如*ELLE*杂志。目前国际出版传媒市场基本上被跨国出版集团所垄断。我国的出版社虽然在"走出去"的过程中也通过设立海外分部或者兼并等方式开展国际业务，但还没有形成真正有实力、能够参与国际竞争的出版机构，尚不能适应国际出版物市场激烈竞争的局面，难以在国际市场上一展身手，还需努力，以便在跨国出版传媒的传统领地上争得立足之地。

第二节 重归现实：中国出版"走出去"的制度设计与变化

中华人民共和国成立之后，中国社会主义出版事业体系开始建立，出版物在满足民众阅读需求、服务党和国家政治经济文化建设中起到了应有的作用，这一时期的出版主要是以服务国内市场为主，国际市场的开拓才刚刚起步。改革开放初期，我国经济开始从计划模式转向有计划的商业模式、社会主义市场经济模式，出版业的体制改革不断深入，出版物更加贴近市场。这一时期，出版"走出去"不断壮大，逐渐成为党和国家参与全球化、服务党和国家外交等战略布局的重要方式。在40多年的发展历程中，中国出版"走出去"的制度支持力度不断加大，出版"走出去"的规模和成效不断提升，这为今后中国出版业参与国际竞争、深层次构建中国话语体系、建设文化强国和出版强国奠定了一定基础。

一、从"引进来"到"走出去":21世纪初的国家战略转型

出版业的"走出去"是在文化"走出去"的大框架下进行的,因此,有必要首先探讨文化"走出去"的缘起和时代背景变化。文化"走出去"可以追溯至改革开放初期的金融市场改革。

20世纪70年代末,中国开始总结、反思历史经验教训,落后的现实倒逼中国改革。与此同时,始于20世纪50年代的新一轮科技革命在世界范围内蓬勃兴起,这些新兴技术,比如原子能、空间技术、电子计算机技术、生物技术等,推动了欧美国家产业结构调整。到20世纪70年代,中国与世界的差距已经越来越大,邻国的日本已经跃居世界经济总量第2位。不过,新技术革命带来了产业结构调整,诸多西方国家的生产设备和资金处于闲置状态,本国市场又萎缩无法消耗,需要寻找国际市场。这一时期,随着中西方关系的缓和,西方国家与中国打交道的意愿增强。1977年下半年,国务院派出多批考察团外出考察,总结了国外经济发展的经验,提出大胆引进新技术、充分利用国外资金、大力发展教育事业和科学研究等重要建议。当时,西方的资金、商品、技术需要拓宽国际市场,而中国储备资金和技术不足,也需要外部资金、技术的支持。在这样的契机下,改革开放成为社会共识,改革开放全方位推动了中国社会的发展。随后又产生了以家庭联产承包责任制、乡镇企业、国企改革、外国资本引入等为代表的全方位改革。在政策支持和体制机制改革的背景下,到1986年,中国以各种方式签订的贷款协议达200多项,总额达到279亿美元,全国引进各类先进技术和设备达1.4万项,沿海14个开放城市累计引进技术4200项,成交金额和项目总数占全国的1/3。[6]这些"引进来"的举措缓解了现代化建设面临的资金短缺情况,推动了中国经济的稳步发展。

经过近20年的发展,到了2000年初,一方面,中国在国际劳动分工中俨然已经成为"世界工厂",对外贸易的依存度较高,制造业方面出现产能过剩的情况,企业需要寻找持续可扩张的商业模式;另一方面,1997年亚洲金融危机给外向型经济模式带来更大的不确定性,因此,对外开放需要进一步提升引进外资的质量,同时要增加对外投资,优化中国经济产业结构。1999年,国务院出台了《关于鼓励企业开展境外带料加工装配业务的意见》,鼓励我国轻工、纺织、家用电器等机械电子以及服装加工等行业具有比较优势的企业到境外开展带料加工装配业务,这是"走出去"这一概念

首次出现在国家的政策文件中。2000年3月，全国人大九届三次会议首次将"走出去"上升到国家战略高度。2000年10月，在党的十五届五中全会上通过的《中共中央关于制定国民经济和社会发展第十个五年计划的建议》中，提出"实施'走出去'战略，努力在利用国内外两种资源、两个市场方面有新的突破"。在这一文件中，明确将"走出去"战略列为国家战略。2001年中国加入世贸组织后，"走出去"快速发展，10年间我国境内投资者投资覆盖129个国家和地区，境外企业多达3125家。自2001年到2012年，中国企业"走出去"达到高潮，不过在"走出去"的过程中也产生了一些问题，比如投资回报率不高、盲目扩张、跨文化沟通障碍等问题，因此中国的"走出去"在2012年之后更加强调理性投资，强调向价值链上游移动，包括在科技、创新、服务、消费等新经济领域的投资。与此同时，越来越多的中小民营企业开始加入"走出去"进程中，可以说"走出去"战略最初是源自经济、贸易、金融领域的"走出去"，主要目的是服务于推进中国经济产业升级，提升中国海外形象，实现互利合作共赢的经济发展格局。

二、文化贸易、软实力与中国故事：政策话语的逻辑演变

"走出去"的战略最早始于以国有大型企业为主体的"走出去"，主要集中在经济金融领域，然而，要扩大和巩固经济成果不能仅仅依靠经济贸易活动，还要拓宽"走出去"的主体和范围，让"走出去"的步伐保持持续性。于是，"走出去"战略在提出后没有多久，便开始拓展到文化领域，文化对外贸易开始进入中央决策层视野。2003年12月5日，胡锦涛同志在全国宣传思想工作会议上的讲话中提到，要大力发展涉外文化产业，积极参与国际文化竞争。2003年12月6日，李长春同志进一步对胡锦涛同志的讲话进行具体阐释，提出"要支持和鼓励我国文化产品的出口，形成一批对外文化交流的文化品牌，不断扩大我国文化产品的国际文化市场份额，逐步改变文化产品出口严重逆差的局面。积极拓宽对外文化交流渠道，在发挥政府主导作用的同时，充分调动各部门、各地方、各文化企业和民间团体的积极性，逐步形成政府交流与民间交流并举，积极引入商业运作机制的新局面"。文化"走出去"战略可以说最早始于文化产业的"走出去"。强大的对外文化贸易是一个国家文化崛起的体现，积极参

与国际文化市场竞争，向世界输出大量具有中国文化特色、高科技含量的现代文化产品，是中国文化"走出去"的主要渠道，而积极培育外向型名牌文化企业和名牌产品，甚至组建跨国文化企业，是扩大中国对外文化贸易的关键。

2004年6月，文化部就文化产业"走出去"举行全国研讨会。在此次研讨会上，不仅讨论了产业"走出去"的路径，而且将产业"走出去"的概念进一步延展，提出了文化"走出去"。会议认为，将中华优秀传统文化作为新型文化产业的内容纳入"走出去"的框架中，与物质文明建设和精神文明建设的政策是契合的。因此，"走出去"战略从文化的贸易经济领域拓宽到文化的精神艺术领域，被认为是文化"走出去"政策形成的标志。文化"走出去"开始具有事业和产业的双重性质，既要传播中华优秀传统文化，服务国家的文化建设，同时还要参与国际市场竞争，做好产业化的国际布局。

如果说文化产业"走出去"服务于中国经济整体结构调整和高质量发展，那么文化"走出去"则更多服务于国家软实力建设。2006年，软实力的概念被引入国内，并做了本土化阐释，将软实力与文化"走出去"战略结合。软实力概念的提出为深化文化"走出去"的意义认知提供了理论基础。在国际事务中，政治学家和决策者往往用资源来定义权力，这些资源包括人口、经济、军事。然而随着全球化进程的推进，国与国之间的联系更加紧密，经济相互依存度提高。随着新兴国家行为体的不断发展，20世纪80年代，学术界普遍存在美国权力是否在衰落这样一种争议。历史学家保罗·肯尼迪在《大国的兴衰》一书中提出美国经历帝国的过度扩张，其权力正在衰落，比如美国到处穷兵黩武，造成了士兵的大量伤亡和资源的巨大消耗，硬实力遭到损坏。对此提出不同看法的则是美国政治学者约瑟夫·奈，他在1989年撰写的《注定领导世界：美国权力性质的变迁》中提到，美国的权力并非衰落，只是权力性质发生了变化，这种权力不是依靠武力或经济的胁迫，而是一种吸引力，他将其称为软实力。约瑟夫·奈认为，第二次世界大战后分裂欧洲的铁幕建立在军事力量的基础上，但最初是因为共产主义抵抗法西斯得到了民众的大力拥护，而柏林墙最终在1989年的倒塌也不是因为炮火，而是被那些受到西方软实力影响的人用锤子和推土机推倒的，因此，这种软实力上的差异促成了冷战的和平结束。[7]约瑟夫·奈对软实力有两个明确的限定，第一是将软实力定位在国际政治中来讨论，第二是软实力的实体是国家，其载体或来源是一国的文化、价值观、社会制度、国内外政策等。[8] 2004年，约瑟夫·奈在新作《软实力——国际政治的成功之道》一书中对该概念进行了完善，并指出软实力有三个来源：第一是文化；第二是政治价值观；第三是政策，当政策被视为合法时，也可以对他国产生吸引力。当然，软实力与硬实力是不同的，它在很大程度上取决于目标国家受众的思想，比如在特定的文化语境下，好莱坞电影可能会在巴西产生影响力，但在沙特阿拉伯遭到排斥。

软实力对一国的文化外交等具有重大影响，这一概念被媒体和国家行为体等广泛引用，比如日本在2002年创造的"酷日本"概念与软实力概念紧密相关；韩国政府利用韩流作为软实力的工具，包括影视剧、流行音乐等。在中国，软实力概念上升到国家高度是在2007年党的十七大会议上，不过这一概念的前面加上了"文化"二字。中国的软实力着眼点是在文化层面，强调文化对制度和价值观，以及掌握国际话语权的引领作用。对于文化软实力的界定，国内一般认为是指一个国家的文化体现出来的凝聚力、吸引力、影响力。中国软实力理论的文化转向突出了文化的渗透性、柔性特征，以及中国传统历史和文化的特色资源优势。

文化软实力概念的提出是对文化"走出去"战略的进一步理论深化，软实力建设成为文化"走出去"的根本目标。2016年，中央全面深化改革领导小组第二十九次会议提出《关于进一步加强和改进中华文化走出去工作的指导意见》，文化"走出去"和软实力建设成为国际传播工作的战略方向，国内各主体的主动性、积极性不断提高。

与此同时，随着改革开放的不断深入和社会经济的不断发展，这一时期中国大力实施文化"走出去"的条件也日益完备。第一，硬实力的发展使中国文化摆脱了近代以来的弱势地位，也造就了世界了解中国文化的现实需求。在近代社会，西方国家在科技、军事、经济等领域处于领先地位，在殖民主义的历史版图中，如果不研究这些先进的技术、文化，必然处于被动地位。今天，中国的国际地位和国际影响力进一步增强，相应地，国际社会学习、研究中国文化的兴趣必然增进。第二，综合实力培育了文化意识的觉醒和文化自信。中国拥有丰富的民族文化和历史文化资源，同时又在不断的学习和探索中形成了近代革命文化、中国现代文化，这些共同构成了中国庞大的文化体系，中国可以更加全面总结这些文化资源，积极参与到经济和文化全球化的进程中。第三，文化软实力与经济软实力相互依存，日益增强。一个国家如果没有文化的积极引导，没有人民精神世界的极大丰富，是无法屹立于世界民族之林的。中国综合实力的增强需要文化给予支撑力量，当前一些国际受众对中国的理解还是比较片面的，一些媒体利用所谓的"人权""西藏""新疆"等问题进行舆论引导，造成某些受众对中国的误读。在中国崛起的过程中，经济实力和军事实力的发展也在国际舆论中产生了一些负面声音，包括一些畏惧中国的声音。文化"走出去"就是要阐释概念、增进了解、维护友谊，让国际社会理解中国的一些发展理念，比如"和平崛起""负责任的大国""人类命运共同体"等。因此，硬实力提升也需要与软实力的积累并行。第四，中国庞大的海外华人社区，包括移民、外贸从业者、留学生等对中国文化产品的需求较大，也能够带动当地对中国文化产品的消费。

在文化"走出去"战略的整体推动之下，我国既有的"走出去"形式多样，实践也比较丰富，大体上可以分为三种。第一种形式是外部的文化交流，主要是指以政府部门、社会组织、民营企业、个体等参与的文化外交或公共外交，强调文化交流的互动性、互惠性、公益性，进而增进了解。文化交流的形式多样，比如早在2001年，文化部就致力于推动中国当代艺术走向世界，在欧洲各国推出了中国当代艺术展、中法文化年、中意文化年等，中国的三星堆文物、中央民族乐团音乐会、《红色娘子军》芭蕾舞、中国棋类表演、中华时装展、中国图书展等都曾在欧洲等地陆续展出。汉语教学是以语言教育为方式的"走出去"，2004年中国在韩国成立全球首家孔子学院，截至2023年12月，孔子学院在154个国家和地区设立机构，开展语言教学。第二种形式是中国文化的媒体宣传，主要指的是利用现代传媒和技术手段向世界介绍中国，阐释中国国情、价值观、发展道路、内外政策、建设成就等。比如在媒体层面，新华社已经发展到全球有180多个驻外分社，聘用了大量的外籍记者。2016年，中国已经有近70家媒体进入世界媒体500强排行榜，数量上仅次于美国，排名第2。2008年，全球约有70%的观众收看了北京奥运会。中国环球电视网（CGTN）在国际传播中的海外用户数、发帖量、点赞和评论等指标位列中国出海媒体第1名，总用户数高达1.18亿。[9]第三种形式则是前面所讲的文化贸易，比如中国企业万达集团在2016年与索尼影业的合作。一些在文化产业"走出去"中涌现出来的知名人物，如电影导演、钢琴家、职业运动员、演员、流行歌手等，成为个体化的文化偶像。大熊猫也成为一种文化偶像，开始了"熊猫外交"。这反过来又强化了中国的软实力建设。

2000年到2012年这10多年间，中国文化"走出去"蓬勃发展，软实力建设在这期间上升为国家战略，孔子学院、中国媒体"走出去"等系列项目的开展，拓宽了中国声音的表达空间。但"走出去"不等于"走进去"。"走出去"的规模化发展并没有减少中西方之间的误解,形式上的"走出去"缺乏实质内容。尤其是近年来,西方国家逆全球化浪潮、单边主义或保护主义思潮持续蔓延,占有话语优势的西方世界常常充斥着极化言论、虚假信息,在世界百年未有之大变局中,这种舆论情势对中国非常不利。因此,文化的"走出去"开始围绕"走进去"发力,讲好中国故事成为文化"走出去"的发力点。面对这一变化,以习近平同志为核心的党中央深化了国际传播能力建设的顶层设计,对做好对外宣传提出了一系列新思路。

2013年8月,习近平总书记在全国宣传思想工作会议上指出,"要精心做好对外宣传工作,创新对外宣传方式,着力打造融通中外的新概念新范畴新表述,讲好中国故事,传播好中国声音"。2013年11月,党的十八届三中全会审议通过《中共中央关于全面深化改革若干重大问题的决定》,再次细化了对外宣传机制问题,提出"坚持政府主导、企业主体、市场运作、社会参与,扩大对外文化交流,加强国际传播能力和对外话语体系建设,推动中华文化走向世界"。2013年12月,习近平总书记在十八届中共中央政治局第十二次集体学习时提出,要加强提炼和阐释,拓展对外传播平台和载体,把当代中国价值观念贯穿于国际交流和传播的方方面面。2017年10月,习近平总书记在党的十九大报告中提出推进国际传播能力建设,讲好中国故事,展现真实、立体、全面的中国,提高国家文化软实力。2021年5月,中共中央政治局就加强我国国际传播能力建设进行第三十次集体学习,提出加强和改进国际传播工作,展示真实、立体、全面的中国;要加快构建中国话语和中国叙事体系,用中国理论阐释中国实践,用中国实践升华中国理论,打造融通中外的新概念新范畴新表述;全面阐述我国的发展观、文明观、安全观、人权观、生态观、国际秩序观和全球治理观。2022年10月,党的二十大继续提出,坚守中华文化立场,提炼展示中华文明的精神标识和文化精髓,加快构建中国话语和中国叙事体系,讲好中国故事、传播好中国声音,展现可信、可爱、可敬的中国形象。

从国际传播体系建设的系列文件中可以看到两大核心要点:第一,指明讲好故事对文化软实力提升的重要性;第二,故事叙事的目的是构建中国的知识体系。就第一点来说,文化软实力的关键是在故事上,在国际政治和外交领域,很少讲故事,它常常被忽略或边缘化,或者与更广泛的文化外交联系在一起。事实上,面对更加棘手的地缘政治问题或危机,文化外交能够发挥的作用是有一定限度的。习近平总书记曾在

2016年党的新闻舆论工作座谈会上提到,"我们在国际上有时还处于有理说不出、说了传不开的境地,存在着信息流进流出的'逆差'、中国真实形象和西方主观印象的'反差'、软实力和硬实力的'落差'。要下大气力加强国际传播能力建设,加快提升中国话语的国际影响力,让全世界都能听到并听清中国声音"。这说明我们的国际传播除了要运用逻辑论证的理性表达(即讲道理)外,更要注重运用情感共鸣的感性传播。在信息过载时代,聚焦于故事的软性传播能够帮助跨越语言、文化等屏障,促进理解和同情心,进而产生文化的影响力。就第二点来看,以往中国学术界常常用西方认识论来理解和解释中国的情况,但中国的历史和现实发展往往具有复杂性、特殊性,如果没有自己的知识体系,就没有解释自我的能力,就无法让国际社会理解,容易陷入他人的话语模式,进而重塑有关中国的刻板印象。因此,讲好中国故事的前提是要建立一套系统的话语体系,而这些更需要图书这种系统化、理论化的产品和渠道。当然,中国故事讲述的过程也是话语建设的组成部分,两者是相互支撑、相辅相成的。无论是微观意义上的故事讲述还是宏观意义上的话语构建,都是马克思主义中国化时代化的表现,代表的是党的理论体系的不断创新。

三、中国出版"走出去"的政策引导与配套保障

在对文化"走出去"战略的整体观照下,国家出台了系列政策和配套保障措施,引导包括出版业在内的文化企业加大文化和服务的出口。正是在这些政策的支持和引导下,我国出版业的"走出去"在近20年才取得了实质性进展。

(一)政策引导

2000年初,随着我国综合国力不断提升,文化领域的改革开放步伐加快,文化产品和服务走向国际市场的数量不断提升,但是仍然面临着市场开发不足、整体规模小、市场竞争力弱等问题,文化在对外交往中的作用还不明显。为了解决这一问题,中共中央办公厅、国务院办公厅在2005年发布《关于进一步加强和改进文化产品和服务出口工作的意见》,提出加快国有文化企事业单位改革,培养一批参与国际竞争的文化市场主体,同时鼓励支持和引导非公有制文化企业扩大产品和服务出口,建立培育出

口品牌，做好大型对外出版工程《大中华文库》的出版翻译工作，精心组织实施"中国当代文学精品翻译工程"，实行"中国图书对外推广计划"，对图书、报刊、影视音像制品、电子出版物、动漫和网络游戏等文化产品和服务出口采取资助等支持。

2006年11月，国务院办公厅为进一步贯彻落实《关于进一步加强和改进文化产品和服务出口工作的意见》，同财政部、商务部、文化部、新闻出版总署等八部委下达了《关于鼓励和支持文化产品和服务出口的若干政策》文件，要求商务部会同宣传、文化、外宣、外交等主管部门制定《文化产品和服务出口指导目录》（以下简称《指导目录》），对列入《指导目录》的项目和企业，给予相应优惠政策，海关要为文化产品和服务出口提供通关便利；支持出版集团公司和具有一定版权输出规模的出版社成立专门针对国外图书市场的出版企业，经批准可配备相应出版资源，出版企业对海外的版权输出，有关部门可以根据实际输出版权数量给予相应的支持和奖励；中央和省级宣传文化发展专项资金、文化"走出去"专项资金，要加大对文化产品和服务出口的支持，奖励开发国际文化市场成绩突出的企业，对参加境外文化节的文化单位，可根据情况给予经费资助。

2007年以后，为了深入贯彻落实党的十七大以及党中央、国务院关于大力促进文化贸易发展的一系列指示精神，商务部会同中宣部、外交部、文化部、广电总局、新闻出版总署、国务院新闻办等有关部门共同制定《指导目录》，根据《指导目录》评选并发布了《国家文化出口重点企业目录》和《国家文化出口重点项目目录》，并要求各部门、各地区依据有关规定在市场开拓、技术创新等方面，对国家文化出口重点企业和重点项目创造条件予以支持。该项文件出台后，地方也有相对应的扶持办法文件出台，如浙江省根据国务院《关于加快发展对外文化贸易的意见》和本省《关于加快发展文化产品和服务出口的若干意见》，制定了《浙江省文化出口重点企业和重点项目认定管理办法》。

《指导目录》具体与出版"走出去"相关的保障措施如下。

（1）加大资金支持力度。通过贷款贴息、项目补助、奖励、保费补助等多种方式支持文化出口，支持文化企业在境外参展、宣传推广、培训研讨和境外投标等市场开拓活动，支持重点文化产品的对外翻译制作和出版活动。

（2）实行税收优惠政策。贯彻落实《财政部、国家税务总局关于支持文化企业发展若干税收政策问题的通知》规定的支持文化企业出口的税收政策。对文化企业从事国家鼓励发展的文化项目，进口项目自用且国内不能生产的设备和按照合同随设备进口的技术及配套件、备件，根据有关规定免征关税。

（3）提供金融支持。积极改进和完善金融服务，鼓励和引导银行业金融机构完善信贷管理制度，创新金融新产品和服务方式，加强对文化企业的融资支持。根据实际需求做好贷款投放，并合理确定贷款期限和贷款利率。支持符合条件的文化企业通过发行股票、企业债券、短期融资券和中期票据等债务工具扩大直接融资。支持符合条件的文化企业在境内外资本市场上市融资。

（4）提高出口便利化水平。为境内文化企业出境演出、进行影视节目摄制和后期加工，以及境外文化企业来华演出、进行影视节目摄制和后期加工所需暂时进出境货物提供通关便利。对从事文化出口的销售人员、演出人员，简化因公出境审批手续，实行一次审批、全年有效的办法。

（5）加强国际营销网络建设。支持并鼓励文化企业参加国家重点支持的文化展会，包括中国（深圳）国际文化产业博览交易会、中国国际动漫节、中国国际动漫游戏博览会、北京国际图书博览会等，推动文化出口。支持文化企业参加境外图书展、双年展、动漫游戏节等国际大型展会和文化活动。

（6）支持企业赴境外投资。鼓励企业通过新设、收购、合作等方式，在境外收购出版社、报刊社、出版物营销机构等，商务主管部门在境外投资促进、扶持、保障、服务、核准等方面提供便利。

（7）建立表彰奖励机制。对文化出口规模较大、出口业务增长较快，特别是在传播中国主流文化方面做出突出业绩的文化企业，对积极引进我国版权的国外文化机构和企业，对为我国文化开拓国际市场做出贡献的国内外媒体、中介机构和友好人士，给予相应的表彰和奖励。[10]

2007年，新闻出版总署颁布了扶持出版"走出去"的八项政策。当时，"书号"和"出口权"制约着中国图书"走出去"，针对此，中央给予的调整是，对被列入"中国图书对外推广计划"或实施"走出去"战略的出版项目所需要的书号不限量；支持重点出版企业申办出口权；支持出版单位创办外向型外语期刊；制定"鼓励和扶持文化产品和服务出口的若干政策"的配套文件；协调国内金融机构提供外向型出版企业、工程项目加快发展的信贷支持；全力办好国际书展，提供政府资金，打造中国图书推广的平台；为"中国图书对外推广计划"继续提供资金支持；适时表彰奖励图书

"走出去"取得成绩的出版集团和出版社。

2009年下半年，国家结合国际金融危机和文化领域改革发展要求，制定出台了《文化产业振兴规划》，在文件中再次强调落实国家鼓励和支持文化产品与服务出口的优惠政策，在市场开拓、技术创新、海关通关等方面给予支持。具体的政策措施包括以贷款贴息、项目补贴、补充资本金等方式加大政府对文化产业的投入，尤其是大幅增加中央财政"扶持文化产业发展专项资金"和文化体制改革专项资金规模，落实税收政策，加大金融支持，设立中国文化产业投资基金等。

2010年11月，为了落实国家《文化产业振兴规划》，按照中央提出的转变经济发展方式和调整经济结构，新闻出版总署发布《关于进一步推动新闻出版产业发展的指导意见》，将新闻出版产业"走出去"单列详细阐释，提出深化新闻出版体制改革，重点培育六七家资产超过百亿元、销售超过百亿元的国内一流、国际知名的大型新闻出版企业；加大支持新闻出版产品对外贸易、版权输出、合作出版的力度，支持新闻出版企业利用金融机构提供的出口信贷和金融产品，积极开展出口外贸业务，抓好国家文化重点出口企业和项目相关工作的落实，继续实施"经典中国国际出版工程"等项目。

2010年初，在总结"十一五"时期的新闻出版工作，规划"十二五"时期新闻出版业发展方向、目标任务和政策措施时，新闻出版总署党组提出巩固新闻出版大国地位、向新闻出版强国迈进的战略目标。《中华人民共和国国民经济和社会发展第十二个五年规划纲要》提出构建以优秀民族文化为主体、吸收外来有益文化的对外开放格局，积极开拓国际文化市场，创新文化"走出去"模式，增强中华文化国际竞争力和影响力，提升国家软实力。新闻出版总署发布的《新闻出版业"十二五"时期发展规划》《新闻出版业"十二五"时期"走出去"发展规划》，明确了新闻出版业"走出去"的目标，包括成立6到7家具有国际竞争力的龙头企业、在30个左右重点国家和地区完成市场布局、出版贸易逆差进一步扭转等。2012年，根据《新闻出版业"十二五"时期"走出去"发展规划》，新闻出版总署公布《关于加快我国新闻出版业走出去的若干意见》。这是首次从国家层面对新闻出版业"走出去"进行全方位的布局，也是我国出台的首个新闻出版业"走出去"专门文件。

党的十八大以来，党和国家有关部门又相继出台系列政策，文化"走出去"和出版"走出去"等工作进一步深入。2013年，习近平总书记在全国宣传思想工作会议上强调要精心做好对外宣传工作，创新对外宣传方式，着力打造融通中外的新概念新范畴新表述，讲好中国故事，传播好中国声音，对出版"走出去"提出了具体要求和方向。党的十八届三中全会提出要提高文化开放水平，扩大对外文化交流，加强国际传播能力和对外话语体系建设，推动中华文化走向世界，理顺内宣外宣体制，培育外向型文化企业，支持文化企业到境外开拓市场。

2014年，为了进一步优化文化对外贸易结构，国务院发布《关于加快发展对外文化贸易的意见》，明确了政策支持重点、财税支持力度、金融服务政策和服务保障机制。同年，围绕"一带一路"倡议布局，出版"走出去"的产业布局发生转变，国家新闻出版广电总局颁布《深化新闻出版体制改革实施方案》，强调大力实施"丝路书香工程"，并加快实施边疆地区新闻出版"走出去"的扶持计划，扩大对周边国家和地区的辐射力。2016年，党中央对中华文化海外传播深化认识，中央全面深化改革领导小组第二十九次会议审议通过《关于进一步加强和改进中华文化走出去工作的指导意见》，强调要加强和改进中华文化"走出去"工作，创新内容形式和体制机制，拓展渠道平台，创新方法手段，增强中华文化亲和力、感染力、吸引力、竞争力，对出版和文化"走出去"的具体原则和方向做了规定。第三十次会议审议通过《关于加强"一带一路"软力量建设的指导意见》。同年在图书"走出去"工作座谈会上，强调了图书出版"走出去"的根本任务是讲好中国故事、塑造良好国家形象，总要求是紧密围绕服务党和国家工作大局、提高国家文化软实力。[11]

2017年，《国家"十三五"时期文化改革发展规划纲要》《新闻出版广播影视"十三五"发展规划》《"十三五"时期新闻出版"走出去"专项规划》对其后五年出版"走出去"在主题规划、渠道拓展、实践目标、实施举措等方面做出安排，同时配合前述的系列配套保障措施，出版"走出去"在这一时期成效显著，规模不断壮大。

2022年8月，为深入落实"十四五"规划和2035年远景目标纲要中关于文化贸易发展的总体部署，把握数字经济发展新机遇，商务部等27部门出台《关于推进对外文化贸易高质量发展的意见》，提出扩大优质文化产品和服务进口、大力发展数字文化贸易、扩大出版物出口和版权贸易、鼓励优秀广播影视节目出口、加强国家文化出口基地建设、加强知识产权保护等举措。这个文件是继2014年国务院《关于加快发展对外文化贸易的意见》之后，指导对外文化贸易领域的又一个指导性文件。

（二）配套支持

为了激发相关主体在文化"走出去"和出版"走出去"方面的动力，党和国家有关部门推出了系列配套保障措施，这些措施包括项目支持和财税金融领域的支持。项目支持是以项目资金和补贴为基础进行引导，但同时对出版主体的社会影响力、品牌建设和绩效考核都有重要作用，因此项目支持的引导作用突出。财税金融领域的支持效果更加直接，不仅有助于培育国际一流的出版企业，降低"走出去"的市场风险，同时将更多的民营企业纳入资助范围，拓宽了出版"走出去"的范围和业务。

1. 项目支持

（1）"中国图书对外推广计划"。该计划始于2004年中法文化年。当时中国作为主宾国参加了法国图书沙龙，展出的法文版中国图书受到法国读者的欢迎。基于此，国务院新闻办公室与新闻出版总署启动了"中国图书对外推广计划"，由国务院新闻办公室提供资助，国外出版机构负责翻译出版，对入选计划的出版单位，国务院新闻办公室先拨付全部资助费用的50%，待资助图书正式出版后再拨付剩余费用。2006年，该计划被纳入国家"十一五"时期文化发展规划纲要。从2004年到2013年，该计划同美国、英国、法国、德国、俄罗斯等62个国家的507家出版社签订了1173项资助协议。截至2013年，该计划已资助出版图书共计1256种，其中德国、美国、法国是输入图书数量最多的3个国家，合计465种，占出版总量的37%。在资助的图书中，科学和技术类图书出版量最大，共255种，约占出版总量的20.3%；其次是社会科学类图书。与此同时，参与该项资助计划的境外出版社表现突出的有德国施普林格出版集团（Springer Group）、法国友丰出版社（Editions You Feng）、澳大利亚中国出版（悉尼）有限公司（CPG International-Sydney）、法国天赋出版社（Talents Publishing）、美国全球电子出版社（Editorial Popular）、荷兰博睿出版社（Brill）等。[12]

（2）"中国文化著作翻译出版工程"。该出版工程是由国务院新闻办和新闻出版总署主办，由"中国图书对外推广计划"工作小组于2009年推行，以更大规模、更多投入，在更广领域支持中国图书"走出去"，是"中国图书对外推广计划"的加强版，以资助系列产品为主，既资助翻译费用，也资助出版和推广费用。该工程对外仍然称"推广计划"，使用原标识。原来的"推广计划"在产品类别上侧重普及读物，该工程将主要项目资助金额翻一番，覆盖面更广。该工程侧重高端类出版物，注重重点扶持，以资助文化、文学、科技、国情等领域的系列产品为主，北京大学出版社的《中华文明史》四卷本、上海世纪出版集团的"发现中国系列"、凤凰出版传媒集团的"中国符号"系列、上海交通大学出版社的《中国科学技术通史》、五洲传播出版社的"人文中国"书系和浙江大学出版社的"中国科技进展"丛书等都是典型表现。截至2016年底，"中国文化著作翻译出版工程"已经和25个国家的61家出版机构签订资助协议101项，涉及图书1062种。[13]合作出版机构有英国剑桥大学出版社、牛津大学出版社、企鹅出版集团，法国阿歇特出版集团，美国西蒙与舒斯特公司等。

（3）"经典中国国际出版工程"。该工程由新闻出版总署在2009年组织实施，主要是以财政资金做支持，资助外向型优秀图书选题的翻译、出版和推广。其中，展现中国特色、中国风格、中国气派的哲学社科类图书占46.6%，展现中华文化的文艺类图书占33.4%。资助的语种以英文图书为主，占资助品种数的近40%；其次是韩文、法文、日文、德文等。[14]单个品种的图书资助金额在几万到几十万元不等。截至2019年，"经典中国国际出版工程"累计资助258个国内出版机构，1505种代表国家水准、传承中华文明、反映时代风貌的外向型图书，以版权输出或合作出版的方式在65个国家和地区发行出版，涉及49个外译语种。[15]

（4）"中华学术外译项目"。该项目于2010年设立，是国家社科基金项目类别之一，主要资助我国哲学社会科学研究的优秀成果以外文形式在国外权威出版机构出版。截至2020年底，共有1027个项目立项，涉及英文、法文、俄文、阿拉伯文、西班牙文等数十个语种。重点项目主要资助国家级优秀出版成果和名家名社名品，重点项目资助1300—1500元/千字，一般项目资助1000—1200元/千字。[16]

（5）"中国出版物国际营销渠道拓展工程"。该工程自2010年开始设立，由新闻出版总署负责实施，主要是遵循"十二五"规划，通过该工程构建中国出版物国际立体营销网络，推动更多中国优秀的中文版和外文版出版物走向世界。该工程包括3个子项目，分别是国际主流营销渠道合作计划、全球百家华文书店中国图书联展和跨国网络书店培育计划。国际主流营销渠道合作计划是通过跨国分销、零售巨头旗下的配送、销售网络进入世界主流市场，目前实施的项目包括上海新闻出版发展公司与法国拉加代尔集团之间的合作，中方通过拉加代尔集团在全球重要机场、车站的3100家零售书店，销售外文版的中国图书和杂志等文化产品，同时在特殊节日，比如春节期间开展联合展销活动。全球百家华文书店中国图书联展活动则由中国国际图书贸易集团公司（以下简称国图集团）和全国地方出版对外贸易公司联合体共同承办，通过联合在全球27个国家的100家华文书店，举办图书联展，为海外华人华侨和读中文的外国读者提供内容丰富的最新的中文图书。到2019年，全球百家华文书店中国图书联展已经举办到第10届，覆盖32个国家和地区，参展海外华文书店达102家，每年配套主题活动达数十场。2011年，在亚马逊开设特色中国书店，累计上线图书品种88.2万种，发货52.3万册。跨国网络书店培育计划主要是通过国内网络书店开通面向海外的非华人窗口，在海外设立物流中心，降低配送成本来开拓国际市场，当当网、卓越网和博库书城入选该计划。[17]

（6）"丝路书香工程"。该工程是中国新闻出版业唯一进入国家"一带一路"倡议的重大项目，于2014年获得中宣部批准立项，由国家新闻出版广电总局组织实施。该工程规划设计到2020年。2014—2015年的重点项目包括五大类，分别是重点翻译资助项目、丝路国家图书互译项目、汉语教材推广项目、境外参展项目、出版物数据库推广项目。重点翻译项目中，对丝路文化精品图书、中国主题图书、传统文化图书、优秀文学图书和原创少儿图书的翻译推广给予重点资助，且补贴的标准较高，约600元/千字。考虑到小语种问题，资助品种也比较多，一年资助约300种。全球针对"一带一路"共建国家，更加强调合作交流的基调。参加"一带一路"共建国家的书展，也可以得到资金补贴，政府与"一带一路"共建国家签订互译出版项目后，可以委托出版社与对方出版社对接翻译出版系列图书。在"丝路书香工程"中，云南新知集团已经在东南亚、南亚等地开设7家华文书局，有近90%的书是中文书，为后期的翻译推广奠定了良好的市场基础。[18]从语种上看，在"丝路书香工程"入选的图书中，阿拉伯文、英文、俄文图书保持数量优势。在东南亚，以越南文、马来文图书为主；在东亚地区，以蒙古文图书占首位；在西亚，土耳其文是首要翻译语言；在中亚，主要翻译语种是哈萨克文；在东欧地区，主要以波兰文、塞尔维亚文、罗马尼亚文、阿尔巴尼亚文图书为主；在欧洲其他地区则以意大利文和西班牙文图书为主。截至2019年，该工程共资助1918种图书，共有205个出版社参与。[19]

（7）"亚洲经典著作互译计划"。该计划是为了贯彻习近平总书记在亚洲文明大会上提出的"实施亚洲经典著作互译计划"倡议精神，由中宣部于2019年牵头实施的版权引进和输出工程，重点推进亚洲各国的文化互译和文明互鉴，增进亚洲各国对彼此的理解。截至2022年10月，与我国签署经典著作互译备忘录的国家已经达到10个，分别是新加坡、巴基斯坦、韩国、伊朗、老挝、亚美尼亚、吉尔吉斯斯坦、阿塞拜疆、蒙古国、也门。首批推进书目中的中国经典著作共102种，包括习近平总书记相关著作11部、哲学社科类图书38种、古代著作23种、现当代文学25种、儿童文学图书5种。[20]

2. 企业财税支持

我国文化体育与传媒支出基本稳定，占全国财政支出的1.7%左右（表1-1）。从"十五"期间到"十四五"期间，随着中国经济总量的上升，文化体育与传媒的财政投入总量稳步增加。"十一五"时期，中央财政的文化体育与传媒支出主要包括农村文化支出237亿元，中西部地区文化支出8亿元，公共文化服务体系建设302亿元。2010年，为了贯彻落实《文化产业振兴规划》，中央财政增加了"文化产业发展专项资金"的规模，在整个"十一五"期间，该项资金达到42亿元，重点支持骨干文化企业培育、国家级文化产业园区和文化产业示范基地建设、重点文化体制改革转制企业发展、大宗文化产品和服务出口。同时，注资引导设立国内首只国家级文化产业投资基金——中国文化产业投资基金，对未上市的文化企业进行股权投资。继续实施推动文化体制改革和支持文化产业发展的税收政策，对转企改制国有文化单位扶持政策执行期限再延长5年。这些为出版"走出去"提供了良好的政策基础。2010年的专项资金主要用在文化类产业项目上、广电类产业项目、出版类产业项目、动漫项目、境外投资项目和出口奖励项目。[21] 2010年，中央财政安排的专项资金重点用于重点媒体国际传播能力建设，同时累计安排海外文化中心建设和业务活动经费6.6亿元，中外"文化年""文化节"等政府间文化交流活动经费8.5亿元，支持有关部门组织文化企业参加国外书展、电影节、动漫节等活动经费约2亿元，安排文化出口奖励资金1.7亿元。2012年，国家的文化体育与传媒支出主要用于公益性文化设施免费开放（包括博物馆、纪念馆、美术馆、图书馆），广播电视"村村通""户户通"，"农家书屋"等文化惠民工程，农村文化和体育建设，公共数字文化建设，以及提高重点媒体国际传播能力、支持文化产业发展等方面。2012年和2013年的财政支出中，提高重点媒体国际传播能力，促进中华文化"走出去"，支持文化产业发展，鼓励文化产品和服务出口，都成为财政预算重点覆盖的区域，为出版"走出去"提供了坚实的资金保障。2016年，中央一级财政预算中，用于文化体育与传媒支出的预算数为258.6亿元，其中新闻出版广播影视预算数高达140.7亿元，主要用于加强重点媒体国际传播能力建设等支出。

表1-1 不同阶段全国财政支出中全国文化体育与传媒支出情况

年份/年	2003	2006	2011	2016	2020	2022
全国财政收入/亿元	21691	38760	103740	159552	182895	203703
全国财政支出/亿元	24607	40422	108930	187841	245588	260609
全国文化体育与传媒支出/亿元	430	685	1890	3165	4233	3905
全国文化体育与传媒支出占全国财政支出比重/%	1.75	1.69	1.74	1.68	1.72	1.50

注：根据国家统计局数据整理。

与出版"走出去"相关的财政支持形式主要是设立专项资金，包括中央一级的财政专项资金和中央、地方共担的专项资金。中央一级的财政专项资金里面包括了出版"走出去"在内的文化"走出去"建设项目，而中央补贴支持地方公共文化服务的专项资金主要是用于读书看报服务补助、收听广播和观看电视服务补助、融媒体中心建设、观赏电影服务补助、公共文化体育设施维修和设备购置等公共性服务，这些资金可能无法覆盖投入地方出版集团的海外业务。因此，专项资金还是以中央一级的财政支持为主。专项资金主要采用贷款贴息、项目补助、补充国家资本金、绩效奖励、保险费补助等形式，重点培育文化骨干企业、国家级文化产业园区和文化产业示范基地建设、重点文化体制改革转制企业发展、大宗文化产品和服务出口等。2006—2009年，中央财政安排了专项资金8013万元，支持有关部门组织文化企业参加韩国首尔、德国法兰克福等国际书展。[22]近年来，中央专项资金支出中还设立了重点媒体国际传播能力建设专项资金，支持新华社、中央电视台、中国国际广播电台等6家中央重点媒体加强国际传播能力建设。

在地方一级，地方政府也有相应的专项资金支持出版和文化"走出去"，如上海市推出了《上海市"中华文化走出去"专项扶持资金实施细则》，扶持的方式有出口项目资助、贷款贴息、政府委托、房租补贴、贸易企业奖励等。对扶持对象为实现文化产品或服务项目出口而给予一次性资助，资助金额为15万—30万元。对扶持对象为促进文化产品和服务出口而开展的海外渠道拓展项目给予一次性资助，资助金额为25万—50万元。对涉外版权登记费用的一次性资助为5万—10万元。对扶持对象为实施文化产品或服务项目出口贸易而向银行借贷资金的，按照人民银行同期贷款基准利率，给予实际利息支出50%贴息，金额为25万—50万元。同时，对每年认定为文化出口重点企业的给予一次性奖励，金额为5万—20万元。[23]

北京市投入专项资金支持出版"走出去"，出台《北京市提升出版业传播力奖励扶持专项资金管理办法》，对版权贸易（含合作出版）营业收入连续两年增长达到15%以上的出版企业，按不超过该企业连续两年平均的年版权贸易额的30%给予奖励，最高不超过50万元。对搭建对外投资平台，建立国际营销网络的境外投资出版传媒企业，按照不超过境外投资总额20%的标准给予奖励。对进入国外主流销售渠道的、获得国际大媒体宣传报道的、产生较大影响的出版物给予奖励。鼓励企业或个人版权输出、鼓励企业与境外出版机构从事面向境外市场的合作出版业务，给予具有对外出版专项出版权的企业对外出版专项奖励。

出口补贴和奖励资金是专项资金支出的两类重要形式。出口补贴主要是指中央财政对重点文化出口企业开展的境外投资给予补助，对文化对外贸易给予适当补贴，比如北京市出版"走出去"奖励扶持专项资金办法中，支持版权贸易基地建设面向境外市场的版权贸易交易系统，对经认定的版权交易平台开发项目给予不超过项目成本50%的资金补贴。对研发面向国内外市场的优秀数字出版产品项目，给予不超过项目成本30%的研发经费支持，最高补贴金额不超过200万元。奖励资金包括对文化企业参与国际竞争的出口奖励。中央财政的"文化产业发展专项资金"对列入《国家文化出口重点企业目录》的企业给予绩效奖励，其中，对文化出口500万美元（含）至1000万美元的企业，每家奖励100万元；对文化出口100万美元（含）至500万美元的企业，每家奖励50万元；对文化出口50万美元（含）至100万美元的企业，每家奖励25万元。2014—2015年度，国图集团、北京发行集团有限责任公司等366家企业入选重点企业目录。2021—2022年度，共有包括中国教育图书进出口有限公司在内的369家企业被认定为国家文化出口重点企业，中国国际图书博览会等122个项目被列入国家文化出口重点项目。[24]与此同时，对被列入国家级文化出口重点企业目录和项目目录的文化企业，地方给予的奖励力度也比较大，如厦门市对首次获得以上目录认定的企业给予10万元奖励，珠海市对新入选以上目录的企业给予20万元或50万元的一次性奖励。

第三节　经验参照：中国出版"走出去"的发展阶段

新闻媒体和图书媒介是党和国家舆论宣传与国际传播的思想阵地。在文化"走出去"的整体战略下，中国媒体"走出去"工程在2004年就已经开始了。我国主流的中央级媒体，包括新华社、《人民日报》、中央电视台、中国国际广播电台等，纷纷采用创办网站、建立海外分社、增设驻外记者，以及多语种播出等方式进入国际市场，在海外建立了中国媒体的发声通道。一些与媒体运营相关的民营公司也相继进入国际传媒市场，如北京四达时代传媒有限公司在非洲20多个国家和地区做电视频道运营，有效推动了中国众多影视剧的出海；金华邮电工程安装有限公司买下吉尔吉斯斯坦广电部在德隆电视台的股份，并与新疆维吾尔自治区广播电视局达成协议，由新疆方面提供中央台和新疆台的优秀节目及影视作品，输送到吉尔吉斯斯坦播放等。面向阿拉伯地区，2005年"亚洲商务卫视"在阿联酋作为上星频道播出，这是中国人在中东地区控股经营的首个私营商务电视台，对输出中国文化、历史、当代社会发展起到重要作用。[25]在中国媒体"走出去"的近20年间，媒体国际传播能力建设呈现规模化，并且都取得了较明显的成效。2018年，中国的媒体融合进入新阶段，全媒体传播体系建设开始成为世界信息传播秩序建设的出发点。中国出版"走出去"起步比媒体"走出去"要晚，但发展较快，出版"走出去"共经历了以下发展阶段。

一、出版"走出去"的起步时期（1949—1978）

1949—1978年，出版社基本实行的是计划分配为主导的图书组织管理机制，强调图书出版的意识形态功能。国内图书进出口业务由中国国际书店（国际书店）统一管理，其是国内事业单位、企事业单位制定授权和唯一的图书期刊进出口机构及推广渠道。1949年，新中国第一家图书进出口机构国际书店成立。1954年以前，国际书店在全国的发售点主要设立在上海、北京、天津、武汉、哈尔滨、沈阳、大连等9个城市，下设中国图书进口中心、中国微缩出版物进口公司、朝华出版社（1982年成立）和国际书店驻上海、广州办事处。1955年后，国内图书的发行工作逐渐转移到新华书店，同时进口外文书籍的发行工作也归入新华书店，因此国际书店主要开始专营图书期刊的出口业务。1964年，国际书店进口部划出，正式成立中国外文书店，负责经销进口的外文图书。国际书店改名为"中国国际书店"，专营出口业务。1973年，中国外文书店改名为中国图书进口公司。1978年，中国图书进口公司划归国家科学技术委员会（现科学技术部）领导。1981年，改革开放初期，国家恢复图书的进出口业务，中国图书进口公司更名为中国图书进出口（集团）有限公司（以下简称中图公司），开始经营出版物出口业务。2002年，中图公司成为中国出版集团的13家成员单位之一。

国际书店在1949年成立初期归属于新华书店总店，1952年转为出版总署直接领导，1954年划归文化部直接领导，1959年由对外文化联络委员会领导，1963年改为由外文局（中国外文出版发行事业局，又名中国国际出版集团）领导。我国图书的对外交流以宣传而非贸易的方式为主，出口的图书多为政治理论书刊。改革开放后，图书的国际贸易开始慢慢发展起来。

1953年，出版总署在《关于国际书店的性质和任务》的报告中明确规定，国际书店的主要任务是输出中国可以出口的书刊，增加国际宣传，且强调了国际书店的贸易性质。中华人民共和国成立初期，以欧美为代表的西方国家对中国实行禁运，中国与这些国家并未建立外交关系，因此，中国书刊的"走出去"主要是与苏联等社会主义国家合作，中国的一些英文书刊是通过各国的代理发行据点来传播的。1949—1957年，国内出版的外文图书一共只有226种，其中政治理论和社会科学类图书占到51%，这些图书要通过西方国家的书商发行是比较难的。因此，20世纪50年代的书刊对外销售主要是依赖西方各国共产党及进步派人士创建的书店。比如，1950年国际书店与英国共产党创建的考列茨书店、中央书店等展开贸易关系，当时考列茨书店只发行中国少量的英、法文政治小册子和英文版半月刊《人民中国》。

国际书店除与国外的代理书店合作开发代理渠道外，还参加国际书展。比如1951年，国际书店参加中国贸易促进会在保加利亚举行的经济建设成就展览，首次在国外展出中国出版物。1953年，国际书店首次派出书展小组，参加民主德国在莱比锡举办的国际图书博览会，展出各种图书850多种，这是中华人民共和国首次参加国际书展。1956年，参加波兰波兹南举办的第一届国际博览会（后来的华沙书展）；1961年，参加古巴博览会；1962年，参加联邦德国举办的法兰克福书展。1964年，国际书店在国外64种报刊上刊登征订广告212次，开展61次中国图书推介，印发33种书刊推广品100万份等。

1950—1960年，国际书店发行的图书一般是以向各社会主义国家介绍中国的基本情况为主，增加各国对中国的了解，代表作品有《从鸦片战争到解放》《人民中国手册》《中国——一个多民族的国家》《北京》；文学类图书有《鲁迅小说选》；英文图书最畅销的发行量基本是在5000册左右。1953年，国际书店与英国劳伦斯－威夏特出版社签订翻译、出版、发行《毛泽东选集》（1—3卷）英文版的协议，开创了中华人民共和国对外合作出版的先河。

1960—1970年，中苏关系恶化，以苏联为代表的一些国家拒绝销售中国书刊，这一时期的少量"走出去"的图书主要是以政治类读物为主，重点是毛泽东著作和各类政治理论性图书等。1961年，《毛泽东选集》第4卷英文版出版发行，到1961年底，经国际书店对外发行到72个国家和地区，发行总数达到14145册，其中精装6762册、平装7383册。之后又陆续出版《毛泽东选集》第4卷法文、西班牙文、俄文等版本。"文化大革命"之后，在国内重点发行的图书是毛泽东著作和马列著作等，出口的作品也主要是毛泽东的相关作品。

20世纪70年代初，中国恢复联合国合法地位，中美关系缓和。中国的一些图书开始重新受到欧美等一些读者的注意，比如鲁迅的一些作品得以重印。

总体来说，1949—1978年，中国国际书店（国际书店）对外发行的外文图书中，政治理论性图书占40.55%，介绍中国基本情况的图书占24.95%，艺术类图书占25.83%，文学类图书仅占8.67%。1950—1970年，毛泽东相关著作向世界发行达40多个语言版本，3000多万册，这是图书海外发行最多的版本。政治理论性图书多以低廉的价格向外出售，有段时期甚至以非贸易的形式赠送。[26]

二、出版"走出去"的开放时期（1978—2003）

1978年，党的十一届三中全会召开，出版业"走出去"迎来了新的开放阶段，出版业开始进行各类形式的对外交流活动。

第一类，是出版人员"走出去"的国际交流。1980年开始，出版界相继派出了一批印刷、编辑、发行等人员去国外进行访问交流。1980年，中国参加了1896年在巴黎成立、由40多个成员单位组成的国际出版商协会大会。1984年，中国参加了四年一次的世界印刷大会。1984年，新华书店派出考察团前往日本，对日本两个最大的图书批发商——日本出版贩卖株式会社和东京出版贩卖株式会社进行了实地考察。仅1985年这一年，中国出版界代表团出访次数就高达32次。1989年，中国参加了国际期刊大会。[27] 截至1991年，我国出版界的交流活动遍布60多个国家和地区，同时也积极邀请国外知名的出版企业和国际组织等来华交流。

第二类，是国际书展参展的步伐加快。一些世界比较著名的大书展都有中国的影子，比如法兰克福书展、伦敦书展、纽约书展、博洛尼亚国际儿童书展、莫斯科书展等。1985年，中国参加国际书展共21次。[28] 除了去国外参展，我国也举办了国际书展。1985年，由上海外文图书公司和香港国际展览公司、香港华达工贸服务有限公司联合举办的国际书展在上海举办。来自欧洲、美洲、亚洲的16个国家和地区的117家出版机构，包括世界出版巨头麦格劳·希尔出版公司、医学书籍出版商德国施普林格出版公司、英国企鹅出版集团、美国哈佛大学出版社等。1981年，中国图书进口公司更名为中国图书进出口（集团）有限公司（中图公司）后，开始经营出版物的出口业务。2002年成为中国出版集团公司所属的13家成员单位之一，开始每年组织十几次小型外国专业图书展销会。1986年，由中图公司承办的首届北京国际图书博览会召开，这是中华人民共和国成立以来规模最大的书展，标志着中国出版业和世界开始了规模化的沟通和交流。

第三类，是版权输出与版权贸易。1981年，国家出版局印发《加强对外合作出版管理的暂行办法》，强调对外合作出版在经济上要有所收益。1983年，中国国际书店更名为中国国际图书贸易总公司（后为国图集团），主要负责中国出版物的海外发行工作。我国"走出去"的国际化开始有了发展。不过从整体上来看，我国在这一时期输出到国外的图书并不多，比如1998年从美国引进图书2236种、输出4种，2001年引进4544种、输出只有9种。1991—1996年，中国出版社（未统计港澳台地区数据）向德国输出的图书版权有27种，1998年7种，1999年、2001年各1种，2002年为2种。1999年我国对俄罗斯输出版权4种。

我国输出的图书内容多与中国文化相关，比如《中国金鱼画册》《三十六计彩绘本》《气功图册》《十六经穴图解》《神经科学百科全书》《三松堂》《中国历代名著全译》《英汉倒排词典》。这些图书由美国大学和科研机构的出版社引进出版，图书的市场销量一般比较低。1981年，中国文学杂志社编辑出版的"熊猫丛书"，以英、法两种文字，先后翻译出版了《诗经》《三国演义》《西游记》《聊斋志异》等古典名著及大量现当代作品，共190多种，发行到150多个国家和地区。

我国版权输出数量较多的是周边国家和地区，比如我国1996年对日本版权输出数量达到74种，占所有输出版权总数的近20%；1991—2002年间，每年输出的数量为4—24种。传统文化类图书，如文学、历史、哲学、医药类图书所占的比例较大，比如《中国佛教史》《中国民间疗法》《太极拳基本功》，以及一些三国题材的作品。中国作家，如老舍、钱锺书、王蒙、苏童、莫言、冯骥才等的作品也输出到国外。除此之外，还有一些中国传统艺术方面的图书，比如书法类、美术类、文博类、服饰类、民间艺术类、民族风情类等，《中国书法史图录》《中国篆刻大辞典》《中国历代妇女妆饰》等都是代表作品。一些政治经济类主题图书，比如《邓小平文选》《邓小平的历程》《中国民工潮》等也包含在内。

相比于版权输出，我国版权引入最多的地区是欧美。美国是我国版权引进最多的国家，1989年起，我国从美国引进的图书无论是种类还是印数都排在首位。比如1989年我国从美国引进图书1146种，占当年引进总数的33%；1995年从美国引进423种，占当年引进总数的21.96%；1998年引进2236种，占当年引进总数的40.88%；2001年引进3201种，占当年引进总数的38.99%。在图书的印数上，1989年引进的美国图书印数超过1亿册，占所有出版的外国图书总数的83%。[29]

第四类，是合作出版系列图书。这一类图书尽管数量不多，但开创了中外合作出版的先河。1985年，中国社会科学出版社和英国培格曼出版公司合作出版了英文版《中国概况》。这本书由中国社会科学院主编，中国社会科学出版社负责编辑和翻译，英国培格曼出版公司负责印刷、出版和发行。《中国概况》是一本全面介绍中国情况的百科全书，内容包括中国一般概况、历史、社会政治结构和法律制度、国民经济、人民生活和社会科学、文学、体育等信息。1985年，由人民体育出版社和日本棒球杂志社合作出版的《中国古代体育文物图集》（日文版）推出，它收编了近200幅中国古代体育文物的彩色、黑白图片，介绍了我国古代体育活动产生和发展的历史。

三、出版"走出去"的发展时期（2003—2013）

一个国家文化的发展在很大程度上依赖政策的驱动。世界上很多国家对文化"走出去"都采取支持政策，有很多成熟的做法，包括对出版产业实行零税收、贷款优惠、资金扶持等，如韩国为推动文化产业发展专门出台了《文化产业促进法》和《文化产业振兴基本法》，日本出台有《振兴文化艺术基本法》，等等。为了推动中国出版"走出去"，自2003年开始，中国出版主管部门推出一系列鼓励出版企业"走出去"的战略计划，包括"中国图书对外推广计划""中国文化著作翻译出版工程""经典中国国际出版工程""中华学术外译项目""中国出版物国际营销渠道拓展工程""丝路书香工程""亚洲经典著作互译计划"等。

在中国文化"走出去"战略的推动下，随着中国加入世界贸易组织后对外开放迎来新局面，2003年，时任新闻出版总署署长石宗源在全国新闻出版局长会议上提出了中国出版"走出去"的国家战略。在这一战略的推动下，中国出版"走出去"有了实质性的发展。2004年，国务院新闻办公室与新闻出版总署启动"中国图书对外推广计划"。该计划由国务院新闻办公室和新闻出版总署共同组织实施。国内出版单位每年分两次集中向"中国图书对外推广计划"工作小组办公室推荐图书，后者审核后公布《"中国图书对外推广计划"推荐书目》。此后，各出版单位就入选书目且已与国外出版商达成版权输出协议的图书向国务院新闻办公室申请资助，符合条件的双方签署《资助协议书》。资助费用分两次支付，《资助协议书》签订后支付一半，待所资助图书正式出版且出版机构提供样书若干册后再支付另一半。2006年，受到该计划资助的国家达到19个，出版单位49家，文种达到12种，项目210多个。2008年该计划与境外80多家出版机构签订345项资助出版协议，涉及488种图书，输出版权1268项。

2006年，新闻出版总署印发《新闻出版业"十一五"发展规划》，提到积极实施中国出版"走出去"的战略，具体包括实施出版"走出去"，鼓励以合资、合作、参股、控股等方式在境外建立出版印刷合法性机构。

2009年，为了强化"中国图书对外推广计划"，中国政府启动"中国文化著作翻译出版工程"，加大对著作翻译和出版的扶持资助力度，对列入计划的项目资助翻译费用、出版费用、推广费用等。2009年还启动"经典中国国际出版工程"，重点资助"中国学术名著系列""名家名译系列"两类。2010年，国家社会科学基金设立"中华学术外译项目",立足于学术层面,资助我国优秀的社会科学学术成果在国外权威出版机构出版,主要资助英文、法文、阿拉伯文、西班牙文、俄文五种语言的翻译出版。一般不超过30万字,最高资助50万元。为贯彻实施国务院《文化产业振兴规划》,2010年12月9日新闻出版总署推出"中国出版物国际营销渠道拓展工程",主要包括国际主流营销渠道合作计划、全球百家华文书店中国图书联展、跨国网络书店培育计划三个项目。在这些项目的推动下,中国出版"走出去"迎来了第一波发展高潮。2012年,新闻出版总署出台《关于加快我国新闻出版业走出去的若干意见》,首次以正式文件提出出版"走出去",从国家层面全方位布局。

在这些政策和项目的推动下,版权输出的规模有了大幅度增长,主要以纸质图书的版权输出为主,录音制品、录像制品、电子出版物比例相对较低。20世纪末到21世纪初期,我国出版业发生了重大变革,北京、上海、辽宁等地组建了出版集团,这些出版集团的组建扩大了出版社的规模,增强了出版竞争力,有利于参与国际市场的竞争,因此国际化发展有了较大的进步。2004年,在法兰克福书展上,一些大型的出版集团和出版社的版权输出较为突出,比如中国出版集团输出版权65种,上海世纪出版集团向欧美出版商输出图书版权90多种,相当于前几年的签约数量总和。中国国际出版集团输出版权198种,其所属的国图集团是承担中国书刊出口任务的国际贸易公司,每年图书出口贸易额占全国总出口额的70%以上。[30] 2006年,第十三届北京国际图书博览会召开,我国首次实现了图书版权贸易顺差。[31] 2008年北京奥运会后,中国的国际影响力进一步增强,国内各出版社出口到国外的图书有了实质性增长,中国人民大学出版社在2008年出口图书25万册,中国建筑工业出版社的"2008北京奥运建筑丛书"实现英、法、俄文的版权输出,广东省出版集团在2008年出口图书近100万册。不过从整体上看,我国进出口图书的价格差距是比较明显的,图书的国际竞争力还比较弱。我国进口图书的价格是出口图书价格的2—5倍,比如2005年我国图书进口的平均价格是10.4美元,出口图书的平均价格是5.64美元;2008年我国进口图书的平均价格是18.64美元,出口图书的平均价格是4.79美元。

2013年之前,中国大陆版权输出的重点区域同以往一样,仍主要集中在我国港澳台地区和周边的日本、韩国以及东南亚国家等。2003年,我国版权输出的总量是1427种,其中输出到中国台湾、中国香港地区,以及韩国、日本、新加坡的数量分别是472、178、89、15、9种,输出到法国、美国、英国、德国的数量分别是11、5、2、1

种，输出到美国、英国、德国、法国、俄罗斯、加拿大等欧美六国的版权仅占总版权输出数量的4.2%。2012年，中国大陆版权输出的总数量是9365种，输出到中国台湾、中国香港、日本、韩国、新加坡的数量分别是1796、511、405、310、292种，输出到美国、英国、德国、法国、加拿大、俄罗斯的数量分别是1259、606、354、130、122、104种。[32] 不过从整体上看，我国输出到西方各国的比例是有所上升的。

这一时期，我国输出到海外的图书类型主要是时政类、科技类、文化类、文学类、图画书、辞书。文学类图书的代表是鲁迅的小说，湖北长江出版集团的小说《狼图腾》等。科技类图书，如浙江出版联合集团的"走进非洲"项目"非洲常见病系列""非洲农业技术发展丛书"。文化类图书，上海新闻出版发展公司与美国《读者文摘》合作出版的"文化中国"丛书，从2004年开始出版，每年推出20种，每种发行量约2万册，受到了西方读者的欢迎。2006年北京大学出版社出版的学术著作《中华文明史》出版，2012年在伦敦书展上正式发行，该书由我国文化学者袁行霈主编，共4卷，165万字，在国外得到了较高的评价。辽宁出版集团和德国贝塔斯曼集团签署了《中国读本》德文、英文和中文繁体版。此外，网络出版物、网络游戏、动漫也有少部分作品"走出去"，比如凤凰出版传媒集团下属江苏电子音像出版社与法国作家协会合作出版的法文版《一游记》光盘，金山公司、目标在线科技有限公司、游戏蜗牛公司、联众公司、洪恩软件等分别开发的《剑侠情缘网络版》《天骄Ⅱ》《航海世纪》《三国策Ⅳ》《完美世界》等进入了德国、韩国、日本、越南及其他东南亚国家，其中，金山公司开发的《剑侠情缘网络版》已先后登陆马来西亚、新加坡、越南等国，在越南的在线人数超过10万，创下了越南网游历史纪录。中国网络出版物"走出去"也取得了很大的成效，如清华同方"中国知网"（CNKI）数据库已输出到欧美等许多国家和地区，欧洲、美洲、大洋洲、亚洲的500多所国际一流大学与科研机构、政府和图书情报机构都采用了CNKI的资源，网上日均访问人数超过100万，海外销售额连续5年增长，2006年达到3276万元。[33]

国际营销推广渠道网络开始逐步建设，并呈现多样化态势。第一，线下发行和推广渠道的建设。第一类是图书宣介活动。中国在国内外举办的国际书展、文化展览等活动越来越多，规模越来越大。国图集团自2010年起，每年启动全球百家华文书店中国图书联展，活动覆盖32个国家和地区，参展的海外华文书店达102家。第二类是建设海外本土的生产和发行机构，比如中国出版集团在法国巴黎、澳大利亚悉尼与当地出版社成立合资出版社，中国外文局和香港联合出版集团共同在美国投资设立的长河出版社。第二，线上发行和推广渠道的建设。2011年，国图集团与亚马逊在美亚网站合作建立亚马逊中国书店。第三，收购海外出版社，利用海外机构做好推广发行工作。2008年后，一些出版集团开始进行海外的股权收购等活动，比如2008年，湖南出版投资控股集团与韩国阿里泉出版株式会社签订股权并购战略合作备忘录。2010年，国图集团收购法国百周年出版社，在法国出版发行中国主题图书。

四、出版"走出去"的繁荣时期（2013年至今）

2013年，中国"一带一路"倡议提出，我国国际传播的重点开始转向"一带一路"共建国家，出版"走出去"的政策引导力和项目引导能力进一步增强。

2014年，国家新闻出版广电总局启动实施"丝路书香工程"。这是新闻出版业唯一进入国家"一带一路"倡议的战略工程，当时规划至2020年，涵盖重点翻译资助项目、丝路国家图书互译项目、汉语教材推广项目、境外参展项目、出版物数据库推广项目。2015—2023年，"丝路书香工程"资助了近200家出版企业的3282个出版项目，海外合作机构近200家，翻译语种覆盖50多个。[34] 2014年，国家新闻出版广电总局推出"图书版权输出普遍奖励计划"，专门对国有出版机构、民营出版机构、作者在海外已经翻译出版的图书进行奖励，每年奖励的图书数量是200种左右，并支持培育国际图书版权贸易代理机构，集中推广中国图书版权。2015年，国家新闻出版广电总局建立"走出去"图书基础书目库，根据国内外出版情况，吸纳优质图书入库，重点资助翻译书目库图书。2016年，中央全面深化改革领导小组第二十九次和第三十次会议分别审议通过《关于进一步加强和改进中华文化走出去工作的指导意见》《关于加强"一带一路"软力量建设的指导意见》，再次强化了出版"走出去"的发展方向。2019年，中宣部实施"亚洲经典著作互译计划"，与亚洲国家和地区合作，选择经典图书进行互译。在这些政策和项目驱动之下，我国出版"走出去"取得了进一步的成效。

第一，我国大型出版集团的国际竞争力有所增强。我国目前在企业总额、主营业务收入和所有者权益方面实现"三个一百亿"的集团有8家，包括凤凰出版传媒集团、江西出版集团、湖南出版投资控股集团、安徽出版集团、浙江出版联合集团、中国出版集团、中原出版传媒投资控股集团和湖北长江出版传媒集团。[35]在2020年世界50强出版企业综合排名中，凤凰出版传媒集团、中南出版传媒集团、中国出版集团、中国科技出版传媒股份有限公司分别位居世界第11、21、28、43名，其余则以欧美国家的出版企业为主。这说明了中国是具备建立一流出版集团潜力的，但是也应看到我国排名靠前的出版企业大多是内向型的，其业务布局多围绕国内教材教辅市场，甚至包含影视、金融、地产、酒店、艺术品经营等多领域，外向型业务布局则处于刚起步阶段。

第二，出版物的版权输入输出逆差逐步缩小，"一带一路"共建国家版权输出占比最大。2013年，中国图书实物的版权贸易引进输出比例为1.7∶1。2015年，我国版权的引进输出总量分别为16467项、10471项，其中图书出口1278万册，出口金额为5221万美元；图书进口数量为1418万册，进口金额为1.4亿元。[36] 2016年的引进输出总量分别为17252项、11133项，其中图书出口1450万册，出口金额为5407万美元；图书进口数量为1551万册，进口金额为1.4亿元。2017年的引进输出总量分别为18120项、13816项，2018年的引进输出总量分别为16829项、12778项，2019年的引进输出总量分别为16140项、15767项。

根据中国新闻出版研究院发布的《"一带一路"国际出版合作发展报告》，2019年底，我国已与83个"一带一路"共建国家开展了图书、数字出版物等方面的版权合作，合作国家数量是与我国签订"一带一路"合作文件国家总数的近2/3。我国与"一带一路"共建国家的版权贸易总数从2016年的3008项增长到2020年的10729项，2017年面向"一带一路"共建国家的版权输出数量达到4500项。[37]自2015年到2019年，我国版权输出到"一带一路"共建国家的比例从47.75%上升至63.51%，输出到欧美出版大国的比例则从28.8%下降至18.42%。

第三，各类出版物的出口总量不断扩大，出版物的形态逐步丰富。我国的版权输出主要是实物输出，包括图书、报纸、期刊、音像制品、电子出版物等，音像制品、电子出版物所占的比例偏小。2012年，录音制品、录像制品、电子出版物的版权输出分别为97种、51种、115种，占输出总量的2.8%。2015—2019年，我国图书、报纸、期刊出口量分别约是2112万册、2170万册、2172万册、1696万册、1653万册，出口总额分别约为7943万美元、7785万美元、7832万美元、7195万美元、7483万美元，音像制品、电子出版物出口额分别约为11万美元、738万美元、561万美元、494万美元、898万美元。我国的数字出版产品出口的主要是出版类数据库，不包括网络游戏、网络动漫、博客类应用、在线音乐、在线教育、互联网广告等,其出口额只有近2400万美元。[38]

第四,"走出去"的业务进一步拓展,方式多样化,如合资、独资、收购、联盟、代理等。在亚马逊网络平台,仅2015年,亚马逊中国书店的图书规模就达39万种,销售范围覆盖到185个国家和地区,实际发行26万多册。[39]截至2023年10月,中国外文局已与全球44个国家建立了81家"中国主题图书海外编辑部",700余种图书在这些国家落地出版。外文出版社、新世界出版社、中译出版社等成为中国主题图书海外编辑部的显著力量,中国出版集团目前已成立了24家"中国主题图书国际编辑部",中国出版集团旗下负责"走出去"出版工作的中译出版社和国外出版集团共同策划出版了"中国著名企业家和企业"系列、"中国报告"系列等一批阐释中国优秀传统文化、讲述中国道路的优秀作品。2017年,中图公司携手国际按需印刷企业,发起成立了全球按需印刷联盟,构建了可覆盖110多个国家和地区的全球渠道。

越来越多的国内出版企业以合资或收购的方式成立海外本土的出版机构,如2014年凤凰出版传媒集团以8500万美元收购美国童书出版商,2015年以2400万美元在芝加哥购买办公楼,出版迪士尼同名图书作品《冰雪奇缘》,发行近500万册。我国出版业在50多个国家和地区成立了450多家分支机构。一些出版社与海外较为出名的发行集团合作销售图书。ALSHEQARY出版集团在中东地区的高校拥有50多个批销点。2017年,在第24届北京国际图书博览会期间,中国人民大学出版社与世界29个国家和地区的92家出版商、学术机构和专业团体共同成立了"一带一路"学术出版联盟。

第五,我国出版"走出去"的代表性图书类型多样,一些代表性图书国际影响力不断提升。主题出版类图书在海外的吸引力逐步增强,最具代表性的是《习近平谈治国理政》,该书于2014年10月在法兰克福国际书展首发,2015年在纽约书展中国主宾国展台展出,2016年在印度首都新德里第二十四届世界图书博览会推出。截至2017年11月,《习近平谈治国理政》(第一卷)被译为24种文字,在全球发行量超过66万册,海外馆藏量至少有493家。2017年,《习近平谈治国理政》(第二卷)发行,截至2018年2月,中英文版全球发行量超1300万册。除此之外,《平易近人——习近平的语言力量》《摆脱贫困》《之江新语》《历史性句号——全球发展视野下的中国脱贫与世界发展》《中国共产党怎样解决发展问题》《中国共产党怎样治理腐败问题》《中国有个毛泽东(少年版)》等主题图书都陆续在海外发行。

文学类图书,得益于"经典中国国际出版工程"的作家资助计划,刘震云的《手机》在埃及、黎巴嫩、摩洛哥、阿尔及利亚4个阿拉伯语国家出版，《塔铺》《头人》《一句顶一万句》等在6个阿拉伯语国家出版。2016年，刘震云获得"埃及文化最高荣誉奖"，2017年被摩洛哥文化部授予"国家文化最高荣誉奖"，彰显了中国作家在阿拉伯世界的影响力。余华已有7部作品被翻译为阿拉伯文，其中《活着》首印1万册，在22个阿拉伯语国家发行，埃及文化部组织了专门会议讨论该小说。[40]《活着》还荣获意大利格扎纳·卡佛文学奖。麦家的《解密》被翻译为33种语言在全球发行，是目前世界图书馆藏量第一的中文作品。麦家是继鲁迅、钱锺书、张爱玲后唯一入选英国"企鹅经典文库"的中国当代作家。《解密》的英译本在英国、美国等35个国家上市，《纽约时报》《伦敦书评》《卫报》《华尔街日报》《出版人周刊》《经济学人》，以及BBC电台书评栏目等西方主流媒体都进行了重点推介。刘慈欣的《三体》以中国科幻小说的类型在西方世界出圈，获得第七十三届雨果奖最佳长篇小说奖，打破了欧美作家垄断的局面。《三体》的全球销量突破2100万册，在美国、日本、法国、波兰、捷克等国家销量最大。

教材类图书的海外发行量日益增加。随着孔子学院在全球的设立、中国的崛起以及我国"走出去"企业雇用海外本土员工数量的增加，无论是基于文化兴趣还是职业技能硬需求，世界汉语学习者人数越来越多，国际中文教材成为重要的出版物类型。根据教育部中外语言交流合作中心的数据，截至2022年3月，全球共有国际中文教育教材19530种，国际中文教育数字教材3679种，慕课485门，微课1865节。华语教学出版社与埃及的希克迈特文化投资出版公司于2018年出版了10本面向阿拉伯地区的中文教材，其中"HSK分频词汇"系列（共4本）以及面向埃及地区发行的"新编基础汉语"系列都比较受市场欢迎。牛津大学出版社与新星出版社合作推出《牛津初级中文》，这些教材通过国外孔子学院推荐、海外代理销售点等推广或销售。[41]中图公司通过教材教辅的海外推广活动，在海外公共图书馆和教学单位设立中国教育主题图书书架、读书会、行业年会等活动，拓宽中文教材的海外覆盖范围，即便在2020年受到疫情的冲击，依然能够保持数十万册的发行量。

除了以上主要类型图书，少儿类图书，如儿童文学作品《小山羊走过田野》《一年级的小豌豆》《形影不离》《九月的冰河》《泡泡儿去旅行》等被陆续译介到海外。[42] 2018年，五洲传播出版社与圣智学习集团合作策划面向海外儿童的"中文世界"儿童阅读文库。商业类图书，如中译出版社与英国里德出版社合作的"中国著名企业家与企业"系列，是在进行海外市场调研之后进行本土化策划的作品，讲述企业家的创业经历和时代背景，塑造了中国企业家形象，包括华为的任正非、阿里巴巴的马云、腾讯的马化腾、万达的王健林等。该系列图书出版了4个语种，售出20种语言的版权。工具类图书，如商务印书馆在2018年与牛津大学出版社合作，推出面向国外读者的《汉语学习词典》《中国饮食文化汉英词典》《中国茶文化汉英词典》《中国社会文化汉英词典》，进一步传播了中国的文化和历史。

第四节　深化认识：中国出版"走出去"的发展特征

中国出版"走出去"是一项国家文化战略，涉及很多宏观问题，它具有战略性、必然性、复杂性、艰巨性和长期性等特点。中国出版"走出去"是中国出版国际化的重要方面。应该说，完整的中国出版国际化包括中国出版"走出去"和外国出版"引进来"两个方面。外国出版"引进来"早已经存在，比如国外的很多图书在国内得以出版、国外的很多出版机构在国内设有分支机构等。因此，就中国出版国际化而言，主要指的是出版"走出去"。

一、必然性

文化是经济的附载物，随着经济的强大，文化"走出去"是一件自然而然的事情。现在中国已经成为世界第二大经济体，2023年我国国内生产总值（GDP）超过126万亿元；外汇储备全球第一，2023年12月国家外汇储备为32380亿美元；同时，也是世界商品出口第一大国，2023年出口总额为23.77万亿元。如此巨大的经济总量和商品出口总量，必然带动文化"走出去"。中国的每一件商品都带有中国特有的文化信息，文化"走出去"是自然而然的事情。出版物是高浓度文化产品，出版"走出去"是文化"走出去"的重要组成部分，同时也是文化"走出去"的重要途径之一。如果说，一般商品的输出是间接传递中国文化的话，那么出版物则是直接传递中国文化，它的文化含量和浓度是其他一般商品无法比拟的。

另外，从人类本性来讲，人类是一个渴望交流的动物群体，人类不同民族之间的交流一直没有停止过，人类之间的文化交流具有必然性，同时文化交流是推动人类社会共同进步的主要手段。一个民族的发明与创造，如果能够被世界上其他文明吸收，那将有助于别国以及整个人类社会的共同进步。从世界历史发展进程来看，历史上的一些古文明，包括古代中国文明、古代印度文明、古代西亚文明等从来没有停止过交流的步伐，各个民族之间文化的相似性也是互相学习借鉴的结果。不过，不同文明在不同时期交流的频繁程度是不一样的，有时候受到自然地理条件、战争、瘟疫等的影响，交流频度会下降，但是不会停止。各民族之间的文化交流始终是一个主流。中国出版"走出去"是改革开放进一步深化，我国深层次融入全球化进程的必然结果，也是出版机构发展的较高阶段。对出版机构来讲，可以只关注国内市场，但是如果想做大做强，就必须放眼国际市场，"走出去"是早晚的事情。从这一方面来看，出版"走出去"也具有必然性。

二、系统性

中国出版"走出去"是国家文化战略的组成部分，党和国家有关部门高度重视，给予全方位、系统性的支持，涉及版权交易、商务往来、文化交流、海关审批、国际物流，以及法律法规等各环节的工作。中国出版"走出去"要健康科学地发展，就必须保证"走出去"的整体性、战略性。所有关于中国出版"走出去"的政策、立法都不是仅仅涉及某一地区、某一专业，而是立足于全国，放眼世界的问题。战略性必然带来"走出去"的系统性，一方面，就出版业内来讲，除了图书"走出去"会涉及外贸结算、货运、贸易政策等，版权贸易、出版人才、出版机构、印制、资本等方面的"走出去"还会成为涉及全行业很多部门的系统性问题，而不是某一个部门能够单独完成的。另一方面，出版"走出去"不仅仅是出版业的问题，还需要很多其他部门包括文化部门、商业部门、税务部门、外交部门等的协同。

三、国际性

中国出版"走出去"是指中国的出版物、出版机构、出版人、资本进入其他国家，是一种典型的跨国别之间的文化交流，它的国际性特征十分明显。国与国之间文化差异很大，出版立法也不一样，对于国内出版机构、出版人来讲，这是一个挑战，需要不断学习、不断摸索，才能逐渐找到正确的道路与方法。国际性首先是指经营观念国际化。观念是指导行为的准则，做任何事情都要观念先行。对出版"走出去"来说，出版人在思想上首先需要树立国际出版观念，需要放眼国际出版市场，对国际市场有充分的研究和了解，从策划选题到出版的全过程都要考虑国外市场的需求，而不是在图书出版之后，再想办法硬生生地推向国际市场。如果图书不符合国际市场的需求，即使推销再得力，也是枉然。同时，要遵守国际出版法规，按国际出版管理惯例、规则办事，熟悉各种国际版权交易规则、版权保护法规等。出版单位要有走向国际化的意识，打破小富即安的保守思想。

国际性其次是指出版企业管理制度国际化。出版企业管理制度包括用人制度、分配制度、奖励制度等。中国出版社"走出去"，必须完善企业管理制度。当前，有不少出版社在"走出去"方面的制度还不健全，出版机构领导对制度建设的重视程度有待提升。我国出版企业因体制机制的特殊性，是在缓慢的改革中逐渐适应市场经济的变化的，这与国际出版业的大规模兼并不同。我国出版企业不能自主购并，现有的出版集团都是由地方政府出面组织，在旧有的出版社的基础上通过政策引导合并而成的，市场运作效率还不高，对出版国际化规则的了解和认识还不深入，更谈不上驾轻就熟。建立出版集团的目的本是应对国际挑战，但是，现在出版集团的建立带来了一些弊病，如运营效率不高、内部摩擦不断、用人机制跟不上市场的步伐、人浮于事的现象较多，这些会制约"走出去"在国际市场的运作。西方的出版集团都是在市场上摸爬滚打出来的强者，是靠大鱼吃小鱼式的市场竞争发展起来的，其管理效率很高，用人制度灵活，选题开发市场化程度高。我国的出版集团要和它们竞争还需要练内功，健全内部管理制度，真正按市场化方式运作。

国际化再次是指国际市场自由竞争的环境。纵观国外大型出版企业的发展历程，它们无一不是通过购并战略建立自己庞大的出版集团的。出版社之间的购并自由化可以真正打破地区垄断，使一些有实力、管理先进的出版社迅速通过购并壮大自己，同国外出版商竞争。这样不仅大型出版集团可以通过购并实现扩大市场占有率，发展、壮大自己，而且一些经营较为困难的出版社被别的出版社兼并，还能改变旧的管理方式，使管理走向科学化，重获生机。对政府来说，最关键的是要制定相关的法律法规，规定什么样的购并是被允许的，什么样的购并是不被允许的。当前我国由政府出面强力组建集团，存在市场活力不够、内部掣肘很多的问题，不利于出版集团做大做强，不是中国出版走向国际化的真正出路。当前我国出版界由于体制管理等原因存在大量浪费现象，有的出版社虽然出现巨额亏损，早已资不抵债，完全可以通过购并实现社会资源的重新组合，却还在经营。这些企业应该进入破产程序，由其他出版社重组。

四、长期性

长期以来，我国出版业尽管经过发展取得了重大进步，但是总体来讲国际影响力还十分有限，还有很多工作需要做。从整体上讲，中国出版国际化才刚刚开始，还处于初级阶段，距离成为国际出版强国还有很长的一段路要走。首先，相比于世界发达国家的出版业来说，我们产品的国际竞争力还不强，在海外市场尚未摸索出一套成熟的运作机制，产业链的建设不健全，国际出版人才包括管理人才、翻译人才、版权人才、编辑人才比较稀缺，中国出版机构出版的图书进入国际畅销图书榜单的还很少，中国大型跨国出版集团数量有限，国际影响力有限。与此同时，出版国际化涉及图书"走出去"，而图书是会影响人的精神生活的，世界各国普遍对此高度警惕，极力防止外来文化对国民精神的渗透，因此他国意识形态方面的防范成为中国出版"走出去"的一重障碍。世界各国之间文化的差异不容小觑，这是出版国际化的另一重障碍。在中国畅销的图书在国外未必畅销，其中的影响因素十分复杂，包括文化审美、价值观、心理认同、集体人格、消费习惯等各方面的差异。这些都是中国出版人面临的挑战，需要花大力气去应对。

出版"走出去"不是一蹴而就的，不能急躁，需要练好内功。这是一场持久战，不能急功近利，更不能为了一时的面子、业绩而拔苗助长。我国的出版国际化才刚刚开始，赔钱、失败都是正常的，要允许失败，否则出版企业畏首畏尾，前怕狼后怕虎，创新很难实现。与西方发达国家相比，中国现代出版业起步较晚，真正的大发展是在改革开放以后。而那时西方很多国家的出版业已经有了两三百年的发展历史，它们资本实力雄厚，经验丰富，要想赶上它们的发展程度，还需要做很多工作。这些工作需要循序渐进，脚踏实地走过来。出版人国际编辑能力的提高、对国际出版习惯的了解与把握、在目标国家建立分支机构、对国际出版政策与法规的了解与掌握、对目标国家文化习惯的了解都是需要一步一步来的，不可能有突飞猛进式的发展。渐进性是出版"走出去"一个不可忽视的属性。

  出版主体在"走出去"过程中不可过于急躁。出版国际化涉及的部分比较多，不是短时间能够奏效的。以日本来说，日本文化用了100年的时间才在法国打开局面。现在日本漫画在法国有很大一批拥趸。我们不能急于求成，应该从日本文化在法国落地的过程中得到启发。事实上，这也是日本政府长期以来坚持不懈地推行一系列促进本国文化"走出去"的政策带来的必然结果。长期以来，大英博物馆一直在收藏日本漫画精品，还举办了由英国本土人士策划的大规模的日本漫画展。日本经济产业省为推动日本文化"走出去"花费了很多心思，举办各种展览，搭建版权贸易平台，为企业"走出去"搭建平台，比如举办亚洲音乐节、动漫节等。日本政府大力推动音乐唱片、电影"走出去"。日本政府刻意将文化企业和其他产业联姻，促进"走出去"。日本文部科学省2002年就已经通过对外日本文学翻译计划"现代日本文学翻译、普及事业"，选择了120余种日本著名文学家的作品，组织翻译并介绍到国外出版。日本文部科学省举办日语翻译大赛，组织很多国家的翻译者到日本参加比赛，由日本政府承担差旅费用。此前荷兰也举办过国际翻译大赛，由荷兰政府承担参赛人员的差旅费用。匈牙利政府组织通过"译者之家"，为外国翻译者提供长期旅居的费用，并提供生活保障。这些都是值得借鉴的成功经验。日本用漫画敲开欧洲的大门，我国也许会通过网络文学打开欧洲的大门。过去，很多人提起网络文学就嗤之以鼻，如今网络文学已经成为国内主要IP（知识产权）的富矿，现在爆红的电视剧、电影有不少来源于网络文学，这些超级IP成为文化市场的风向标，给文化市场带来了活力。

2013年9月，习近平主席在哈萨克斯坦纳扎尔巴耶夫大学发表演讲，首次提出共建"丝绸之路经济带"倡议；2013年10月，他在印度尼西亚国会发表演讲时提出共建"21世纪海上丝绸之路"的倡议。

2013年11月，党的十八届三中全会审议通过的《中共中央关于全面深化改革若干重大问题的决定》提出推进"丝绸之路经济带""海上丝绸之路"建设，形成全方位开放新格局。2015年，国家发展改革委、外交部、商务部联合发布《推动共建丝绸之路经济带和21世纪海上丝绸之路的愿景与行动》，提出"政策沟通、设施联通、贸易畅通、资金融通、民心相通"的"五通"建议。"五通"是推进"一带一路"建设的核心内容。"一带一路"倡议不仅是对既有国际关系路径提出中国式解决方案，同时也为中国出版"走出去"提供了一种新路径和新方向。自2013年后，中国出版的重点区域开始逐渐转向"一带一路"共建国家，中国出版"走出去"的角色定位也在"一带一路"倡议的理念参照下逐渐清晰。

第一节 "一带一路"与新型国际关系路径——政治经济学视角

传统政治经济学的研究，无论是研究对象还是研究视角，主要聚焦的是欧美等发达国家的政治经济及国际关系，而广大的发展中国家一直处于被遮蔽的状态。在研究范式上，逐渐形成了新自由主义的政策与理念。"一带一路"倡议则为政治经济学研究提供了新的探索空间。从经济视角来看，古丝绸之路以丝绸贸易得名，是地缘经济组合的贸易纽带，当下的"一带一路"倡议既能调整国内地区发展不平衡，推进东西部协调发展，又将中国与"一带一路"共建国家的相对优势互相结合，建立平等、共享、共赢的新型经济循环模式，延续了古丝绸之路的关系，具有较强的现实价值。在政治层面，"一带一路"改变了传统新自由主义政策无差别推行西方式发展模式的路径，改变了传统冷战思维和强权政治，倡导相互尊重和平等协商的文明交往观念。

一、打破西方主导的经贸体系

从经济层面来看，"一带一路"倡议对中国经济发展格局乃至世界经济发展格局有着深刻影响。国际贸易和国际投资是一国经济发展的两大重要方式，从世界经济大国（比如美国、日本等）的崛起过程来看，其经济的崛起都高度依赖于对外贸易和对外投资，并且经历了从对外贸易向对外投资的转化。第二次世界大战后到1960年间，日本经济发展的重点支柱产业是轻工纺织业；自20世纪60年代开始到20世纪70年代，日本经济发展的重点支柱产业是重工业，包括钢铁、汽车、家电、造船行业；自20世纪70年代至20世纪90年代，日本经济发展进入低速稳定发展时期，产业结构重构，产业发展重心从重工业转移到高科技产业，比如精密仪器、半导体、电子计算机等；1990年开始，日本经济进入衰退时期。20世纪70年代之前，日本的经济发展主要是依靠传统的制造业、重工业和从美国承接的转移产业，外向型经济发展不太明显，基本投资主要是为了解决国内原材料不足的问题，投资领域是东南亚周边国家矿产资源比较丰富的地区。到20世纪70年代，日本传统制造业出现产能过剩的情况。1978年，日本出台《特定机械信息产业振兴临时措施法》，对尖端技术开发，包括电子信息、汽车，以及集成电路等，提供政策支持和补贴。由于制造业拉动经济发展的动力有限，日本产能开始转移到周边国家，这主要表现在纺织业转移到"亚洲四小龙"，依靠这些国家和地区的低价劳动力资源降低生产成本，并重点发展资本密集型产业，包括钢铁、化工、汽车等。20世纪80年代，日本经济进一步发展。1989年和1990年，日本对外直接投资连续两年位居世界第一。这一时期的投资主要包括对欧美国家的汽车、电子、金融、地产等领域的投资，对亚洲新型经济体的高附加值的技术型投资，以及对东南亚国家制造业的投资，等等。

与日本类似，美国在第二次世界大战后积累了大量的财富和资本，对外投资发展迅速，至20世纪70年代，美国已经超越英国成为世界最大的对外投资国，其投资主要是面向发达国家，投资领域以制造业、资源开采等为主，在欧洲以制造业投资为主，在拉美等国家则积极开展石油开采等投资。到了20世纪80年代，美国的对外投资领域主要是面向服务业，服务业的投资比例与制造业的投资比例基本持平，对石油、矿业的投资开始下降。日本和美国在这一时期成为对外投资最大的两个国家。到20世纪90年代，美国连续出台了一系列鼓励对外投资的政策，比如"国家出口战略"、《金融服务现代化法》等，服务业投资上升较快，并且开始加大了对亚太地区的投资力度，服务业超越制造业成为美国对外投资最多的行业，服务业的投资包括房地产、金融、保险行业等。无论是日本还是美国，其经济发展依靠经济领域的"走出去"，保持了GDP的高速增长，推进了全球化进程，实现了资本在全球范围内的流通。随着跨国公司的崛起，美国、日本等国家保持了在地产、金融、咨询等全球市场的优势地位，增强了国家的整体实力，形成了以发达国家为主导的金融、贸易和经济体系。

在全球制造业外包和服务业外包的整体趋势下，全球供应链网络的加工组装基地最终投向那些具有丰富低成本劳动力资源的发展中国家，中国、印度等参与国际分工成为现实，也成为经济全球化的受益者。自20世纪70年代开始，中国开始走上改革开放之路，与世界的联系越来越紧密。20世纪80年代起，中国的经济发展是以"引进来"为重点承接海外产业发展制造业。1991年，国家计划委员会提出中国尚不具备大规模到海外投资的条件。1997年，中国在制造业领域开始有了一定的积累，首次提出"走出去"战略。到2000年，国家"十五"规划提出实施"走出去"战略，开始鼓励企业对外投资。到2002年，党的十六大提出实施"走出去"战略，开始了对外开放的新阶段。进入2000年之后，中国加入世界贸易组织，在信息技术领域的发展迅速。到2010年，中国经济超越日本成为世界第二大经济体，中国的综合国力和影响力都有了提升。

在经济全球化的推动下，中国在传统的制造业（如纺织、建材、钢铁等领域）产能方面得到提升，在"走出去"的拉动下，中国对海外的能源市场依赖度有所提升，需要进一步寻求国际产能合作。2009年、2010年，中国连续两年成为世界货物贸易的第一出口大国和第二进口大国，外汇储备高达4万亿美元。2012年，我国制造业增加值2万多亿美元，超过美国成为全球制造大国。不过，2008年国际金融危机爆发后，中国产能的进一步扩大与西方国家进一步收缩的市场之间形成了较大张力，欧美等国家的全球化发展进入战略调试期。随着智能化、自动化、数字化、物联网、大数据等新一轮数字技术浪潮的兴起，智能制造和销售开始部分取代劳动力，全球分工格局开始出现新的变化。欧美为了重振制造业、重振出口，推动其资本、商品和服务重归本土，包括大量劳动力密集的传统产业和高技术产品的劳动力密集环节。随着以中国、印度等为主的新兴国家行为体的经济发展，全球供应网络出现以市场为导向的调整，即跨境生产与贸易开始从低成本劳动力聚集地转移到消费市场地。

在这一大背景下，欧美等西方国家出台了一系列贸易保护等保守措施，如美国在全球战略东移、亚洲再平衡的战略部署中设计"跨太平洋战略经济伙伴协定"（TPP），吸引日本、韩国等国加入，提出零关税政策，并在环境保护、劳工权益、知识产权等方面设置高标准限制中国加入；美国又与欧盟谈判建立"跨大西洋贸易与投资伙伴关系协定"（TTIP），通过降低关税、消除双方贸易壁垒等方式建立自贸区。如果一国经济发展对欧美等发达国家过度依赖，就会造成相对被动的局面。通过资产多元化方式实现原产地多元化、进口市场多元化、境外人民币需求多元化，成为我国经济新常态的重要变化。与此同时，从国内布局来看，我国经济的发展也面临着地区不平衡的问题。长期以来，我国东部沿海地区依靠良好的自然地理条件、历史传统和改革开放以来的政策加持，其发展取得了先发优势，与世界经济体系的联系也更加紧密。然而，中西部地区与东部沿海地区的差距日益加大，在保持沿海地区的经济发展优势的同时，也需要缩小中西部之间的发展差距，中西部地区需要尽快融入国际市场，优化对外区域发展布局。因此，需统筹国内国际两个大局，形成新的发展战略。

"一带一路"倡议提出，扩大对发展中国家和转型中国家开放是新时期我国加强全方位国际合作、构建全方位开放新格局的战略要求。"一带一路"的发展理念既强调建立有利于发展中国家经济社会的国际环境，又强调包容、开放、共享的合作机制，以欢迎"一带一路"共建国家搭载中国持续健康快速发展的便车快车，共享中国发展的成果。从历史上看，中国与新兴国家行为体、其他广大发展中国家的经济贸易往来一直在迅速提升，如中国与其他亚洲国家的贸易进出口额从1978年的74亿美元增至2007年的7579亿美元，年均递增17.3%，占中国外贸总额比重超过1/3。2007年，日本、东盟、韩国、印度分别成为中国第3、4、6、10大贸易伙伴；在中国十大出口市场中，日本、东盟、韩国、印度分别位居第4、5、6、8位；在中国十大进口国家或地区中，日本、东盟、韩国、沙特阿拉伯分别位居第1、3、4、10位。中国成为日本、韩国、印度、越南第一大贸易伙伴，巴基斯坦、韩国、新加坡、伊拉克、沙特阿拉伯、越南等国成为中国对亚洲投资的主要地区。[43] 2000—2008年，在中国对外贸易和投资的领域，对外直接投资中有一半集中于采矿业，主要是面向以非洲、东南亚等为主的地区。2008年以后，中国的投资重点区域开始转向服务业。2013年，中国的对外投资开始转向金融、旅游、商贸、电信等商务服务领域，如中兴、华为等互联网企业在非洲等国家的投资，采矿业则降至第二位。

"一带一路"倡议提出以来，截至2024年5月，中国已经同约150个国家和30个国际组织签署了200多份共建"一带一路"合作文件。"一带一路"共建国家多是新兴经济体和发展中国家，这些国家人口占全世界人口的63%，经济总量超过20万亿元，占全球经济总量的30%。在国际市场，中国在钢铁、建材等低附加值行业存在大量的产能过剩，在机械、船舶、军工、高铁等制造业领域获得了快速发展。"一带一路"共建国家通过经济合作、进出口贸易等在国内经济发展上有了更好发展，比如印度尼西亚的大宗商品、棕榈油、海产、矿产等输出中国，中国成为印度尼西亚最大的出口国；中国在印度尼西亚援建的高速公路工程、发电站、水利设施及合资建设的工业园等，不仅推进了基础设施的建设，还提供了较多的就业机会，也为当地培养了一批技术人员和工程师，提升了当地人民的生活水平。在国内，西部地区占中国对外贸易的比重从2012年的5.6%上升到2017年的6.8%，外资在西部地区资本结构中的份额翻倍。[44]与TPP、TTIP不同，中国对"一带一路"共建国家持开放包容的理念，不设置政治、经济等方面的门槛，这些国家可以与中国分享经济发展的成果，进行资源、产能优势互补。因此，从经济层面来看，"一带一路"倡议并不是如西方舆论所言，将"一带一路"仅仅等同于中国的过剩产能转移，而是秉持互利共赢、建设命运共同体的原则，重构西方主导的经济贸易体系。

二、超越传统的地缘政治理论

自16世纪大航海时代开启全球化时代以来，地缘政治成为国际关系领域主流的理论。地缘政治是政治地理学的理论，是指一国利用自己所在的地理空间和政治格局的特点，展开与相关国家之间的权力对抗和利益争夺，更加强调现实主义的冲突关系。地缘政治理论一是看一国的邻国数量以及与邻国的关系，二是看该国所处的地理空间范围内存在的不安定因素，三是看地理空间内的资源、气候、自然状况等对一国与周边国家的关系产生的影响。一般来说，邻国数量越多，国与国之间的冲突可能越多，地缘政治就比较复杂。如果一国所在的区域内不安定的因素较多，则周边国家也会受到相应的影响，在南亚、中东、北非、东南亚等地区，因宗教、种族、历史等原因，不稳定因素比较多，那么周边国家的地缘政治也就比较复杂。从总体上来看，一些岛屿国家的地缘优势比陆地国家更加突出。地缘政治为美国、英国、德国等积极利用地理优势取得国家优势提供了一定的理论基础，受到这些国家的欢迎，比如马汉在19世纪末期提出"海权论"，提到海权与陆权对抗的地缘政治观；麦金德在20世纪初期提出"陆权论"，从全球视角提出"心脏地带"的地缘政治设想；而后沃勒斯特提出"中心—边缘"结构等，这些都是基于地理空间对抗与制衡而产生的国际关系体系。

近年来，随着以中国为代表的发展中国家和新兴经济体的发展，传统的"中心—边缘"的国际关系发生了新的变化，以欧美为主导的国际政治格局面临着新的调整。中国成为世界第二大经济体，中国与世界各国的关系成为世界各国所关注的话题，以权力对抗为特点的地缘政治观念仍然在国际关系领域占有重要地位。"一带一路"倡议提出后，一些西方精英和智库仍然以传统的地缘理论分析中国与周边国家的关系，比如将中国的"一带一路"倡议误读为地缘权力扩张，认为中国的崛起是大国权力利益向周边国家外延的过程。西方一些舆论认为中国崛起引发了周边国家的担忧，应该对中国采取遏制战略，以美国为代表的西方国家将遏制中国视为亚太战略的重点。今天，中美关系冲突很大一部分原因，就是美国将其地缘政治利益拓展到中国的周边国家。很长一段时间里，国际关系领域的地缘政治思维和大国博弈影响了国际社会对中国和"一带一路"倡议的看法，甚至是中国与周边国家的良性互动。在全球化进程日益推进、各国依存关系不断深入的状况下，传统的地缘政治观念仍然支配着国际关系的构建。

2015年，习近平主席首次登上联合国大会讲坛，在演讲中全面系统地阐述了中国"构建新型国际关系、命运共同体"观。新型国际关系的核心是互利共赢，人类命运共同体是新型国际关系的更深入、更具体的表达。2013年3月，习近平主席在莫斯科国际关系学院发表演讲时首次明确提出建立以合作共赢为核心的新型国际关系。2013年6月，中美两国领导人在美国加州安纳伯格庄园举行会晤，习近平主席又提出"不冲突不对抗、相互尊重、合作共赢"的中美新型大国关系。2015年，习近平主席在第七十届联合国大会一般性辩论中再次强调构建以合作共赢为核心的新型国际关系，提出打造人类命运共同体的主张。随后，在党的十九大报告中，又再次提到坚持和平发展道路，推动构建人类命运共同体。

　　人类命运共同体的提出根植于中华优秀传统文化，与中华人民共和国成立以来的外交政策也是一脉相承的。《尚书·尧典》中提出"克明俊德，以亲九族。九族既睦，平章百姓。百姓昭明，协和万邦"，说的是家族和睦、社会和睦之后协调万邦诸侯的利益，各邦国也都能和睦共处。《礼记·礼运》也提到"大同"社会的理想愿景。中华文化倡导"以和为贵""和而不同"的价值理念，强调的是尊重差异、尊重不同、和谐相处，国与国之间的相处更是如此。可见，人类命运共同体超越种族、文化、意识形态的界限，实现国与国之间和平共处，体现的是中华优秀传统文化理念，这与强调地缘权力对抗的政治观念是不同的。中华人民共和国成立以来，长期坚持独立自主的和平外交政策。改革开放后，中国综合国力日益提升，"和谐世界"理念被提出来，其阐明了中国和平崛起的理念以及中国特色的国际秩序观，向世界传达了中国和平发展的诉求，以及构建和谐共处国际关系的格局。

　　20世纪90年代以来，经济全球化、社会信息化、政治多极化的发展成为世界主流趋势。全球化是一个双向的过程，东西方国家深受影响，中国、印度、巴西、俄罗斯、南非等国家发展迅速，在全球化中扮演越来越重要的角色。全球场域中，传统地理意义上的封闭空间被打破了，国与国之间的合作更加频繁。但与此同时，全球化也削弱了民族国家的权力，一些全球性问题，比如气候变化、恐怖主义、跨国犯罪、环境污染等问题难以依靠一国来解决，需要相关的国家行为体、国际组织等共同参与和协商。2008年国际金融危机以来，以欧美为代表的西方国家，其全球治理机制的合法性遭到质疑，比如国际货币基金组织（IMF）、世界银行等在解决金融危机方面作用有限，地域性矛盾冲突上升，移民难民问题突出，但西方国家内部呈现出越来越多的社会危机，国内民粹主义势力发展壮大，单边主义和保护主义开始蔓延，逆全球化趋势越演越烈，西方各国在提供全球问题解决方案时越发无力，国际社会更加希望新兴国家在全球治理中能够发挥更重要的作用。现有国际治理体系仍然是以欧美国家为主导，新兴国家亟须承担责任，为世界发展提供新的动力，同时也要解决国际治理中话语权微弱、代表性不足等问题。

　　"一带一路"倡议是试图打破传统地缘政治、构建新型国际关系、承担中国在全球治理中大国责任的新尝试。与传统的地缘政治对抗理念不同,中国提出的新型国际关系基于"你中有我、我中有你"的新国际形势变化而生,它超越了海陆二元对抗的观念,强调以地缘整合超越相邻国家对抗冲突的主张,继承和发扬了中国传统文化中的和合共生的智慧。[45]人类命运共同体的构建以"一带一路"倡议为战略支点,中国致力于构建同世界各国的平等伙伴关系,中国在与"一带一路"共建国家建立伙伴关系的过程中,提升了广大发展中国家的发言权和代表性,与周边国家共享发展成果,同时尊重它们独立的发展道路,为构建更加合理的国际机制和国际规则提供了中国方案、中国智慧。[46]

第二节 "一带一路"与中国文化的对外传播:历史渊源与价值

文化是"一带一路"建设的重要力量。中国的"一带一路"倡议借用"丝绸之路"这一历史主题,唤起现代世界对历史上各国自由贸易、合作共赢的愿望。从更大意义上来说,丝绸之路还将世界古代文明,包括黄河文明、两河文明、希腊文明等连接在一起,塑造了文化领域的繁荣与互动。通过重建历史记忆,可以汇聚中国与各国历史文化的交集和共识,更好地推进自由开放的世界体系建设,形成新的历史文化观。

一、"一带一路"的形成历史与文明互鉴

"一带一路"是指"丝绸之路经济带"和"21世纪海上丝绸之路"。2000多年前,我们的先辈开辟出联通亚欧非的陆上丝绸之路和连接东西方的海上丝绸之路。"丝绸之路"的概念是由德国地理学家家李希霍芬在1887年出版的专著《中国亲程旅行记》中首次提出的,主要指中国与中亚、中国与印度之间以丝绸贸易为主的商业交通路线。1900年,李希霍芬的学生斯文赫定在新疆发现了丝绸之路上的楼兰古城,激发了一批探险家、考古学家对丝绸之路的兴趣。[47]1910年,德国东洋史学家赫尔曼在《中国与叙利亚之间的古代丝绸之路》中,将丝绸之路的覆盖范围从地理意义上拓展到叙利亚。晚清至民国时期,西方的探险家、考古学家来到中国,他们的足迹从中国东部

到西部地区，再途经中亚、西亚、东欧，一直到西欧，发现了中国古代与亚非欧等地区的交往遗址，证实了丝绸之路的存在。

陆上丝绸之路始于西汉初年汉武帝派遣张骞出使西域。公元前139年，张骞从古城长安（今西安）向西出发，到达大宛、大月氏、大夏、身毒等地。张骞在印度发现了大月氏生产的毛毯，中国四川生产的竹杖和蜀布，古罗马生产的海西布，推断有一条从中国四川出发通过印度到达古罗马的贸易和文化交流之路。公元前119年，张骞第二次出使西域，先后到达乌孙、大宛、康居、大月氏、大夏、安息、身毒等地。通过这两次地区访问，西汉对西域各国的文化有了基本的了解。张骞携带了大量中原地区的工农业产品和文化品，并招募了大量商人随其共同出使西域，这些商人后来也吸引了很多人从事西汉与西域各国的贸易活动，推进了中原地区与西域之间的物质文化交流。隋唐时期，国力雄强、经济繁荣、文化昌盛，中外经济文化交流频繁，是陆上丝绸之路发展的黄金时代。

海上丝绸之路形成于秦汉时期，是从中国东南沿海的广州、泉州、宁波等港口，直达南海和印度洋的贸易航线，经过海上贸易，中国和欧洲、亚非等国家的商品互通有无。在秦汉时期，南越国（约公元前203年至公元前111年）就开始了海上对外贸易，中国的陶器、漆器、丝织品、青铜器、茶叶，与国外的犀牛、玳瑁、珠玑、璧琉璃、香料等有了相互贸易往来。东晋时期，海上丝绸之路对外贸易已经涉及15个国家和地区，包括东南亚诸国，印度和罗马等国家。海上丝绸之路在唐宋开始兴盛，广州、扬州等成为知名的港口中心。宋朝在广州、杭州、宁波、泉州、胶州等地设置了市舶司。明朝郑和下西洋时，海上丝绸之路的发展达到巅峰，明清时期在海禁政策的影响下，开始衰落。进入西方的大航海时代以后，西方殖民者进入东亚贸易圈，中国海外贸易航线逐渐被葡萄牙、西班牙、荷兰、英国、法国等西方国家蚕食，海上丝绸之路也逐渐消亡了。

在古丝绸之路上，贸易往来也促进了文化的交流。首先是中国礼乐刑政文明在海外的传播，尤其是对韩国、日本、越南等国家影响较深。贞观四年（630年），玄奘到印度，当时的天竺国王问玄奘："听说你们国内有《秦王破阵乐》，这个秦王是个什么人呢？"这里的秦王指的是李世民，而《秦王破阵乐》是宫廷里的一首歌舞曲。可见那个时候，古印度地区的人对中国的一些文化已经有了基本了解。越南古代在政治思想上崇尚礼乐刑政，以"三纲五常之道"为宗。越南古代文化自觉传承了中原的诗教传统，倡导诗歌创作，越南曾先后派遣大批使者朝贡，以歌表意。越南古代出现了很多诗人，比如阮忠彦，他的诗浸透着家国情怀和乡愁之情。[48]日本留学生回国曾带回了《唐礼》《大衍历经》等图书，这些经由图书、遣唐使、留学生等传播过去的文化影响了日本的教育制度、宗教体系、建筑风格和政治制度等。[49]其次是宗教文化的传播与交融。佛教自两汉期间从印度经丝绸之路传入中国，最终形成了中国化的佛教——禅宗等八大宗派。佛教用语，比如"刹那""影响""观念""执着""皆大欢喜""不可思议"等都影响着中国语言的日常使用。[50]公元前6世纪，佛教在印度兴起，佛教僧侣开始到亚洲各个地方进行传播。东汉明帝时，中国出现了第一座佛教寺院——洛阳白马寺。后来印度商人又进一步推动了佛教的传播。除了佛教、印度教，波斯的景教、摩尼教，西亚的伊斯兰教，以色列的犹太教，欧洲的基督教、天主教等也都是经由丝绸之路传入中国的。这些宗教在中国经过本土化之后又继续东传至韩国、日本等国。比如，起源于古印度、西域等地区的佛教医学传入中国后，唐朝高僧鉴真东渡日本将律宗传入日本之后，也把佛教医学理论带了过去。[51]在唐朝，中国古代的印刷术已经沿着丝绸之路西传至中亚。到13世纪，一些欧洲旅行者又将这种技术带到欧洲。直到15世纪，古登堡利用活字印刷术印刷出了《圣经》。

在丝绸之路发展历史中，中国故事在阿拉伯地区也有了进一步的传播。这些故事主要见于《一千零一夜》中，从公元八九世纪开始形成，是根据在波斯、印度、中东地区的民间故事汇集而成的。在这些民间传说里，比如在《驼背的故事》《基督教商人的故事》《总管的故事》《犹太医生的故事》《裁缝的故事》中，描述了裁缝夫妇、基督教商人、犹太医生、中国官人、皇帝之间的故事，这些故事的主人公来自不同的国家，从事的职业不同，信仰的宗教也不同，他们并没有因为彼此的差异而遭到歧视或迫害，都和谐快乐地生活在中国京城中，反映了中国与古丝绸之路上的国家的友好往来和中国古代城市生活的繁华。[52]

中国古丝绸之路跨越了四大文明的发源地，不同文化背景的人开放包容、求同存异，成为人类历史上文明交流、互鉴、共存的典型。在古丝绸之路上，不仅开始了东西方的商品贸易往来，促进了商品的大流通，更是通过技术传播、文明交流、宗教传播等推动了民族间文化的理解、包容和融合。

二、"一带一路"倡议下的文化多元交流

在国际合作领域，联合国、世界贸易组织侧重于某一具体领域的多边机制，七国集团（G7）、二十国集团（G20）主要是多边高层或务虚对话平台，东盟、欧美、北美自由贸易区、上海合作组织则是务实的经济一体化安排。"一带一路"倡议则与这些机制不同，其覆盖面广，涉及经济、政治、外交、文化等领域；其合作方式多样，既有政治、文化领域的务虚对话，也有经贸、金融等领域的务实合作；其机制是开放共享的，核心是区域合作，但不设置壁垒，包容性更强。中国与"一带一路"共建国家是互为依托的命运共同体，只有相互合作，才能破解各国发展面临的困境与问题。中国发展面临转型升级，需要重构产业价值链，加大"走出去"的力度；欧盟国家在经历2008年金融危机之后，内部投资需求低迷，急需拓展外部市场发展经济；俄罗斯、中亚等国家资源比较丰富，但资金、劳动力缺乏，需要引入外力提升工业化发展；中东地区油气资源丰富，但宗教矛盾交织，大国利益集聚，地区不稳定因素增多，恐怖主义滋生，需要搭建稳定的沟通对话机制；非洲人口资源方面有优势，但基础设施发展落后，需要外力支持加快发展。依托"一带一路"倡议，各国可以优势互补，促进国际关系新秩序的形成。

如前所述，现有的国际秩序仍然受制于地缘政治观念的影响，中美之间的关系充满不确定性，周边个别国家如越南、菲律宾等因领土争议等问题对"一带一路"倡议存在一定的警惕性，国际主流的舆论仍然是以西方主流媒体为主导，在地缘观念影响下对"一带一路"倡议持有一些怀疑、消极等看法，这影响了国际社会对中国"一带一路"倡议的理解。中国的转型升级需要和平发展的国际环境，同时需要向"一带一路"共建国家和国际社会说清楚"一带一路"倡议的真实内涵和诉求。

"一带一路"倡议的重要目标是打造政治互信、经济融合、文化包容的利益共同体、责任共同体和命运共同体。由于"一带一路"共建国家的发展水平和发展面临的具体问题不同，因此各国政府之间需要做好政治沟通，良好的政策沟通是开展经贸、文化合作的重要保障，可以为"一带一路"共建国家之间的合作营造良好的政治经济政策环境。在政策保障下，"一带一路"共建国家需要强化在交通基础设施、通信设施、经济贸易等领域的合作，基础设施是经济发展的基础，可以形成新的经济增长点，促进投资和消费，从而实现互利共赢。无论是政治领域还是经贸领域的合作，都需要

文化力量提供思想支持，因此中国与"一带一路"共建国家需要做好民心相通工作，开展文化交流，增进中国与"一带一路"共建国家人民之间、企业之间、政府之间的相互理解和信任。面对中国的日益强大，自20世纪90年代起，西方社会就存在部分"中国威胁论"的声音，2010年中国经济总量超过日本后，国际舆论对中国的言论更偏向消极，这些对中国与"一带一路"共建国家的关系建构是不利的，中国需要文化的力量来讲述中国故事，传递中国声音，改善中国在国际社会上的形象，增进"一带一路"共建国家对中国文化、中国政策的理解。从历史的维度来看，古丝绸之路所开创的文明交流理念在当代仍然值得传承。因此，文化的对外传播不仅有利于塑造国家形象，增进理解，更有助于推进文化领域的多样性、平等性。

"一带一路"倡议提出以来，文化领域的交流成为必然。政府层面组织、支持、参与了众多文化交流项目，推进各国的语言文化，如孔子学院的建立。世界上有很多国家都有类似孔子学院的组织，法国文化协会早在1883年就成立了，在全球138个国家和地区共有1093个分会。英国文化协会在1934年成立，在全球109个国家的233个城市设有分会。德国歌德学院于1951年成立。美国文化中心的一项特殊功能是协调管理中国富布莱特项目，该项目于1946年创建，由美国专家来华讲学和中国学者赴美研修两部分组成，是政府间的教育交流项目。韩国世宗学堂在2007年创建。西班牙塞万提斯学院在1991年创办。除此之外，还有日语学习中心、巴西文化中心、丹麦文化中心，这些都是比较重要的公共外交文化组织。截至2017年，孔子学院在亚洲33个国家（地区）设立了118家学院，在非洲39个国家（地区）设立了54家学院，在欧洲41个国家（地区）设立了173家学院，在美洲21个国家（地区）设立了161家学院。在各类文化交流活动的影响下，泰国、亚美尼亚、斯洛文尼亚、爱沙尼亚等60个国家将汉语教学纳入国民教育体系。

以教育方式推进文化传播的另一个公共外交载体是鲁班工坊。鲁班工坊是职业教育国际化的探索方式之一，通过塑造中国"大国工匠"形象，中国国内大学与国外地方大学合作，推进现代职业教育的创新。2016年，首个鲁班工坊在泰国成立，随后天津市第二商业学校与英国奇切斯特大学合作设立烹饪相关专业的鲁班工坊。2018年，天津机电职业技术学院和葡萄牙塞图巴尔理工学院共同建立鲁班工坊，开创工业机器人技术、电气自动化技术等相关专业。鲁班工坊培养的学生可以输送到中外企业，截至2022年9月，天津市已经在19个国家建成20个鲁班工坊，其中11个工坊建立在非洲。[53]

鲁班工坊以职业教育的国际化为载体，除了向"一带一路"共建国家输送人才，服务产能，还普及了中国的科技发展前沿动态，传播了中国文化，增强了国际社会对当代中国社会发展的认识。

文旅交流与合作项目仍在"一带一路"共建国家蓬勃发展。根据文化和旅游部的数据，到2017年底，中国已与157个国家签署文化合作协定，累计签署的文化交流执行计划近800个。政府层面全面铺开多边合作机制，比如上合组织成员国文化部长会晤、金砖国家文化部长会议、中国—东盟文化部长会议、二十国集团旅游部长会议、亚太经济合作组织旅游部长会议、中国—中东欧国家文化合作部长论坛、文明古国论坛部长级会议等16个多边文化和旅游合作机制。[54]与"一带一路"共建国家合作的文化交流活动有亚洲旅游促进计划、亚洲文化遗产保护行动、中国希腊文化和旅游年、中国西班牙文化和旅游年、南非"中国年"、中赞文化年、中克文化和旅游年、中哈旅游年、中柬文化旅游年、金砖国家文化节、中缅文化和旅游年、上合组织峰会文艺演出、中俄建交70周年庆祝大会文艺演出、葡萄牙"东风西韵——紫禁城与海上丝绸之路"展览等30多个文化年、旅游年、文化演出活动，创立了"欢乐春节""丝路之旅""青年汉学研修计划""中华文化讲堂""千年运河""天路之旅""阿拉伯艺术节"等文化和旅游品牌。[55]比如，2015年中国与吉尔吉斯斯坦、哈萨克斯坦联合申报的"丝绸之路：长安—天山廊道的路网"入选《世界遗产名录》，以文化遗产为带动力，可以加强"一带一路"共建国家民众之间的情感联系；"欢乐春节"活动连续举办多年，2024年在全球110余个国家和地区举办近500场线上线下活动。中国在斯里兰卡、巴基斯坦、新加坡、柬埔寨、越南成立中国文化中心，总数量已经达到45个。这些形式多样的交流活动取得了一定的效果，比如在克罗地亚，90%的克罗地亚人把中国视为友好国家，85%的人认为中国是克罗地亚的可靠伙伴，50%以上的人喜欢中医和中国美食。2018年，中国到克罗地亚的游客约24万人次，同比增长超过40%，这与"中克文化和旅游年"的举办是密切相关的。[56]

影视剧是文化和价值观的反映，2013年后，面向"一带一路"共建国家的影视剧发展有了实质性的增长。首先，搭建了国际影视剧交流、贸易平台。2014年，国家新闻出版广电总局与"一带一路"共建国家举办了丝绸之路国际电影节，在成都举办金砖国家电影节，举办上海国际电影节"一带一路"电影巡展、建立"一带一路"电影节联盟等。2016年，在首届金砖国家电影节上，金砖五国共送出30多部影片参展，中国电影《我们诞生在中国》，巴西电影《尼斯：疯狂的心》，印度电影《海龟》，俄罗斯电影《僧侣与魔鬼》，南非电影《救赎》《幸福的四字箴言》等相继展出。在首届电影节后，五国制订了2017—2021年合拍计划，对本国卖座的电影进行翻拍，同时建立五国电影人才培养和交流计划，每届电影节轮换在五国举办。2017年，上海国际电影节共收到47个"一带一路"共建国家的1016部影片申报，有多部电影入围金爵奖主竞赛单元和亚洲新人奖竞赛单元。[57]在2019年伊斯兰堡中国电影节上，放映了《建国大业》《一代宗师》《湄公河行动》等影片。在西亚、北非等地区，《红河谷》《洗澡》《天将雄狮》《父亲》等在电影节上获奖。2018年，在中国—埃及电影展上，《旋风女队》《天将雄狮》等参展。在2021年首届柬埔寨亚洲电影节上，有53家中国电影公司参展。[58]浙江省推进浙江—吉尔吉斯斯坦德隆电视台文化贸易平台做"一带一路"的重点项目，并以此开展"一带一路"共建国家的影视剧、文化贸易等活动。

其次，中外合作、共享影视剧节目产品。比如，中国和哈萨克斯坦合拍《音乐家》，中国和塞尔维亚合拍《萨瓦流淌的方向》，2016年中国和印度合拍《大唐玄奘》《功夫瑜伽》等电影，中国与泰国合拍《索命暹罗之按摩师》，中国与越南合拍《越来越囧》，中国与俄罗斯共同制作了电视剧《晴朗的天空》，中国与捷克、斯洛伐克拍摄动画片《熊猫和小鼹鼠》。无论是合拍影片还是电影节展出，中国与"一带一路"共建国家的相互了解程度都进一步加深，比如在"一带一路"电影节展出的不丹影片《嘿玛嘿玛》是由不丹和中国香港共同制作的，不丹导演主导的剧情片，让中国观众对喜马拉雅森林深处的宗教与人性主题进行了反思；阿富汗影片《依依惜别》引领中国观众历经了阿富汗难民的世界；菲律宾影片《墓地情歌》让观众了解到菲律宾摇滚乐的状况。

再次，中国影视剧出口到"一带一路"共建国家的数量进一步增长，东南亚是泛华语文化圈，与中国文化距离较近，同时海外华侨的数量众多，历史上的文化交流频繁，因此东南亚是中国影视剧输出的主体区域。在2014年，中国境外电影票房中，东南亚占比37.86%，北美和欧洲合起来才占21.87%；2015年，我国向东南亚地区出口电视节目总额达到1.2亿元，占电视节目总出口的24.15%，2016年，这一比例提升到31.5%。出口到东南亚的电影有《叶问》《美人鱼》等，早期的电视剧《还珠格格》《花千骨》《甄嬛传》《延禧攻略》《陈情令》等在影视平台的播放量都比较高，柬埔寨和老挝等国家还设置有"中国剧场"栏目。《媳妇的美好时代》《杜拉拉升职记》《北京爱情故事》《三生三世十里桃花》等影视作品在非洲地区电视台上映。根据2015年度中国电影国际传播调研报告，功夫片是"一带一路"共建国家观众最喜欢的电影类型，其次是剧情片、纪录片、喜剧片、科幻片等。

丝绸之路首先是一条商贸通道，在古丝绸之路上，中外的商品如丝绸、瓷器、茶叶、铁器、香料、珠宝、皮毛等都源源不断输入输出。在当代，中国与"一带一路"共建国家的贸易往来也比历史上更加频繁。在双向投资上，2013—2021年，中国企业对"一带一路"共建国家直接投资累计达1613亿美元，"一带一路"共建国家在华投资设立企业3.2万家，对华累计直接投资711.5亿美元。在货物往来上，2013—2021年，中国与"一带一路"共建国家货物贸易额累计达11万亿美元。东盟是中国"一带一路"共建国家开展货物贸易最集中的地区，2021年中国对东盟出口额达4836.9亿美元，自东盟进口额达3945.1亿美元。经济贸易的往来反过来又带动了丝绸之路的文化交流，促进了文化的融合和各民族、国家相互依存的关系。无论是古丝绸之路还是"一带一路"的文化互通，体现的都是国家之间平等的文化交往，丝绸之路成为增进国与国之间沟通与理解的桥梁，这与人类命运共同体理念是融通的，中国借用古丝绸之路的历史符号践行了更加均衡的新型国际关系，是对传统地缘政治博弈的一种超越。

第三节 "一带一路"背景下中国出版"走出去"的功能定位

"一带一路"倡议是中国践行新型国际关系理念、推进构建人类命运共同体的具体实践，最终目标是建立一个平等、协商、开放、包容的国际秩序格局，这是对中国长期以来奉行独立自主的和平外交政策的深度诠释，其离不开中国出版的国际化来提供文化支撑。因此，中国出版"走出去"主要在以下方面发挥作用。

一、阐释理念

阐释理念，具体来说，就是向世界阐释共产党执政规律、社会主义建设规律、人类社会发展规律。这三大规律的内涵体系丰富。直到19世纪末，政党较少出现在国家政治活动中。到了20世纪末,世界上没有政党存在的国家就屈指可数了,政党执政成为政治管理最普遍的形式。在西方,"工人政党""国有化""计划"这些概念是和社会民主党的主张联系在一起的,是社会民主党区分于别的政党的重要标识。不过,在发展过程中,尤其是第二次世界大战之后的发展实践中,这些主张又发生了变化,比如自德国社会民主党在其党的纲领中宣称自己不再只是工人阶级的政党开始,其他社会党纷纷效仿,各国社会党也从过去明确坚持公有制到逐渐淡化所有制,主张混合经济,而后英国工党在党章中取消坚持了70多年的国有化目标。[59]政党执政是随着历史情境的变化不断调整自己的执政纲领的。

就共产党的执政来看,自马克思在《共产党宣言》中提出无产阶级夺取政权的革命号召之后,20世纪在欧洲、亚洲的一些国家和地区形成了现实的革命运动,纷纷建立了共产党执政政权。20世纪80年代末到90年代初,苏联解体,东欧各国的共产党纷纷丢失执政权,而社会主义中国经受住了历史考验,中国共产党执政规律需要总结探索。在2001年召开的中共中央工作会议上,通过总结世界共产党执政的兴衰成败,从四个方面总结了中国共产党的执政规律,包括坚持改革创新来巩固自己的执政地位;执政党的路线、方针、政策和行动纲领必须顺应民意,人心向背是决定一个政党、一个政权兴亡的根本性因素;执政党在内部需要加强自身建设,做到为政清廉,同时执政必须坚持马克思主义的思想理论基础、坚持民主集中制等。[60]随着中国整体实力日益提升,世界更加关注中国,更想了解中国共产党的执政理念,但目前国际受众对这一执政规律的了解还不多。研究中国共产党执政规律是丰富和发展马克思主义执政党学说的需要,是共产党执政后保持长久执政地位的需要,也是总结历史经验、实现党的领导现代化的需要,更是向世界阐释自我的需要。

在社会主义建设方面,马克思、恩格斯创立的科学社会主义理论阐释了社会主义代替资本主义是人类历史发展的必然趋势,但科学社会主义理论转换成社会主义实践的历史经验仍然需要出版来进行阐释。19世纪中叶,马克思、恩格斯提出共产主义革命将是在一切文明国家,包括在英国、美国、法国、德国同时发生的革命,在当时这是所有马克思主义者所熟知和遵循的。不过,在具体的实践中,资本主义在19世纪末发展到垄断资本主义之后,情况变得复杂。列宁在1916年提出,资本主义的发展在各个国家是极不平衡的,社会主义不能在所有国家内同时获得胜利,将社会主义革命理论向前推进了一步。1917年,俄国十月革命胜利后,建立了世界上第一个社会主义国家政权——俄罗斯苏维埃联邦社会主义共和国。当时基于一国社会主义革命不可能最终取得胜利的理论，俄共成立了共产国际这一世界共产党。在共产国际的帮助下，世界五大洲先后建立了70多个共产主义政党，党员总人数达到400多万。共产国际在支援国际工人运动以及殖民地、半殖民地和附属国的民族解放运动，反对帝国主义压迫和侵略，反对法西斯主义等方面都做出过重大贡献。在完成国家政权建设后，社会主义建设模式在无任何经验可借鉴的情况下开始了自我摸索的道路。在经济体制上，苏维埃政权按照马克思、恩格斯的设想建立了以生产资料国有化为基础，以高度集中的国家计划和分配体制为特征的经济体制。1930年开始，苏联加速了农业的全盘集体化，到1936年宣布基本建成社会主义。苏联之外，社会主义在世界开始了多国的实践，在建设过程中又暴露出一些矛盾和问题，比如离开生产力发展的实际水平，片面追求公有化程度；实行高度集中的计划经济，忽略商品经济发展；片面追求发展重工业，忽略轻工业的发展；国民经济比例失调；等等。

中国从20世纪开始探索破解社会主义建设的历史难题。中华人民共和国成立初期到改革开放这一时期，中国的社会主义建设经过几十年的积累，取得了不小的成绩。在社会主义建设上，创立了社会主义社会的矛盾学说，即生产力和生产关系之间的矛盾，提出将中国建立成为社会主义现代化强国的总体目标；在借鉴苏联经验教训的基础上，深入调查中国的实际问题，提出从农业国转向工业国建设的总体方针；在文化上，提出"双百"建设方针，并提出"古为今用、洋为中用"，为解决传统文化与现代文化的关系、外国文化与中国文化的关系进行了定调。社会主义发展初期，国家建设的道路是积极而有成效的，但又是艰难而曲折的。党的十一届三中全会之后，通过总结社会主义建设经验，在中国共产党的带领下继续开始了社会主义建设的道路探索，并确立了解放思想、实事求是的思想路线，在经济体制改革、科技发展、教育发展和政治体制等方面进行优化，社会主义商品经济论、社会主义初级阶段论成为中国全面深化改革的理论指导。到党的十四大召开，江泽民同志对邓小平同志建设有中国特色社会主义理论的形成发展和历史意义做出了深刻论述，形成了邓小平理论体系，将什么是社会主义、怎样建设社会主义又往前推进了一步。

20世纪90年代中后期，在世界社会主义事业出现严重曲折的情况下，我国的社会主义事业发展遭遇到空前压力。一方面，东欧剧变、苏联解体，国际力量对比发生重大变化，西方发达国家科技和经济发展实力进一步增强，我国发展面临巨大压力。另一方面，世界多极化、经济全球化为我国发展带来和平、发展的契机，信息技术的发展稳步向前，我国以高新技术为先导、以发展经济为基础继续社会主义建设的探索。面对国际社会对中国未来发展走向的关注，以江泽民同志为核心的党中央系统解决中国农业农村发展问题、推进国有企业改革、进行五年发展计划和西部大开发，发展了"三个代表"重要思想。进入新时期，尤其是2008年之后，中国经济发展总量位居世界第二，但是面临的国际舆论也变得更加复杂，要诠释中国社会主义建设的经验和规律需要出版业来进行系统总结，诠释社会主义建设的中国经验、中国方案、中国智慧，比如向世界讲清楚中国道路是什么，中国共产党的执政理念和治理经验是什么，中国的全球治理理念、外交立场是什么，等等。上海人民出版社的《中国震撼》推出7个语种，英文版被美国华盛顿大学选为国际关系课程的参考教材，这正是出版所发挥的作用。

二、消除隔阂

随着中国经济的逐步壮大、国际影响力逐步提升，很多国家需要研究、了解中国。为了与中国人打交道，他国还需要了解中国人的生活习惯、中国人的文化等。这些需求是全方位的，也是世界范围的普遍需求。然而，今天国际社会对中国的认识基础还是以他塑为主。由于长期以来国际传播渠道主要是由部分西方国家的媒体和图书所主导，信息秩序自西向东的流动格局未得到根本改变，中国媒体"走出去"的历史还不长，中国文化在国际世界失声，与其文化地位极不相称，国际社会对中国的认知是存在滞后性和部分误解的。对中国叙事和中国形象的构建，较多来自中国之外的媒体、学者和出版界，其中必然带来部分的误读，与真实中国形象存在一定差距。这些错误认识的纠正难度很大，需要政府、传媒、出版业本身做很多工作，尤其是出版的体系性、完整性更强，在建设中国话语体系方面具有独特优势，理应成为文化"走出去"的利器。中国国际传播面临一个更难的问题是，有的中国人也告别自己的话语传统，起用西方概念、话语讲述中国，造成"自我殖民"。[61]这是一种文化的非自觉状态的被同化的表现，也是西方中心主义（西方标准主义）的一种表现，是一种无原则的追随。自明朝以来，首先向西方介绍中国文化的大多是传教士，他们为了宗教的目的向西方传播中国文化，使用的语言体系是宗教化的，把中国文化生拉硬拽进他们的话语体系，因此产生了一定程度的扭曲变形。这种话语体系有相当一部分内容被沿袭下来，有些还被翻译回中国。谬种流传，误人不浅。

外国读者对中国的错误认识有不少也是受到图书作品的影响，20世纪30年代法国漫画家埃尔热创作的《丁丁历险记》，影响很大，其早期作品中对中国人的描写都是错误的。鲁汶大学的一位神父拉贝·戈赛看到后，跟自己的中国学生张充仁说看了很不舒服。张充仁是庚子赔款留学生，到比利时布鲁塞尔皇家美术学院学习油画等。埃尔热后来接触到这位中国学生，从他那里了解到很多中国的知识，从此改变了对中国的错误认识，两人联合创作了《蓝莲花》（也叫《丁丁在中国》，反映中国抗日生活的漫画），埃尔热后来还专门创作了一期《丁丁在西藏》。这些书都被翻译成50多种语言在全球范围内传播。埃尔热对张充仁十分感激，也十分肯定，因为是张充仁纠正了自己对中国的错误认识，他说："在《蓝莲花》这个时候，我发现了一个全新的世界。在这之前，对我来说，中国不过生活着一些似人非人的居民……就这样，我发现了一种完全不了解的文明，同时我也意识到了一种责任……因为他，我更加懂得友谊、诗歌、自然。"这个案例虽然历时已久，但是时至今日，外国作者对中国的错误认识仍然很多，需要我们通过各种途径来纠正。其中，出版物是一个重要方面。

三、展示形象

消除隔阂、误解与展示形象是紧密联系的，这需要出版"走出去"创新话语的表达方式，当然，根本前提是要逐渐打破西方中心观在塑造中国国家形象过程中的藩篱。在国际舆论体系中，西方中心主义或欧洲中心主义，几乎充斥于社会生活的方方面面，这样的思维观主导了国际社会对中国的认知，产生了一些对中国的刻板印象。在现当代社会，西方文化随着其现代技术优势在全世界范围内推广，随之而来的是西方中心主义思想四处蔓延，其渗透到社会的很多方面，尤其是现代传媒，包括各种出版物，不自觉地受到西方中心主义的影响，充斥着西方中心主义，很多人言必称西方，学必称西方，一切以西方为标准。这种倾向影响深远，甚至亚非拉国家的一些人不自觉地沾染了这种倾向，自己的言行也是以西方为中心、为标准。这些年来，这种倾向正逐渐引起全世界的注意，一些著名的学者开始反思。这也是中国出版"走出去"中特别需要注意的问题，如果缺乏一种文化自觉，可能反倒成了西方中心主义的传声筒，这是很可悲的。

英国学者约翰·霍布森在《西方文明的东方起源》中说："只有当我们摆脱了欧洲中心主义，我们才能够勾勒一幅搜罗广泛、感情移入、更加全面的世界历史画卷……移情作用至关重要，因为它使我们能够跨越欧洲中心主义歪曲和有选择的偏见，这些偏见错误地将我们引向忽视东方或将东方边缘化……东方国家无疑是众多'有历史'的民族，他们为促进现代资本主义的实现，在很多方面做出了极大的贡献和牺牲。"[62] 众所周知，中国在17世纪中期以前一直是世界强国，中国的科技发明对世界产生过重大影响，四大发明、丝绸、瓷器等对世界经济与文化发展贡献巨大。英国著名生物化学家、科技史专家、英国皇家学会会员李约瑟博士对中国科技史研究十分深入，主编了十几卷的《中国科学技术史》，他说："如果没有中国古代科技的贡献，就不可能有我们西方文明的整个发展历程。"美国学者罗伯特·坦普尔在著名的《中国，文明的国度》一书中曾写道："如果诺贝尔奖在中国的古代已经设立，各项奖金的得主，就会毫无争议地全都属于中国人。"没有中国造纸术、印刷术的西传，世界不可能进入现代传媒时代；没有中国指南针的发明与西传，西方大航海时代的来临是不可想象的。

出版"走出去"能重新塑造新的国家形象。我们在出版"走出去"的过程中，需要先立足本民族文化，对西方文化合理吸收与容纳，但是不能丧失自我，不能一味迎合西方，要建立民族文化自信。习近平总书记在党的十九大报告中说："没有高度的文化自信，没有文化的繁荣兴盛，就没有中华民族伟大复兴。"同时，我们也要有出版自信。我们国家坚持世界文化的多样性共存的原则，费孝通先生的概括十分精彩："各美其美，美人之美，美美与共，天下大同。"我们主张世界文化多元交流，互相学习，反对一种文化独大，反对以一种文化为中心，更反对文化霸权。出版"走出去"就是让中国文化走向世界，参与国际交流，为世界文化多样性并存做出贡献，我们主张现代世界文明在和谐中演进，我们反对文化帝国主义、文化殖民主义。

在现有的国际传播中，无论是基于文化价值观的差异还是意识形态的偏见，国际传播中常常会出现有理说不出、有理说不清的无效沟通，我们的出版需要跨越这些藩篱，创新叙事体系，通过观点交锋达到更好的交流目的。相比于国家、执政党都做了什么，国外读者更加关心他们是如何做的，更愿意看到普通老百姓是如何看待这些的，老百姓的感受是什么。好莱坞的叙事策略是值得我们大胆学习的，他们的英雄主义叙事和平民立场更加贴近生活、更加真实。中国的出版"走出去"需要研究这样的经验，避免停留在"走出去"的1.0阶段，强推强打，居高临下地去做主题出版。出版"走出去"也需要向国际出版企业学习，在学习过程中根据国情创新，学习它们的国际化手段、方式，编辑管理，出版经纪人制度，图书营销技巧，等等。西方的图书出版事业是一个成熟的商业化运作体系，无论是以民营出版企业为主导的出版体系，还是产业化运作的好莱坞电影生产，都十分强调全产业链的策划。市场导向的出版业从图书的选题策划就开始在书名、框架、角度、行文等多方面下功夫，策划一本畅销书之前已做好详尽的市场分析、受众分析、可行性论证、营销方案和预期效果，这样避免了重复化作业、节约成本、降低风险。相比之下，我们的主题图书"走出去"只是简单翻译国内读者喜欢的作品，完全忽视了海外受众的关切点和需求，与海外的全产业链策划相距甚远。当然，在学习过程中，我们也会有超越，比如网络文学这一出版模式就走在了世界的前列，网络文学的付费方式也是中国出版的独创。世界上还没有哪个国家的网络文学能够发展到中国这样的规模，现在中国的网络文学精品已经输出到很多国家。一些网络文学平台也已经在其他国家建立了专属的阅读平台。这一过程，既是消除隔阂的过程，本身也是展示国家形象的过程，如网络文学的现实主义小说、中国主题出版物，大到讲述中国共产党治国理政的故事，小到切入普通个人的奋斗圆梦故事，都是在多方面、多维度立体建构国家形象、国民形象，这对以往国际叙事中被污名化的国家和国民形象也是一种反向消解。

四、增进友情

国际上有不少国家与中国保持着传统友谊，国与国、民与民之间都有着较好的沟通，他们对中国的认同感也比较强，当中国发展越来越好，需要为这些国家提供可供参考的经验时，出版就应当好排头兵，主动生产符合国际受众的文化产品，维护好中国的国际朋友圈。当然，我们的主题出版中也有不少关于中国传统文化、中国文学、风土人情、汉语教材等的内容，这些都是国际人文交流的重要入口，更容易跨越意识形态的隔阂,增进友情、增进理解。以出版构建文化、文化"走出去"为纽带,可以建立中国与世界其他国家的友情。因此,出版"走出去"同样需要打破中西二元对立的文明交往观。

各种文明不是孤立发展的,而是在相互碰撞中发展的。自有人类文明以来,各种文明就互相学习、互相交流,人类各文明之间从来没有停止学习的步伐。苏美尔人和古埃及人互相学习,古希腊人向古埃及人学习,古罗马人向古希腊人学习,就连遥远的中国文明,也和其他文明互相学习。通过陆上丝绸之路、海上丝绸之路,中国文明与希腊文明、西亚文明、南亚文明都有过很多交流。把中西两种文化对立的倾向不只国内存在,国际社会也广泛存在。曾在香港城市大学任教的张隆溪教授曾经批评国际汉学界的中西对立倾向。他说,"中西对立的观点的害处在于他们把这种差异绝对化了,其实这样非但无助于促进不同文化之间的理解,反而增加了对立"。[63]

世界文化是多元并立的,不仅仅有中国文化、西方文化,还有阿拉伯文化、美洲文化、非洲文化等。中西文化不是非此即彼的二元选择关系,是多元文化体系中的两个分支。中外文化不是对立的,而是相互交融的,你中有我,我中有你。同时,世界各民族文化发展具有不均衡性和差异性,各有所长,任何民族文化的发展都不可能与其他民族文化发展同步。世界各民族文化的多样性是一种客观存在,也是文化交流的大前提,如果世界各民族文化都是一样的,也就没有交流的必要了。在世界历史上,有很多重要的商路,任何一条商路都是一条文化交流之路。中国文化通过陆上丝绸之路、海上丝绸之路及其他途径影响了很多国家的文化,同时也吸收了其他文化的一些元素。世界各民族文化的交流是一个动态的过程,在任何时候都没有停止过。

出版"走出去"属于文化"走出去"的范畴。出版要增进友情,也需要把握文化发展的规律。文化是一个抽象概念,需要一定的附着物来体现。文化是春风化雨,是一点一滴地积累,慢慢深入人心,化为人们的生活习惯和行为方式,甚至成为价值追求或集体人格,如果是狂风暴雨,来得快,去得也快,难以收到长远效果。出版"走出去"需要外力的推动,但是总体上是和经济的发展大致相当的,过于追求短期效益,就像是拔苗助长,适得其反。现在国际市场对中国题材的出版物的需求是有限的。据美国佩斯大学练小川教授在第十四届海峡两岸华文出版与文化创意学术论坛提供的数据,美国每年翻译其他国家的图书仅仅占总品种数的3%。这个3%可不仅仅是中国图书,还包括欧洲很多国家的图书。法国很多出版社一年也就出版一两种有关中国题材的图书。出版"走出去"是无法在短时间内取得惊人的效果的。文化"走出去"是一个长期话题，需要慢慢来，需要慢慢培养，也需要机缘，需要很多部门的协同，不能急。我们要尊重文化传播的特殊规律，不能急于求成。

文化输出也具有滞后性。文化"走出去"是经济"走出去"的附带物，滞后于产品"走出去"。文化属于软实力，软实力"走出去"需要硬实力（经济、科技、军事等）做基础。硬实力强大以后，软实力"走出去"就会水到渠成，顺理成章。从世界文化发展来看，一个民族的文化能够被其他民族接受，一般是通过经济交换来实现的，是先接受商品，然后才逐渐接受附着在商品上的文化。现在中国商品已经在世界范围内得到广泛使用，中国文化的输出也成为一种必然的事情。出版"走出去"首先应该是一种商业行为，同时具有文化功能，在国际市场过于强调出版的政治性，让它背负过多的精神负担，这对"走出去"是不利的。当商业行为达到一定规模，其政治功能、文化功能自然就会显现出来。因此在出版"走出去"的实践中，要注意图书的意识形态潜移默化的特点，更多以产品贸易、文化发展为切入口，建立国际友情。

五、开拓贸易

在历史上，丝绸之路是连接中国与欧亚大陆的一条贸易路线，在这条贸易带上，以丝绸、茶叶、瓷器、药材、玛瑙、金银等为代表的商品不断被销往中国和欧亚各个国家。丝绸之路贸易的兴起和发展促进了中国与欧亚大陆的经济交流，助推国与国之间形成了紧密的经济联系和贸易，通过商品附着的文化和知识形态增进了不同文明间的相互了解和合作，形成了人类文明交流的一个高潮。在新时期，"一带一路"倡议提出的目的就是通过重振古丝绸之路的辉煌，运用经济手段促进资源的高效配置和市场的深度融合，恢复中国和世界不同国家之间的经贸、文化往来，推进区域和世界各国经济的共同繁荣和进步。经贸合作是"一带一路"倡议的必然要求，当前的国际贸易包括货物贸易、服务贸易和知识产权三大类别，因文化产品属性的特殊性，国际文化贸易既有实物图书进出口的货物贸易，又涉及以影视剧、网络文学、电子游戏等为代表的服务贸易，还包括以版权输出为代表的版权交易。文化产业是经贸合作与人文交流的结合点，因此在"一带一路"倡议中具有先导性，它不仅能够增进文化间的理解，更能够推进经济贸易的共同发展。改革开放很长一段时间以来，我国文化"走出去"的总体态势保持稳步发展，但国外受众更多的是通过政府、社会组织等主体推动的文化交流活动来接受中国文化，文化贸易的商业化、市场化转化还远未达成。尤其是在21世纪初，以欧美、日韩为代表的影视、动漫、电视剧等产品不断涌入国内，而当时中国文化产业发展水平还比较弱，相比于欧美等国家强势的文化产品输出，我国对外文化贸易的规模还不大，整体竞争力有限。

随着中国整体实力的提升，文化贸易的发展在2008年之后有了显著提升。2008年到2019年，文化产品的进出口总额从433亿美元增长至1114.5亿美元，并在2011年超过美国，成为全球第一大文化产品贸易大国。2009年到2021年，文化服务的进出口规模从177亿美元增长到1244亿美元，出口额从103亿美元增长到691亿美元，进口额由74亿美元增长到552亿美元。在文化服务贸易合作伙伴中，美国、中国香港和爱尔兰成为主要的贸易伙伴，分别占总体文化服务贸易总额的27%、26%和11%；与主要新兴国家（地区）文化服务贸易增长较快，主要集中在计算机服务、广告服务和建筑设计等项目。[64]在出口的文化产品类型上，目前我国出口的文化产品主要集中在文化用品、工艺美术品及收藏品、文化专用设备等附加值比较低的领域，文化附加值高的核心内容产品的占比较低。2021年，以文具、玩具、游艺器材和娱乐产品为代表的文化用品占比50%，工艺美术及收藏品占比31%，而以图书、影视媒介、音像制品等为代表的核心文化产品的出口占比不到5%，图书、报纸、期刊在2018、2019、2021年间的贸易差额保持在小额顺差状态，分别为9.5亿、9.7亿、12.4亿美元，音像制品、电子出版物等则长期处于贸易逆差状态。而美国、英国、日本、韩国等国的核心文化产品出口占比大，韩国的影视剧出口额占比甚至高达56.3%。在电视节目方面，2020年，我国从欧洲进口电视节目总额近2.1亿美元，从美洲进口电视节目总额约为1.5亿美元，从亚洲进口电视节目总额约为3亿美元。2016年，我国从欧洲、美洲、亚洲进口电视节目的总额分别约为1亿、4.8亿、4亿美元，而出口到欧洲、美洲、亚洲的电视节目总额分别约为1831万、2088万、3.2亿美元。[65]相比于传统的图书、期刊、报纸等文化产品，数字文化贸易近年在"一带一路"倡议中发挥着更加重要的作用。数字文化贸易是以数字文化产业为载体，以数字内容为贸易对象开展的新型文化贸易。2021年，中国游戏市场规模位居世界首位，全球占比超过三成；中国在全球十大音乐市场中排名第6位；以阅文国际、掌阅科技等为代表的新型技术服务商搭建的海外阅读平台已经在亚洲、中东和拉美多个国家和地区的应用商店中排名前十。这表明，在数字经济推动下，数字领域的文化贸易将有助于弥补当前纸质图书出版规模小、影响力偏弱的缺陷，增进"一带一路"共建国家对中国文化的了解。

国家软实力和国家形象的构建在很大程度上依赖于文化产品所承载的意识形态力量和吸引力，目前我国出口的文化产品多是以工艺品、玩具等为代表的外围文化产品，其物质属性要远远高于文化属性，对推进不同文明间的了解作用有限。要真正将文化商品的物质传播转换为价值观传播，亟待调整和优化当前的文化出口结构，要加大出版"走出去"的力度。"一带一路"倡议提出后，国家出台了系列文件，如2014年出台的《国务院关于加快发展对外文化贸易的意见》，主要针对的就是对外文化贸易核心领域存在贸易逆差，鼓励文化领域对外投资。一方面，文化贸易的主体是企业，运作层面在产业，只有文化产品的消费成为国外市场受众的自发性购买，才能真正让软实力提升落到实处。另一方面，我国出版走向"一带一路"共建国家，不仅能够优化中国文化贸易的产业结构，同时对"一带一路"共建国家的文化产业发展也具有较大推动作用。中国可以通过在线流媒体视频、网络游戏、网络文学等产品，将先进的数字技术和资本输出到"一带一路"共建国家，推进这些国家的互联网产业发展，激活目标国家的市场活力；同时，传统出版"走出去"可以将中国国内比较领先的出版技术、资本、物流服务等输出到"一带一路"共建国家，助推这些国家出版业的发展。可见，开拓贸易是中国出版"走出去"优化文化出口结构、促进文化交流、实现共赢的有效方式。

出版"走出去"是提升国家文化软实力的重大战略。近年来，随着世界范围内的信息技术变革，出版业的数字化转型速度加快，与此同时，信息化建设被纳入"一带一路"倡议，"数字丝路"概念的提出为"一带一路"共建国家的经济社会发展和文化交流赋予新的时代意义，成为出版"走出去"的新型实践空间。本章描摹中国出版"走出去"的必要性，总结和分析中国出版"走出去"数字化建设的两个核心概念，以及出版"走出去"体系中涉及的核心要素，通过对这些因素的剖析，可以对中国出版"走出去"有更深刻的理解。

第一节　数字丝路与出版"走出去"数字化发展的必然性

从信息技术革命对全球出版的冲击和出版业的调整来看，数字化是出版"走出去"的必然方式。本节先从全球视角来看信息技术革命对出版业的调整，其次从中国视角看数字化态势下中国出版业的自我转型，最后分析数字丝路建设与出版业数字化变革的耦合性与必要性。

一、信息技术革命与全球出版业大调整

20世纪初期，在欧美等发达国家，随着工业革命的持续推进和生产水平的不断提升，图书生产的纸张成本下降至总生产成本的7%，装订费也因用布封面替代皮革封面而降低，西方社会文化教育事业、交通运输事业的发展使出版物的传播范围大大拓宽，

读者人数也不断增加,进而推动了书籍的发行和流通,以欧美出版市场为主导的全球出版业发生了新的变化。

在英国,1895年成立了英国书商协会,1896年成立了出版商协会,在麦克米伦出版商的倡议下,两个协会在1901年签订《图书净价协定》,确定了图书由出版社规定固定价格,书商从折扣中获取利润的模式。20世纪,英国登记在册的出版社共有4000多家,除去一些其他国家的出版社,英国有近2400家出版社,其中近360家是英国出版商协会的会员,其图书销售额占英国图书销售总额的80%—90%,剩余的2000多家出版社为小型出版社。在图书的发行方面,20世纪70年代末,英国出版商协会对22家重点出版商的调查数据显示,出版商40%的图书供出口;而在其60%的国内销售市场中,有52%是直接卖给零售书商的,其中15%卖给图书馆供应商并由其转销给图书馆,17%卖给学校承包商或读书会。学校承包商是供应包括图书在内的一切教学设备和用品的中间商。读书会将图书销售给会员。在零售市场中,英国出售图书的网点约有36000处,其中大约有3000家备有现货的书店、500家出版社的专卖店、18000个报刊代理商和2000家百货商店。

在美国,1861—1865年南北战争之后,资本主义经济得到迅速发展,出版业的发展也随之加快,到第一次世界大战结束时期,美国已经成为世界图书出版大国之一,纽约、费城、波士顿成为出版中心。第二次世界大战期间,一批著名的欧洲出版人逃到美国,对美国图书的国际化产生了重要影响。第二次世界大战之后,科学技术迅猛发展,科研人才集聚美国,进一步刺激了出版业的繁荣发展,一大批中小型出版社开始兴起。美国出版社主要分布在东西部沿海城市和五大湖区的大城市,纽约和加利福尼亚两州集中了全美近1/3的出版社,美国出版业的发展基本引领了世界出版业发展的潮流。[66]

在法国,20世纪上半叶,出版商从家族企业逐渐演进为公司制企业。1954年,法国的出版商达到736家。对一些小型出版社和书店资金不足的问题,法国政府与出版业建立了特殊担保基金会,保证出版商和书商的贷款。1983年,法国成立电影及文化投资委员会,保证包括出版业在内的文化产业能够持续获取利润。同时,法国政府比较重视图书的出口工作。图书出口主要由法国文化部负责,外交部也会通过驻外文化中心(法兰西学院)和国外法语教学机构帮助出口图书。另外,法国的海外合作部(主要对非洲和海地地区)、科研部(负责科技图书的出口)、外贸部和科技情报处都参与图书的出口工作，每年法国政府直接或间接为出口图书提供近1亿法郎的补贴。[67]

20世纪80年代以前，英美出版业被三种强大的市场主体所主导：大型出版公司、零售连锁店、出版经纪人。首先，是大型出版公司对全球出版市场的垄断。自20世纪70年代开始，欧美国家的图书出版业开始了大量的企业合并和并购，出版的集团化、全球化态势加剧。从历史的角度看，受益于殖民时期的同质语言优势，出版公司的国际扩张变得容易，比如西班牙语出版社可以在西班牙以及拉美的西班牙语国家出售该语种图书，葡萄牙语的出版商也可以将巴西作为其国内市场的延伸。这些受益的国家有法国、德国、意大利等，尽管其潜在市场比英语市场要小，但仍然具有出口的潜力。相比于殖民语言的优势，英语出版商的优势地位更加突出。一方面，由于英国早期的殖民扩张且得益于20世纪初英美国家在世界的突出地位，英语在世界的许多地方被使用，其要么被作为主要语种，如在马来西亚；要么被视为官方语言，如在印度。英语出版商的图书可以覆盖英国、澳大利亚、新西兰、印度及北美、南非等世界大部分国家。另一方面，20世纪美国崛起成为世界最强大的国家，英语成为国际政治、经贸、学术的通用语言，在一些国家，英语被当作第二语言被广泛接受，因此英美出版商在全球拥有巨大的市场。[68]通过全球出版业50强排名，仍然可以看到当今全球出版业以欧美为主导的格局。美国出版企业的数量在2005—2015年间连续10年排名第一。2015年，美国和德国并列第一，有8家出版企业上榜。50家出版企业中有近32家公司的母国位于欧洲，涵盖了英国、德国、法国、意大利、西班牙等国家，因此欧洲也是全球出版的重要地区。亚洲出版业在全球出版格局中的地位逐渐提升，2005—2015年间，日本出版企业进入全球排名50强的数量为4—7家，集英社、角川书社、讲谈社、小学馆的排名稳定在20多名。中国的中南出版传媒集团、凤凰出版传媒集团、中国出版集团、浙江出版联合集团、中国教育出版传媒集团等逐步进入前50名序列。[69]

在图书出版业内部，跨国与兼并体现在精装书出版商与平装书出版商的合并，比如西蒙与舒斯特（Simon & Schuster）、斯克里布纳（Scribner）、哈珀·柯林斯（Harper Collins）、兰登书屋（Random House）、阿尔弗雷德·克诺夫（Alfred Knopf）、法拉尔-斯特劳斯-吉鲁（Farrar, Straus & Giroux）、乔纳森·凯普（Jonathan Cape）、威廉·海因曼（William Heinemann）、塞克与华宝（Secker & Warburg）、韦登菲尔德与尼克森（Weidenfeld & Nicolson）等出版社进行了行业内的兼并。一些出版商和读书俱乐部被报纸、杂志、电视等媒体巨头公司兼并，比如美国时代公司收购了当时历史最悠久、规模最大的"月度图书俱乐部",哥伦比亚广播公司（CBS）收购了平装书的家族出版商福希特出版公司（Fawcett Publication）和精装书出版公司弗雷德·普埃尔出版公司（Frederick Praeger）。德国最大的图书出版商贝塔斯曼购买了美国最大的平装书出版商班塔（Bantam）51%的股份。20世纪末，出版业的合并潮流影响到教育出版领域，并衍生出三大出版集团，即培生（Pearson）教育出版集团、麦格劳-希尔（McGraw-Hill）教育出版公司、汤姆森学习（Thomson Learning）出版集团。出版业的规模化、集团化兼并动力主要是资本对利润的追逐，相对来说，图书出版行业是利润较低的业务板块，1976年该行业的利润率为7.2%，精装书籍的利润仅有1.7%。在1972—1976年间，美国图书价格上涨，总销量有所下降，仅维持在13.6亿册，出版商面临着较大的经济压力，在业务竞争中需要不断注入资本，尤其是一些中小型出版商无力支付畅销书作家的高额版税，他们必须寻求大的企业来维持业务。出版的跨国兼并让欧美国家的一些畅销书风靡世界，如J. K. 罗琳的《哈利·波特》系列、翁贝托·艾科的文学-哲学小说、詹姆斯·帕特森的惊悚推理小说和斯蒂格·拉尔森的北欧黑色犯罪小说，它们在世界各地被翻译和出版，在多个地区销售，并为国际读者所消费。这些都是这一时期的全球出版现象。

其次，20世纪七八十年代，在欧美国家，图书发行业务主要是以零售连锁店为主导。在美国，以巴诺书店和鲍德斯书店为代表。巴诺书店成立于1873年，1986年通过并购独立书店、商超书店，成为美国最大的实体连锁书店。1987年，巴诺书店并购了连锁书店达尔顿书店，达尔顿书店面积普遍较小（185—557平方米），当时在美国的数量达到869家，遍布美国各地的购物中心。到1997年，巴诺书店关闭了各个地方的达尔顿书店，开启超级书店模式。超级书店的经营模式集图书销售、咖啡、娱乐、音乐商品、杂志售卖等多种业务于一体，同时承办一些读书会、新书推荐等活动，是阅读和社交场所，经营面积一般在2400平方米以上。2009年，巴诺书店收购了美国最大的校园书店巴诺大学书店。到2011年，巴诺书店在美国的数量高达1341家，其中705家超级书店、636家大学书店。巴诺书店一般图书的销售价格是出版商建议零售价的70%，少儿图书和计算机图书是建议零售价的80%。鲍德斯书店在美国经营462个超级书店。此外，鲍德斯书店在英国、澳大利亚、新加坡等有约47家国际书店。美国鲍德斯连锁书店所属的鲍德斯集团在1994年收购沃尔登书店。沃尔登书店起步于1933年的租书业务，到1948年扩展成为书店，数量达250家，1962年成为第一家私人所有的独立书店。到1981年,沃尔登书店旗下拥有近750个连锁书店,包括在英国的近36个书籍书店。[70]在英国,大型连锁书店则以狄龙书店(Dillons)和水石书店(Waterstones)为代表。狄龙书店1980年在英国达到75家。2000年初,水石书店已经成为英国乃至欧洲最大的连锁书店,在英国、爱尔兰和欧洲其他国家的200个主要街道和院校都有分店,并取代了狄龙书店的地位。水石书店在1998年被HMV媒体集团收购。[71]

再次,20世纪中后期欧美出版业发展的第三个重要力量是出版经纪人。出版经纪人在19世纪末期就已经存在了,他们一般来自出版行业内部,更容易成为作者与出版商之间的沟通纽带。20世纪70年代开始,欧美图书的销量出现规模化增长,同时图书的传播和二次开发涉及更复杂的版权代理工作,比如图书的翻译、电子书版权、影视改编权等,一批法律界的人士加入出版经纪人的队伍,他们的角色从沟通作者和出版商的中介转向作者的利益代言人,维护作者的权益,为作者谋取最大收益。英美市场90%以上的图书是通过出版经纪人来推动的,1946年出版经纪公司在英国达到35家,1966年增加到55家,1986年为84家,到1995年则超过138家。[72]

20世纪80年代开始,在传统出版产业结构之下,数字革命开始显现。最初,数字革命的影响主要体现在物流、供应链管理和后台办公系统的数字化方面。1970年后期开始,在一些国家,出版供应链的各个环节,包括国际标准书号(ISBN)的管理、版税、订购、仓库管理、销售等都开始信息技术(IT)化,比如数字销售系统的引入使图书的消售更容易量化,系统记录线下书店的销售数据,将其作为进行二次订购、再版的决策依据。这一时期数字革命一般是应用在供应链管理的物流和后勤系统的改进上。数字革命更大的意义在于改变了整个信息内容的生产、传播和消售。

在图书内容的生产方式上,以往以笔、纸、打字机、文字为一体的生产系统转变为以文本输入、计算机系统为一体的数字化模式。作者可以将文本输入计算机,同样,编辑可以在计算机上编辑、修改、校正、排字,书籍被重构为一个数字化的文件。书籍制作的诸多技术,包括排版、页面设计、打印等环节都开始数字化。在印刷排版上,数码印刷逐渐替代传统胶印。传统胶印需要高成本的大型机器,印刷的质量较高,但不适用于小批量的图书印刷。数码印刷无须固定书籍的数量,可以根据出版商的文件进行按需印刷,保证图书的永久可用性,降低仓库储存的成本。到21世纪初期,英语国家的诸多出版商开始采用数字印刷技术来印刷需求量小的图书,学术出版商和专业出版商是最早采用这样的印刷技术的主体,数字印刷刺激了市场的长尾效应。

在图书内容的传播渠道上，20世纪90年代开始，互联网技术与计算机技术结合，使信息传播跨越时空，并能够以文字、声音、图像等多种方式来呈现。网络首先带来的是出版营销系统的变革，网上书店开始出现。相比于传统书店，网络书店减少了图书交易的中间环节，缩短了交易时间。1995年，亚马逊网上书店建立，业务遍及北美、欧洲、亚洲等地区的160多个国家，但网上书店并没有给传统线下书店带来威胁，当时大型连锁书店纷纷建立了自己的网络书城，增加图书零售的渠道。1996年，英国水石书店开设在线导购服务，2001年与亚马逊英国结合战略伙伴关系，借用亚马逊平台。1997年，巴诺书店成立网上书店。1998年，亚马逊的销售额达到6.1亿美元，比1997年增长了近3倍，远远高于巴诺网上书店（其在当年的销售额为6180万美元）。1998年初，美国网上书店数量只有600家，到1999年，这一数字达到1200家，包括Buy.com、沃尔玛在线等众多书店。网络的跨时空性让国际市场成为网上书店可持续发展的拓展空间，1998年，亚马逊的年度销售额中有20%来自国际市场，巴诺书店有10%来自国际市场。除了综合性图书网站，大学网上书店也在这一时期出现，1998年，瓦西特网上书店和大学网上书店出现，之后巴诺大学书店也成立了教科书网上书店，这些书店的业务主要是销售大学教科书和课程资料。[73]

在图书产品的形态上，出现了以电子书、音频书为代表的典型图书。2000年，美国畅销书小说家斯蒂芬·金的小说《骑弹飞行》（*Riding the Bullet*）的发行让电子书受到普遍关注。这本小说只在网络发售，授权网站收取每本2.5美元的费用，在亚马逊网上书店则免费下载。这本书在发行第一天被下载40万份，这被认为是电子书发行的标志性事件。电子书阅读需要以阅读终端为载体，除了计算机之外，出版市场出现了专用的手持阅读终端，国外最早推出的设备有软书（Softbook）、火箭书（Rocketbook）。2007年，亚马逊的金读（Kindle）电子阅读器推出。巴诺书店在2009年发布Nook电子阅读器，通过与线上售卖平台百思买（Best Buy）、沃尔玛（WalMart）等合作销售电子书，与Kindle形成竞争。2010年，巴诺书店推出彩色电子书阅读器Nook Color。2010年，苹果公司推出iPad平板设备，使电子书的大规模销售和消费有了可能。不过，苹果公司的电子阅读终端加入该市场时，亚马逊和巴诺书店已经抢占了先机。除了阅读终端外，市场同时出现了各种类型的阅读软件，具有可阅读、可听、可翻页、可做笔记、可检索的特点。2006年之前，在美国市场，电子书的销量是比较低的，总销售额在1000万美元以下，这与美国图书出版市场的180亿美元相比，只占不到1%。2007年，电子书的销售总额仍低于5000万美元。2008年开始，电子书的销售额增长至6900万美元。2009年，电子书销售额增长至1.88亿美元。2012年，这一数量增长至15亿美元。电子书在出版市场的份额越来越大，对于美国大型出版商来说，2010年电子书收入占出版业总体收入的比例从2009年的3%上升至8%，2011年这一比例为17%，2012年该比例为20%—25%，之后这一比例维持在15%—25%。[74]

2010年后，移动互联网技术和智能手机的普及推动了播客及有声读物的爆发式增长。有声读物是可以在各类便携式设备上进行下载和收听的听觉文件，通常由专业人员朗读，供读者收听。有声读物早在20世纪50年代就出现了，但是其载体总是随着技术的进步而发生改变。1952年，唱片录音作品出现。1980年，盒装磁带可以录制更长时间段的音频，加上索尼随身听的出现，大大推动了有声读物的发展。1984年，美国市场出现了11家有声读物出版公司。当时的出版社，哈珀、兰登书屋、华纳传媒等都开始发行有声读物。这一时期，一批出版商成立专业非营利性的贸易协会——音频出版商协会（APA），目的是提升行业统计数据和社会对音频读物的认知。不少读书俱乐部也为成员提供有声读物。1987年，《出版商周刊》开设有声读物专栏，专门报道有声读物行业，当时有声读物在75%的独立书店和地区都有销售，行业价值估计在2亿美元左右。20世纪90年代，音频压缩技术和媒体播放器有了创新，有声读物的规模增长至15亿美元。1997年，Audible公司推出第一个数字播放器，售价为200美元，并成立第一个可以购买和下载数字有声读物的网站。2003—2004年，CD逐渐取代盒式磁带，成为有声读物的主要格式。Audible公司和西蒙与舒斯特有声书部、兰登书屋有声书部、美国全国公共广播电台和《华尔街日报》等有声书出版商展开内容的制作，为这些出版公司提供数字化发行业务。Audible公司自2003年开始盈利，2008年亚马逊以3亿美元收购了Audible公司。2012年Audible公司录制了约1万本有声书，在CD市场趋向没落时迅速占领了有声读物市场，在2019年的年收入达到6300万元。有声读物市场的发展依托于iPod终端和移动智能终端的发展。2001年，苹果公司推出iTunes和iPod播放器，2003年Audible公司成为iTunes的有声书独家供应商。iPod播放器的普及进一步带动了全球有声读物市场。2007年，苹果公司推出iPhone手机，随后移动手机终端在全球普及，全球有声读物市场进一步扩大。2021年，全球有声读物市场规模达到41.59亿美元。[75]美国音频出版商协会显示该年度行业总销售额达到16亿美元，有声读物的图书数量近7.4万种，科幻和奇幻类型是最受欢迎的类别，其次是悬疑、惊悚类读物，美国目前有超过40%的听众至少订阅了一项有声读物服务。[76]

信息技术革命带来的这些变化加速了大型出版公司的数字化进程，也催生了大量的小型出版公司，这些出版公司与按需印刷技术结合在一起开展业务。哈珀·柯林斯是世界上最大的大众出版商之一。1817年，哈珀出版社成立，以出版马克·吐温、狄更斯、马丁·路德·金、勃朗特姐妹等作家的作品而出名。1990年，哈珀出版社被新闻集团购入，并与英国的威廉·柯林斯出版社合并，成为出版巨头哈珀·柯林斯出版集团，总部设立在纽约，并在英国、加拿大、澳大利亚、新西兰、印度等国家成立分部。该集团的业务部门包括大众图书（文学、小说、烹饪等）出版部门、少儿出版部门、宗教出版部门、英国出版部门、加拿大出版部门、澳大利亚/新西兰出版部门、印度出版部门。在数字技术推动下，哈珀·柯林斯开始开发电子书，2013年哈珀·柯林斯电子书的净销售额占全球总销量的22%。在大众图书出版商的数字化落后于科技出版和教育出版商的情况下，哈珀·柯林斯的数字化业务已经有了较大起色。该集团的数字化转型包括如下几个方面举措。第一，建立数字书库，强化版权保护。2005年开始，哈珀·柯林斯投资百万美元，并与Newstand公司合作，建立数字图书书库。新书出版一般采取纸质图书和电子书同步发行，对老版书也试图电子化。第二，提供数字增值服务，包括建立在线视频播放平台HCTV，发布与图书、作者相关的原创视频；建立内部讲座机构，为作者提供演讲培训；同时开办电子书店，直接向读者销售纸质出版物；建立Browse Inside品牌，允许用户浏览图书封面、目录以及前两章的前三页内容，并与各个社交网站、线上书店等实现链接互嵌。第三，与谷歌（Google）、雅虎、亚马逊等合作，提升图书的浏览质量。第四，拓宽电子书销售渠道，与亚马逊、巴诺书店、苹果公司等电子书销售平台开展合作。2009年，哈珀·柯林斯推出首本视频图书，后来，又开发了更多嵌入视频、音频等多媒体信息的电子书，比如拍摄战争遗址，并将其嵌入关于美国独立战争的历史小说《堡垒》的电子书中。第五，开发作者资源，2008年推出写作社区网站自由撰写网（Authonomy），帮助编辑发现写作新秀。[77]

信息技术的发展也重构了出版产业格局，出版业的主导权已经由20世纪70年代的大型出版企业逐渐过渡到亚马逊、苹果、谷歌等科技公司手中，同时打破了出版商和读者之间的关系。首先，图书电商售卖平台开辟了图书的电子、音频等新形态，为出版商开辟了新的收入来源，但与此同时，技术服务平台与传统内容出版商就图书售价产生了争议。根据2021年世界知识产权组织在法兰克福书展上发布的年度出版业报告，世界出版大国的在线销售占出版业总收入的2/3以上，这让亚马逊电商平台在出版行业中取得话语权优势。亚马逊并未试图通过提高对消费者的价格来保证其市场支配地位，它强调对消费者保持低价，并要求以低于线下零售商的价格出售图书，继而对出版商施加压力。其中，最大的争议来自亚马逊与阿歇特出版集团的矛盾，亚马逊通过取消预订新书、延迟配送等方式来限制阿歇特图书的售卖。出版商则认为，亚马逊滥用市场进行垄断，如果按照亚马逊降低图书价格的条款，则会对其自身的销售产生损害。因此在2010年初，一些出版商寻求与苹果公司合作，试图提升电子书售卖价格，抵抗亚马逊的这一规定。2012年，美国司法部对阿歇特出版集团、苹果公司和其他出版商提出反垄断诉讼，指控它们串通提高电子书价格，阻碍亚马逊将电子书价格限制在9.99美元以内。在这场争议中，近900名作者联合在《纽约时报》发布公开信反对亚马逊在电子书市场的束缚，但独立出版作者则为亚马逊辩护。这场争议最终达成妥协，阿歇特出版集团负责设定电子书的售卖价格，而当其设定的价格更低时，亚马逊将为其提供更好的激励措施，比如在促销活动中突出其图书的位置。

其次，亚马逊电商平台的图书售卖挤压了线下连锁书店的生存空间。2013年，亚马逊占据了所有在线、纸质和电子版新书销量的65%，在线书店占了全部图书销量的41%，而连锁书店的这一比例为22%。其他估计显示，到2016年，亚马逊占美国付费电子书销量的74%，相比之下，苹果公司的iBooks占11%，巴诺书店的Nook占5%，鲍德斯书店的Kobo占3%。亚马逊平台的零售价格比线下书店的价格更低，导致英美连锁书店和独立书店数量减少。2011年，美国第二大连锁书店鲍德斯书店破产清算。鲍德斯书店推出的官方阅读器Kobo比亚马逊的Kindle和苹果公司的iPad晚几年，未能占领电子阅读市场的先机。美国第一大连锁书店巴诺书店自2013年至2020年连续7年收入下降，一些独立书店纷纷倒闭。2022年，受疫情影响，图书供应商只能优先处理大发行商的批量订单，英国很多中小型实体书店难以为继，而英国拥有143年历史的最大独立连锁书店布莱克威尔书店也挂牌寻求出售，旗下5家大学校园书店也被迫关闭。

与此同时，在2000年到2010年的十年间，出现了一种新的出版方式，即自助出版。自助出版跨越了传统的出版商，颠覆了出版的责任和角色。在传统的出版模式中，出版商决定是否出版作品，为获得出版权向作者支付版税，出版商为作品的制作和营销付费。而在自助出版中，作者保留了对作品的控制权，但同时承担了出版的成本和风险，如果图书卖得好，作者会得到回报；卖得不好，则由作者承担损失，作者是出版的决策者、投资者和风险承担者。自助出版让作者可以赚取更多的图书销售利润，同时降低了作者寻找出版商的成本（比如J. K. 罗琳的"哈利·波特"系列图书在找到出版商之前被拒绝12次），采用自助出版之后，作者则可以很快让自己的作品与读者见面。自助出版最突出的是安迪·威尔的《火星救援》。亚马逊出版的书籍中有92%来自自助出版作者，而2007年这一比例仅为6%。在自助出版领域，Lulu、亚马逊的KDP、Create Space、Smashwords、Author Solutions、iUniverse、Trafford Publishing等都是第三方服务公司，为想要出版自己作品的作者和其他创作者提供编辑工具和打印服务。对出版的图书获得的利润，平台得20%，80%归于作者。总之，信息技术改变了传统的由出版商、经纪人、线下连锁店垄断的出版格局，形成了当前由出版商、电商平台、连锁书店、读者/作者共同参与的新型产业链。

二、信息技术革命与中国出版业的转型

中华人民共和国成立后，图书出版业形成基本框架，在出版主体上，在确定中央和省级出版社业务分工的基础上，同时推进以大学学科或大类业务为划分依据的专业出版社建设；在发行上，形成以国有新华书店为专营的发行机构。改革开放后，中国图书出版业改革的市场化方向进一步明确。20世纪90年代以后，图书出版被纳入文化产业范畴，当时国内出版企业的规模普遍小，竞争无序、盲目，削弱了出版企业的社会影响力，出版业开始向集约化、规模化方向发展。1999年以后，国内陆续成立广东省出版集团、上海世纪出版集团、辽宁出版集团。到2008年，全国组建了17家出版集团。至2017年，国内已经有33家出版集团成立。[78]2003年，文化体制改革试点工作开始推行，当时国内有7家出版单位作为试点，其中5家（中国出版集团、上海世纪出版集团、广东省出版集团、辽宁出版集团、吉林出版集团）将集团下意识形态属性强的单位，保留事业单位体制，将科技出版社、美术出版社等单位从事业单位转制为企业，还有2家（中国科学出版集团、人民邮电出版社）则改制为企业。当前，除了大部分省级人民出版社、民族出版社等保留了事业单位属性，国内多数出版单位已经转制为企业。[79]中国互联网发展起步于20世纪90年代，这与世界范围内的第四次信息产业革

命是同步的。当欧美出版产业的数字化转型从20世纪90年代开始起步时，中国的数字出版在技术和政策的驱动下也开始有较大发展，这进一步重塑了中国传统出版产业的格局。

我国出版业的数字化发展从2007年就开始了。1995年后，中国的互联网技术发展水平逐步提高，到2008年前后经济实力有所提升，经济总量跃居世界第二位，在数字经济的蓬勃兴起下，国民阅读习惯有了发展变化。2007年，我国的数字出版产业整体收入为362.42亿元，比2006年增长70.15%，其中电子书收入为2亿元、数字报纸（含网络报、手机报）收入为10亿元、博客收入为9.75亿元、移动出版收入为150亿元。当时中国的传统书报刊总收入是990.08亿元，数字化书报刊收入为19.6亿元，仅占传统书报刊收入的1.98%，这一比例还是比较低的，但数字出版的发展已经开始有了较快的增长。到2015年，中国数字出版的整体规模达到4403.85亿元，海量电子书平台逐步形成，超星电子书有120万种，当当电子书达40万种，电子书总收入为49亿元，互联网期刊收入为15.85亿元，数字报纸收入为9.6亿元，博客收入为11.8亿元，移动出版收入为1055.9亿元，移动出版成为拉动数字出版的重要力量。[80]根据中国新闻出版研究院《2016—2017中国数字出版产业年度报告》数据，我国数字出版产业全年收入规模从2006年的213亿元增长到5720.85亿元，在整个新闻出版业收入规模中占比近25%。

数字内容的产品形态是电子书、有声读物、网络文学、数据库等。电子书的发展与数字阅读终端的发展是紧密相连的。早在2000年，辽宁出版集团就与美国硅谷一家公司合资开发了"掌上书房"阅读器。当时进行类似业务的还有湖南省远景科技有限责任公司与湖南出版集团的合作，南开津科公司开发的"翰林电子书"。"掌上书房"电子阅读器显示屏为6英寸大小，分辨率较低，仅能储存30本电子书，一般以旗下出版社的图书为资源支持。当时受制于传统的出版思维，电子书只是对传统纸质图书的扫描和转移，加上运营模式上使用自己的封闭格式和资源限制，因此并没有成功。对传统图书的规模化、数字化是与IT相关的民营公司推动的。[81]2007年亚马逊发布Kindle阅读器，提供9万种图书、10种杂志和14种报纸，在美国国内创造了50万台的销售业绩。Kindle阅读器在国外取得的成功刺激了国内的电子书阅读器制造商，具有代表性的是汉王科技。2008年，汉王科技发布电子书阅读器，将有声读物、正版图书纳入电子书库。2009年，汉王科技销售了26.6万部设备，同年汉王科技由设备制造商转为服务提供商，上线汉王书城。[82]2010年后，国内一些企业加快了数字出版平台的建设。

2010年，盛大的锦书（Bambook）正式发售，它采取的是终端加在线内容的方式，依托的内容是盛大旗下的几大中文原创文学门户网站，包括起点中文网、榕树下、红袖添香网、潇湘书院等。锦书是赔本销售的，主要是依靠内容支撑利润。2013年，亚马逊的Kindle阅读器正式入华。2022年，亚马逊正式宣布停止在中国区电子书店的运营。近十年中，Kindle阅读器在中国的销量达到数百万台，中国成为亚马逊全球Kindle设备销售的第一大市场，销量占其总销量的40%，而中国本土市场并未出现一个成熟的电子书服务平台与其竞争，也没有与之相匹敌的阅读器。2010年后，中国从宽带互联网时代向移动互联网时代转型，各类手机软件（App）爆发式增长，随着智能手机的普及和4G通信网络的应用，以阅读软件为基础的电子书平台替代阅读器成为电子书的主要载体。

在2009年以前，电子书业务主要是以图书馆为主的，数字图书馆的比例在2006年占电子书总销售的74%。2000年到2003年间，传统出版社推出了少量的电子书产品，图书馆开通了电子阅读服务后，就成为这些图书的分发终端。但是到2010年后，这一比例仅剩下14%，尤其是2010年后三大运营商的介入，让手机阅读成为主要的电子书消费方式。国内运营最早的电子书阅读平台是以咪咕阅读、天翼阅读、沃阅读为代表的运营商平台，它们通过与合作手机制造商预装阅读软件以及话费扣费付款的方式来盈利。后来，一些专业的平台商兴起，掌阅iReader、QQ阅读、起点读书、书旗小说、微信读书等成为市场占有率较高的数字阅读平台，阅文集团、掌阅文学、书旗成为数字内容市场的三大巨头。与这些技术服务商相比，国内出版社的自主研发能力不足，更多的是作为版权的提供者，通过与平台商合作开发、收入分成的方式来融入电子书浪潮中，出版社自有的电子书开发仅限于对少数精品图书、热点图书的数字化发行，因此图书产品的数字化发展并不突出。

中国的有声书起步于1994年，主要的载体是广播、CD和电子书阅读器等。2000年，北京鸿达以太文化发展有限公司研发了MP3格式的有声读物，并在2003年创办了国内首家听书网站"听书网"。自2012年起，各类网络电台和听书类App纷纷建立。有声书的制作主体一共分为四类：第一类是音像出版社，具有人才优势和音频资源优势。第二类是文化传媒公司，一般是与出版社进行合作。第三类是有声读物平台的自有团队，平台会购买文学作品的版权，邀请第三方或利用自己的团队进行资源的录制。2015年，国内最大的音频平台喜马拉雅FM与阅文集团合作，获得有声书的内容改编权。懒人听书App建立了自己的有声书录制团队。[83]第四类则是用户生成内容（UGC），这类用户中有不少电台主播等。在有声书的市场结构中，喜马拉雅目前拥有近6亿用户，在移动音频行业的市场占有率超过70%；蜻蜓FM的总用户规模超过4.5亿；荔枝FM的总用户规模超过2亿；懒人听书总用户规模超过3.5亿。2021年，中国有声行业市场活跃用户规模达到8亿人。传统出版社的有声书制作更多的是以平台方和技术服务商为主导来主动对接，而真正主动投入有声书制作、开发的还不是太多。从喜马拉雅平台的数据来看，全国近600家出版社中有300家以上开通了喜马拉雅号，但上传、合作的有声书数量并不多，有些出版社只卖版权，不参与制作和运营，有些出版社做的书质量参差不齐。中信出版集团、新经典文化股份有限公司、上海译文出版社的有声书做得比较好，但品牌化的还不多。传统出版社做有声书涉及巨大的成本投入，仅在录制这块就涉及寻找专业主播，音频的编辑、录制等，需要投入的人力成本也比较大，因此有声书的发展进程相对较慢。

在数据库建设方面，一些教育出版社、大学出版社、专业出版社具有突出优势。国外的爱思唯尔、施普林格等出版集团就是通过建立数据库完成了向数字出版的转型，而国际三大教育出版集团，包括培生教育出版集团、汤姆森学习出版集团和爱思唯尔都建立了在线学习平台，提供网上教学数据库、课程管理、数字考试、教师指导等服务。在国内，浙江大学出版社的数字化转型主要是开发数字化教材和东方学术在线。清华大学出版社基于"MOOC+Classroom"模式建立数字教学平台"智学苑"，将教材和其他各类教学资源数字化，同时与课堂教学紧密结合，开发个性化的课程管理模块，实现教学资源的智能化和最大共享化。[84]上海音乐出版社暨上海文艺音像电子出版社在2009年研发钢琴出版物数据库，实现千余种钢琴类乐谱的数字化。在"十三五"期间，该出版社成立了融媒体出版事业部，搭建云存储机房、专业录音棚、控制室与多媒体直播教室（共计150平方米），建立社内内容数据中心，并开发"古琴减字谱富媒体数字化应用平台"和"工尺谱数字内容资源平台"，以及建立针对专业音乐院校的"音乐全媒体专业检索平台"、针对大众音乐学习的"乐海网音乐教育互动平台"。[85]

数字产品的开发已经成为传统出版社的共识。近年来，虚拟现实（VR）技术、大数据、直播带货等都为出版社的数字化带来新的契机，比如人民文学出版社围绕经典文学名著策划线上讲座、视频课程的开发，其邀请一线名师开发的《资政通鉴》通识课也在国内各视频平台、教学平台上线。不过，当前很多传统出版社刚开始数字化转型，出版社的数字化还在探索阶段。无论是电子书还是有声读物的开发，传统出版社在整个产业链中并没有占据突出优势。在数字出版发展初期，出版社没有成立专门的数字出版部门，一般都是技术服务商和平台运营商寻找出版商来进行版权合作。2014年开始，国民阅读率为58%，数字阅读接触率达58.1%，这是第一次数字化阅读超过传统阅读，主要是依靠手机端阅读，传统出版社的数字化转型有了较快发展，各个出版社纷纷成立数字出版部门或数字出版公司。早在2006年，外语教学与研究出版社就建立了数字出版事业部。[86]2010年，河北少年儿童出版社与香港港嘉科技出版公司联合出版的新书App在苹果应用商店上市，成为国内首家进军App市场开发的传统出版社。之后，中华书局、外语教学与研究出版社、中信出版集团和北京磨铁图书等纷纷开发了阅读软件。2011年，人民文学出版社成立数字出版与科技部，员工从最开始的2人发展到2022年底的5人，该部门的工作主要是做内容的聚集、产品开发和新媒体运营等。

　　目前来看，传统出版的数字出版还没有形成成熟的盈利模式，数字出版部门缺员严重，数字出版成效并不突出。根据对33家出版单位数字出版负责人的访问来看，绝大多数出版单位电子书滞后于纸质图书发行，且以滞后3个月为主，多数出版单位的主要利润来源仍然是纸质图书的出版发行，电子书所占的比例不高。2020年6月到2021年6月，销售前三名的纸质版图书销量分别是电子版图书销量的30、24、29倍，原因如下。首先，App的数量爆发式增长，内容的资源相对分散，出版社各自为营，未形成资源的整合优势。其次，与市场上成熟的技术服务商相比，出版社传统的内容开发技术不够成熟，无法根据移动阅读终端的特点对内容进行交互式、灵活化生产，出版社既有的薪酬无法吸引优秀的技术人才加入，一些出版社将业务外包给专业的App开发团队，前期的投入较大，加上缺乏互联网营销意识，最终的盈利不足以覆盖前期的成本。[87]一些出版社的数字出版部门数字化转型的意愿较强，通过集团内部支持或上级部门的支持组建了一支专业队伍，与技术服务商合作进行电子书和数据库资源的开发，但目前这类出版社还不多，做得比较好的有中央级专业社或教育类的出版社，比如人民交通出版社、社会科学文献出版社、外语教学与研究出版社、中国少年儿童出版社、知识产权出版社等。再次，定价权问题。国内对数字版权的定价没有明确的规章可以参考，出版社在产业链中处于相对被动的地位，影响了开发电子书、有声书的积极性。一些出版社与渠道商、终端商、技术商合作，提供图书的电子版，出版社的数字出版部门负责对接,将运营交给合作方,没有话语主导权,多数是被动等待收入分成,在产业链中被边缘化。最后,版权保护的隐患。网络作品的版权保护是一项艰难、长期的工作,中国的网络阅读模式受网络文学的"免费+付费"模式的影响较大,读者的付费阅读处于培育阶段,加上数字产品的开发涉及技术人员、设计人员、美编人员等多个利益方,对数字产品的版权保护要比传统的出版物更加复杂,这阻碍了传统出版社进军数字出版的决心。[88]目前,市场上除了一些大型的出版集团,比如中国人民大学出版社与中国人民大学书报资料中心创建的人大数媒科技(北京)有限公司、中南出版传媒集团旗下的中南数媒公司、中版集团数字传媒公司以及磨铁公司旗下的磨铁中文网,在资本运作、并购上市、专业分工、产品开发等方面拥有成熟的理念,已经找到了盈利模式,绝大多数出版社还处于融媒体内容开发的摸索阶段,也没有构建成熟的商业模式。

相比于传统出版社的数字化进程,网络文学是目前数字阅读用户最多、题材最受欢迎的内容类型。2021年,中国数字阅读作品结构中,网络文学达到3204.62万部,电子书180.54万部,网络文学占了市场93%的比重。[89]网络文学与传统图书具有根本的不同,它的产生根植于互联网技术,是典型的网络出版产品。网络文学起始于1995年,校园网络论坛(BBS)"水木清华"开设有"读书·武侠·文学"版块,专门用于发表网络原创文学作品。1997年,美籍华人朱威廉在上海创立"榕树下"个人主页,后来"榕树下"聚集了中国最早的一批网络作家,如安妮宝贝、李寻欢等人,这一网站很快发展成为当时最大的中文创作网站,也迎来中国网络文学创作的第一个高峰。随着"榕树下"的爆红,一些类似的文学网站开始出现,典型的代表有"清韵书院""书路""诗子星座""碧海银沙""中网"等。1998年,中国网络文学创作领域出现了火遍全国的代表作品,如《第一次的亲密接触》,因此这一年又被称为中国网络文学元年。2003年,网络文学网站的VIP付费阅读模式兴起,职业化网络作家群体开始出现。2008年,盛大文学以强大的实力整合了当时国内一些著名的原创网络文学平台,包括起点中文网、红袖添香、小说阅读网、榕树下、言情小说吧、潇湘书院,并收购天方听书网、悦读网、晋江文学城50%的股权,同时借助盛大文学旗下的华文天下、中智博文和聚石文华三家图书策划出版公司,占据了当时国内网络文学市场的半壁江山。[90]2015年,盛大文学与腾讯文学合并组建阅文集团,成为网络文学领域的巨头。2015年开始,网络文学作品的IP化运营激活了出版业内容创作的活力,民营资本参与到数字内容的版权运营中，开发了动漫、游戏等新形态的产品，该年度国内的IP收购共42起，并购资金达到209亿元。根据中国社会科学院《2021中国网络文学发展研究报告》，截至2021年12月底，我国网络文学用户总规模达到5.02亿；2020年，中国网络文学整体市场规模为288亿元人民币。[91]网络文学的作者数量达到1936万人，签约作者数量达到77万人。2021年，网络文学的IP改编更加多元化。在总播映指数前十的影视剧目中，有六成作品改编自网络文学IP；微短剧中网络文学IP改编作品占30.8%；网络文学改编为动漫的数量也在逐年增长，2021年全年上线60多部作品，有近一半来自网络文学的改编。另外，网络文学IP有声读物授权作品达8万个，占IP授权总数的93.13%。[92]

在图书的营销和推广方面，以亚马逊、当当、京东为代表的电商平台，通过与出版社建立合作关系，销售纸质图书和电子书，拓宽了传统出版社的盈利空间。早在2013年，四川新华文轩的网上书店销售额已经达到4亿元，2015年超过10亿元。2012—2017年，全国线上图书零售总额分别为130亿元、170亿元、210亿元、280亿元、365亿元、459亿元，线下图书零售总额分别为335亿元、330亿元、340亿元、344亿元、336亿元、344亿元。对出版社来说，线上线下渠道的融合为图书的售卖提供了多样的渠道，但不少线下书店受到冲击，面临着关闭的风险。也有一些书店开始转型，比如通过店铺的设计和基础设施的完善为读者提供场景化的体验，通过开设各类讲座、培训班、沙龙等方式增加书店的商业价值。深圳出版发行集团大力拓展线下的书店建设，并借助场景化传播概念将书店功能多元化，在深圳的一些公共场所，如学校、社区、公园、医院、商业中心等建设书吧。深圳出版发行集团的业务板块还延伸至学堂教育，通过与教育部门合作开设"四点半课堂"，解决小学生放学早无人接送的社会问题，同时利用图书阅读鼓励小学生参与社会集体活动。[93]总之，在技术和产业的推动下，中国的数字出版处于融合创新时期，传统的出版商、民营运营商、技术服务商、平台商等共同参与其中，形成了一个新的产业链。

三、中国出版数字化转型融入数字丝路建设的必然性

2013年，"一带一路"倡议提出。2015年，国家发展和改革委员会、外交部、商

务部联合发布《推动共建丝绸之路经济带和21世纪海上丝绸之路的愿景与行动》，提出畅通信息丝绸之路和提高国际通信互联互通的水平。2017年，习近平主席在首届"一带一路"国际合作高峰论坛上指出，坚持创新驱动发展，加强在数字经济、人工智能、纳米技术、量子计算机等前沿领域合作，推动大数据、云计算、智慧城市建设，连接成21世纪的数字丝绸之路。2018年4月，在全国网络安全和信息化工作会议上，习近平总书记再次强调以"一带一路"建设等为契机，加强同沿线国家特别是发展中国家在网络基础设施建设、数字经济、网络安全等方面的合作，建设21世纪数字丝绸之路。数字丝绸之路是通过与"一带一路"共建国家共建信息基础设施，推进建立更深层次、范围更广的网络命运共同体。数字丝绸之路的提出，为我国的出版业"走出去"提出了新的命题和方向，我国出版业已开始的数字化进程将最终融入数字丝绸之路建设的广阔空间，为跨文化交流、构建人类命运共同体发挥更大的价值。

第一，中国出版"走出去"的数字化将在更广阔的网络空间增进"一带一路"共建国家文化的多样性。传统纸质出版，从西方国家内部来看，20世纪90年代的10年间，从英国、美国流向欧洲国家的作品数量整体比欧洲国家流向英国、美国的作品数量多出5—15倍。这意味着世界上几乎50%的翻译作品是从英文翻译成其他各种语言，而只有6%的作品是由其他语言翻译成英文的。[94]在西方世界之外，以英文为语言的出版物也占据了广大发展中国家的市场，比如在非洲、东南亚等国家，除了本土的出版物，图书占比最大的就是英文读物了。相比之下，以英文为主的图书消费者接触外文版本图书的机会是有限的，这与同一时期美国肥皂剧《达拉斯》在全球发行的状况是一样的。一方面，出版的数字化可以增加文化的多样性。在网络空间，可以出现越来越多的粉丝网站、阅读社区、在线同人小说，消费者通过协商、改写、重新创造文本来获取文化意义。阅读的社交属性会变得更强，电子阅读可以提供给读者开始和停止阅读的数字轨迹，并测算读者的阅读速度，允许读者通过社交媒体链接分享阅读的行为，并且在阅读平台上与他人进行连接、互动、沟通。数字化的社交阅读也为出版社提供了大量的消费者数据，成为出版决策的巨大商业资产。另一方面，自助出版和同人小说平台，如目前已经存在的fanfiction.net、Kindle Direct Publishing、Kindle Worlds、Kobo Writing Life和Wattpad创造了庞大和活跃的写作世界，读者开始不受传统出版商的控制。如果这些数字化的阅读空间能够更多地出现在"一带一路"共建国家，将有利于扭转图书作品自西向东传播的产业格局。

第二，中国出版的数字化发展能够降低实物"走出去"在物流方面的成本高、交通不畅等问题。除了纸质图书的版权输出，传统出版"走出去"的另一种形式是实体图书"走出去"，主要依赖国内少数几家图书进出口公司。因管理分散以及"一带一路"共建国家的基础设施建设水平不同，实体图书"走出去"在国际物流方面存在以下共性问题。一是国家之间的物流合作程度低，跨境物流时效性不强。二是因各国物流管理政策不同，物流还无法实现国内市场与目标市场的一体化、智能化管理。中国国内物流管理能实现数字化、全流程追踪，但这在"一带一路"共建国家的配送段，则较难实现。三是国际物流运输的成本高、时间长，在货物运输中存在丢失风险。这些因素造成出版"走出去"目前仍以版权输出为主，实体图书"走出去"的数量比较少。[95]依托于互联网的数字内容产品，如数据库、电子书、网络游戏，其供应链远比纸质出版物简化且便利。数字化图书"走出去"能够有效缩短空间和时间的限制，同时交易成本更低。此外，互联网能够跨地域交流，作者、用户/读者/受众、编辑、产品经理、设计师、工程师等相关人员可以直接沟通，反馈也更加及时。简言之，因为数字内容产品的流通是网络化的、交易是数字化的、出版发行是同步化的、沟通反馈是超时空的，所以时间的延迟与空间的距离都不再是障碍。各"一带一路"共建国家地理距离较远，出版产品通过数字化方式传播能够降低成本，迅速打开市场。

第三，出版"走出去"的数字化可以适应"一带一路"共建国家移动阅读的趋势。2020年3月31日，专注于海外移动互联网开发的中国上市公司北京麒麟合盛网络技术股份有限公司（APUS）旗下的研究院正式发布了研究报告《2019全球移动互联网用户行为图鉴》。该报告显示，在过去的12个月里，全球已经有45.4亿个用户接入了互联网，占据全球总人口的近60%，网络已经成为人们日常生活中不可或缺的一部分；全球用户平均每天使用智能手机5.4小时，发达国家和发展中国家没有明显差异。可见，全世界有近2/3的人每天大约有5小时的注意力集中在手机屏幕上。随着互联网、信息基础设施的完善和新一代信息通信技术的产生，互联网普及率不断提高且日益呈现出移动化、泛在化、智能化的趋势，从而重塑人类的生活方式。[96]可以预见，移动互联网将会日益渗透到人们日常生活的方方面面。通过智能移动终端，随时随地获取任何想要的信息内容，必将成为网民的基本需求。

在移动互联状态下便捷、快速、流畅地获取视听内容，是全球数字阅读的发展趋势，也是"一带一路"共建国家数字阅读的趋势。当前读书、看书行为正逐渐被读电子书、听有声书的行为取代，电子书、有声书日渐成为数字阅读的主流。[97]与电子书销售量下滑相伴随的是有声书的井喷式增长。有声书是目前数字阅读市场中成长最快的业务板块。从用户/读者/受众的体验来看，听有声书只需要听觉，释放了双眼与双手，信息接收更加便捷、灵活与舒适。当使用耳机时，外界的纷扰可以屏蔽，用户仿佛拥有了一个独立的个人空间。伴随着5G技术的普及，有声书的制作成本、使用门槛与销售价格将会进一步降低。

同时，随着信息通信技术的进一步发展，智能音箱、智能耳机设备的性价比日益提高。顺应新时期移动互联用户的需求，打造高品质的数字内容产品，是当前出版业立足于行业国际舞台不可或缺的基本能力。

第四，中国出版的数字化发展有利于提升产品的营销效果。传统出版与数字出版在产品形态上有所不同，纸质图书在"走出去"上形式单一、销售渠道单一，出版商与读者的距离较远，读者完成的是一次性交易。而数字化出版的表现形式是多元的，其融动态页面、图片、音视频、增强现实（AR）形式于一体，且能够在新媒体平台进行营销推广。传统纸质图书在海外的营销不能完全采取与国内相同的方式，召开图书发布会、读者见面会，以及配合书店的主题活动。目前版权输出方式或合作出版方式展开的"走出去"模式中，目标国家的出版商对中国主题图书的营销是需要成本的。中国纸质图书在海外的线下营销成本较高。出版数字化之后，中国出版社可以直接借助外国主流的媒体平台和社交媒体来强化宣传，对海外读者的偏好、反馈等信息也更容易获取。因此，数字化出版可直接越过海外出版合作方，拉近出版社与读者之间的关系。此外，随着传播科技的进步，交互技术依托社交媒体被广泛应用于互联网数字内容产品的传播过程中，以融媒体出版物为代表的出版数字化产品，自带市场营销属性，反映传播效果的下载量、粉丝数、播放量、转载量、评论量等指标一目了然。由此，市场推广、商业营销、用户/读者/受众体验与评价等各种反映传播效果的数据都能得以测量与评估，产品的市场化推进方向因此而有据可依。

第二节　融合出版与数字出版：数字化的两种基本形态

融合出版和数字出版是出版业数字化的两种基本形态，融合出版的指向对象更多是传统出版与数字技术的形态融合，而数字出版依托于技术，可以是全新的出版形态，这样对出版数字化的研究就应将传统出版机构和新兴内容服务商同时纳入研究对象中来。

一、融合出版

融合出版涉及的出版主体更多的是传统出版社，是指在新的数字技术革命下，传统出版与新技术的结合。2022年，全国科学技术名词审定委员会主办的融合出版概念及定义专家审定会，将融合出版的概念统一界定为"将出版业务与新兴技术和管理创新融为一体的新型出版形态"。从这个定义可以看出，首先，融合出版中，技术是为内容赋能的，内容资源是根本。会上，中国新闻出版研究院将融合出版划分为跨界出版和跨媒体出版。跨界出版强调的是出版主体，即主体突破原有的专业领域，与其他领域相互融合形成的一种实践行为，比如出版界与电信行业、IT行业、电子信息产业等领域的合作。跨媒体出版则强调的是出版介质，如纸质图书内嵌二维码、VR沉浸式视频、动态网页，这些新型的内容形态通过与智能硬件终端链接，形成一种多样化的出版生态。其次，在突出传统出版的技术属性时，也要看到，融合出版的管理流程的革新，强调的是组织层面的变革。组织层面的变革包括在组织的架构方面，为了内容生产需要，打破原有的生产流程，对出版的部门设置、人员结构进行新的组合，与此同时，组织的绩效管理、保障体系等都可能需要进行全面的重构，可谓"牵一发而动全身"。

当然，全国科学技术名词审定委员会的概念也应该将融合出版的视野再次扩展至宏观层面，包括出版产业链、社会监管与规制、人才培养等层面。传统出版产业链的各要素是比较清晰的，核心包括作者资源、出版社、原材料供应商、物流商、读者、营销商等，然而技术出现之后，尤其是互联网公司介入出版后，打破了原有产业链，原有产业链的相关利益方都会受到不同程度的影响，比如新出现的电商平台、短视频介入带来的直播带货，相应地就冲击了原有的线下零售书店。融合出版尽管是以内容资源的技术创新应用为基础的，但是这一新型的生产方式最终将打破旧有的产业链。随之变化的则是政府层面的监管和规制，如直播营销对书价的话语权控制，对传统出版社的利润空间造成挤压，出版产品形态变化是否需要新的评价考核办法来评价出版社数字化转型效果，网络文学、网络游戏这类的出版，尤其是面向海外的发行与传播是否需要引导，这些现实变化都亟待政策设计给予引导。

2020年之后，信息技术对出版的销售渠道、销售方式、销售理念带来极大冲击，新的出版生态中涌入新的资本、新的竞争者和参与者，有学者认为这一变化是从传统的融合出版走向出版的融合，通过对听书与广播节目、短视频与文字阅读、直播带货与电视购物、在线教育与出版、元宇宙等现象进行辨析，提出在新的融合形态下，传统出版人对直播、短视频、听书这类碎片化的产品与原有出版的整体性、系统性差异的认知矛盾，并对出版产业是否要变成媒体来吸引流量，出版人是文化工作者还是转换成为集编剧、演员、广告商、说客于一身的角色，以及制度管理变革者的理念给予了分析和总结。基于此，可将融合出版定义为内向融合，即核心是出版，融合是方法；而出版的融合则是外向的，核心是融合，出版是基础，即跨界或跨产业经营。这两个概念实质是一个进阶的概念，对于短视频这类新形态是否可以归为出版这类问题，核心不是找边界，而是把握内核，即该内容能否促进知识的传播和文化的积累创造。这一解析有助于更加清晰地把握新技术语境下融合出版的边界问题。[98]

2022年4月，为贯彻国家"十四五"规划和出版业"十四五"发展规划，推进构建数字时代新型出版传播体系，中宣部印发《关于推动出版深度融合发展的实施意见》，提出出版深度融合的发展方向、发展目标、发展布局。其中，对于发展目标，提到"以内容建设为根本、先进技术为支撑、创新管理为保障的新型出版传播体系更加完善"，要"推动主力军进入主战场，打造一批竞争力强、优势突出的出版融合发展示范企业、有效巩固数字时代出版发展主阵地，始终用主流价值引领网上出版舆论，进一步扩大主流价值影响力版图"。由此，融合出版的主体以传统出版社为主，出版形态是在传统纸质图书基础上的创新，而创新需要把握的内核则是其内容是否能够传播知识、引导舆论。在该文件中，具体的发展布局也提到政府层面对出版的扶持和支持方向，以及具体的实施办法，并从内容建设、技术应用、项目培育、人才建设、保障体系等多个层面进行了规定。从政府文件中可以看出，融合出版发展的关键是政策层面强化发展布局与设计，组织层面强化内容生产的结构，与此同时，处理好与相关市场主体的关系，并在动态调整中最终形成有层次、有阶段的融合发展过程。[99]

二、数字出版

　　数字出版与融合出版在出版的跨媒体性质、出版流程、产业链流程、组织管理等方面具有交叉融合性，但两者最大的不同是，数字出版概念一开始就是在互联网信息技术催生新的内容形式这一背景下诞生的，它经历了从桌面出版、电子出版、网络出版、互联网出版、跨媒体出版、数字化出版、数字出版等不同概念的使用阶段，与技术的变迁是同步的。[100]对于数字出版的概念，新闻出版总署给出的定义是，数字出版是指利用数字技术进行内容编辑加工，并通过网络传播数字内容产品的一种新型出版方式，其主要特征为内容生产数字化、管理过程数字化、产品形态数字化和传播渠道网络化。目前数字出版产品形态主要包括电子书、数字报纸、数字期刊、网络原创文学、网络教育出版物、网络地图、数字音乐、网络动漫、网络游戏、数据库出版物、手机出版物（彩信、彩铃、手机报纸、手机期刊、手机小说、手机游戏）等。[101]在这一定义中，数字技术是数字出版的底层支撑体系，没有数字技术，数字出版就无从谈起，而理解数字出版的关键则是要理解数字技术渗透进内容生产传播的方方面面。数字出版是一个全生态的立体化产业链，涉及传统出版商、数字出版商、电子运营商、影视公司、终端设备制造商、电子商务运营商、IT业等众多角色。[102]从这个角度来看，数字出版产业不仅包括传统出版业的数字化部分，还包括数字游戏、数字影音、数字动漫等新兴内容形态，这些内容形态的生产主体更多的是民营公司，这类公司在用户运营、市场运作等方面相较于传统出版社更加灵活、更能把握读者需求。但其缺乏传统出版社的内容把关和三审三校机制，还需要政策的适当引导，保证其健康发展。

　　与传统纸质图书出版业相比，数字出版产业具有如下特点。首先，数字出版的产业集中度高，市场规律更明显，国内的网络文学市场形成阅文集团一家独大的态势，网络期刊市场则形成中国知网、万方数据等独享形态。在2005年初电子书还比较盛行的时代，北大方正、书生、超星和中文在线占据市场90%以上的份额，这与国外爱思唯尔、施普林格、汤森路透等出版巨头在全球出版产业格局中的龙头地位是类似的。其次，在数字出版中，拥有技术优势的平台商和运营商主导了产业的发展，比如在手机阅读领域，中国移动就主导了手机出版的市场。再次，数字产业的内容趋向于平台化运作，内容从生产、编辑、加工、销售再到发布、用户服务基本都是数字化的，且以平台为运作载体，最终实现了内容的聚合和读者的会集。最后，数字出版产业的跨界融合特点更加明显，在数字出版产业诞生之际，其就天然与IT技术行业、电信产业、电子通信、网络服务等产业深度融合，进而形成一个比较完整的产业链条和商业模式。

数字出版产业，在国外又被称为数字内容产业，其作为文化产业的组成部分，既具有产业属性，又具有精神文化特点，因此在文化传播中具有重要影响。我国数字出版产业的发展受到中央和各级地方相关部门的支持和推动。2006年发布的《中华人民共和国国民经济和社会发展第十一个五年规划纲要》，提出鼓励教育文化、出版、广播影视等领域的数字内容产业发展。同年，国务院发布《国家"十一五"时期文化发展规划纲要》，提出加快传统出版发行业向现代出版发行业的转换，积极发展电子书、手机报刊、网络出版物等新兴业态。2008年，我国第一家国家数字出版基地——上海张江国家数字出版基地揭牌成立。随后新闻出版总署先后成立了14家国家数字出版基地，聚集了覆盖网络文学、网络游戏、网络动漫、网络视频、数字印刷、网络教育等多领域相关产业。同年，国务院设立科技与数字出版司，负责数字出版的相关工作。2009年国务院发布《文化产业振兴规划》，把发展数字出版、电子阅读提上日程。规划文件提出，要"加大对数字内容和动漫等重点文化产业的扶持力度""积极发展纸质有声读物、电子书、手机报和网络出版物等新型出版发行业态""加强数字技术、数字内容、网络技术等核心技术的研发，加快关键技术设备改造更新"。2010年，新闻出版总署印发《关于进一步推动新闻出版产业发展的指导意见》，更加明确对电子书、阅读器的发展表示支持。同年发布《关于加快我国数字出版产业发展的若干意见》，提出到2020年，传统出版单位基本完成数字化转型，其数字化产品和服务的运营份额在总份额中占有明显优势；加快数字出版产业发展的主要任务是推动传统出版单位数字化转型，包括出版流程、出版资源的数字化，支持传统出版单位设立完全市场化的数字出版公司，加快推动音像电子出版单位的数字化升级，鼓励这些出版单位与通信运营商、网络运营商和硬件制造商进行全方位合作，加快推动印刷复制企业数字化改造，增强网络动漫出版产品的创作研发能力，以及加快国家数字出版的重大项目建设。2010年新闻出版总署还推出《关于发展电子书产业的意见》，提出促进电子书产业更好发展，带动数字出版产业的规定。2012年，中共中央办公厅、国务院办公厅发布《国家"十二五"时期文化改革发展规划纲要》，提出加快发展文化创意、数字出版、移动多媒体、动漫游戏等新兴文化产业。2013年，中央下拨48亿元文化产业发展专项资金，重点扶持数字出版、新媒体、动漫游戏等领域发展。2013年国务院发布的《关于促进信息消费扩大内需的若干意见》、2014年国务院发布的《关于推进文化创意和设计服务与相关产业融合发展的若干意见》、2016年国家新闻出版广电总局发布的《关于加快新闻出版业实验室建设的指导意见》等，都不断强化了数字出版的发展方向。[103]在"一带一路"的大环境下，数字出版所涉及的各类主体，包括传统出版社和各类民营机构，都将被纳入出版"走出去"的研究范围。

第三节 数字化变革与出版"走出去"生态链的核心构成要素

在融合出版和数字出版形态下，出版"走出去"形成了一个复杂、多元的生态链，其中的核心要素包括以下层面，如图3-1所示。

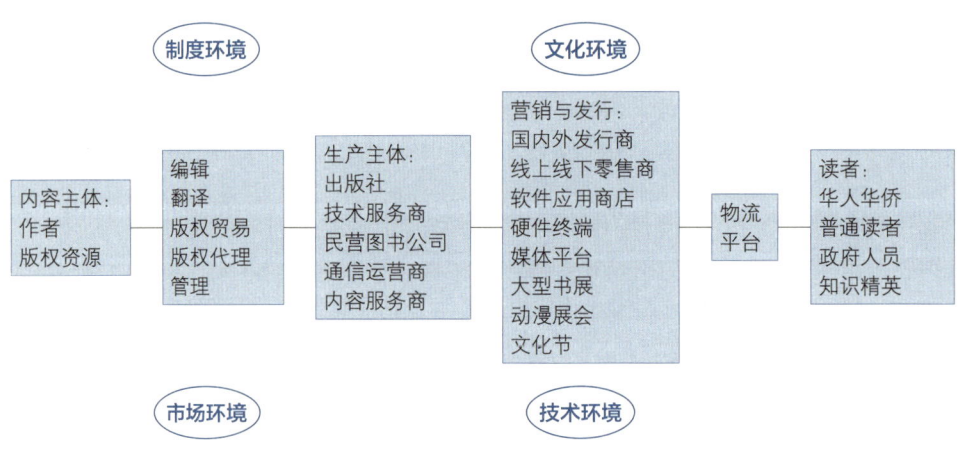

图3-1 出版"走出去"的生态链

一、作者与编辑

出版的源泉是作者，作者精耕细作，作品才能传世，才能为其他民族文化所认同。西方出版单位十分重视作者工作，对作者的服务无微不至。国内出版单位在这方面的工作还有待提高，出版单位和出版人如果希望自己的作者资源能够遍布全球，那就需要在对待作者时做到"培育作者"，而不是"消耗作者"。只有当编辑在服务作者、经营作者、培育作者这三个不同阶段上不断和作者进行互动，参与到作者的成长过程中去，编辑、作者和出版的国际化才可能成为现实。当然，在具体操作时，也不能忘记国内外出版制度方面的差异，例如在出版专业化和市场化程度较高的国家，出版经纪人往往扮演了类似国内编辑的角色。

中外编辑与作者之间相处融洽、合作久远的例子不胜枚举，例如号称美国著名文学编辑的麦克斯·伯金斯与托马斯·沃尔夫、菲兹杰拉德、海明威，周振甫与钱锺书，路金波与韩寒，等等。这些作者之所以会将这些编辑作为"御用编辑"，最主要的是这些编辑尊重作者、善待作者、服务作者。具体表现在商业上可能是及时足额支付稿费、千方百计为作者的图书争取营销资源等，在生活上则可能是尽量不让作者为琐事操心，从而可以专心写作。对优质作者的充分尊重和周到服务不仅有助于获得该作者作品的长期授权和集中授权，而且能在作者圈形成口碑，依靠某一位作者吸引到更多作者。

国外因为存在出版经纪人制度，编辑并不是直接从作者处接收稿件，因此编辑和作者之间的距离不可能像直接交往那么亲密，但即便如此，编辑们仍然注意随时服务好优质作者们，甚至有时扮演出版经纪人的角色，为作者打理很多出版事务。而在没有出版经纪人这一中间环节的中国出版业，作者和编辑的关系就更加亲密，如上海交通大学刘统教授和上海人民出版社社长王为松等作者和出版人之间的长期合作关系成为美谈。在出版"走出去"的过程中，虽然需要适应国外作者和编辑之间的关系，但服务作者依然应该成为编辑工作中的重要原则。

目前，国内有些编辑热衷于寻找畅销书作者，但又并不擅长将作者的能量发挥到最大。出版的精髓在于创意，其中"经营作者"也是创意的一部分。优秀的编辑往往善于"经营作者"，作者的成长也离不开编辑的"经营"。

所谓"经营作者"是指应该充分利用作者的资源和人脉进行图书产品的再策划、宣传和营销，让作者成为产品的"升级者"和"传播者"，随时成为创作的新起点和营销的新爆点。上海交通大学出版社在出版北京大学中文系程郁缀教授所著的《一日看尽长安花》后，不仅积极参加作者的每一次文化讲座，现场售书，还充分利用作者的关系进行延伸营销，并通过抖音上的直播推销，数日内销售数千册。

"经营作者"还意味着编辑需要走到作者创作的"前面"，为作者创作指明方向，发挥出作者的最大能量，生产出适应读者需求和出版潮流的合适作品。从这个角度而言，好的编辑可以扮演作者实质意义上的出版经纪人。在大型丛书的策划出版方面，编辑可以发挥的先导作用会更明显，因为丛书的风格和主题往往是事先确定的，后期主要的工作就是找到合适的作者，完成具体选题的写作。

编辑服务作者的最高层次无疑是培育出更多优质作者，从而带来更多优秀作品。在一个追求短期经济效益的出版时代，要将一个名不见经传的年轻写手培育成能持续产出的优质作者无疑是"不合时宜"的，但这种周期长且见效慢的"不合时宜"反而可能是"一本万利"的呢！在出版史上，从来不乏从短期看出版单位往某一个作者身上投入太多，是得不偿失的一方，但从长远看却获得丰厚回报的例子。

对一个写作新人而言，创作缺乏经验，编辑如果可以担负起"引路人"的角色，充分利用各种媒体资源及时全面地宣传作者的成果，为作者成长争取更多资源的倾斜，对作者的成长将会非常有益。

二、出版经纪人和版权代理公司

在西方出版系统中，出版经纪人是维系作者和出版者之间关系举足轻重的一环。他的主要服务对象是作者，担任的角色包括但不限于帮助作者制订写作规划，担任书稿的第一阅读人并进行初步的编辑和审读，代表作者与出版者进行版权授权谈判，进行图书营销，等等。当然，有时候为了促成合作，他也需要适当兼顾出版者的利益和诉求，扮演作者和出版者之间"斡旋者"的角色。总体而言，出版经纪人在培育作者新人、提高出版合作效率方面作用明显。

中国有许多出版从业人员曾经试图在中国建立起出版经纪人制度，但是结果并不理想。这些出版经纪人后来部分转型至民营出版工作室或民营出版公司继续参与出版。关于出版经纪人制度为何没有在中国取得和其在西方相同的地位，原因是多方面的，主要有以下两点：一是中国出版业的商业化水平低，作者的稿酬普遍较少，无法养活出版经纪人；二是中国是人情社会，而出版经纪人在西方扮演的是帮助作者获得高额版税和预付定金的角色，这与中国作者和编辑之间朋友式的合作模式不合。尽管如此，出版经纪活动作为成熟的出版业的必备元素，在中国出版的各种场合依然扮演了重要角色。例如，我国一些高校的出版研究院与出版社合作，承担出版项目从选题策划到作者发掘和沟通，再到书名打磨、书籍装帧和后期宣传的主要工作。这可称为中国特色出版经纪组织的雏形，甚至在实践上比出版经纪人更全面，开发了中国特色出版经纪的另类模式。

版权代理公司在出版产业链中扮演的是以委托人（版权持有人）的名义，在代理权限范围内办理版权申请、转让或其他有关涉外版权事宜的角色，因此无论是在国内还是涉外版权贸易中都能发挥明显作用。在国际版权贸易方面，引进版权时，对于很多没有出版经纪人且很难直接联系上的作者，出版者只能通过国际性的版权代理公司去获得他们的授权。而在输出版权时，版权代理机构依托更加了解国外出版情况的优势，能够有针对性地进行版权推介，从而更容易让版权"走出去"。

根据上文所述，出版经纪人和版权代理公司（两者合称版权代理人）的重要性已不言而喻。我们不能轻视国际出版经纪人和涉外版权代理公司存在的必要性，尤其是需要一批对国外主流出版社、版权交易流程和政策、出版文化都非常了解的代理机构，与国外出版机构建立起尽可能广泛又深入的联系，以便更好地开展版权输出工作。

而对于国外的中国图书版权代理人同样如此。如果我们能设立、发展或联络一批扎根各国当地的常用的中国图书版权代理人，利用他们熟悉当地文化、书业、市场的优势，那同样能够做到事半功倍。如果这些版权代理人是华人的话，那可能效果就更好了。

目前我国出版市场还是缺乏对国内外两种市场都熟悉的人才和机构，我国版权出口主要依靠国家政策扶持，输出书目的选择多从本国立场出发，并不是完全的市场行为，缺乏对国外市场需求的研究，无法形成市场优势。我国出版"走出去"在制度上需要接轨国际，就有必要通过规范的市场机制、完备的法律法规和积极的政策支持，推动国际出版经纪和版权代理行业的快速发展。

三、语言翻译

因为语言文化的差异，本地化译制成为打通海外市场受众的关键环节。出版"走出去"首先要解决语言问题，因此翻译工作就十分关键。茅盾先生说："真正精妙的翻译，其可宝贵，实不在创作之下；而真正精妙的翻译，其艰难实倍于创作。"著名翻译家傅雷先生说:"事先熟读原著,不厌其详,尤为要著。任何作品,不精读四五遍决不动笔,是为译事基本法门。"尽管因为语言和文化的差异,中外互译困难重重,但回顾过去的文学翻译出版史,一批优秀译者的存在让中外文化交流尤其是文学作品的互译成为可能,甚至为中国带来了第一个诺贝尔文学奖。但是,我们也需要清醒地看到,翻译环节存在的诸多问题阻碍了中国出版"走出去"的步伐。为此,需要更进一步提高翻译的国际化话语表达水平。

德国汉学家沃尔夫冈·顾彬曾将葛浩文视为莫言获得诺贝尔文学奖的最大功臣。在40余年的翻译生涯中,葛浩文共出版(发表)了96位中国作家的201部(篇)作品的译作,包括散文、小说、诗歌、戏剧、评论等,其中莫言作品被葛浩文译介到英、美国家的有12部小说、小说集。[104]葛浩文说:"英文和中文这两种语言可以说是有着天壤之别,真要逐字翻译,不但让人读不下去,而且更会对不起原著和作者。可是,不管我怎么说,批评我翻译的人常指责我没有逐字翻译。"他认为有些中国小说过于冗长,滥用成语,缺乏深入的心理描写,翻译时需要进行删改。

1936年,老舍先生的《骆驼祥子》开始在杂志上连载,三年后出版了单行本,1945年第二次世界大战结束,其英译本《黄包车男孩》(*Rickshaw Boy*)出版,译者为伊万·金。该书很快进入美国最具人气的"每月一书俱乐部"(Book of the Month Club),上了畅销书排行榜。伊万·金适当改动了结局,他让祥子救活了小福子,这种翻译的改动是符合英、美读者心理期待的。童方元教授在《丹青难写是精神》一文中说,翻译上最难处理的是文学语言,因此类文字"常是歧义横生,常是言在意外,常是触类旁通,常是指桑骂槐,常是烘云托月,常是临水照花"。这样的翻译无异于是再创作,也最考验译者的水平。意大利有句谚语:"翻译者——背叛者。"可见,在意大利语境中,翻译作品要想完全忠实于原作基本是不可能的。诗歌翻译尤其难。经典名著《浮士德》《神曲》《奥德赛》《伊利亚特》等都是诗作,翻译成中文诗歌难度极大,遂翻译成散文体。田德望翻译《神曲》就是采用散文体,就这样也花费了他18年的时间。曾任人民文学出版社副总编辑的绿原先生翻译《浮士德》采用的也是散文体。国外其他国家相互之间的大量翻译作品的行动也深刻影响了世界的文化交流。阿拉伯民族在从公元8世纪中后期到10世纪前期的150年左右的时间里广泛收集了古希腊、古罗马、古代中国、古埃及、拜占庭、波斯等很多文明的著作进行翻译,史称"百年翻译运动"。通过这场大规模的翻译行动,阿拉伯世界不仅取得了文化上的空前繁荣，而且为世界文化宝库留下了一笔重要遗产。[105]

四、国际数字营销渠道

市场推广和营销能够提高作品的知名度和热度，是触达目标受众的不可或缺的环节。美国出版业每年在图书宣传营销方面的资金和人力资源的投入都占很大比重，作者也会通过巡回演讲、签名售书等方式参与到图书的宣传工作中。

目前我国出版企业实体出版物的出口主要由数家国有图书进出口公司经营，比如中图公司、国图集团等，另外还有极少量的出版单位在海外自设的一些发行平台，比如山东友谊出版社的尼山书屋，除此之外，一般的出版企业是无法直接将自己的实体出版物销往海外的，这造成了作为出版物策划机构的出版社无法直接获取终端市场的数据和信息，更遑论研究读者了。当然，如果只是版权输出的话，那广泛存在的版权代理公司可以帮助出版者和编辑了解市场。如果是数字出版产品的海外输出，则又是另外一种情形，因为国内的数字出版企业可以直接对接国外读者。无论如何，与传播渠道以及版权代理机构更加紧密地合作依然是国内出版社"出海"的必然选择。另外，作者作为出版物的创作者，也须积极参与出版物海外市场的市场营销和宣传，避免中国图书的海外销售再次陷入生产过程和传播脱节的恶性循环。

我国出版社和国外出版社有着深层次的体制和机制区别。英国、美国出版合同中大多会对宣传营销做出具体规定，尤其是一些畅销书作者更注重这样的条款约定。如比尔·盖茨在出版自己的《未来之路》时，就在出版合同中明确约定北美版的广告费用不得低于25万美元，为预付金的10%、封面价格（出版商定价）的2.5%。而在我国出版合同中很少见到关于营销费用的约定。究其原因，大概是因为英、美作者顾虑出版商吝于投资宣传，通过合同约定这种形式促使出版商在宣传上多下功夫来保证图书成为畅销书。相比之下，我国营销则处于从属和服从地位，除了极畅销品种，出版者往往并不愿意在不一定能直接产生经济回报的营销环节投资过多。我国图书编、印、发机制和国外完全不一样，国内外读者的图书购买行为也不一样，国外媒体有大量由编辑运作的排行榜，这些成熟的图书排行榜系统对读者的购买行为有很大的引导作用。因为这些深层次的机制不一样，合作图书进入不了这种市场营销流程。

一本书要想成为畅销书，最重要的因素在于它要有市场，要通过各种途径出现在读者面前。对于海外出版体系而言，销量与传播效果息息相关。我国出版物"走出去"的瓶颈主要体现在出版物出口市场渠道尚未突破。当前，我国出版物出口的市场渠道，从机构用户来看，以海外公共图书馆、大学图书馆和科研机构为主；从大众市场渠道来看，仍局限于海外中文实体书店，受众群体主要是华人群体、汉学家、部分汉语学习人群，尚未进入国际主流销售渠道和主流读者市场。当然，现在我们越来越多输出国外的图书逐渐登上亚马逊各国的网站和美国巴诺书店等主渠道，虽然绝对数量依然较少。目前，除了传统的国际书展、出版研讨会，以及与海外出版社的合作推广，一些图书在海外市场开始有了成功的运作，典型的有上海新闻出版发展有限公司的"文化中国"丛书，这套丛书并不是采用传统出版"走出去"的版权输出方式，而是在海外读者需求调研的基础上，面向海外读者直接策划英文版图书，最重要的是，该丛书单本市场销量能达到2万册，这在国际市场是很不容易的。该丛书主要借助外国经销商的力量，如进入美国700多家巴诺连锁书店，通过法国拉加代尔国际集团的销售渠道发售。除了"文化中国"丛书，《中国文字》在海外的成功发行得益于美国《出版商周刊》以及书店线下展出。总体来说，新媒体营销在海外大型出版集团已经成为图书营销的主流方式，但是我国出版社目前在国际数字营销发行方面还不够深入，尤其是面向"一带一路"共建国家的网络营销更未完全展开。

五、融媒体产品

数字化时代，随着知识生产和信息消费方式的变化，纸质图书与数字技术进一步融合，出版的边界拓宽，不仅产生了数字内容平台、数字化产品、融媒体产品，出版组织的生产流程、运营管理、基本架构等都发生了新的变化。图书是一种内容、思想和文化"三位一体"的传播媒介，阅读者历来就是一个相对固定的群体，因为带有地域和文化的烙印，图书在域外的传播从来不是一帆风顺的。因此，利用融媒体进行内容传播形态的创新就显得非常重要，即需要将内容以一种外国受众可以接受的方式送达对方。如2014年，中国出版集团围绕中国梦这一主题策划了六大丛书和一个多媒体影像项目，丛书的选题数量达到百种以上，并基于纸质图书制作了系列多媒体影像作品,讲述了生动的中国故事。

网络文学"出海"之路之所以能越走越宽,最主要的原因在于其上下游的逐渐专业化、规范化和智能化。在上游产品供给方面,因为人工智能技术在翻译方面的成熟,行业内容供给能力得到了大幅加强。此外,因为强化了对正版作品的版权保护,行业风气更加健康向上,因此平台能够吸引更多优质作者,平台内容质量进一步得到了保障。在商业模式建构上,网络文学出海企业采用了本土化的运营方式,如在东南亚采取"付费+免费"模式;而在欧美市场,采用的是"付费+免费"以及订阅模式。最后,在内容分发层面,平台积极拓宽分发渠道,与海外本地市场阅读平台建立合作,从而扩大网络文学出海市场的整体覆盖面。在下游的终端平台,读者甚至可以围绕一部作品建立互动板块,作者、读者、翻译者等多方直接互动,海外读者不仅在阅读中了解了中国文化,同时通过讨论的方式提升了参与感,这种互动效果往往要比读者单独阅读产生的平台黏性更高。在此过程中,平台还始终注意运用多种技术手段强化对内容传输过程中的作品版权的全方位保护。上述变化带来了整个海外网络文学市场的蓬勃发展,行业市场规模、用户体量及业务范围都将得到深层扩展。

分享和协作是互联网的重要基因,在内容创作方面也不例外。融媒体时代的写作和印刷出版时代的写作的一个显著不同就是作者不再是"固定"的,读者亦可以参与创作,甚至还有了用户生成内容(UGC)、专业用户生成内容(PUGC)、专业生成内容(PGC)等多种内容生产的模式。为此,各互联网公司都在内容创作模式上进行了革新:脸书(Faccbook)为具有潜力的创作者提供资金和孵化服务,定期举办创作者研讨会、"创作者日"(Creator Day)等线下培训和活动,为创作者们提供互相交流内容创作心得,学习使用Facebook更多创作、管理工具的空间,还开发了名为创作者工作室(Creator Studio)的内容管理平台,帮助内容创作者管理自己的内容发布、变现和数据分析。在海外,为了提升中小型内容创作团队的吸引力,亚马逊建立了影视内容分发平台Prime Video Direct,帮助制片人、分发负责人、个人电影制作者等将作品自助分发到Prime Video平台以及亚马逊Prime支持的各终端。除了影视内容,亚马逊也为图书及有声书创作者提供了自助上传作品到Kindle Books及Audible的服务。此外,亚马逊旗下的Amazon Live以及Twitch两大直播社区,也为亚马逊带来了大量的UGC、PGC内容资源,这些都展现出亚马逊在融媒体内容生态建构上的开发性态度。总之,因为互联网"去中心化"的特质,传统意义上"单向度"的"受者"转变为双向度乃至多向度的"用户",传受双方关系进而升级为"主体—主体"的互动传播状态。具体到出版"走出去"方面,输出国与输入国在互为主体的传播过程中,以出版内容为沟通介质,网络媒体为沟通平台,进行充分、理性、平等的诉求与表达,达成"协商性的理解"。在这个交流与打磨的过程中,大数据、云计算等技术为满足海外受众的个性化需求提供了最为全面与及时的反馈信息,以促成"以作者为主、与读者合作"的写作新方式。

中国出版"走出去"已经历经近40年的发展，尤其是在党的十八大以后，出版"走出去"的成效突出，且"走出去"的区域开始从强调欧美等西方国家转向"一带一路"共建国家。无论是融合出版还是数字出版的国际化，"走出去"的基础是"一带一路"共建国家基础设施的互联互通。本节将首先探讨"一带一路"共建国家的相关基础设施、市场条件和技术发展，然后再整体回顾"走出去"及数字化的基本状况。在数字技术的推动下，我国出版社正处于数字化转型之中，加上"一带一路"共建国家的整体基础设施水平仍然有待提升，还不足以支撑出版"走出去"的数字化、规模化发展，因此，只能在研究出版"走出去"的基本情况时，兼顾传统出版社"走出去"过程中的数字化建设情况。同时，考虑到网络文学、网络游戏、流媒体影视剧近年在传播中华文化方面的重要作用，将这三类数字出版形态纳入进来，进行具体探索。

第一节　面向"一带一路"共建国家基础设施的互联互通

中国出版"走出去"既有以版权输出为主的服务贸易的"走出去"，也有图书、音像制品等实物的"走出去"，更有虚拟产品，如电子书、有声书、数据库的数字产品的"走出去"。服务贸易和数字产品的"走出去"依托中外出版方的邮件往来、线上会谈等形式，实物的"走出去"则更依赖于中国与"一带一路"共建国家的物流体系建设和路网互通的基本情况。因此，需要对"一带一路"共建国家的路网建设与道路互通、国际物流体系建设和数字基础设施建设进行事先了解。

一、交通路网互通建设

路网建设的完整情况与图书物流体系的建设程度密切相关，图书物流是图书存储、运输、包装、装卸、搬运、配送、信息处理等活动的综合，如果没有路网建设作为支撑，图书的商品价值就无法得到交换。中国的出版业从早期的以新华书店为代表的连锁书店逐步向规模化、集团化方向发展，在全国出现了若干重要的大型图书物流中心，包括北京出版发行物流中心、西北出版物物流基地、江苏新华发行集团物流中心等。除了这些物流中心和实体书店，传统物流与电商相互融合，第三方物流企业参与到图书配送与运输过程中，改变了图书配送的模式。可以说，图书的收货、存储、拣货、发货、退货等环节的顺利推行，高度依赖一国的交通运输业的发达程度，而交通基础设施的联通是国家间文化出版贸易联系强度的支撑。

公路在交通运输网络中具有普适性，公路通行能力与区域经济发展程度、人口密集程度和生态地理要素息息相关。在"一带一路"共建国家中，东北亚地区的路网建设水平不高。其中，俄罗斯在欧洲部分的通行能力强，但在远东地区的路网部分通行能力较差。蒙古国的公路覆盖率低，公路等级水平低，全国性道路仅覆盖了全国路网总里程的3.5%，远低于国际标准，其公路网总长度为49000余千米，国道约为11000千米，38000千米左右为省道或地方公路。由于蒙古国国土面积广阔而人口较少，人均道路密度低，首都乌兰巴托市很多公路的使用年限已经超过20年，公路整体质量在恶化。[106]中亚地区是连接中国与欧洲经济走廊的核心地带，但中亚五国的公路通行能力也不强。塔吉克斯坦、哈萨克斯坦的公路通行能力仅为中国的1/9。中国境内公路通行能力较强，但是进入中亚地区后，受高原、荒漠等地形以及当地经济发展水平的影响，公路通行能力下降，进入欧洲路网后，公路通行能力有所提升。在东南亚地区，经济发展水平较高的新加坡基础设施完善，公路网的覆盖率最高，东帝汶和文莱因国土面积小，公路通行能力也比较强，但东南亚其他国家的公路通行能力则比较弱。此外，南亚国家中，印度公路通行能力较强，而巴基斯坦不稳定的局势和复杂的地理条件使其公路通行能力较弱。西亚、北非地区大部分国家的公路网覆盖率低，交通基础设施落后，公路通行能力较弱。整体上看，公路通行能力较强的区域是中国、中东欧和印度，其他地区的通行能力较差，这在一定程度上限制了文化、经济、贸易网络的联通性。[107]

同样，铁路基础设施建设也面临巨大的资金匮乏问题，加上"一带一路"共建国家的地质地貌复杂多变，对技术要求高，人力、资源、财力投入力度大，而人口规模小对运量也有影响，使项目的经济效益差，在政局不稳定的情况下，铁路货物的运输安全无法得到保障，甚至会中断运输路线。

在交通项目的建设上，中外政府的主导力和控制力是不同的。中国的交通运输机制的成功运作是通过调动地方积极性来推进的，交通基础设施施事权通过向地方转移，比如公路的收费还贷，港口、机场的属地化和"政企分离"，铁路的"省部共建"等促进了地方发展动力，为地方经济增长和产业集聚带来正面效应，因此能够形成主导力。在"一带一路"共建国家，交通项目的开发涉及用地关系、政权更迭、经济发展水平等诸多因素，政府的关注重点多在维护政权稳定、避免大规模政治冲突或动乱，对交通等基本项目很难保证政策和资金的持续性，因此在交通物流发展上比较难推进。目前，部分"一带一路"共建国家主要将交通建设的融资寄希望于中国，由中国来承担融资压力与风险。中国在"一带一路"共建国家的基础设施项目融资支持已经超过3000亿美元，但目前每年缺口依然超过6000亿美元。[108]中国仍然需要探索中外互通互利的盈利模式，一方面能够保证推进"一带一路"共建国家的社会进步与发展，彰显大国责任，另一方面要探索如何以交通项目实现产业延伸和国家战略价值。

路网建设是图书实物出口的基本条件，包括类似图书嵌入二维码这类融合出版物的出口也可以视作图书实物的出口。目前国内出版物有三大进出口公司，即国图集团、中图公司和中国教育图书进出口有限公司，主要是从事出版物出口的物流管理工作，包括邮政、快递、物流、货物代理的船运等物流渠道。国内的一些出版社会将出口业务委托给以上图书进出口公司，也会开拓自己的进出口业务。出版物出口运输方式包括陆运、水运和航空等方式，以北京语言大学出版社为例，除了委托给国内图书进出口公司的业务，其自行发货的国际物流也会采取水、陆、空三种形式，发往蒙古国和东南亚国家的出版物一般以公路运输为主，发往东欧、俄罗斯、中东等国家和地区的物流以水运为主，对于一些时效性较强的出版物则以空运为主。

在较长一段时间，"一带一路"共建国家的交通基础设施建设基础薄弱，互联互通的程度还不够高，国家间的物流合作程度也不太高，这让跨境物流的周期较长。一般中国到蒙古国的出版物公路运输周期是1周左右，海运到达俄罗斯、巴西、中东、非洲等国家和地区的时间则至少需要1个月。跨境物流高成本、低时效让中国图书的海外售卖价格偏高。[109]要解决图书的运输成本和时效问题，更多需要依靠国际物流体系建设和区域道路的一体化建设与互通提升。

二、国际物流体系建设

出版"走出去"离不开国际运输通道的建设，只有以交通网络建设为先导，提升现代物流效率，才能实现中国与"一带一路"共建国家的经济辐射和文化交流。路网的跨境互通则决定了国际物流是否能够通畅运行，这对纸质图书的发行和分发网络也有至关重要的影响。

国际物流绩效指数（LPI）用来衡量世界各国和地区的物流绩效发展水平，对海关效率、物流基础设施质量、国际运输便利性、物流服务质量和能力、货物可追溯性、物流运输及时性进行综合衡量，以1—5分为取值范围，分数越高绩效越好。2007—2014年，"丝绸之路经济带"的LPI均值低于世界LPI均值。以2014年为例，"丝绸之路经济带"LPI均值为2.79，世界LPI均值为2.89。2014年后，"一带一路"共建国家的LPI均值开始追平世界均值。"21世纪海上丝绸之路"沿线区域的LPI，东南亚和中东地区的均值相对较高。国际物流绩效评估的六大构成要素中，"一带一路"共建国家得分最低的是海关效率，其次是物流基础设施质量，得分最高的是物流运输及时性。对跨国物流运作而言，海关效率和物流基础设施质量是制约物流运输的两大因素。

从中国和中亚国家的对比来看，中国的物流基础设施质量较好，中亚五国物流基础设施比较落后。塔吉克斯坦、吉尔吉斯斯坦、土库曼斯坦三国在海关效率、国际运输便利性方面相对较好，但物流运输及时性和货物可追溯性方面需要改进。哈萨克斯坦、乌兹别克斯坦在物流运输及时性、货物可追溯性方面相对较好，但海关效率、国际运输便利性方面较弱。物流运输的及时性与货物可追溯性较相似，货物可追溯性高说明物流运输过程监控到位，问题反馈和处理效率高，更能保证到货的及时性。海关效率与国际运输便利性较为相似，两者相互影响。从整体上看，出版"走出去"，除需要协调各国对文化服务和贸易的海关效率之外，提高"一带一路"共建国家的道路互通性也是关键，但"一带一路"共建国家的经济发展水平、自然地理环境、资源条件差异，基础设施差异较为明显，这可能直接影响中国出版输出到海外国家的区域选择。

"一带一路"倡议提出以来,中国在与"一带一路"共建国家的铁路互通方面有了较大进步。中西部省(区、市)已经以新亚欧大陆桥和西伯利亚大陆桥为基础,实现了以中欧集装箱班列为导向的"西、中、东"三条运输通道。中欧班列是运行于中国与欧洲以及"一带一路"共建国家的集装箱等铁路国际联运列车。中欧班列开通后,过去中国商品依靠海运进入欧洲市场需要40天以上的时间,而现在只需要10天左右的时间。与此同时,西行和东行货物的流量占比也越来越均衡。如果图书能够以此种方式进行运输,那么在运输成本、售价和到达时间方面都会有质的提升。截至2023年4月,经阿拉山口海关监管的中欧班列线路已达到103条。2010年12月,重庆、乌鲁木齐两地海关签署《关于建立渝新欧国际铁路大通道出口转关监管机制的协议》和《区域通关改革合作备忘录》,使渝新欧国际铁路大通道提速,为内陆到欧洲的货物出口实现"一次申报、一次查验、一次放行"的国内段贸易便利化措施提供了制度基础。2011年,重庆开通渝新欧货运班列,经新疆阿拉山口出境,通过哈萨克斯坦、俄罗斯、白俄罗斯、波兰,最后抵达德国。该列车每次通行历时16天,行驶上万千米,吸引了世界各地的集装箱运输公司、工业及物流基础设施服务商等布局重庆。2014年,安徽开通途经西安、乌鲁木齐、阿拉山口直达哈萨克斯坦阿拉木图的货运专列。2017年,兰州运行中欧、中亚班列共111列、4919车。截至2018年底,我国有59个城市开行中欧班列,通达欧洲15个国家的49个城市,货物运输种类不断丰富。[110]通过中欧班列,中国的消费类电子产品、日用小商品等能以更优价格到达"一带一路"共建国家,同时中欧班列的开行也为这些国家的特色食品、木材、粮食等开拓了中国市场。

在区域合作通道方面,中巴(自喀什到巴基斯坦瓜达尔港)、中哈、中蒙、中塔阿伊、中吉乌、中老泰、中越、中尼印等泛亚铁路相继达成协议并投入建设,在中亚地区建立了精河—霍尔果斯—阿拉木图铁路通道,在东北亚建立了中朝韩铁路通道、俄蒙至图们江出海通道、蒙古国至渤海湾出海通道。2012年底,中哈霍尔果斯口岸铁路开通。中俄同江—下列宁斯阔耶界河铁路桥中方段工程已于2018年10月完工。2021年,中国云南昆明至老挝万象的铁路全线开通。在中老铁路建设前,老挝只有一段3.5千米的铁路连接至泰国;中老铁路开通后,从万象到中老边境的车程从2天缩减至3小时,带动当地就业超11万人次。中老铁路的开通覆盖老挝、泰国、马来西亚、柬埔寨等"一带一路"共建国家,为这些国家开创了一条促进经济发展、推动区域联通的新道路。

除了铁路路网建设，中国境内的入疆、进藏公路路网也相继完善。中国与中亚的公路运输已经基本成型。2014年底，中国和塔吉克斯坦之间的公路修复贯通，将中塔阔勒买—卡拉苏口岸从只能通车半年转变为全年开放。2017年，连接西欧和中国西部的高速公路正式投入使用，东起中国连云港，西至俄罗斯圣彼得堡，途经中哈俄三国数十个城市，保障中国—哈萨克斯坦、中国—中亚、中国—哈萨克斯坦—俄罗斯—西欧三条走向的公路运输。在东南亚，中老泰、中越、中尼印的跨国公路实现对接，中巴经济走廊"两大"公路和瓜达尔港、斯里兰卡科伦坡港口及港口城等项目相继启动。2023年，昆（明）曼（谷）公路全线贯通。2018年，国内首个以航运为主题的"一带一路"国际综合物流服务品牌和平台"丝路海运"在福建成立。截至2023年4月，"丝路海运"命名的航线已达100条，通达全球43个国家和地区的117座港口，联盟成员突破300家。2021年12月，福建首个面向华侨华人的跨境电商平台"侨易邦"上线，让华侨华人足不出户就可以在线上采购商品。该平台还在泰国、印度尼西亚、菲律宾等5个国家设有12个海外仓，实现一件代发，进一步降低了企业的外贸成本。2022年6月，"丝路海运"电商快线在厦门港开通，将厦门及周边地区的电商货物送达菲律宾马尼拉港仅需2天。西部陆海新通道是由我国西部省份与东盟国家合作打造的国际陆海贸易新通道，以重庆为运营中心，各西部省（区、市）为关键节点，利用铁路、海运、公路等运输方式向南通达世界各地。西部陆海新通道沿线的重庆、广西、贵州、甘肃、青海等12个省（区、市）与海南省，以及广东省湛江市、湖南省怀化市建立起了"13+2"的合作机制，目前形成了东、中、西3条主线，铁海联运班列、国际铁路班列和跨境公路班车3种物流形态，通道目的地已经拓展至113个国家和地区的335个港口。在航空方面，中国与马来西亚、卡塔尔、新加坡等国家的互联互通水平较高，一方面是因为这些国家本身属于国际运输枢纽，另一方面是因为中国与这些国家的贸易网络较为密切。[111]

除了与"一带一路"共建国家的路网互通，中国还同时承建了印度尼西亚雅万高速铁路、老挝磨万铁路、匈塞铁路贝尔格莱德至布达佩斯改造工程、巴基斯坦拉合尔轨道交通橙线项目、非洲亚吉铁路、巴西里约地铁等项目，将中国铁路装备出口到"一带一路"共建国家。2022年，匈塞铁路塞尔维亚境内贝尔格莱德至诺维萨德段（贝诺段）铁路开通运营。作为中国与中东欧国家共建"一带一路"的示范项目，该铁路连接塞尔维亚三大城市和沿途居民区、工业中心，塞尔维亚由此开启了高铁时代。该段铁路每天开行动车组列车50多列，将两地的通行时间从原来的90分钟以上压缩至30分钟左右，并为共建国家的文化旅游带来便利。[112]2023年，中俄企业联合体基本完成莫喀高铁项目初步设计。莫喀高铁是俄罗斯2008年颁布的《2030年运输发展规划》的重要组成部分，线路西起俄罗斯首都莫斯科库尔斯克亚车站，向东经莫斯科地区、弗拉基米尔地区、下诺夫哥罗德地区、楚瓦什共和国、马里埃尔共和国，至鞑靼斯坦共和国首府喀山。该项目由中俄双方合资，建成后，莫斯科至喀山的列车运行时间将从14小时缩短至3.5小时。2023年，雅万高铁建设完成，将印度尼西亚首都雅加达至第四大城市万隆的列车运行时间从3小时缩减至40分钟。在肯尼亚北部的马萨比特郡，中国承建的连接埃塞俄比亚与肯尼亚两国的托比—摩亚雷公路，成为双边贸易和人员往来的必经之路。截至2021年12月，中国与"一带一路"共建国家签署了200多个涉及海运、空运、邮政领域的双边和区域运输协定。这些路网建设有利于地方基础设施和物流体系的改进，也为未来文化产品"走出去"和文化交流奠定了一定的现实基础。

2006年国家出台的《关于鼓励和支持文化产品和服务出口的若干政策》的文件，要求商务部会同宣传、文化、外宣、外交等主管部门制定《文化产品和服务出口指导目录》，提出对列入目录的项目和企业，海关为其出口提供通关便利。2010年，商务部提出，对列入《国家文化出口重点企业目录》和《国家文化出口重点项目目录》的境内文化企业出境演出、进行影视节目摄制和后期加工，以及境外文化企业来华，对从事文化出口的销售人员、演出人员，简化因公出境审批手续，实行一次审批、全年有效的办法，这些都有利于文化产品和服务出口的海关服务水平的提升。在"一带一路"倡议的推动下，中国与"一带一路"共建国家的物流体系建设和路网互通有了实质性提升。不过由于"一带一路"共建国家本身的经济发展局限，以及路网基础服务的建设不够完善，中国在跨境物流的运输效率、国内物流企业在全球的覆盖范围、物流仓储设备、物流配送效率和物流信息处理等多方面整体还处于较低水平，无论是实体图书还是纸质融合出版物，仍然有待于物流水平的提升才能扩大"走出去"的规模。

三、数字基础设施建设

出版"走出去"是一个系统工程,涉及出版产业链的上下游各个环节。基础设施建设中的电力是通信的基础,通信是出版"走出去"数字化实现的条件。电力建设与信息通信密切相关。如果这些方面无法满足,出版物的生产、传播活动就无法顺利进行,出版"走出去"的数字化更是难以推行。

电力的发明始于第二次工业革命,电力开发提升了社会的生产力,比如生产工具的创新加快了产品的生产,在信息通信领域,以电力为基础的电报、电话、收音机、电视更新迭代的速度加快,让信息的传播速度更快,而在互联网时代,没有电力就很难开展工作。一国的能源储备,包括化石能源、水能、风能、光照等,是电力开发的基础。中国与"一带一路"共建国家开展了绿色能源合作,在水电、风电、光伏、电网建设等方面推进全球能源的转型。从电力资源的分布状况来看,"一带一路"共建国家的传统能源,比如石油、天然气、煤炭等资源,主要分布在俄罗斯、蒙古国、中亚五国、西亚北非区域。在俄蒙中亚区域,96%的石油资源主要分布在俄罗斯和哈萨克斯坦,94%的天然气分布在俄罗斯和土库曼斯坦,95%的煤炭资源分布在俄罗斯、哈萨克斯坦和蒙古国。这一区域的石油、天然气、煤炭储量分别占世界总储备的7.8%、28.6%、25.3%。西亚北非区域的石油探明储备占世界总储备量的46.1%,天然气探明储量占世界总储备量的44.5%,其中油气资源主要聚集在中东的沙特阿拉伯、伊朗、阿联酋、卡塔尔、科威特、伊拉克6个国家。[113]水能资源方面,俄罗斯、中国、东南亚、南亚国家的水资源总量最为丰富。在水资源的应用方面,"一带一路"共建国家中以农业用水为主的国家占比为60%,包括典型的畜牧业国家,如阿富汗、哈萨克斯坦、蒙古国等,典型的农业国家,如越南、泰国、柬埔寨等,以及沙漠性国家,如沙特阿拉伯、埃及等;以工业用水为主的国家和地区占比为24.62%,包括俄罗斯、新加坡、中东欧部分国家和地区;以生活用水为主的国家占比为15.38%,包括马尔代夫和中东欧部分国家。[114]目前来看,南亚、东南亚地区国家的水电开发契机良好,中国水利部已经与这些国家签署了水资源领域的合作协议或备忘录。风能资源方面,俄罗斯、蒙古国、哈萨克斯坦、印度、巴基斯坦、埃及、土耳其、伊朗、罗马尼亚、克罗地亚、保加利亚、格鲁吉亚和阿塞拜疆等国风能资源比较丰富。光照资源方面,蒙古国中部和南部,中亚的土库曼斯坦、哈萨克斯坦、乌兹别克斯坦东部,南亚的印度和巴基斯坦，东南亚地区，以及西亚北非地区的光照资源比较充足。

"一带一路"共建国家的资源分布空间不均衡，且有不同的资源优势进行电力开发，在未来可能是电力需求增速最快的地域。不过从总体上看，其中进行电力开发的国家多为发展中国家，电力更多依赖石油、煤炭、天然气等化石燃料，可再生能源电力开发空间巨大，但开发能力还比较有限。2022年的资料显示，其中仍有85个国家没有实现全民通电，占"一带一路"共建国家数量的60%，占全球无电人口的88.8%。[115]这些国家人口少、发展相对落后、偏远地区通电难度大，比如蒙古国仍未与中央电力系统并网的县超过110个，电力系统与邻国相比相对落后，网络通信就更难实现，对出版"走出去"来说无疑是一大壁垒。

"一带一路"倡议提出以来，中国与"一带一路"共建国家开展了能源领域的合作，跨国电网建设已经基本成型，比如云南建成4条对越送电线路，并向老挝北部4省供电，同时还从缅甸等水电站回购电力，但从整体上看，跨国电网联网方面，互联互通的程度仍然低于世界平均水平。中东欧国家的面积小、距离近，电网联系紧密，国家内部与国家之间实现了较好的电网互联；中亚五国的互联互通程度相对也较高；南亚、东南亚、中东电网互联互通的程度较低，人均用电量整体低于世界平均水平。电网互联是国际能源合作的具体体现，可以使能源的发展摆脱区域和环境限制，实现资源的互通供给，是建设人类命运共同体理念的具体体现，也为实现数字化的互通提供了便利条件。

在电力互通之外，还需要看到"一带一路"共建国家通信建设和网络建设的基础。我国有学者将信息化评价分成基础设施（包括网络覆盖、网络速度、网络安全）、设备使用（设备拥有量、网络使用量、网络使用价格）、产业发展（信息产业、产业结构、信息和通信技术进出口）、社会应用（电子政府、商业信息）四个方面。在此基础上，以2015年数据计算"一带一路"共建国家的信息化发展水平。研究发现，东北亚的信息基础设施建设最好，韩国和日本处于领先位置，中国处于中游，蒙古国与中亚诸国差不多，朝鲜的基础设施最为落后。中东欧国家基础设施建设水平差距不大，均超过"一带一路"共建国家的平均水平，波罗的海周边国家的基础设施最为完善，巴尔干地区水平相对较差，俄罗斯低于中东欧平均水平。东南亚国家基础设施建设水平差距较大，新加坡最高，而印度尼西亚、缅甸、越南、东帝汶等国家在东南亚处于相对落后位置，其他国家处于"一带一路"共建国家的平均水平。西亚及北非国家既有经济发达的石油输出国，也有战乱国家，土耳其、沙特阿拉伯、阿联酋的基础设施比较发达，以色列处于平均水平以上，也门、叙利亚等由于国内政局动荡，基础设施建设水平最低。中亚及高加索国家基础设施建设水平普遍处于"一带一路"共建国家的平均水平以下，各个国家基础设施建设水平差距较大，阿塞拜疆、亚美尼亚、格鲁吉亚、哈萨克斯坦等处于"一带一路"共建国家的平均水平，而其他国家则处于平均水平以下。南亚是"一带一路"共建国家中基础设施建设最为落后的地区，只有马尔代夫、印度达到平均水平，孟加拉国、斯里兰卡和不丹接近平均水平，其他国家均较落后。总体来看，"一带一路"共建国家的信息化水平差异较大，发展不均衡，但也说明了互联网建设方兴未艾，数字经济在这些国家还有很大的增长空间，这也为中国出版对接"一带一路"倡议，实现更大范围、更高质量、更深层次的"走出去"提供了更为广阔的施展空间。

为了推动数字丝路与"一带一路"共建国家的通信互联，我国自2015年起，先后就推进"一带一路"共建国家的信息化建设做出战略规划。2015年，在《推动共建丝绸之路经济带和21世纪海上丝绸之路的愿景与行动》中，提出从陆、海、空多方面提升通信互联水平。2016年，在《中华人民共和国国民经济和社会发展第十三个五年规划纲要》中，提出建设中国—阿拉伯国家网上丝绸之路、中国—东盟信息港两大项目；在《关于加快推进"一带一路"空间信息走廊建设与应用的指导意见》中，提出从空中通道建设出发提供综合化信息化工程；在《"十三五"国家信息化规划》中，提出推动网信企业国际拓展，加快建设中国—东盟信息港、中国—阿拉伯国家网上丝绸之路，建立网信企业"走出去"服务联盟，加强主流媒体网站及新媒体的国际传播能力建设。2017年，在《网络空间国际合作战略》中，提出推动与周边及其他国家信息基础设施互联互通，支持中国的互联网企业联合制造、金融、信息通信等领域企业率先"走出去"，构建跨境产业链体系，鼓励中国企业帮助发展中国家发展远程教育、远程医疗等行业，促进这些国家的社会发展，开展与"一带一路"共建国家的网络文化合作等。在实际合作中，2009年，30个"一带一路"共建国家通过了阿塞拜疆提出的建设"跨欧亚信息高速公路"的建议，旨在建设一条从西欧到东亚的跨国光纤骨干网，途经土耳其、格鲁吉亚、阿塞拜疆、哈萨克斯坦等国，将德国法兰克福和中国香港连接起来，包括中国在内的诸多国家的电信企业参加了该项目建设。2012年，乌鲁木齐区域性国际通信业务出入局成立，首次联通了中国新疆与周边中亚各国的大容量光缆，提升了与中亚国家的国际语音以及数据通信对接能力。[116]2014年，中缅国际陆地光缆工程全线贯通。2016年，中国与"一带一路"共建国家的信息产品贸易额超过1416亿美元，尤其是与东南亚国家、俄罗斯、印度形成密切的信息经济合作关系。我国的华为公司开拓东南亚、中东、非洲和东欧等区域市场，成为许多国家的电信设备供应商和通信终端；百度、阿里和腾讯则将东南亚国家、印度作为重点市场，成为这些国家网民常用手机App的中国企业。[117]针对不同国家的信息化建设水平，中国出版可以输出多元化的数字内容产品与数字化服务形态，如对于信息化发展水平偏低的国家，可以输出网络资源检索服务、数码印刷服务；针对信息化发展水平较高的国家，可以重点进行版权输出、国际交流合作项目输出等。这种多层次的发展路径，为中国出版机构"走出去"的数字化发展带来了丰富的创新基础。

第二节 面向"一带一路"共建国家出版"走出去"与数字化建设现状

在今天，文化传播已不再仅仅是官方政府机构和出版企业这两股力量的职责。在中国出版乃至中华文化"走出去"的进程中，来自政府的帮扶、来自专家学者的价值确认、来自市场经济力量的积极参与、来自民间出版人的实践，这些力量的良性互动共同构成了文化自觉视野下文化传播多元主体聚力的现代图景。

一、中国出版"走出去"与数字化整体发展状况

中国出版"走出去"与数字化的整体情况可以从出版物的出口贸易状况、出版物主题内容布局以及融合出版的相关情况三个方面来总结。

1. 出版物的出口贸易状况

联合国商品贸易数据库资料显示，2013年后，中国对"一带一路"共建国家的出版物出口总体上处于下滑状态，2016年的出版物出口贸易额回落到2010年的贸易额。不过，就中国出版物与西方国家出版物长期存在的贸易逆差而言，中国出版对"一带

一路"共建国家的出版物则长期处于贸易顺差状态，对"一带一路"共建国家了解中国和中国文化起到较好的带动作用。与此同时，中国从"一带一路"共建国家进口出版物的贸易总额分别在2013年、2016年、2018年呈现强势增长，[118]中国进出口贸易整体情况表现出"一带一路"倡议所提出的增强中国与"一带一路"共建国家的民心相通和文明互鉴的价值意涵。

在出版"走出去"的实物产品结构上，以图书出口为主，2011—2018年，图书出口的比重占出版物产品出口的60%左右，报纸、期刊作为中国媒体产品出口的组成部分，出口额比较低，一直在1%—2%，其他出版物（地图、日历、个人贺卡、商业促销印刷品等）比重占40%左右。[119]2008—2018年间，中国电子出版物的版权输出数量总体呈现上升趋势，电子出版物版权输出最高为2016年的11.35%，电子出版物的版权输出数量从2008年仅有1项上升至2017年的1557项，而电子出版物版权的引进数量偏少，最少是2010年的49项，最多为2017年的372项。因此，图书的版权输出仍是主力，比如2017年我国的图书版权输出10670项，电子出版物版权输出1557项，2018年图书版权输出10873项，电子出版物的版权输出743项。2017年，图书版权输出数量是电子出版物版权输出数量的6倍，2018年上升至14倍。据中国新闻出版研究院统计，截至2019年，我国与"一带一路"共建国家的版权贸易总量累计达到11282项，其中输出9429项，引进1853项。我国共有273家机构与79个"一带一路"共建国家建立了联系。

在出版"走出去"的区域分布上，东盟国家对中国印刷出版物的贸易进口额占比最大。2010年，中国—东盟自由贸易区成立，全面实施零关税政策，中国与东盟国家的出版物贸易得到快速发展。2011—2020年，东盟国家对中国印刷出版物贸易总额年均增速为4.96%；2013年，中国向东盟国家出版物出口额达到1.09亿美元，占向"一带一路"共建国家出版物出口总量的50%；2011—2015年，中国从东盟的出版物进口量占中国从"一带一路"共建国家出版物进口总量的90%。2020年，东盟对中国印刷出版物贸易进口额为6852.8万美元，占东盟对世界各国印刷出版物贸易进口总额（3.3亿美元）的20.8%。在东盟国家中，新加坡、马来西亚、越南、泰国、印度尼西亚对中国印刷出版物的进出口占比较大，新加坡占东盟十国进口总额的比值高达33.4%。[120]2015年，中国从新加坡引进版权240项，输出版权262项。中国出版物出口到俄蒙地区的贸易总量占据"一带一路"共建国家的第二位，2011—2014年间，出版物的出口贸易总量保持在4000万—5000万美元，2015年起下跌至1000万美元左右。俄蒙地区的图书版权引进和输出最多的是俄罗斯，2015年，中国从俄罗斯引进版权86项，输出版权135项。中国出版物出口到西亚地区的贸易数量在稳步增长，2011—2015年间，出版贸易总额从2000万元左右增长到3000万元左右。中国出版物向南亚国家和中东欧国家输出的贸易总量在2011—2015年间保持在1000万—2000万美元。中国出版物出口贸易总量最少的是中亚五国，2011—2015年间，数额在500万美元以内。[121]根据中国从"一带一路"共建国家进口的出版物数量，从东盟国家的进口总量占"一带一路"共建国家总量的90%，而从南亚、中东欧、西亚、中亚等区域进口的贸易总量比重仅仅为10%，说明中国与东盟之外的"一带一路"共建国家的交流还比较少，相互了解程度还不够全面。

2015年之后，随着国家对出版"走出去"的支持力度越来越大，各类出版资助工程相继设立，中国与阿拉伯地区、中亚地区的交流日趋频繁，与南亚、中东欧等地区的交流正在日益得到改善。从2015—2019年"丝路书香工程"资助的重点项目来看，资助图书总量为1918种，阿拉伯文版达到337种，俄文版222种，越南文版121种，土耳其文版72种，哈萨克斯坦文版68种，印地文版63种，波兰文版60种，蒙古文版、泰文版46种，吉尔吉斯文版、僧伽罗文版41种。尽管在图书和版权相关贸易总量上还达不到中国与东盟、俄罗斯等国家和地区的规模，但在图书翻译数量上开始逐渐均衡覆盖到"一带一路"共建国家，[122]可以说是一大进步。

在出版物的文化生产企业的分布上，以2019年的数据为例，入围世界文化企业500强的中国企业共有30家，万达电影股份有限公司最靠前，在世界排名第59位，湖南芒果优秀传媒股份公司排第69名。在这30家企业中，传统出版业的出版印刷机构有新华文轩出版传媒股份有限公司、南方出版传媒股份有限公司、汕头东风印刷股份有限公司、广州市金义印刷有限公司、中信出版集团，而数字出版公司则有完美世界股份有限公司。在入围的中国文化企业中，来自印刷复制、录制的公司最多，其次是电视和广播等传媒领域，出版类企业的数量并不占优势。与此同时，在世界上市的文化公司TOP10中，美国公司占据7席，法国1席，英国2席，中国缺乏有世界影响力的龙头文化企业。不过，由于我国出版企业多以内向型企业为主，在国际市场和"一带一路"共建国家的市场营收占比非常小，此部分内容仅做整体参考。

2.出版物主题内容布局

从"中国图书对外推广计划""经典中国国际出版工程""丝路书香工程"等项

目资助作品的情况来看,"走出去"的图书主题重点布局主要体现在以下几类。

文学类图书。文学类图书是面向"一带一路"共建国家输出最多的类别,尤其是以当代作家的小说为主,莫言、王蒙、余华、刘震云、阿来、苏童、姜戎、毕飞宇、麦家等当代作家的作品翻译数量最多。麦家的《解密》于2014年上市至今,共输出海外40个语言版本,包括意大利文、葡萄牙文、土耳其文、希伯来文、罗马尼亚文、韩文等,中文版印刷超过100万册,海外版输出到100多个国家,英文版在上市当天创造了中国文学作品销售的最好成绩,在英国亚马逊综合排名第385位,美国亚马逊综合排名第473位,而此前的中国作品在亚马逊综合排名极少能够进入前1万名,美国《纽约时报》《华尔街日报》和英国《卫报》等均做出报道。《解密》的西班牙文版在西班牙首印3万册,版税达到12.5%(一般的版税是7%—8%),[123]英文版印数近10万册。[124]现代文学名家,有鲁迅、郁达夫、朱自清、林徽因、沈从文、徐志摩、萧红、张爱玲、林语堂等,他们的作品也深受欢迎。科幻小说具有跨语言、跨文化的传播基因,它虽是幻想文学的一种,但能跨越国家、种族并反映当今时代精神。在这方面,刘慈欣的《三体》表现很好。该书在全球范围内已经出版31个语言版本,销量突破2100万册,其中,外文版销量超过330万册,仅英文版就超过100万册,涉及"一带一路"共建国家的语种有土耳其语、葡萄牙语、西班牙语、匈牙利语、泰语、韩语、越南语、希腊语、捷克语、波兰语、俄语、意大利语、罗马尼亚语、乌克兰语、爱沙尼亚语、日语、塞尔维亚语、保加利亚语、印度尼西亚语等。在《三体》的影响下,中国其他科幻作家韩松、夏笳的科幻作品也受到了海外图书市场的关注。总体来说,文学作品"走出去"其实还处于初级阶段,类似《解密》《三体》等这样在海外印数达到上万册的作品还是少数,且重点市场还是在欧美国家,一般情况下,作品印数不超过1000册,可想而知,输出到"一带一路"共建国家中的小语种国家的印数和发行量就更小了。中国童书、绘本等出版物的质量是比较高的,原创童书《青铜葵花》入选英美主流图书榜并获得英国笔会奖等国际大奖,在当地主流媒体中受到评价较高,市场销售也比较好。一些在国内获得重要奖项的儿童文学作品,借助国家出版"走出去"工程传播到"一带一路"共建国家,如茅盾文学奖获得者张炜的《寻找鱼王》输出俄文版、土耳其文版、阿拉伯文版、韩文版等多个语言版本,鲁迅文学奖获得者裘山山的《雪山上的达娃》输出俄文版、土耳其文版、越南文版等多个语言版本。

文化历史类图书。这类图书是指聚焦中国古代社会、人物、传统文化、历史等的图书。传统人物，如孔子、老子、庄子，通俗经典相关的有《周易》、《孙子兵法》、四大名著等。2012—2017年，中华优秀传统文化的版权输出已经达到近1.2万项。2017年在山东省举办的"中国·山东'一带一路'图书版权贸易洽谈会"上，齐鲁书社的《孔子家语通解》《中国陶瓷史》《中国饮食美学史》《中国梦与儒家文化》《老舍点戏》等作品出现在贸易洽谈中。外文出版社将《周易》《老子》《论语》《三国演义》《红楼梦》《儒林外史》等古代经典作品翻译成阿拉伯文版、俄文版、日文版、韩文版等多个版本。青岛出版集团与中国孔子基金会共同策划实施大型传统文化典籍海外推广项目，翻译完成蒙古文版、阿拉伯文版、捷克文版、葡萄牙文版、西班牙文版的《论语》版本，并通过中国孔子基金会、全球孔子学院，将图书传播至"一带一路"共建国家热爱中国传统文化的读者群中。外语教学与研究出版社通过将经典系列图书重新本土化，输出到目标国家，《中华思想文化术语》是北京外国语大学和外语教学与研究出版社的一些学者整理的反映中国社会主义核心价值观的思想文化著作，该丛书已经推出四辑，形成了波兰文版、亚美尼亚文版、尼泊尔文版、保加利亚文版、阿尔巴尼亚文版、阿拉伯文版和乌尔都文版等近10个语言版本。

主题出版类图书。主题出版从提出到现在已经有20多年的发展历程，它承载党和国家意志，在构建中国话语体系、传播主流价值观、舆论引导等方面起着思想支撑和文化滋养的作用。当前，主题出版又同其他领域的出版相互融合，因此，在中国出版界占有举足轻重的地位。在文化"走出去"战略下，主题出版更是在塑造现代国家形象、文明互鉴、话语体系构建方面发挥更大作用，因此，在"走出去"的出版物中，主题出版类读物的数量也在逐年增长，目前主要集中在宣介习近平治国理政新思想新理念、中国制度与中国道路诠释，反映当代中国社会发展与治理模式，以及聚焦党史、国史、军史等领域的作品上。具有代表性的作品有外文出版社的《习近平谈治国理政》、福建人民出版社的《摆脱贫困》、译林出版社的"中国竞争力"系列图书（《中国高铁》《中国桥梁》《中国隧道》《中国盾构》《中国地铁》）等，这些作品输出了阿拉伯文版、俄文版、僧伽罗文版和土耳其文版等多种版权。在2021年第二十八届北京国际图书博览会上，广西人民出版社的《问道马克思——为什么信仰马克思主义？》《红色文物中党的成长史》《解码新时代中国之治》《情理合一》输出了阿尔巴尼亚文版，与此同时，该社的《中华文化可以向世界贡献什么？》输出了波斯尼亚文版，《中国制度"优"在哪里？》输出了白俄罗斯文版。

社科学术类图书。对欧美国家来说，学术作品相对比较容易进入欧美和"一带一路"共建国家一些大的出版社的视野。近年来，中国的崛起需要这些国家的政府和知识精英更深入地了解中国，更需要有对中国国情、历史和实际发展比较熟悉的学者来进行系统论述，这些论述只能交由学术出版来做，可以说，市场是刚需。中国知名学者，如郑永年、林毅夫、胡鞍钢等学者的著作在出版"走出去"的整体布局下，纷纷通过项目资助的方式走向世界，而目前与中国学术出版对接的一般也都是一线的大型出版社，如牛津大学出版社、剑桥大学出版社、爱思唯尔、企鹅出版集团、施普林格等。在"一带一路"共建国家，马来西亚的大学出版社、印度尼西亚火炬出版基金等就与中国的学术出版机构合作推出了具有代表性的学术著作，不少是学术出版与主题出版结合的精品，比如社会科学文献出版社的《二十世纪中国史纲》、浙江大学出版社的"良渚文明丛书"、华东师范大学出版社的《从鸦片战争到五四运动》。[125]不过，学术图书的出版相对来说还比较小众，阅读群体多是知识群体等，因此，主要是通过本国的图书俱乐部和图书馆配送，但目前多以赠书为主要方式，出版营销网络的本地建设和传播仍待国内出版企业进行开拓。

教材和工具书。2004年，孔子学院海外建设项目开始启动，2005年，中国国家汉语国际推广领导小组办公室（以下简称国家汉办）召开制定国际汉语教学的规划会议，到之后推出的世界汉语大会，推动了教育类出版"走出去"的进程。自2005年至2010年，国内出版对外汉语和外向型图书的出版社已经达到80多家，这与2000年初只聚焦在几家专业出版社是大有不同的。[126]在教材的编写上，一些教育类出版社、大学出版社以合作编写、版权输出的方式推出了系列著作。人民教育出版社是目前国内最大的基础教育教材研究、编写和出版基地，与中国澳门特别行政区教育暨青年局编写《品德与公民》《中国历史》《澳门普通话》等，对建构国家认同起到积极作用，这些图书成为国家文化出口重点项目。人民教育出版社与圣智学习集团策划的"中国读本"丛书，在2020年面向全球同步发行，入选中宣部"中国书架"央企项目书目，被评为"一带一路"出版合作典型案例，《走向太空》《中国功夫》《汉字的故事》《跟我学汉语》《快乐汉语》等在传播实用汉语教育知识的同时，也传播了中国文化。[127]《跟我学汉语》累计销售超过130万册，《快乐汉语》累计销售170万册，被全球至少440所海外孔子学院、438个孔子课堂选用，足见教育类图书的影响范围之广。北京语言大学出版社的"丝路书香汉语品牌教材建设"项目，开发乌兹别克文版、乌克兰文版、希伯来文版、印地文版等近10个版本的汉语教材，形成了从小学到大学的完整汉语教材体系和课程体系建设。青岛出版集团与中国孔子基金会合作的汉语学习资料《孔子卡通传记》《孔子卡通故事精编》被国家汉办指定为汉语学习教材。

除了汉语教材，我国的中医药文化近年在"一带一路"共建国家的传播范围也越来越广，抗疟疾药物"青蒿素"的发现让世界了解了中医的价值，"中医针灸"被列入联合国教科文组织非物质文化遗产代表作名录，中医药文化在世界的认可度越来越高。我国与外国政府、地区和组织签署86个中医药合作协议，"一带一路"共建国家和地区建立了17个中医药海外中心，在30多个"一带一路"共建国家和地区开办了数百所中医药院校，比如黑龙江中医药大学与匈牙利塞梅尔维斯大学建立的中东欧中医中心，上海中医药大学与马耳他大学合作建立的马耳他中医中心。[128]人民卫生出版社通过与国外出版社合作、聘请海外专家来社工作等形式，出版了超过300种外文版的中医药类出版物，《中国本草彩色图鉴》《张仲景50味药证》等成为国外学生学习中医的教材。[129]

尽管"走出去"工程的诸多支持项目图书品类比重不同，但基本上可以按以上罗列的类别进行划分。以"经典中国国际出版工程"资助的图书为例，文学类的图书占比最高为27.2%；其次是文化类图书，占比为17%；学术研究类图书占比12.9%；少儿、艺术、宗教哲学、科学技术等类别占比为3.5%；教学类图书占比0.87%。2009—2015年，已经出版的570种图书中，涉及"一带一路"共建国家的文学类图书占比39%，历史类读物占比22.7%，文化类图书占比10%，社科类图书占比10%，其余宗教哲学、科学、考古、教学等类别的图书比例为1%—5%。在输出的语种分布上，以东亚、东南亚、中亚区域为重点，韩文版图书81种，日文版图书29种，俄文版图书25种，泰文版图书13种，阿拉伯文版图书8种，向日、韩、泰等国家输出版权共128项，说明中国与周边国家出版文化交流的程度较深，出版"走出去"在数量上有所突破，未来仍然需要在社会影响和市场影响方面发力。

在内容创作主体中，围绕"一带一路"共建国家进行版权输出比较突出的中国出版机构可按出版图书类型划分：文学类图书有人民文学出版社、作家出版社和各地文艺出版社。据《2021年中国图书海外馆藏影响力报告》和历年数据统计，作家出版社已经连续10年位居中国馆藏排行榜前30名，累计入选图书品种2741种；在"馆藏超过30家的中文图书名单"中，贾平凹、王蒙的文学作品入藏海外图书馆数量比较多。[130]

历史类图书有中华书局、各地人民出版社。文化类图书主要由五洲传播出版社、外文出版社、重庆出版社等综合性出版机构负责。外文出版社在主题出版"走出去"方面表现尤为突出,该社在选题方向上主要聚焦三个板块:一是党和国家领导人著作及党政文件,二是中国国情主题,三是中国文化主题,通过应用多语种出版特色优势,向"一带一路"共建国家推出了不少精品力作。社科类图书通常由各地大学出版社推动,表现突出的有中国人民大学出版社、北京大学出版社。教育类出版的代表有外语教学与研究出版社、人民教育出版社、北京语言大学出版社,以及地方性的江苏教育出版社等,外语教学与研究出版社每年"走出去"的图书约有80种,除少儿出版、综合语种等出版分社之外,汉语分社出版的语言类教材,也包括一些中国文化读物,每年有40多种,约占全社"走出去"图书的一半。北京语言大学出版社的汉语学习教材曾在2005年、2006年版权输出数量达到全国第一。

在引进中国主题图书的外国出版社中,涉及"一带一路"共建国家的出版社有:日本河出书房、日本侨报社、韩国宝林出版社、TEXT出版社、泰国Nanmeebooks Publishing、罗马尼亚S.C.Humanitas Fiction,波兰Grupa Wydawnicza Foksal,格鲁吉亚的Artanuji Publishing和Inteleskti Publishing,斯里兰卡海王星出版社,等等。日本侨报社主要出版的图书有三类:一是中日社会问题、中日关系问题类读物,二是中日学术研究、历史研究著作,三是促进两国人民友谊和交流的读物,如《必读!有趣的中国》。[131]黎巴嫩阿拉伯科学出版社是阿拉伯语出版界的龙头企业,曾向阿拉伯世界成功推介《达·芬奇密码》《狼图腾》,近年来开始培育中文读物的相关市场。在俄罗斯,尚斯国际出版社是俄罗斯最大的中国主题图书出版发行商,获得"影响俄罗斯经济重点图书"称号。土耳其卡努特出版社社长曾经获得第八届中华图书特殊贡献奖。

3.融合出版的相关情况

尽管围绕纸质图书开展的各类出版活动是目前出版"走出去"的主要形态,但仍需看到国内已经有一些出版社开始尝试融媒体开发,融合出版主要体现在以下几个方面。

第一,建设"走出去"的数字化聚合平台。数字平台的建设需要的前期投入大,不过一旦能做好,形成稳定的商业模式,前景将是巨大的。国内目前做内容聚合的平台代表,传统出版社中以五洲传播出版社为典型,而民营企业方面以网络文学这类互联网内容公司为主。五洲传播出版社是国务院新闻办公室直属单位,该出版社的定位与国内其他出版社是略有不同的，主要是致力于推动中外文化的交流与合作，是一家文化传播机构，主要的业务集中于影视传播与制作、图书出版、文化交流和网络融媒体方面。面对国际信息传播格局依然是西强东弱的态势，五洲传播出版社走的是"农村包围城市"的路线，选择英语并不占优势，它把目光转向了西班牙语和阿拉伯语。西班牙语和阿拉伯语世界正逐渐发展壮大，西班牙语被23个国家作为官方语言，约有4.37亿人使用，而阿拉伯语则是22个国家的官方语言，约有2.3亿人使用，且这些国家与中国长期以来保持着友好往来，对中国的认同感较强。五洲传播出版社从2010年开始，着手于开发这两个语种的出版项目，2013年，"一带一路"倡议提出后，五洲传播出版社的图书出版取得较大成就，其在西班牙语地区推出了"中国当代作家及作品海外推广"项目，将一批优秀的中国当代作家作品翻译到西班牙语世界。这是一次规模性的突破，截至2022年，该项目推出的西班牙语图书已有200多种，在西班牙语地区的20多个国家图书馆和高校图书馆馆藏的中国当代文学作品共计645部，其中西班牙的凯伊拉斯出版社有102部作品被收录，而五洲传播出版社出版的作品则达到67部，排名第二。同样，在阿拉伯语地区，通过中阿互译项目、中科互译项目、中沙互译项目，以及与阿拉伯语世界出版机构的广泛业务合作，五洲传播出版社出版阿拉伯文版图书200多种。五洲传播出版社在这些国家和地区的深耕和成绩为后期建立数字阅读平台奠定了基础。

2005年开始，与五洲传播出版社纸质图书的海外出版同步，数字化转型在这时候已经开始，五洲传播出版社从开始策划出版电子书，到后来的纸电同步和自主策划音频书、增强型电子书、多媒体电子书和数据库等多样化的产品形态，并自建了that's books数字阅读平台，在该平台聚合国内近20家出版机构的2000多种外文版中国内容图书数字资源，在海外则聚合110多家出版商的2万多种本地精品图书数字资源。该平台分为阿拉伯语平台和西班牙语平台，阿拉伯语平台将著名的国际获奖图书、在阿拉伯语地区出版的优质图书，以及中国图书聚合在一起，促进了文明之间的交流互鉴。为了推广该平台，五洲传播出版社积极参加阿拉伯语地区的书展，与华为合作，通过软件预置，将载有该软件的160多万部华为手机带到阿拉伯语国家的普通用户手中。五洲传播出版社为海外本地电信运营商提供定制移动阅读服务，2017年，成为埃及电信运营商Eti-salat手机阅读订阅服务合作伙伴，这一举措对推广软件起到较大帮助，同时五洲传播出版社积极在社交媒体上宣传，取得较大成效。到2020年，that's books阿拉伯语平台在阿拉伯本地数字阅读平台排行榜排名第二。2021年5月，该App下载量超过592万次，阿拉伯语平台用户遍布175个国家和地区，在埃及下载量达116万次，在沙特阿拉伯下载量达101万次，在北美、欧洲拥有1万—2万次的下载量。与此同时，五洲传播出版社为华为阅读提供西班牙语阅读资源，是华为在西班牙语世界、马来西亚、英国站点的内容提供商，同时结合在西班牙语世界的社交媒体账号进行积极运作，介绍中国故事，推介中国图书。西班牙语账号粉丝量达到68万人，这些粉丝广泛分布在墨西哥、秘鲁、阿根廷等国家。正是通过本土化的策划、推广和精准的发展战略，在传统出版企业"走出去"面临成本高、任务重、动力不足的困境下，五洲传播出版社突破了这些屏障，为中国出版"走出去"提供了一个另类样本。[132]

第二，与本地数字公司、出版公司合作出版融媒体产品。这种方式是目前国内出版社"走出去"最主流的实现方式。一方面，合作出版规避了对当地出版市场、读者市场缺少了解带来的系列风险；另一方面，单本或单个项目的融媒体产品投入成本小，所谓"船小好调头"，无论是大型出版社还是中小型出版社都可以做初步尝试。中国出版集团曾组织专门力量对罗马尼亚、匈牙利、泰国等文化出版市场进行专项调研，针对波兰、塞尔维亚等国数字出版起步晚，但有声书市场增长迅速的特点，推动了文学、童书和字典类有声书的开发。人民文学出版社推出了系列具有代表性的有声书和电子书，如《九州·缥缈录》《刺猬歌》等电子书、有声书。江西教育出版社与加拿大电讯路出版社合作推出的"年级教师"系列教材，该教材由北美学校一线教师编写，但融入了本土元素与特色，围绕这套教材，相关的视频教学、互动App等产品也相继开发出来了。黎巴嫩首都贝鲁特"数字未来"出版公司的核心业务就是翻译出版中国图书，该公司有员工150多人，与我国10多家出版社有出版合作往来，该公司下属配音机构，是中东地区最大、最专业的配音机构，为外国电影、电视剧等配置阿拉伯语，这也为中国图书的有声书、音视频市场的开拓提供了便利条件。安徽少年儿童出版社与该公司进行了近58项融媒体产品的合作，主要是借助该社的自有版权内容，通过画面交互、科学编排为中东的青少年读者提供新阅读体验。而数字未来出版公司出版的许多中国图书，也被列为阿拉伯中小学教师推荐的必读书目，这些都是融媒体产品开发的典型代表。浙江大学出版社的中非纪录片《重走坦赞铁路》DVD项目和图书《中非之路：坦赞铁路沿线访谈录》是同步发行的，该书的英文版是与坦桑尼亚矛与星出版社合作出版，DVD版则采用小语种配音方式，以中文、英文、斯瓦希里文发布。

第三，积极开拓本土的线上营销渠道。线上营销渠道包括自有的线上渠道，如线上云展览、云贸易等。北京国际图书博览会智慧BIBF数字平台建设的进一步完善，提升了版权交易合作的空间范围。一些出版社通过完善本社的英文网站建设，定期更新产品信息，引入实物销售链接，方便外国出版公司及时了解和跟进该社出版图书的基本动态。一些出版社通过海外的线上营销渠道，比如中国出版集团有"中版好书全球云展销""易阅通""中国海外图书采选系统"等平台，可以及时展销集团内的优质出版物。除自有平台外，通过积极适应海外的营销平台，国内有些出版社尝试做线上的推广，比如浙江出版联合集团在法国巴黎的分社东方书局，与法文月刊《九州》（*Le Neuf*）合作推出平面广告，同时在月刊所在集团官网发布新书消息，及时将图书信息传递给市场；以zoom会议、线上直播形式开展的国内外作家读者见面会、探讨会成为常态化的机制，吸引了国内国外读者的广泛参与。

综上，可以看到，中国当前"走出去"其实已经改变了以往出版物"走出去"的选题类型集中于中医、武术、佛教、自然和人文风光等的局面，日渐与当今中国日新月异的发展现状和持续繁荣的文化景象同步前进。党的二十届三中全会提出构建更有效力的国际传播体系，这意味着在未来，中国出版将继续推出以上主题丰富、融媒体形式多样的产品，将中华文化深层次的精神内核展示出来，逐步改变外国民众认为"中国只有武侠"的刻板印象，增加对当代中国和中华文化的理解。不过，也要看到，尽管目前"走出去"的图书已经有意识反映中华精神的内核和当代中国新发展，但我们的作品还缺乏展示"世界精神"，还需寻找与本地读者的共鸣点。出版"走出去"需要对目标国家的图书市场进行研究，重点调研所输出的不同国家和地区的文化属性，与国外出版社进行共同的选题论证和内容的编辑精加工，探索出双方出版物的共同点，有针对性地开发标志性产品，再用"以点带线""以线带面"的方式将同类产品整体性地推向国外，同时开发融媒体产品。近年来网络文学出海取得的阶段性成功和振奋人心的传播力也体现了优秀头部作品的输出对同一类型作品传播的促进作用。中国并不缺少值得"走出去"的鲜活案例和优秀作者、作品，出版人应该具备开阔的视野，善于抓住"支点"和利用"杠杆"，将当代中国为人类社会贡献的智慧在国际平台上实现更大的价值积累文化势能。

二、"一带一路"共建国家的数字出版发展情况

"一带一路"沿线涉及的国家众多,且市场体量小,出版业的发展水平各有差异。对于"一带一路"共建国家的划分一般有两种分类标准,一种是根据地理位置,将"一带一路"共建国家划分为蒙古国、东盟、西亚、南亚、中亚、独联体国家、中东欧区域;另一种是根据"一带一路"共建国家经济体量大小,分为东盟、印度、俄罗斯和其他国家,无论是从经济总量、人口规模还是国土面积来看,中国、东盟、印度、俄罗斯都超过其他"一带一路"共建国家的体量总和。2017年,中国新闻出版研究院版权输出数据显示,中国大陆地区图书版权在中国台湾和美国的输出量超过1000项,占版权输出总量的25.5%,在越南、印度、韩国、德国、英国、黎巴嫩、中国香港、泰国的输出量分别占输出总量的6.28%、4.47%、4.27%、4.14%、3.95%、3.23%、3.18%、2.75%,在丹麦、菲律宾、芬兰、哥伦比亚、拉脱维亚、毛里求斯、孟加拉国、瑞士、斯洛文尼亚等国的输出量偏少。中国出版"走出去"是一项兼具文化传播和商业价值的活动,"一带一路"共建国家的文化距离、政治制度、经济发展水平都具有复杂性,因此本节在梳理出版"走出去"的概况时采用地理位置的区域划分方式,并选取有代表性的国家进行分析总结。

1.蒙古国

截至2020年,蒙古国的互联网使用人数已经达到250万,超过90%的人使用互联网。蒙古国约有一半人口聚集在首都乌兰巴托,宽带互联网和4G服务在乌兰巴托的建设比较完善,主要是依靠引入中国、俄罗斯等国的光纤通信服务。蒙古国的智能手机覆盖率比较高,但在非乌兰巴托的农村地区,移动网络和宽带网络接入服务并不完善,因此在网络服务的可用性、可支付能力方面存在较大的数字鸿沟。[133]

中国图书在蒙古国的出版以现当代文学类作品为主,图书的数字化发行较少,仍以传统纸质图书的翻译为主。根据中国文化译研网2019年对蒙古国汉学家、翻译家和多家出版机构的调研数据,最受蒙古国汉学家、翻译家喜欢的中国作品是《西游记》《三国演义》《水浒传》《狂人日记》《阿Q正传》《家》《子夜》《狼图腾》《活着》《泡沫之夏》《火印》《三体》,这些图书翻译出版后在蒙古国读者中好评度较高。最受蒙古国读者欢迎的中国作家依次是鲁迅、茅盾、沈从文、铁凝、莫言、余华、曹文轩、姜戎、劳马、梁晓声。鲁迅的《长明灯》《求乞者》《长城》《呐喊》《狂人日记》

《阿Q正传》等作品在蒙古国出版，姜戎的《狼图腾》被译成蒙古文版后在蒙古国的发行量超6万册，梁晓声的《郁闷的中国人》《忐忑的中国人》《中国人的人性与人生》在蒙古国也比较受欢迎。学术类图书的交流，比如《中国民族志》由蒙古国乌兰巴托大学翻译团队翻译，面向的是学术研究人员；《中国文化在蒙古国传播史》由乌兰巴托中国文化中心和蒙古国的作家合作编写，以20世纪50年代中国工人在蒙古国参与基础设施援建为背景，介绍了当时中国工人俱乐部对中国戏曲、电影、话剧等中国文化在蒙古国的传播情况；蒙古国立大学教授撰写完成的《中国文化史》按中国历史朝代排序，介绍中国各个历史时期的文化。文学类、学术类图书的翻译出版对中国和蒙古国的文化交流影响是比较大的。

在蒙古国的出版社中，对中国图书出版和文化传播影响较大的有Admon公司。Admon在1998年开办印刷厂，并成长为拥有150名员工的集团公司；后来成立Monsudar出版社和自有书店，其中Monsudar出版社出版的中国作品有莫言的《变》和语言工具书《汉蒙蒙汉词典》等。蒙古国光明出版社由蒙古国汉学家创办，翻译出版了中国的四大名著，琼瑶、姜戎等作者的文学作品，以及《汉蒙词典》《新华词典》等语言工具书。Nepko出版社在2006年成立，出版了《甄嬛传》《茶的故事》《狼王梦》《生死疲劳》《呐喊》《中国梦》《邓小平与新中国》《十个词汇里的中国》等著作。Tagtaa出版社出版了中国作品《活着》《现代中国诗选》，Zokhist Dorno出版社出版的中国作品有《中国短篇小说选》《孔子语录》等。

政府层面和行业层面对中国图书"走出去"起到了重要推动作用。2016年，中国人民大学出版社在蒙古国设立中国主题图书翻译出版中心，与蒙古国立师范大学、蒙古国和平出版社等机构合作开展两国图书的翻译出版工作。2017年，中蒙两国相关部门签署"纳荷芽"（蒙古语，意为"嫩芽"）中蒙出版交流工程合作备忘录，中国出版机构向蒙古国多家儿童图书馆和学校赠送了1400套、5.6万册图书，包括"中国经典故事"系列和"世界经典故事"系列。2022年，中蒙双方签署《中华人民共和国国家新闻出版署与蒙古国文化部关于经典著作互译出版的备忘录》，约定在其后5年内，共同翻译出版50部两国经典著作。

2.哈萨克斯坦

哈萨克斯坦的图书出版市场规模不大，出版的图书每年有5000多种，其中七成图书的发行印数在100—5000册，教育类图书和文学类图书是最多的两类图书，在语种分布方面，仍然以哈萨克语和俄语为主，分别出版了2307种和1856种。2014年，哈萨克斯坦共出版翻译出版物120多种，主要译自阿拉伯语、英语。当前哈萨克斯坦出版的图书主要集中在阿拉木图、阿斯塔纳、卡拉干达等城市。在出版机构方面，哈萨克斯坦共有注册出版机构1393家，但实际从事出版活动的机构只有390家，其中176家未有出版物面世，287家出版机构集中在阿拉木图和阿斯塔纳；其他出版社有些只从事图书批发和零售等业务。哈萨克斯坦的出版机构年度出版图书量并不大，在390家出版机构中，近60%的出版机构年度出版图书数量在5种以下，108家出版社出版图书数量在10种以上。阿塔木拉、梅克捷普、巨册、卡拉干达国立技术大学出版社、布克托夫卡拉干达国立大学等是核心出版机构。在线下书店方面，阿拉木图共有书店82家，阿斯塔纳有书店19家，古良达图书大厦连锁书店旗下有4家大型书店，营业面积1400平方米，拥有来自本国和俄罗斯的图书超过10万种，年度销售图书和小册子约3万册。奥尔曼（Opmah）在2007年成立，是哈萨克斯坦最大的网络书店之一，只销售哈萨克斯坦本土出版社和作者的图书，Set Book是国际网络书店，可以购买俄罗斯等地区的图书。此外，一些图书发行企业和图书贸易商也开设网站售书，比如古良达、梅罗曼等。[134]

2000年，哈萨克斯坦的网民仅有7万人左右，到2007年，网民数量增加到约200万，2016年，网民数量超过1000万。[135]网民常用的社交媒体平台有推特（Twitter）、Facebook和VK（俄罗斯社交平台）。哈萨克斯坦共有约6500个居民社区（包括村庄），移动宽带的接入率比较高。2021年，哈萨克斯坦的移动手机用户达到1623万人，但相比之下，宽带互联网的接入率则比较低，覆盖了约768个村庄，宽带用户仅达到270万人。

2019年，哈萨克斯坦首家中国主题书店尚斯书店在阿拉木图开设，这是该国第一家专营中文及中国主题类图书的书店。该书店有中文图书2000多种，俄文版中国主题图书1000多种，哈萨克文版中国主题图书70余种，图书主题覆盖政治、经济、文化、艺术、教材、少儿文学等类型，其中主题出版物《习近平谈治国理政》《中国读本》《关键十年》《乡村国是》《大国小村》《中国道路能为世界贡献什么》比较亮眼。该书店中比较受读者欢迎的有与中国儒家思想等相关的古代哲学类书籍，莫言、王蒙、李佩甫等当代名家的作品，汉学教辅类的图书，等等。在对哈萨克斯坦的图书出版和发行中，国内比较突出的出版社是民族出版社，该出版社早在20世纪80年代便与哈萨克斯坦作家协会建立了良好关系，民族出版社哈萨克文编辑室建立了自己的翻译、编辑团队，能够承担政治类、科技类、文学类、工具图书等的出版工作，在哈萨克文翻译出版中显示出独特优势和长期积累。2016年，民族出版社策划出版《向邓小平学习》《经济制度论纲》《木华黎》；2017年，出版《习近平谈治国理政》（第一卷）、《孙子兵法》、《哈萨克民族学》等9本图书；2018年，出版《中华传统经典故事绘本》共30分册；2019年，出版《家》《子夜》等现当代文学作品11本，从"一带一路"倡议提出至2019年，民族出版社共翻译出版了60多种中国主题的图书。不过，哈萨克斯坦的图书采购通常是以政府采购为主，由各大图书馆根据新书目进行挑选，然后发送订单并馆藏，民间渠道较窄，发行难度较大。2016年，哈萨克斯坦国家图书馆中国馆在该馆一层开馆，占地270平方米，展出8000多册图书和音像出版物，由中国国务院新闻办公室、重庆市政府新闻办公室和哈萨克斯坦国家图书馆三方共建完成，开拓了图书发行的渠道。

除了建立中国主题书店这一自建渠道，中国出版界积极利用国际书展等方式推广主题图书。2022年第五届欧亚国际书展在哈萨克斯坦的首都努尔苏丹举办，中国出版界推出600多种中文版、俄文版、哈萨克文版和英文版的图书参展，参展的重点图书包括主题出版物、经典学术作品、经典文学作品、汉语教材教辅和儿童读物。2017年"一带一路"共建国家出版合作体成立，秘书处设立在中国人民大学，共有来自56个国家的319家成员单位，哈萨克斯坦欧亚国立大学出版社是核心成员。2019年，我国新星出版社与哈萨克斯坦的法兰特出版社在阿斯塔纳共建中国主题图书编辑部，共同开发出版两国优秀的图书作品。哈萨克斯坦的图书行业比较分散，大多数中小型出版社和零售商并没有足够的资金支持数字化转型，无法支持开发电子读物、有声读物，且由于宽带互联网的限制，图书的线上销售和数字化图书在总营业额中所占的比例仍然比较小。[136]目前中国数字化的图书在哈萨克斯坦的发行仍然有限，不过，移动互联网在哈萨克斯坦普及率比较高，这为中国出版"走出去"的数字化提供了良好的契机。

3.印度尼西亚

印度尼西亚的出版业从属于大型传媒集团。印度尼西亚传媒业在1980年后进行了产业化改革，之后，印度尼西亚国内形成12个大型传媒集团，包括全球媒体集团、爪哇邮报集团、罗盘学术集团、马哈卡传媒集团、鹰冠科技集团、CT集团、亚洲视讯、传媒集团、MRA传媒、菲米那集团、天宝英迪传媒集团、博瑞塔萨图传媒集团。爪哇邮报集团旗下共有171家印刷媒体。罗盘学术集团下有印度尼西亚影响力最大的《罗盘报》、Sonora广播网（下辖12家广播公司）、88家平面媒体公司。亚洲视讯则拥有2个卫星电视频道和1个网络在线频道。这些大型传媒集团一般属于私人所有，业务涉及报纸、广播、电视、互联网、出版发行等。[137]1999年后，印度尼西亚的出版机构有1000多家，绝大多数加入了1950年成立的印度尼西亚出版商联合会，2010年，各大学出版社联合成立了印度尼西亚高校出版社协会。2015年的统计数据显示，印度尼西亚图书出版商协会有1314名会员，约有1500家出版商。尽管出版商数量庞大，但出版业是由少数大型企业主导的，这些企业包括Gramedia、Mizam、Agromedia、Erlangga和Penebar，Gramedia还拥有印度尼西亚最大的连锁书店，在全国拥有100多家分店。印度尼西亚每年出版近4万本新书，一般印刷量在4000—5000册，有10%—20%的图书销量在1万到10万册之间，本土作家的《彩虹部队》一书销量超过500万册。在所有出版的图书中，约有一半是译作（主要译自英文、阿拉伯文、汉文、韩文和日文）。印度尼西亚是东南亚最大的翻译版权买家，电子书目前只占总营业额的2%。印度尼西亚的地理分布和人口较为分散，基础设施薄弱，因此图书分销网络并不发达，展销会是图书销售的重要渠道，书展在印度尼西亚重要城市发挥作用，在雅加达就有5个重要书展——雅加达佩斯塔布库书展、印度尼西亚书展、伊斯兰书展、学术书展、图书馆和学术书展，也有由出版商组织的书展，如Gramedia书展和Mizam书展。

在信息通信建设方面，印度尼西亚的互联网用户达2.02亿，占总人口的73.7%，其中有96%为移动用户，Twitter、照片墙（Instagram）和瓦次普（WhatsApp）等社交媒体在印度尼西亚的用户体量庞大。近年来抖音国际版（TikTok）也成为年轻人喜爱的娱乐软件，不过目前4G网络还未完全覆盖印度尼西亚农村。印度尼西亚的网络带宽较小，网速较慢，因此印度尼西亚政府仍然专注于扩大4G网络的覆盖面。2020年数字经济占印度尼西亚GDP的4%。印度尼西亚用电普及率不到75%，即便是首都雅加达也会因缺电实施轮流停电。在交通运输方面，印度尼西亚的岛屿之间距离较远，分布分散，不具备建设跨海大桥的条件，而海运速度相对较慢，空运费用较高，陆运建设的缺失又制约了经济的发展，因此，基础设施薄弱已经成为制约印度尼西亚经济发展和营商环境优化的重要因素。2021年，印度尼西亚两家独角兽企业合并成立GoTo集团，主营业务包括网约车、线上购物和物流配送，阿里巴巴、京东、腾讯是该集团的重要股东。

中国出版"走出去"与印度尼西亚华人文学具有紧密关系。1875—1942年，华人马来文学开始兴起，当时一些精通华语和当地语言的华人将中国经典著作翻译成马来文出版，服务印度尼西亚华人社会；1860年，华裔创办的马来文报刊《马来号角》开始连载中国古典小说《三国演义》；1880年，至少有40部中国文学译著出版；1896年，华裔开始涉足印刷出版业，为华裔马来文作家提供了作品发布的渠道；1903—1928年，印度尼西亚有12位华人作家的上百部自创小说面世。[138]这一时期，《三国演义》《薛仁贵征东》《水浒传》《梁山伯与祝英台》《西游记》《花木兰》等陆续被翻译改写，翻译改写的中国文学作品和华裔原创作品有3000多种，译者和作者超800人，华裔原创的短篇小说达1500部。1960—1990年，印度尼西亚当局严禁使用华文华语，印度尼西亚华人文学受到冲击，1999年后，华文在印度尼西亚解禁，印度尼西亚华人文学界创立了印度尼西亚华人写作者协会，通过出版新书、开设书展、举办研讨会等方式传播中国文化，加强了印度尼西亚与中国的文化交流。

如今，图书展销会是中国出版走进印度尼西亚本地市场的重要渠道。2000年，经印度尼西亚教育部批准，国图集团在雅加达举办了首次中文图书展，展出4000多本中文图书。2011年，印度尼西亚中国图书展销暨版权贸易洽谈会召开，国内51家新闻出版单位的93人参加本次展会，输出《新编小学生字典》《现代汉语小词典》《读者》《佳翼少儿线描系列——主题创作》等30多种图书。2022年，在印度尼西亚的国际书展上，中国科技资料进出口总公司组织了17家出版单位的600多册图书亮相"阅读中国"展区，推出反映中国传统文化和历史、人文社科、语言学习、中医药和少儿心理的中文版、英文版、印度尼西亚文版图书，代表作品有《习近平谈治国理政》《习近平总书记教育重要论述讲义》《中外文学交流史：中国—东南亚卷》《我们和你们：中国和印度尼西亚的故事》。此次展会上还推出了一些融媒体出版产品，比如《习近平谈治国理政》（第四卷）英文版宣传片，人民日报数字传播公司参与制作的《习近平讲故事》英文版动画微视频、《遇见中国》英文版纪录片，以及商务印书馆"微观中国"系列视频。由于印度尼西亚华人众多，在1999年华文禁锢条例解除后，华文书店在印度尼西亚也陆续设立。2001年，联通数据在印度尼西亚设立了3家书店。2018年，中国新知集团在印度尼西亚等国家开设了华文连锁书局——华文书局。华文书局成为印度尼西亚最大的中文书店，营业面积680多平方米，拥有八大类共3万多种中文图书，主要是以中华传统文化为题材的图书，售卖最好的是"美丽中国"丛书，中文和印度尼西亚文对照的《中国文化常识》《中国地理常识》等，同时还展出一些非物质文化遗产和手工艺品，如京剧脸谱、剪纸、算盘、竹简、中国结。不过书店自开业以来顾客以60岁以上的老人和10多岁学习中文的青少年居多，年轻人和中年人占比不到5%，这说明中国图书"走出去"在选题和营销上还需要结合印度尼西亚年轻人的媒介消费习惯和兴趣来进行具体策划。

4.印度

2020年，印度的互联网用户约为6.22亿人，网络普及率为50%，农村地区的互联网用户约为2.99亿人，占农村总人口的31%，城市地区的互联网用户为3.23亿人，占城市地区总人口的67%。移动设备仍然是印度用户访问互联网的首选设备，只有约17%的用户使用个人计算机访问互联网。印度用户使用最多的网络媒体是WhatsApp、油管（YouTube）、Facebook、Instagram、Twitter，在网络媒体方面，今日印度杂志门户网、印度电讯报网是影响力较高的网络媒体。

印度出版业高度分散且竞争激烈，拥有9000多家出版社和约24870家零售商，有近8000家出版商从事教育出版活动，930家从事大众出版，每年发行约10万种图书，教育和学术类图书的出版占最大份额，高达整个出版市场的95%，英文图书销售量占55%，印地文图书销售量占35%，其余为其他官方语言。2019年，印度出版业的价值超过5000亿卢比（合计人民币414亿元）。尽管传统出版仍然继续主导着印度出版业，但很多出版社已经开始开发电子书，因此，电子书、在线零售、订阅、开放资源获取和自助出版等多种数字出版形态开始发展。2021年，数字出版的收入在印度的出版市场所占份额为8%—10%。尤其在教育领域，数字化产品开发比较显著，比如2012年培生教育（印度）公司推出了数字学习系统解决方案，2014年该公司与IBM合作，为印度22000个教室定制电子学习解决方案，2016年印度已经拥有4000多部教育类电子书。印度的一些公共信息服务机构已经建立了数字图书馆。[139]

与部分东南亚、南亚和金砖国家相比，中国出版物在印度市场所占的空间和份额并不突出，数字化出版产品则更显薄弱，2017年，中印4901类（普通印刷品）的进出口金额为600万美元，而与巴西的1250万美元相比存在较大差距。在中印两大文明的交流中，中国的经典著作在2010年之前很少被译成印地文保存下来。当前中国出版物主要是通过三种方式进入印度市场：第一种是合作互译项目。随着"亚洲经典著作互译计划"的推行，中国与印度在2013年开展了中印经典和当代作品互译计划，中国国内的四大名著，以及一些著名的现当代作家的作品，包括莫言、巴金、老舍、阿来等的图书陆续以印地文版和英文版输出到印度。2017年，印度皇家柯林斯出版集团与安徽少年儿童出版社合作，引入14种中国少儿图书。[140]第二种是国际书展。国际书展既是版权输出的方式之一，也是文化传播和沟通的平台。通过国际书展，中印之间的出版交流在不断加深。2010年，在北京国际图书展览会上，27家印度出版社参与书展，并作为主宾国向世界各地出版商展示了印度文化。到2016年，在新德里世界书展上，中国又作为主宾国展示中国主题图书，书展主办方配合80多家中国出版社共同推进中国文化的传播，双方达成近600项版权贸易协议和172项合作意向。河北科学技术出版社的"中医疗法"丛书、花山文艺出版社的《柯棣华在中国》、中华书局的《论语译注》、山东教育出版社的《中外学术交流史：中国—印度卷》以及《季羡林评传》分别与印度的OM出版社、GBD出版公司、普拉卡山出版社等达成版权输出相关协议，这些图书被翻译成英文版、印地文版、泰米尔文版等。在合作出版方面，印度尼赫鲁大学中国与东南亚研究中心教授、汉学家狄伯杰与北京语言大学达成合作意向，计划编写面向印度学生的汉语教材。[141]2017年，在加尔各答国际书展上，以五洲传播出版社为代表的中国出版机构，展出了200多种中国主题图书，语种包括英文和印地文。2019年，国内15家中国出版机构推出800多种图书参加新德里世界书展，如中国人民大学出版社的《全球治理的中国担当》《一个人的聚会》等图书的印地文版。第三种是中印出版机构间的合作。2016年，新世界出版社与印度GBD出版公司合作建立海外第一个图书编辑部，展出4本印地文版的中国主题图书，包括《东方主战场》，外文版的《中国关键词》《绿色中国》《老子》《生活的智慧》《中国女企业家》等。2017年，外文出版社与印度GBD出版公司合作成立中国主题图书中印联合编辑部；同年，中译出版社与印度普拉卡山出版社合作成立中国主题国际编辑部。2019年，外语教学与研究出版社与印度皇家柯林斯出版集团合作成立中国主题编辑部；新华文轩在印度新德里国际中心成立南亚出版中心；随着中国科技实力加强，2019年，中国科技类出版社代表之一——上海交通大学出版社成立"中国—南亚科技出版中心"，致力于与印度的NCBA出版集团合作，推动中国科技出版"走出去"的实现。在印度发行的中国图书中，数量较多的还是英文版图书，不过使用印地语的人数已经超过6亿，尤其是普通百姓读书看报的语言仍以印地文居多，印地文版和其他官方语言的版本翻译的数量还有待提升。有学者对印度民众做了有关中国形象的调查，结果显示，印度民众最喜爱的文化依次是本国文化、中国文化、美国文化、日本文化，而沙特阿拉伯、南非和墨西哥等国家的文化吸引力最低。在中国文化符号中,"长城""熊猫""功夫/太极拳""高铁""中国烹饪"五种文化符号受到印度民众的喜爱;而艺术类、哲学类的,比如唐诗宋词、道教等喜爱度较低。近年来,在"一带一路"倡议下,"汉语热"带动了对中文教材的需求,印度许多中小学开设了中文课,通过学习中文可以了解中国的历史和当代社会发展,但目前印度国内的中文教材种类少、内容陈旧、价格高,这些对中国出版走进印度市场都提供了可供参考的发展方向。

5.沙特阿拉伯

西亚北非地区之间的交通运输线路少,水运条件差,两个地区之间山脉、沙漠广布,地域广阔,国家内部和国家间的基础设施老化严重,加上经济发展水平普遍不高,建设资金短缺,通信设施覆盖率偏低,大大影响了中国与中亚、西亚的经贸联系,贸易的总规模较小,便利化水平较低,[142]限制了中国出版在这些地区"走出去"的规模和效果。

沙特阿拉伯是中东地区移动互联网渗透率最高、社交媒体使用率最高的国家之一,2020年,该国的互联网渗透率已经达到90%。在物联网和智能城市建设方面,沙特阿拉伯已经在国内5个城市开始智能基础设施建设。2019年,沙特阿拉伯成为西亚北非地区首批推出5G的国家之一。近年来,沙特阿拉伯在社交媒体、视频、在线流媒体和游戏等领域增长较快,移动互联网的速度在G20国家中排名第二。2020年,沙特阿拉伯成为海湾地区最大的电子消费市场之一,苹果(美国)在沙特阿拉伯的手机市场中所占份额最大,达到53%,其次是三星(韩国)占22%,华为(中国)占14%。2021年,电子支付在沙特阿拉伯零售业务中的份额占据总交易的57%。这些发达的通信基础设施为出版的数字化发展提供了较好的基础条件。国外手机软件基本主导沙特阿拉伯移动市场,在社交领域,Facebook、Twitter、WhatsApp、色拉布(Snapchat)、TikTok是主流的社交媒体,YouTube是使用最为广泛的适配软件,而电子游戏的本土市场刚处于起步阶段,多为国外游戏。

沙特阿拉伯是最大的阿拉伯图书市场。2014年,该国出版了2387种图书,宗教和社会科学类图书是主体。长期以来,沙特阿拉伯一直被认为是一个封闭的图书市场,阿拉伯文图书在销售前必须得到新闻部的批准。近年来,面向外籍人士和学童的英文书籍的审查得到缓解,阿拉伯文图书的审查仍比较严格。根据2018年的统计数据,该国共有330家出版商,每年大约出版8000种新书。国内规模较大的出版集团是沙特阿拉伯研究与媒体集团,市值达54亿元,沙特阿拉伯印刷包装公司市值达3288万元。此外,还有沙特阿拉伯研究与出版公司、IIPH-国际伊斯兰出版社、沙特阿拉伯专业出版公司、拉夫出版社等。近年来,沙特阿拉伯逐渐开放其图书市场,对国际合作实行开放态度,2018年,沙特阿拉伯文化部成立文学、出版和翻译委员会,目标是帮助沙特阿拉伯人更多地了解外部世界,委员会制订了Tarjim翻译计划,目标是在其后几年翻译2500本图书。2021年,该计划资助了292本图书和42种学术文化期刊的翻译,这些出版物共译自11种语言,有23家沙特阿拉伯出版社参与了该项计划。2022年,该计划将资助金额翻倍,并重点在哲学、非小说类儿童书籍、图画小说方面给予资助。在该项资助中,2021年诺贝尔奖获得者阿卜杜勒拉扎克·古尔纳的图书、爱尔兰作家弗兰·奥布莱恩的《双鸟渡》(*At Swim-Two-Birds*)、美国作家布里特·本尼特的《消失的另一半》(*The Vanishing Half*)等畅销书都位列其中。[143]沙特阿拉伯的线下图书发行网络规模较小,主要城市的书店数量并不多,贾里尔书店是沙特阿拉伯最大的上市图书零售商,在科威特、卡塔尔等国家拥有21家门店,其他一些中小型书店同时售卖教科书、文具、笔记本等产品。沙特阿拉伯的图书发行网络并不发达,但本地的线上图书售卖网站比较多,具有代表性的网络书店有贾里尔网络书店、Darussalam网络书店、Desertcart.com,这些网站售卖的多是英文和阿拉伯文图书,图书类型主要涉及宗教、家庭、健康和教育。在数字出版领域,沙特阿拉伯处于起步阶段,电子书读者的人数还不多,盗版影响了图书的数字出版进程。人们比较习惯免费的网络内容,这是数字出版的一大制约因素。2021年,沙特阿拉伯最大的出版商沙特阿拉伯研究与媒体集团成立新合资公司Raff Publishing,主要致力于采用新的数字格式和出版技术开发按需出版以及推出电子书和有声读物等新形态,通过阿拉伯文翻译和引进国内外畅销书,沙特阿拉伯受众逐渐适应了新的媒介。

西亚北非地区人口总数达到3.89亿,中国出版在阿拉伯国家的实质性发展是在2010年之后,"走出去"的形式同其他"一带一路"共建国家类似,如图书互译工程、国际书展、机构合作等。2016年,中国与沙特阿拉伯政府代表签署中沙经典和现当代作品互译出版项目备忘录,计划在5年内互相翻译对方国家作品不少于50部,目前已经出版了《中国地理》《中国文学》等图书。2019年,沙特阿拉伯萨比阿出版集团与山东美术出版社举办互译项目签约仪式,该项目合作完成以探秘南海为主题的阿拉伯文版童书,通过讲述海上丝绸之路沉船的故事向沙特阿拉伯儿童普及水下考古知识,同时完成合作研发中文教学课程，在沙特阿拉伯学校和图书馆等推广的计划。[144]2022年，北京出版集团与阿拉伯文学出版中心达成战略合作协议。阿拉伯文学出版中心在20多个阿拉伯国家拥有分公司、发行公司和代理公司，出版了文学类、儿童类、科教类图书，双方还合作推出了作家阿来的《云中记》阿拉伯文版，并由阿拉伯文学出版中心帮助推广。

2018年，在沙特阿拉伯吉达国际书展上，中国唯一一家参展商智慧宫推出430种中国主题图书。在贾里尔书店和Watnia连锁书店都可以买到智慧宫与阿拉伯国家多家出版社合作推出的图书。贾里尔书店独立设置有中国主题类图书书架，智慧宫的优质图书包括《中国道路：奇迹与秘诀》《中国震撼》《手机》《跑步穿过中关村》《许三观卖血记》《解读中国经济》以及"追梦中国·商界领袖"系列图书，其中《中国道路：奇迹与秘诀》《中国震撼》和"追梦中国·商界领袖"系列图书销量过万册。2019年，在国际图书博览会上，《中国共产党怎样解决民族问题》阿拉伯文版发布，中国社会科学出版社与突尼斯东方知识出版社签署《郑和与非洲》阿拉伯文版协议，辽宁人民出版社的沙漠治理纪实文学《春归库布其》确定阿拉伯文版权输出，湖南少年儿童出版社与黎巴嫩未来出版公司就《创意思维开发启蒙书》等6种童书签订阿拉伯地区版权输出相关协议。[145]2022年，在沙特阿拉伯利雅得国际书展上，国内10多家出版单位展出阿拉伯文版、英文版和中文版图书，类别涵盖了文学、社科、传统文化、少儿、语言学习等，代表性出版社五洲传播出版社共展出500多种3000余册图书，代表作品有《习近平谈治国理政》《习近平讲故事》《平语近人：习近平总书记用典》等图书。在中国与阿拉伯国家的图书版权贸易中，输出类别最多的是中国现当代文学作品、中国经典文学作品和中国主题出版物，众多现当代作家的作品被翻译成阿拉伯文在阿拉伯地区销售，莫言、迟子建、余华、贾平凹、刘震云、曹文轩、王刚、徐则臣等作家的作品都陆续被翻译，《荀子》《列子》《菜根谭》《老子》《庄子》《楚辞》《道德经》《诗经》《战国策》等相继出版。[146]这些图书在本地线下书店和线上的销量都比较可观。

值得指出的是，中国输出到阿拉伯国家的图书总量还不多，相比于英语国家的图书输出还明显不足，发行量总体较少，阿拉伯国家出版的外文图书仍以欧美英语国家的畅销书为主，中国主题的图书占比较小。在阿拉伯国家的所有出版社中，位于黎巴嫩的数字未来出版公司在推动中国出版"走出去"中贡献最大，该公司已经翻译出版和发行了200多种中国图书，总数量达百万册，占阿拉伯国家出版中国图书数量的一半以上，主题出版物、文学、少儿文学类图书是主要类别。该公司与许多阿拉伯国家的教育部门、近800所高校和中学建立业务联系，创建了学术机构和大中学生信息的数据库，以有针对性地了解受众需求，从而推广中国的各类图书，增加受众对中国的了解。在数字化进程中，中国出版机构与阿拉伯出版机构还开展了数字出版合作。例如，安徽少年儿童出版社与黎巴嫩数字未来公司合作共建"全球儿童汉语互动阅读推广运营平台"；2014年，五洲传播出版社与沃达丰（Vodafone）埃及公司、埃及出版商协会合作，将"人文中国"书系阿拉伯文版（共27册）在移动端上线，埃及用户可以在手机上下载阅读。[147]

中国出版在阿拉伯国家的传播应考虑该国的宗教文化。同时，需要大力培养小语种人才，发展熟悉中国的阿拉伯汉学家和翻译家，以增进不同文化间的深入了解。

6.波兰

截至2021年，波兰的互联网用户有近2970万人，占人口的78%，92%的家庭可以访问互联网，最受波兰网络用户欢迎的访问网站有Google、Facebook、YouTube，波兰本土的在线购物平台allegro.ol、olx.pl，信息网站wp.pl等。在波兰注册的出版商有6.1万家，但其中活跃的只有2000—2500家，主要由中小型公司组成。在活跃的出版商中，只有600—700家出版图书，每年出版的数量为10多本，而其余不活跃的出版社通常每年只出版几本书。波兰最大的出版社基本是教科书和学术出版商，排除这类出版商，市场上的出版公司每年推出的新书不超过300种。2010年，波兰出版商的图书销量达到1.39亿册，翻译图书占所有图书的20%；在文学作品类别中，翻译书占44%；而在犯罪小说和惊悚小说中，70%的图书翻译自国外的畅销书。在儿童出版市场，波兰作家的儿童图画书比翻译的同类作品更受欢迎，烹饪类图书情况类似。在波兰出版市场，出版商更喜欢与作者直接合作，原因是波兰作家的报酬低于英美作家，因此文学经纪人发挥的作用不大，但文学经纪人从事的工作更多地专注在代表国际客户销售翻译权，原因是波兰图书市场上进口数量要远高于图书的出口数量。波兰的数字出版市场相对不够发达，数字出版需要内容分销商和出版商的大量投资，而波兰的出版社缺乏这类大额资金的支持。目前看来，电子书的销售在增长，但电子书收入仅占波兰年总收入的2%—3%，虽然音频市场开始兴起，但就收入而言，要远远低于电子书。在图书的销售方面，图书市场主要由大型分销商和连锁书店主导，比如Empik连锁书店、

Matras连锁书店。截至2022年2月，波兰共有线下书店1738家。近年来，波兰的在线零售渠道增长迅速，2014年，在线销售收入占图书销售总收入的30%左右，在线零售市场比较分散，没有一个占主导地位的在线零售商，零售网站的竞争主要与价格有关。与世界多数国家一样，在网络时代的冲击下，阅读图书这一活动更多地被看电影、看电视、浏览网络信息、线下社交、体育运动等替代，因此波兰的图书阅读率是偏低的。根据2016年波兰读书市场的调查，58%的人在一年内没有读过一本书，60%的人在当年未购买除学校教科书以外的任何图书，16%的波兰家庭没有图书，每年购买7本书以上的人仅占该国总人口的2%。

中国图书进入波兰市场的历史较早，在17世纪上半叶，由波兰传教士撰写的《中国植物志》《中国医药概说》等图书使波兰第一次接触到中国的自然地理和中医文化。在这之后长达200年的时间里，中国受到波兰的关注不多。1948年，波兰汉学家夏白龙第一次翻译出版了老舍的《赵子曰》。之后又有一批汉学家开始翻译中国作品，作品种类包括古代先秦两汉文学、元明清小说和杂剧、现当代文学作品等，在这些作品中，呈现出的中国符号多是封建制度下受压迫的女性等形象以及文化的博大精深。在1948—2015年间，波兰共出版了中国的130余本文学作品，其中1948—1976年间出版了21本，1983—1999年间出版了17本，2000—2015年间出版了93本。[148]"一带一路"倡议提出后，中国出版的图书类别越来越丰富，主题出版物亮点突出。2011年，安徽出版集团与波兰三大科学出版社之一的马萨雷克出版公司合资成立时代-马萨雷克出版集团，中方控股90%，采用本土化、市场化运营，选题由中波双方共同策划和编辑，并由波兰专职翻译人员进行翻译，已经推出的24本波兰文著作涵盖传统文化、旅游、经济、儿童玩具图书，代表作有《故宫博物院藏品大系》系列、《我不是潘金莲》、《我叫刘跃进》。2022年，中国主题图书及天津精品图书文化展在波兰华沙马佐夫舍省公立图书馆举行，《新中国天津百项第一》《天津指南》《泥人张》《灵感天津》等出现在展会上。波兰规模最大、最具影响力的出版机构之一马尔沙维克出版集团每年出版约500种新书，自2005年起，与中国数十家出版机构展开合作，推出了《习近平谈治国理政》《中国经济改革的大逻辑》《中国的民主道路》《中国社会巨变和治理》《四十不惑：中国改革开放发展经验分享》等波兰文版作品。2016年，中国向波兰东亚文明研究中心赠送了首批200多种中国图书。[149]2018年，在中东欧地区规模最大的华沙国际书展上，中国人民大学出版社推出了《髹绘与图式：漆语/境语》和《北京味道》2种图书，并与马尔沙维克出版集团签订了《中国传统文化与人类命运共同体》《中国创新模式》《大国工程》《蚂蚁金服：从支付宝到新金融生态圈》等版权转让协议。截至2018年5月，中国人民大学出版社与马尔沙维克出版集团已经签署了88种图书版权合同。2014年起，上海新闻出版发展有限公司面向海外市场开发的"文化中国"丛书，从最开始的英文版输出开始转向"一带一路"共建国家多语种版输出，如该公司与波兰FK出版社合作翻译波兰文版图书，并通过拉加代尔在波兰各个地方的书店销售，有效打开了波兰市场。

第三节 传统出版社"走出去"数字化的典型样本

自2003年全国新闻出版局长会议提出实施出版业"走出去"战略起，到2016年"一带一路"倡议的提出使出版"走出去"形成高潮，中国出版"走出去"已经有了十几年的积累。在国家政策导向的扶持下，出版单位"走出去"动力不断增强，借助国家重大出版工程项目、北京国际图书博览会、国际大型综合性书展会等，中国出版业在版权输出的品种数量、版权贸易逆差、实物产品出口、海外分支机构建设等方面取得了显著成效，但目前"走出去"主体主要集中在一些规模较大、实力较强、图书种类较多的综合性出版社或专业出版社，占市场绝大数量的中小型出版社则势单力薄，无法投入巨大的财力、人力等资源做国际化图书精品，后者在面对境外较高的运营成本、较高风险、较低利润和人才限制时，"走出去"的积极性并不高，出版社之间差距较大，限制了出版"走出去"的整体发展。根据中国新闻出版研究院2017年全国出版单位版权输出的数据统计，图书版权输出排名前十的出版集团分别是中国出版集团（版权输出占全国图书版权输出总量的10.31%）、中国国际出版集团（5.98%）、中国教育出版传媒集团（4.38%）、山东出版集团（3.90%）、凤凰出版传媒集团（3.68%）、上海世纪出版集团（3.11%）、浙江出版联合集团（3.01%）、中文天地出版传媒股份有限公司（2.61%）、中南出版传媒集团（2.56%）、南方出版传媒股份有限公司（2.45%）。前三名出版集团主要集中在北京地区，占据全国图书版权输出总量的20%左右。图书版权输出全国前十的单体社分别是中国人民大学出版社（版权输出占全国图书版权输出总量的3.90%）、大龙树（厦门）文化传媒有限公司（3.84%）、中信出版集团（2.60%）、中国少年儿童新闻出版总社（2.90%）、机械工业出版社（2.47%）、广西师范大学出版社（2.43%）、阅文集团（2.24%）、外语教学与研究出版社（1.96%）、北京语言大学出版社（1.65%）、人民邮电出版社（1.61%），在输出的作品类型中，排名靠前的依次是文学类、少儿类、文化类、艺术类、教育类、科技类、经济类、社科类图书，其中前三类占比超过版权输出总量的50%。下面仅以国内一些大型、具有特色的出版机构为例，探索这些机构出版"走出去"的基本情况以及数字化建设情况。

一、国家级出版企业：中国出版集团

作为国家出版企业的代表，中国出版集团承担着建设一流世界出版企业，传播中国文化，建设社会主义文化强国的重要责任。1997年党的十五大提出建设有中国特色社会主义文化的命题，此后中共中央办公厅、国务院办公厅下发系列文件提出以集团化建设为突破口加快出版业的体制改革，之后国内出现了几十家出版发行集团。2002年，中国出版集团成立。2004年，中国出版集团转企改制为中国出版集团公司，经过6年的体制机制改革，2010年成为国内第一家具有完全企业身份的出版单位。2017年，中国出版集团在资本市场上市，实现市场化运营。目前集团拥有各级子公司、控股公司等法人企业198家，各级各类出版机构40家，主要出版机构有人民文学出版社、中华书局、商务印书馆、生活·读书·新知三联书店、中国大百科全书出版社、中国美术出版总社、人民音乐出版社、东方出版中心、现代教育出版社、中国民主法制出版社、中译出版社、世界图书出版公司、华文出版社等；在发行方面有新华联合发行有限公司、新华书店总店；在数字出版方面有北京中新联科技股份有限公司、中版集团数字传媒有限公司、中版文化传播有限公司、中版昆仑传媒有限公司；在印刷业务方面有北京新华印刷有限公司；在国际化业务专营方面有中国对外翻译有限公司、中图公司等代表性主体。集团每年出版图书、音像电子和网络出版物2万多种，出版期刊报纸58种，正向国际一流出版企业迈进。中国出版集团拥有资产总额约260亿元，净资产约160亿元，营业总收入约130亿元，稳居中国"三个一百亿"集团之列。2021年，中国出版集团营业收入63亿元，净利润7.8亿元，其中出版业务占比70%，物资供销业务占比9.82%，发行业务占比8.5%，印刷业务占比3.12%。2021年，中国出版集团向全球51个国家和地区输出版权830多项，语种数量达40多种，典型的输出图书有商务印书馆的《习近平扶贫故事》（共输出版权42项），中国大百科全书出版社的《穿越时空的大运河》在10多个国家出版，中文图书和多语种版本同步发行，全球销量达到10万余册，由三联书店推出的中国哲学家陈来的《中华文明的核心价值》在海外的输出语种达到24个。[150]

中国出版集团在数字化转型方面成效比较突出。首先，是集团下属主要出版社成立了专门的数字出版公司，专门负责数字出版融合业务。中华书局在2015年成立古联（北京）数字传媒科技有限公司，主要业务是依托中华书局丰富的古籍整理成果开发数字化产品，目前已经开发《中华经典古籍库》（镜像版、网络版、微信版）、《中华善本古籍数据库》、《中华古籍书目数据库》等，自建13万余字的古籍字库，解决了古籍数字化中生僻汉字的检索和显示问题，2018年，整合现有数字产品推出了籍合网数字化服务平台。中国对外翻译公司在2013年成立中译语通科技股份有限公司，探索语言服务与技术的融合与创新，为用户提供知识图谱、机器翻译等服务，这为出版"走出去"提供了良好的技术基础。中图公司于2018年成立中图云创智能科技（北京）有限公司，深耕移动阅读领域。其次，集团已经开发出融媒体出版产品集群，比如在微信公众平台创建人文读书声有声小站，售卖有声产品，包括国内外经典名著；开发商务印书馆"人文社会科学知识服务平台"App，以学生、学者和一般读者为服务对象，提供查考、咨询、学习等知识服务；开发市场唯一正版的《现代汉语词典》、《牛津高阶英汉双解词典》等工具性App，提供语言学习服务；开发三联中读、诗词中国、中图智慧农家书屋、世图粤读等阅读类App，面向儿童开发一园青菜App，提供故事科普知识服务；在数据开发方面，开发《东方杂志》全文检索数据库、《小说月报》全文检索数据库、中华经典古籍库、中国大百科全书数据库；在知识服务在线平台方面，建立人美美育服务平台、中译在线翻译教育平台、非通用语在线学习平台、全国大中专教材网络采选系统、中图教育平台。

在推动中国出版"走出去"的过程中，中国出版集团一些成员单位成立了子公司，专门出版面向海外的出版物。在国内市场，商务印书馆在1993年建立商务印书馆国际有限公司，出版面向海外华人的语言工具书、知识型丛书、华人学校教科书和文化类书籍，同时负责这些出版物的发行和销售，代表性的作品有《最新高级英汉词典》《新编汉语教程》《〈英语世界〉100期精华》《全唐诗》等光盘电子出版物。在国际市场，中国出版集团已经在海外成立合资出版社、办事机构和海外连锁书店23家，与外国出版单位合作出版图书，并借助本地公司的销售渠道进行图书的发行。中国出版集团和中国出版对外贸易总公司（以下简称版图公司）在2007年成立中国出版（巴黎）公司、中国出版（悉尼）公司，其下属的中图公司与世界最大的教育集团——培生教育出版集团在美国合资成立中国出版（纽约）有限公司（梅花出版社），2008年成立中国出版（温哥华）公司，随后，相继在伦敦成立中国出版（伦敦）有限公司（百合出版社），在法兰克福成立中国出版（法兰克福）有限公司（丁香出版社）。2009年，中图公司与韩国熊津出版集团合资成立中国出版（首尔）有限公司。2010年，中国出版东贩股份有限公司，成为中国出版集团第8家海外合资或独资的出版公司。在这些海外公司中，中国出版（悉尼）公司跻身澳大利亚图书中盘商的A级供货商。[151]这些合资或独资的方式，打开了中国主题图书进入国际主流销售渠道的网络。

在产品开发方面，中国出版集团开发了面向海外华人华侨读者、本地读者的各类融媒体产品。该集团旗下一些工具型、知识型图书采用了多语种纸质图书和融媒体出版共同开发的方式，商务印书馆的《新华字典》输出了英文、葡萄牙文、俄罗斯文、韩文、日文、西班牙文等版本，《现代汉语词典》输出了双语版，这两本字（词）典均以纸质图书和App相互结合的方式推行。中国大百科全书出版社的《中国大百科全书（第三版）》推出网络版，并在网络平台上线了1000多个中国特色词条，以图文方式介绍中国。中图公司开发易阅读平台海外版——中国电子书库，进行多语种、全学科、多类型（书刊、有声书、音视频）开发，上线中文图书40万册，有声书10.5万集，推送给全球106个国家的1003家机构用户，同时，其开发的中国快讯App，以海外汉学家、学者、政治家、经济学家、企业家为读者群体，通过与地方电信商合作，覆盖到全球31个国家，帮助海外精英读者更好地了解当代中国发展与政治经济情况。

在中国出版的国际化渠道建设方面，中国出版集团实现了线上线下同步进行的发行网络，打破了现有出版"走出去"渠道无法打开的困境。在线下，首先通过"中国书架"项目融入海外主流书店，打开本地网络。由于海外读者的需求量少且呈现多样化要求，中图公司采用了按需出版的模式，实现了图书的海量品种提供和一本起印。"中国书架"项目精选了符合本土读者偏好的中国主题图书，将这些量少、品种多的图书上线到海外主流书店，供读者选择，目前已经落地到古巴、泰国、南非、白俄罗斯等国的主流书店。2019年，"中国书架"落地到德国最大的连锁书店塔利亚书店，该书店在欧洲等多个国家拥有300多家实体店，迄今，"中国书架"在柏林、汉堡等6个城市设立16个书架，上架100种1000多册英文版、德文版图书，未来这一模式可以被国内更多出版社借鉴，用于打开海外主流销售市场。

其次是中国出版集团积极利用国际书展这一重要平台。北京国际图书博览会目前已经具有30多年的历史，在版权交易数、参展商等方面已经超过美国书展、伦敦书展，稳居世界第二大书展，是中国出版"走出去"的重要平台，由中国出版集团下属公司中图公司负责承办。此外，该公司还在2018年承办了意大利博洛尼亚国际儿童书展、古巴书展、阿尔及利亚书展的中国主宾国活动，扩大了中国儿童图书在"一带一路"共建国家的影响力，目前该公司已经累计承办19项海外书展的中国主宾国活动。2021年，中国出版集团举办线上线下结合的北京国际图书博览会大型书展，达成版权输出意向和协议4835项，并连续两年举办"中版好书全球云展销大会"，纸电同步向海外市场展销，将"中版好书"品牌推向国际市场，实现总销售码洋超百万元。在国际书展或品牌文化交流活动方面，中国出版集团每年会在全球举办多场中国作家的各类文学活动，通过深入交流，帮助海外读者深层次了解中国文学和中国文化。2022年，人民文学出版社联合英国查思出版社举办文学创作和中国文学在英国的译介与传播，中国作家苏童与英国汉学家吴芳思进行对话。在中图公司承办的越南"中国文学读者俱乐部"活动上，江苏凤凰少年儿童出版社的《野蜂飞舞》越南文版举办线上分享会，作家黄蓓佳与译者、出版人、媒体人和文学爱好者进行了交流。2022年中图公司在全球举办9场青年读者汇活动，聚集了来自马来西亚、韩国、波兰、埃及、英国的500多名青年读者；在与埃及斯福萨法出版社合办的青年读者汇·埃及站活动中，埃及当地的中国文学研究者、汉学家、读者、译者与中国作家余华进行云端谈话，探讨了译者在面对文化差异时的翻译立场、作家创作与个人生活经历的关系等问题。

最后，中国出版集团在美国、加拿大、伦敦等地区建立了新华书店连锁店。2008年开始，在中宣部和中国出版集团的领导下，中图公司和版图公司进行了战略重组。中图公司2002年并入中国出版集团，总资产占中国出版集团总资产的50%以上，销售收入在中国出版集团成员单位中居于首位，主要业务是从事图书报刊、音像出版物等的进出口活动；版图公司成立于1980年，同归属于中国出版集团旗下，该公司于2006

年与新加坡大众集团合资成立现代大众图书有限公司，通过大众书局的100多家连锁书店把中国主题图书覆盖到东南亚地区。考虑到两家公司在业务上的同质化、分散问题，2008年，版图公司的进出口业务与资产并入中图公司，版图公司作为中图公司全资子公司的独立法人实体进行国内外贸易活动。中图公司成立中国图书国际会展中心、中国出版物出口中心、中国海外出版发行中心，主要在国际书展业务、版权出口、营销网络构建3个业务方面发力。重组之后，2008年，中图公司与美国百盛公司合资在纽约皇后区法拉盛华人聚居区开设海外第一家新华书店，该书店占地500平方米。2011年，法拉盛新华书店举办了纪念辛亥革命100周年专题书展，共展出中国出版集团成员单位出版的5724种、近3万册图书，木版水印画30幅，代表图书有人民文学出版社的《武昌城》，商务印书馆的《五四知识分子的淑世意识》《陆荣廷秘史》，人民音乐出版社的《中国当代作曲家曲库》，荣宝斋的《从绅士到革命家：我的祖父龙璋》等，中图公司在书展上还和美国ICN电视联播网纽约电视台签订战略合作协议，在电视阅读栏目开发、音像制品销售、网站业务开发等领域加强中国文化的传播。法拉盛新华书店目前已经实现盈利。继法拉盛新华书店之后，中图公司在纽约布鲁克林和圣迭戈开设分店，布鲁克林分店位于纽约第三唐人街的布鲁克林第八大道，占地面积260平方米，销售图书2万多种；圣迭戈分店是美国圣迭戈地区最大的华文书店，紧邻该地区最大的华人超市——大华超市，主要经营中国主题的中英文图书、音像制品、文化用品（文房四宝、棋类、字画等），由中图公司负责供应采购，该书店占地面积300多平方米，主要面向的是该地区的华人读者。随后，新华书店新泽西店和曼哈顿店，以及加拿大的温哥华店又相继成立。同年，中图公司在伦敦成立新华书店伦敦分店，由该公司旗下英国代表处负责运营，员工为国内公司派驻，销售图书与美国的分支书店类似，音像制品主要包括中国热门电视连续剧，书店占地370平方米，与在美国地区的书店选址不同的是，伦敦分店开设在伦敦北部的当地社区，目的是走出华人群体圈层，将中国文化扩大到西方文化圈。得益于海外新华书店的建立，一些在国内的畅销书也成功输出到海外国家，包括《我想和这个世界谈谈》《杜拉拉升职记》《明朝那些事儿》《中国大趋势》《中华经典藏书》《我在美国做妈妈》等。新一代华裔的中文水平较低，因此一些中文教学的图书、儿童类中英对照的读物比较受欢迎。此外，养生类、生活类、经营励志类的图书也比较受华人读者喜爱。2009年，中图公司与美国时代国际文化发展有限公司合资建立时代图书·新华书店北美网，供应各类中英文图书2万多种，与中文学校、图书馆、社区图书馆等建立长期合作。"中国出版物采选平台"是中图公司开发供海外机构客户采买中国纸质图书和电子书的在线销售平台。与此同时，中图公司还在亚马逊等电子书零售市场推行"海外中国电子书店"项目。尽管近年来受到疫情冲击和数字化转型的影响，实物出口进入瓶颈期，但中图公司依靠数字化途径，仍然将中国图书输出到全球72个国家和地区的1054家图书馆，2018年累计输出版权和合作出版101种图书，主题图书占据24%，其中76种图书进入19个"一带一路"共建国家。

二、地方出版企业：凤凰出版传媒集团

凤凰出版传媒集团在2023年度全球出版50强企业综合排名中位居第十，在国内8家"三个一百亿"（企业总额、主营业务收入、所有者权益）集团中位居第一。该集团于1953年在南京成立，2001年，在原来江苏省出版总社基础上成立凤凰出版传媒集团，成员包括江苏人民出版社、江苏科学技术出版社、江苏教育出版社、江苏少年儿童出版社、江苏美术出版社、凤凰出版社、江苏文艺出版社、译林出版社、江苏电子音像出版社9家专业出版社，拥有北京凤凰天下文化发展有限公司、凤凰在线（北京）信息技术有限公司、江苏凤凰艺术有限公司等控股子公司，发行方面拥有江苏凤凰新华书业股份有限公司、江苏凤凰教育发展有限公司等，其中江苏凤凰新华书业股份有限公司拥有省内连锁书店1215个，省外连锁书店506个，新港物流中心是中国规模最大的图书配送中心。集团业务覆盖图书出版、印刷、发行、网络出版、文化地产、金融、艺术经营等领域，年度出版纸质图书和电子音像出版物8000多种，报纸期刊24种；在数字出版方面，投资学科网、凤凰云校园、凤凰云计算中心、凤凰职教虚拟实训平台等，学科网目前已经成为国内教育信息化内容提供商，2021年营业收入为3.22亿元，净利润为4285.82万元，B端客户总数达到54609个，C端知识扫码付费月平均支付次数约45万次，全年营业收入为7564.9万元，凤凰职教虚拟实训平台开展在线职业技能培训，实现营业收入8487.99万元、净利润3052.19万元。2021年，凤凰出版传媒集团实现营业收入154亿元，利润总额为41亿元，目前集团控有凤凰传媒、凤凰股份两家主板上市公司和一家新三板上市公司。

在"十二五"期间（2011—2015年），凤凰出版传媒集团向海外30多个国家输出了共计761项中国主题的图书版权，印刷数量达到60多万册，版权输出数量比2005—2009年间翻了两番。这一时期，凤凰出版传媒集团所有销往海外的图书实现码洋4000多万元，这比"十一五"期间的码洋2000多万元翻了一番。在国家分布上，我国向海外输出版权数量最多的国家是越南，输出图书共222种，其次是韩国，输出数量达到152种，英国为142种，美国则为129种，可以看到输出的国家已经开始转向"一带一路"共建国家。在这些图书中，被纳入"经典中国国际出版工程""中国图书对外推广计划""中华学术外译项目"等国家级、省级资助项目的种类共有40种左右，代表性的图书有输出到韩国、土耳其的《丝绸之路》，英文版、韩文版、德文版、俄文版的《回到马克思》，《南京大屠杀全纪实》输出到英国、马来西亚、越南、泰国，余华的《在细雨中呼喊》输出到土耳其，曹文轩的《蜻蜓眼》《青铜葵花》《草房子》等被译为英文、葡萄牙文、西班牙文、德文，覆盖到南美、西班牙、北美、新西兰、澳大利亚等区域。

"十三五"期间，凤凰出版传媒集团输出版权的数量有了规模化的增长。2016年，凤凰出版传媒集团全年输出版权220项，其中输出到匈牙利、捷克、塞尔维亚、埃及、土耳其、印度等国家的品种达到43种，约占当年输出总量的20%。2019年，凤凰出版传媒集团输出非华语版权346种，比2018年的290种增长近20%，《青铜葵花》已经实现22国版权输出。[152]在中国文化"走出去"协同创新中心、中国海外汉学研究中心、中国出版传媒商报联合发布的《海外馆藏：中国图书世界影响力》报告中，凤凰出版传媒集团下属的出版社有8家入榜，其中6家入榜前100强。凤凰出版传媒集团的国际化主要是通过以下方式进行的。

第一，开展点对点交流，深入了解国外本地出版市场和读者需求。英国泰勒-弗朗西斯出版集团成立于1798年，是世界影响力最大的学术出版集团之一，每年出版7000多种新书，动销书13万种，还是世界最大的电子书出版商之一。2018年，该集团中国地区代表团访问凤凰出版传媒集团，探讨了双方在学术领域和融媒体开发领域的合作。2018年，凤凰出版传媒集团代表团走访土耳其红猫出版集团、卡努特出版公司、沟通出版社、文献出版社和格鲁吉亚文化出版社、格鲁吉亚国家议会图书馆，深度调研两国的图书市场，对红猫出版集团旗下出版社、物流基地和书店进行深度了解，探讨了中国图书进入土耳其市场的途径和合作方式。译林出版社与红猫出版集团成立中土出版中心，通过图书互译普及中土文化，确立了高层定期互访机制，建立常态化联系机制，同时，译林出版社还与卡努特出版公司探索了"推进中国当代作家走进土耳其"项目，卡努特出版公司在伦敦和柏林设有分部，主要偏重人文社科领域的出版，尤其是马克思主义研究。该社在2017年引进了译林出版社出版的8部中国作家作品，包括余华、苏童、叶兆言和鲁敏的作品。在访问格鲁吉亚时，译林出版社与格鲁吉亚文化出版社签署《中国盾构》版权输出协议，这是集团在格鲁吉亚市场的首次版权合作，同时集团向格鲁吉亚国家议会图书馆捐赠图书50种。2019年，在塞尔维亚商会的邀请下，凤凰出版传媒集团代表团共组成6人团队，参加了该国商会组织的两国出版界高层交流，塞尔维亚最大的10家出版单位与集团代表团进行了合作交流，会谈期间形成的务实成果仍然是版权输出，包括将江苏人民出版社的《在静寂里逆生长》《在轮椅上奔跑》和"中国文化二十四品"，江苏科学技术出版社的《中医十大类方》《新农村实用科技示范读本》《图说小麦》《蔬菜作物图鉴》《150个特效穴位对症按摩》，译林出版社的《文学或者音乐》《捎话》《另一种妇女生活》《符号中国》《中华民族》等作品进行翻译出版。会谈后，集团代表团访问了塞尔维亚最大的孔子学院，积极与巴尔干地区的海外学者取得联系，邀请他们进行合作，积累作者资源。集团代表团在考察合作出版社时，与中国主题图书的汉学家、译者进行了交流，以了解地方出版业情况和读者特点，寻找合作点。这些具体深入的交流对后续开展海外选题的直接策划和生产是有重要作用的。韩国国学资料院是一家主要出版哲学、历史和韩国文学的专业学术出版机构，曾经引进出版江苏人民出版社的《中国古城墙》《丝绸之路》和江苏凤凰教育出版社的《文史工具书概论》。2019年，该出版社访问凤凰出版传媒集团，双方就输出韩文版的《中国抗日战争正面战场作战记》《中国市民大众文学百年回眸》《中国话剧艺术史》等学术类图书达成合作意向。

第二，积极拓展海外渠道，"借船出海""造船出海"并举。"借船出海"主要是通过与本地的出版社合作生产、翻译、推广中国出版物。

首先是经营海外作者资源，凤凰出版传媒集团建立了"凤凰国际出版翻译专家库"，将海外优秀的汉学家纳入作者队伍。2018年集团访问土耳其期间，将土耳其佳兹大学教授、汉学家吉来先生纳入数据库。江苏科学技术出版社与土耳其出版社的作者进行联系，初步就科学育儿项目进行组稿合作。江苏少年儿童出版社面向海外市场策划了"美丽童年国际儿童小说书系"，组织海外作家写作，已经与韩国和意大利作者开展合作。译林出版社与英国伯明翰大学、南京大学的资深学者合作，共同开发"前沿科学科普文丛"，展现国际科技发展的前沿成果。凤凰出版传媒集团与英国伯明翰大学共同成立莎士比亚中国中心和医疗社会史研究与出版中心，将内容原创、地方市场需求有机结合。

其次是寻找合作出版商，互译两国的优秀出版物。译林出版社与美国的西蒙与舒斯特公司合作了"江苏作家'走出去'项目"，共翻译20种中国文学文化作品，余华的《活着》输出到埃及、斯洛文尼亚、葡萄牙、罗马尼亚、印度尼西亚、捷克、土耳其7个国家，"图说中国传统艺术"丛书输出到韩国、印度、俄罗斯、泰国，苏童的《另一种妇女生活》输出到韩国、埃及、土耳其、意大利、西班牙。在品牌建设上，凤凰出版传媒集团与英国出版社合作，编写了"符号江苏·口袋本"丛书，共112种，以国际流行的小开本为样式，每年在伦敦书展首发，目前已经出版32种，输出到越南、泰国、澳大利亚等国家。江苏教育出版社与韩国三大教育出版集团之一的天才教育公司共同合作开发"神奇的数学"项目。2019年，凤凰出版传媒集团旗下译林出版社与北京求是园文化传播公司联合成立江苏求真译林出版公司，这是国内第三家对外专项输出版权的企业，主要业务是与国外出版社合作出版中国主题图书，2021年计划推出100种。

最后是利用已有的官方、民间交流平台，推广中国主题图书。2018年，在巴黎联合国教科文组织总部召开的世界知名城市"南京周"巴黎站活动中，江苏凤凰文艺出版社首发《琉璃世琉璃塔》《歌鹿鸣》英文版小说，讲述以南京大报恩寺和江南贡院为背景的历史故事。2018年，在北京国际图书展览会上，译林出版社与阿拉伯科技出版社签订"当代中国"系列图书的阿拉伯文版权输出协议，该系列包括《中华民族》《中国经济的现代化》《中国盾构》三本书。2019年，在柬埔寨举办的"感知中国·江苏文化周"活动上，凤凰出版传媒集团赠送中柬经典作品互译工程的成果——《珠山玫瑰》中文版与《万用表》柬埔寨文版。2022年，第二届非国有博物馆馆长国际论坛考察团赴尼泊尔参观访问，凤凰出版传媒集团职教中心委受委托向尼泊尔国家美术馆赠送《像前》一书，这是国内第一本研究汉地木雕造像的专书，该书可以向世界佛教国家传播汉地木雕佛造像文化精髓。

"造船出海"一般是指自建营销网络，这需要较大的资金投入。凤凰出版传媒集团全资子公司——江苏省新图进出口公司，是江苏省唯一一家拥有图书进口权的进出口公司，每年都在新加坡、日本、澳大利亚、英国等国家独立举办书展——江苏书展，这是江苏省唯一拥有自主品牌的境外图书展。江苏书展从1994年第一次在澳大利亚举办以来已经有20多年历史，主要致力于展出华文图书，面向的多为华人华侨。江苏书展东京站每年向日本出口图书达20万元人民币，墨尔本站图书销售达2000余册，售出额达12万元，新加坡站图书销售1038种、2536册，售出额达12万元，中国古典文学名著、传统中医药、养生保健、少儿阅读类图书最受华人华侨读者欢迎。凤凰出版传媒集团建立了以实物产品进行向海外推广的品牌项目"凤凰书架"，以凤凰版图书为基础，借助各类线下阅读空间和渠道推广中国产品。目前已经建立了5个"凤凰书架"，首个"凤凰书架"在匈牙利的罗兰大学孔子学院开设。在海牙，"凤凰书架"是在该国的中国文化中心开设的。2017年，凤凰出版传媒集团在美国成立独立公司红翼传媒，专门拓展在美国30多个州的销售渠道，红翼传媒初期以输出凤凰出版传媒集团内部图书为主，现在已经开始代理销售国内其他出版单位的图书，这些图书销往北美1000多家书店、学校和图书馆。

第三，资本出海，建立海外机构，强化本土内容生产能力。凤凰出版传媒集团和中江国际集团在非洲纳米比亚共同投资5000万元成立凤凰（非洲）印务基地，现有员工近30人（本地员工20余人），采用先进的数字化印刷设备提升在本地出版市场的专业化程度和服务质量。2011年，凤凰出版传媒集团与国家汉办、美国佩斯大学合作成立孔子学院，佩斯大学在美国是最早设置出版硕士学位的，其校友分布在出版界各个领域，通过这样的合作拓宽海外作者的网络资源。2012年，在伦敦书展上，凤凰出版传媒集团成立了第一个海外子公司——凤凰传媒国际（伦敦）有限公司，现有下属子公司英国仙那都出版社和英翼文化（南京）有限公司，业务范围覆盖数码印刷和出版领域，并承办各类文化展览、学术讲座、沙龙等活动。2013年，在伦敦国际书展上，英国仙那都出版社揭牌，与英国Scala出版社宣布合作出版50卷《从博物馆看中国文化》书系。2013年，凤凰传媒国际（澳大利亚）有限公司成立，旗下设立仙那都（澳大利亚）出版公司，负责版权贸易、图书销售，承办中澳两国文化交流活动，自创"凤凰溪云"文化产品品牌、"双城理想"文化交流品牌，主办"江苏书展——墨尔本站""中澳儿童绘本大赛"等活动。2014年，凤凰出版传媒集团以8000万美元收购美国出版国际公司（美国有声童书出版企业）以及该公司在英国、德国、澳大利亚、墨西哥等海外子公司的全部股权和资产，成立全新的凤凰国际出版公司，在纽约、巴黎、伦敦、汉堡、墨西哥、悉尼设立办公室。目前该公司每年销售图书约1800万册，年销售稳定在6亿元以上，成功打造了童书品牌，有声童书销量可观。2017年，凤凰出版传媒集团以凤凰国际出版公司的团队为基础，成立红杉出版传媒公司，该公司在内容创意、推广方面独立运作，在印刷、物流、仓储方面与凤凰国际出版公司共享，成立当年共开发新品20多种，并推向北美市场。凤凰出版传媒集团还在南美洲、大洋洲、欧洲、非洲等地区布局，投资多个项目。

第四，在数字出版上积极与国外技术服务商合作开发融媒体产品。2019年，凤凰传媒国际（伦敦）有限公司与英国技术导向型个性化图书出版创业公司Wonderbly达成合作，利用Wonderbly平台和技术开发儿童定制图书与中国IP资源，将中国产品推向海外。2021年，受疫情影响，凤凰传媒国际（澳大利亚）有限公司的图书电商品牌"双城理想"在线上的销售量增加。该公司与本地物流公司合作向澳大利亚城市家庭提供1—3天的寄送服务。凤凰教育板块的"互联网+光电缆专技人才培训系列课程"配套教材实现了版权输出。[153]

三、大学出版机构：中国人民大学出版社

学术出版以出版期刊文章、图书或专题论文的形式展示知识成果，包括三大门类，即科技出版、社会科学出版和人文科学出版，科技出版又称为STM（Science, Technology, Medicine）出版，主要是指科学、技术和医学出版。学术出版的主要读者群体是科研人员，主要客户是图书馆。当然，学术出版与专业出版具有一定的融合度，比如STM出版也可以归为专业出版，专业出版还包括金融信息出版、法律信息出版，面向的多是专业人士。近年来，学术出版转向专业出版的趋势也比较明显。[154]我国的学术出版主要以大学出版社为主体，全国共有585家出版社，大学出版社约有110家，约占全国出版社数量的20%。在这些出版社中，中国人民大学出版社在"走出去"方面的力度和成效是比较显著的。2016年，按"中国图书对外推广计划"的年度综合排名，在集团单位排名类别中，中国出版集团居首位，在单位社排名类别中，中国人民大学出版社居首位，是学术出版或专业出版"走出去"的典型代表。

中国人民大学出版社成立于1955年，在成立初期以马列主义、毛泽东思想为代表，

出版了系列具有时代特色的教材和学术著作。1978年后，中国人民大学出版社承担着全国文科教材出版的任务，同时在高水平学术出版方面取得了重要进步。[155]中国人民大学出版社在建社60多年的历史中累计出版图书2.5万多种，以学术著作的国际化为切入口，输出图书版权超2000种，涉及40多个语种，与30多个国家和地区的百家出版机构建立了合作关系，在以色列、罗马尼亚、蒙古国设立了海外分支机构。

中国人民大学出版社"走出去"真正起步于2012年"一带一路"倡议提出之后。在"丝路书香工程"的推动下，中国人民大学出版社积极组织申报，在重点翻译资助项目总量中占比超10%之多。在2012年之前，中国人民大学出版社的版权输出共计504项，输出的语种不到10种，而2012—2022年间，输出的版权数量则有2400多项，语种达40种，输出到"一带一路"共建国家的数量占比超过60%。2015年底，中国人民大学出版社成立了专业团队，在社内建立国际出版中心，将"走出去"工作内容扩展到版权代理、海外分支机构运营、中国文化与中国学术作品海外推广活动的组织与策划等，版权代理占输出总量的10%左右。[156]

在很长一段时间内，中国出版"走出去"的类别主要聚集在中医、武术、汉字、文学、儒学等方面，传统文化已经成为中国的典型标识。近年来，反映中国当代社会发展、阐释中国发展理念和制度特点的主题出版物开始逐步走出国门，成为出版"走出去"的亮点所在。中国人民大学出版社以学术出版"走出去"带动主题出版"走出去"，将一些高端学术作品输出到海外，在构建中国特色话语体系方面形成自身的优势与特色。2014年，中国人民大学出版社与圣智学习集团合作出版了中国经济学教授李晓西的《宏观经济学：中国视角》英文版，在哈佛大学举行新书发布会，在国际经济学研究领域发出中国学者的声音。2014年，中国人民大学出版社组织出版"中国经验"丛书，讲述了中国和平发展的战略框架，对当时"中国威胁论"的国际舆论给予回应，这对于化解偏见与误解具有重要意义。[157]2016年，中国人民大学出版社与施普林格·自然集团下属的帕尔格雷夫·麦克米伦出版社签订"中国社会学和新闻传播学系列丛书"版权输出协议，该丛书计划每年推出五六本，丛书的作者和作品都经过中国人民大学出版社学术委员会的严格评审，图书的翻译和编辑由双方分工协作、共同审定，是中国向欧美主流市场推出的新闻传播学领域最新前沿著作。2018年，中国人民大学出版社与施普林格·自然新加坡分公司合作将《互联网使用与政治参与》《民法视野下女性生育自己决定权研究》《致广大而尽精微：普惠金融中国实践案例》《人工智能》等学术著作推向东南亚知识群体。在数字化发展方面，中国人民大学出版社与HeinOnline法学期刊全文数据库合作共建"中国法律与社会"数据库，收录中国法学、政治、经济等领域的期刊、著作，为国外学者提供知识服务。根据2022年全球4万家图书馆的中文图书馆藏数据，入馆收藏总量仅15200余册，除欧美主要国家外，"一带一路"共建国家汉学家或普通读者能够接触到的中国出版物是比较有限的，比如译为波兰文的中国图书仅有340种左右，而蒙古国家图书馆收藏的中国图书只有664种，每年译为蒙古文的图书不足30种。加上中国图书在"一带一路"共建国家的销售网络还未打开，中国图书出海的数量和质量在系统构建中国知识体系方面还作用有限，中国的大学出版社还需要加大"走出去"的力度。

2022年虽受疫情影响，中国人民大学出版社仍实现版权输出近200种，并采用线上线下的各类宣传推广活动。早在2017年，中国人民大学出版社就开始自建学术出版"走出去"的平台，当时出版社依托其累积多年的出版资源发起"一带一路"学术出版联盟。截至2022年12月，该联盟有来自56个国家和地区的319家出版机构、学术机构和专业团体加入，基本覆盖所有"一带一路"共建国家，成员单位可以在学术资源的重组、合作出版、版权输出等方面开展深度合作，联盟后改名为"一带一路"共建国家出版合作体，成为"一带一路"共建国家开展文化交流的多边机制，形成中国出版"走出去"和国际传播能力建设的合力。2022年，在哈萨克斯坦首都努尔苏丹召开的第五届欧亚国际书展上，中国人民大学出版社组织"一带一路"共建国家出版合作体成员单位参展，展出《之江新语》《摆脱贫困》《习近平讲故事》等600多种中、哈、俄、英多文版的图书。2022年，中国人民大学出版社举办"'一带一路'上的出版与文化交流论坛"，与国内外的出版人和汉学家探索了出版的深度性合作议题。2023年，中国人民大学出版社计划与中国人民大学出版研究中心邀请哈萨克斯坦、吉尔吉斯斯坦等"一带一路"共建国家的约30位高端出版人举办高端出版人论坛和培训。2016年，在中国和黎巴嫩建交45周年之际，中国人民大学出版社承办了中华优秀出版物展览会，展出200多种500多册阿拉伯文版、英文版、法文版和中文版图书，这些图书全部捐赠给了黎巴嫩大学。在图书销售渠道方面，为了了解海外读者的需求，中国人民大学出版社在图书出版阶段将征订目录分发到海外图书馆和科研机构、科研人员手中，从而了解图书需求。

在机构建设方面，与大型出版集团并购海外出版机构不同的是，大学出版社缺乏雄厚的资金支持和资源支持，只能采用轻资产、重运营的模式开创"走出去"的新模式。中国人民大学出版社海外分社的建立形式是依托与当地的学术机构的合作关系，采取的是轻资产运营模式。分社或出版中心相当于"图书策划中心"，投入的资金比较少，目前中国人民大学出版社已经在以色列、蒙古国、罗马尼亚和意大利设立了海外分支机构，中国人民大学出版社以色列分社是依托当地的特拉维夫大学孔子学院成立的，主要定位是主题出版和学术出版，策划的多是中以学者共同撰写的图书，目前已经策划"当代中国发展"丛书、"认识中国、了解中国"丛书等选题，而具体的出版和翻译工作主要是寻求与以色列出版社的合作。一些海外分支机构除了选题策划，还定期举办学术交流活动，将学术交流与学术出版融合，这些机构包括中国人民大学出版社与罗马尼亚文化院创立的中国罗马尼亚学术出版合作中心，与蒙古国立师范大学设立的中国主题图书翻译出版中心。中国人民大学出版社"走出去"的另一种模式是依托学校母体，巧妙利用学校平台参与国际化项目，将学术出版的合作与校际合作结合形成项目制，这种模式同样是以出版社的选题策划能力为核心优势的。2015年，中国人民大学出版社随中国人民大学访问圣彼得堡国立大学，双方在出版领域达成合作，在校级合作框架下，中国人民大学出版社与墨西哥国立大学、阿根廷布宜诺斯艾利斯大学和韩国东亚大学出版机构建立合作，将《中国美术史》《人民币读本》《大国的责任》等图书输出到海外，[158]降低了沟通的成本。母体大学提供给大学出版社的学术研究资源和作者资源是大学社的独特优势，回顾中国人民大学出版社的"高端学术走出去"品牌路线，人文社科类的学术图书版权输出占版权输出总量的90%左右。目前来看，国内一些大学还没有意识到学术出版在国际交流和文化软实力建设中的作用，一些出版社与母体大学缺乏沟通，没有形成良好的互助关系，中国人民大学出版社在这方面做得比较到位。

四、科技出版机构：上海交通大学出版社

上海交通大学出版社既是一家学术出版机构，又是一家典型的专业出版机构。前述"走出去"的样本，无论是中国出版集团、凤凰出版传媒集团还是中国人民大学出版社，其"走出去"的图书大多聚焦在大众文化、人文社科领域，而相比之下，科技

领域的出版"走出去"常常被忽视。实际上，近10年来，在科技发展方面，我国一些涉及页岩气、高铁、大飞机、特高压输电和核能等代表国家重大前沿的科学技术成果输出到一些"一带一路"共建国家，与此同时，我国在科技研发人员总量、发明专利有效量等方面已经位居世界第一，进入创新型国家行列。在整体科技实力增强的有效支撑下，科技出版"走出去"已经成为出版"走出去"的重要领域。在这一背景下，上海交通大学出版社依托母体学校强大的学科优势和学术资源，将其转化为出版优势，自2007年开始，其国际化进程就开始加快，在助推科技出版"走出去"方面发挥了无法替代的作用。

上海交通大学出版社是国内较早与剑桥大学出版社、爱思唯尔、施普林格、东京大学出版社、泰勒-弗朗西斯等国际主流学术出版机构建立长期战略合作关系的出版机构之一。借助于这些国际领先的学术出版机构的渠道优势，将中国前沿性、原创性的科技领域成果输出到欧美和"一带一路"共建国家。通过紧密围绕《科技创新2030》等国家战略，策划了系列高精尖的学术前沿出版工程，包括"大飞机出版工程""海洋强国出版工程""类脑计算与类脑智能研究前沿""核能与核技术出版工程""能源与环境出版工程"等。上海交通大学出版社的《超声速飞机空气动力学和飞行力学》荣获第二届中国出版政府奖提名奖，《走进殿堂的中国古代科学史》获得第三届中华优秀出版物奖、上海图书奖一等奖，这些图书成为展示中国科技发展成就、推进版权输出的重要代表，其中《走进殿堂的中国古代科技史》与新加坡国立大学出版社达成英文版、阿拉伯文版等版权输出协议。"大飞机出版工程"系列26种图书和"核能与核技术出版工程"系列10种图书与爱思唯尔达成英文版版权输出协议。"中国工程技术前沿系列""转化医学出版工程""能源与环境出版工程"等系列150多种专著与施普林格达成英文版版权输出协议。"光物理研究前沿系列"8种图书与德国德古意特出版社达成版权输出协议。"海洋工程和科学前沿系列"5种图书与英国剑桥大学出版社达成版权输出协议。

2008年，上海交通大学出版社联合中央文献出版社，合作出版原国家主席、上海交通大学校友江泽民同志的学术著作《论中国信息技术产业发展》和《中国能源问题研究》，这两本书入选了"中国图书对外推广计划"，并与爱思唯尔签订了英文版版权输出协议，且在2009年的法兰克福书展进行首发，这两部著作还被作为国礼赠送给德国总理。上海交通大学出版社与施普林格合作出版的《盲信号处理》《虚拟现实与增强现实技术及其工业应用》《基于质量的网络内容传输》等输出了英文版版权。[159]
在这期间，上海交通大学出版社建立钱学森图书出版基地，策划了众多科学家和科学家成果系列著作。

2012年，上海交通大学出版社与爱思唯尔合作出版《钱学森文集（1938—1956海外学术文献）》的英文国际版，并在伦敦书展举办全球首发式。2015年，上海市新闻出版局决定自主建立一批能够代表上海和国际水平，在某一领域处于全国一流水准的学术出版中心，上海交通大学出版社成立先进制造技术出版中心，聚焦上海交通大学的船舶与海洋工程、机械工程、计算机科学与技术、控制科学与工程等具有明显优势的学科，将出版产品线分为两大方向，一个是高端学术专著，一个是高级科普图书。高端学术专著有"海洋强国出版工程""类脑计算与类脑智能研究前沿""大飞机出版工程""生命工程丛书：生物力学系列""核能与核技术出版工程"等相关图书，为国家先进制造业的发展提供了有力的理论支撑，在"走出去"过程中构建了上海交通大学出版社的学术品牌和国家科技强国形象。高端科普图书有《从大数据到智能制造》《CPS：新一代工业智能》等，其中《工业人工智能》版权输出到了美国。

2015年后，随着"一带一路"倡议的推行，上海交通大学出版社与印度、俄罗斯、泰国、土耳其、越南、阿拉伯、阿尔巴尼亚、菲律宾等国加强了出版合作，《住院医师规范化培训示范案例丛书》（22册）、《江南建筑文化系列》（5册）输出至印度，《中国古代海上丝绸之路》输出至泰国，《一日看尽长安花》输出至土耳其，《服务外包与中国发展路径选择》输出至越南。2020年疫情期间，上海交通大学出版社的《新冠肺炎防治精要》经过7名国际同行评审，输出日文版等5个版本，还将英文版输出至爱思唯尔，该书电子版下载次数1.8万余次，《查医生援鄂日记》被翻译成英文、越南文、泰文、印地文等9个版本。2019—2021年，上海交通大学出版社年度出版图书2000种左右，输出版权300多项，其中前沿学术专著占2/3，大部分为科技类出版著作。在2021—2022年度评选的65家重点企业中，上海交通大学出版社第四次入围国家文化出口重点企业。除了科技类图书的出版，在主题出版领域，2014年，上海交通大学出版社策划的《平易近人——习近平的语言力量》一书，已经成为中国"走出去"图书中市场发行量最大、语种输出最多的图书代表之一。

在组织架构方面，上海交通大学出版社也较早围绕国际化业务开始了组织机构的变革。上海交通大学出版社在社内设置了国际合作部，配备了6名专职工作人员。

2012年，上海交通大学出版社与施普林格成立转化医学联合编辑部，双方合作策划选题，在全球范围内组织稿件，每本图书的创作均采取国内和国外知名学者共同参与的方式，该编辑部策划出版的"转化医学出版工程"的"肿瘤系列"获得国家出版基金资助。上海交通大学与爱思唯尔也成立了联合医学出版中心，围绕临床医学、医学教育策划出版图书。在"一带一路"共建国家，2017年，上海交通大学出版社与印度出版社合作成立中国—南亚科技出版中心，推出了系列反映中国科技发展最新动态的英文版著作，2019年，该中心出版的"中国重大科技创新文库"7种图书在新德里世界书展展出。2018年，上海交通大学出版社与越南河内国立大学成立了中国文化联合编辑部，建设以中国船文化为代表的海上丝绸之路出版中心。2021年，上海交通大学出版社与新加坡世界科技出版社联合成立海上丝绸之路出版中心，通过定期举办海上丝绸之路出版论坛、打造"海上丝绸之路文库"和"版权贸易"信息服务平台等，践行推进"中新经典著作互译出版工程"。

科技图书的语言特点是专业性、学术性强，常常涉及图多、表多、数据多的情况，因此比一般的社科学术、大众文化类图书的翻译难度要高。上海交通大学出版社在强化对外翻译队伍建设方面也值得国内出版社学习。上海交通大学出版社的学术出版外译工作采取的是翻译课题组的形式，即"译者+审校者+学科专家"的翻译小组模式，要求译者或审校者中必须有一方是精通本土母语的外籍专家，以保证语言的准确和与本土语境的契合，在此之外，学科专家主要负责专业术语的审读，一般由作者推荐。在译者和审校者的人员建设上，一方面，上海交通大学出版社深入挖掘了国内外语类高校的人才资源，与上海交通大学外国语学院、上海外国语大学、北京外国语大学、天津外国语大学、北京语言大学等开展合作，如上海交通大学出版社出版的《远东国际军事法庭庭审记录》外译项目是与浙江越秀外国语学院合作的；另一方面，海外高校的中国研究机构汉学家和专家是译者的另一大来源，如上海交通大学出版社的不少图书，包括科技类和非科技类图书的越南文版，就是邀请越南河内国立大学中国研究中心的学者翻译的。[160]

在"走出去"的数字化建设上，上海交通大学出版社在数据库建设这方面做得比较突出，将数据库开发作为推进学术出版"走出去"和科技出版"走出去"的重要载体。上海交通大学出版社依托社内的内容资源，重点建设的"东京审判文献数据库""中国地方历史文献数据库"，被国外知名的大学图书馆，包括哈佛大学图书馆、斯坦福大学图书馆、杜克大学图书馆、威斯康星大学图书馆、加州大学图书馆等20多家机构相继采购。这些数据库目前的主要市场还集中在欧美等国家，仍需进一步向"一带一路"共建国家的市场开拓。

第四节　泛民营出版"走出去"数字化的典型样本

中国出版"走出去"的主体目前仍然以传统出版社为主，在"走出去"的过程中，也有一些民营出版公司的参与，相比于传统出版社"走出去"过于重视宣传性，比如赠书、展示等方式，民营出版公司在把握国际市场规律方面更显优势。2013年，上海99读书人策划公司打造了一支国际化的版权贸易团队，该公司与人民文学出版社合作出版的《租界》在2013年就被美国哈珀·柯林斯购买，并支付6万美元的预付金。2016年，北京通过国有企业、民营企业合作的方式允许民营出版公司享有对外出版权，向国外市场推广国内图书，北京时代华语图书股份有限公司与北京联合出版公司合资于2015年成立的北京华语联合出版有限责任公司，是国内首家特殊管理股试点企业。2017年，江西降低文化领域社会资本进入的门槛，允许民营文化企业参与出版社的对外出版、网络出版等。民营企业在海外建立的典型机构有英国新经典出版社（北京求是园文化传播有限公司）、纽约中国时代出版公司（时代华语图书股份有限公司）、云南昆明新知集团，尽管与国有出版社的海外分社相比数量还不多，但其在海外的发展比较稳定，也有自己的优势。不过，在国际市场上，无论是欧美市场还是"一带一路"共建国家，除了本土作品，比较主流的就是欧美畅销书，中国的作品在国外还比较小众，要真正走进读者，为读者所接受，不仅仅要靠传统出版社，还需要看到民营企业在图书出版、数字出版方面的力量。近年来，中国的网络文学、网络游戏、影视剧等数字内容产品在海外的传播取得了一定的成效，因此，本节将以此三类产品形态为代表，探索泛民营出版"走出去"的基本情况。

一、网络文学出海

网络文学是以互联网为创作平台和传播媒介，借助超文本链接来承载内容，供网民阅读的文学作品。网络文学具有典型的创作草根性、阅读交互性、受众画像化和体验的虚拟性等特点。中国的网络文学起始于20世纪90年代海外留学生创办的电子刊物与网络新闻组，这一时期有各类综合性的中文电子杂志出现，大批留学生开始进行网络原创写作。

网络文学在出海方面具有天然优势。首先，网络文学后发优势明显。网络文学出海是在没有政府和资本保驾护航的情况下发展起来的。印刷文明时代欧美形成的畅销书出版机制，电视时代日韩美地区的影视剧、动漫、游戏等新文化产业类型，长期在全球文化场域占据主导地位。尽管如此，网络文学在中国这样一个后发国家异军突起，成为中国文化走出国门的急先锋，在文化"走出去"战略中最容易实现"弯道超车"。其次，一方面网络文学的文化穿透力强。网络文学是真正的草根文学，是受众群体最为广泛的通俗文学，既能反映普通人的喜怒哀乐，又融入了民族精神和文化特点，斩除了当前国际传播意识形态属性过强的痼疾。另一方面，网络文学从诞生开始就吸纳了全球文化元素，创作包容性强，视野开阔，化西为中，在与读者的共鸣中有效传递了中国的人文思想和文化风貌，更易被读者接受，渗透性更强。再次，网络文学内生动力足。网络文学可以被任何人书写，又可以让读者移动式、碎片化阅读，吸收了基数庞大的创作者和读者群，作家迭代快，形成以读者为中心的市场造血与淘汰机制，激活了内容市场活力。同时，网络文学产业拥有成熟的激励和约束机制，不断激发作者创作热情和读者服务意识，精品化作品源源不断，市场韧性强。最后，网络文学的经济效益高。网络文学以文字为创作基础，创作效率远高于图书、音乐、游戏、影视等，自然成为整个文化产业链条的源头性产品。2021年，我国数字文化产业规模达7841.6亿元，网络文学IP运营对数字文化产业贡献度达40%，影响了包括游戏、影视、动漫、音乐在内共3037亿元的产业市场。在当前国内网民增长触底放缓的情况下，网络文学在55亿元新兴国际市场挖掘千禧一代的消费需求方面已经累积独特优势，将释放巨大产业红利。根据中国作家协会《2020中国网络文学蓝皮书》、中国社会科学院《2021中国网络文学发展研究报告》，我国网络文学用户规模达到5.02亿，占网民总数的48.6%，网络文学国内市场规模已经超过300亿元，作品存量达到超3000万部，网络文学作者数量超2000万人，签约作家达100多万人，年度网络文学IP改编数量为8000—9000部，其中改编为影视剧的在140部左右，在热度最高的网剧中，网络文学改编的比例高达60%。在国际市场，截至2020年底，网络文学的出海规模是30亿元，海外用户规模超1.5亿，输出到海外1.6万余部。[161]

中国网络文学出海可以分为三个阶段。第一阶段是2001—2014年，这一时期网络文学作品的实体版权开始输出海外，逐渐向东南亚地区扩展。最开始是一些网络文学爱好者自发翻译中国网络文学并分享在某些网站上，比如越南、泰国的中国网络文学翻译论坛几乎与国内同步，中国的网络文学开始培育了最初的海外用户和部分专业译者。[162]网络文学平台外文对外授权阶段开始于2010年，由于网络文学改编影视剧的热播，大量网络小说版权实现出海，2011年，晋江文学城签署第一份海外合同，正式开启海外版权输出，2012年，晋江文学城与越南、泰国、日本合作，将言情网络小说的越南文版、泰文版、日文版等实体书出版，主要输出到海外图书馆，网络文学的阅读对象从海外华语群体扩大到外语群体。第二阶段是2015—2017年，一些自发建立的网络文学翻译网站在海外成立，比如武侠世界（Wuxiaworld）、引力小说（Gravity Tales）、沃拉雷（Volare Novels）等，网络文学的传播从早期的我国港台地区到东南亚，进一步扩展至欧美等发达国家，开始在全世界范围内培育用户。2014年底，从美国武侠世界网站的本土建立开始了内容输出的规模增长，实现了以国内市场为主体到以欧美国际市场为主体的转变。在武侠世界网站，网络文学爱好者开始进行自发翻译传播。武侠世界由美籍华人赖静平创建，创建一年内，英文读者数量达到百万，并催生出较多的粉丝翻译网站、论坛和小组。2015年后，随着掌阅iReader、起点国际等App和网站的上线，中国网络文学出海逐渐走向正规化与商业化，起点国际正式上线的时间是2017年，依托的是阅文集团这一最大的网络文学企业在资本、内容、技术等方面的优势。在这一阶段，起点国际、掌阅文学（海外版）、推文科技、中文在线、晋江文学城等阅读平台纷纷兴起，以英文、法文、日文、韩文、俄文、印度尼西亚文、阿拉伯文、西班牙文、印地文、马来文等10多个语言版本为海外读者提供内容服务。第三阶段是2018年至今，网络文学出海企业在海外搭建包括创作、运营、消费全链条的网络文学生态，实现网络文学海外的全产业链运作。在作品输出上，内容重点也从以国内作品的翻译为主转换到以鼓励本土作者的原创为主，通过签约本土作者或内容提供商、征文活动等本土化运营吸引网络文学的国外爱好者创作。在盈利模式上，以付费阅读的订阅模式为主，同时探索广告解锁付费模式，并逐步探索IP开发的多元化模式。在机构设置上，一些网络文学企业建立常态化海外运营机制，设立了海外分支机构，比如纵横文学在2018年成立美国子公司Tapread，重点以开拓北美和东南亚市场为主，其开发的网络文学阅读App覆盖美国、印度、菲律宾、新加坡、马来西亚等180个国家和地区。至此，中国的网络文学形成实体书出版、在线翻译传播相结合的出海方式。

在我国近百家重点网络文学网站中，95%以上的作家和作品集中在不到50家平台上，在出海的企业中形成一定规模的企业有阅文集团、晋江文学城、掌阅科技、中文在线和纵横文学等13家，总注册资本达到30亿元，专职从业人员达到4700多人，建立的平台有阅文集团的Web novle、掌阅科技的iReader、Storylite、Storyholic、Storyroom、Lovel、Multibook，中文在线的Chapters、Spotlight、Kiss，纵横文学的TapRead。这些平台定位不同，细分市场不同，形成差异化竞争。目前出海的小说、动漫类阅读App已经超过200款，其中受海外市场欢迎的有DreamMe、Web novel、Good Novel、iReader、NovelCat、Kiss、Hi novel、FoxNovel、Storylite、Webfic、MangaToon、Likerad等。深圳市无限进制科技有限公司（Stary，曾用名深圳市星阅科技有限公司）在全球100多个国家拥有超过1亿的用户，月营收千万美元，日活跃用户100多万人，涵盖英文、印度尼西亚文、西文、俄文、法文、葡萄牙文等多个语种，其出海选择本地创作模式，降低版权和翻译成本。Stary公司旗下的言情类阅读平台DreamMe主打欧美市场和东南亚市场，在2020年有超过6万名作家在该平台创作超过15万部小说，其中美国市场iOS端贡献了近70%的付费费用。Stary公司同时推出面向菲律宾的Yugto、面向印度尼西亚的Innovel，在本地图书应用下载榜排第6名，面向西班牙语区的Sueñovela，在拉美众多国家的图书应用下载榜排名第三，面向俄语区的ЧитРом，在乌克兰、摩尔多瓦、拉脱维亚图书应用下载榜排名第二。Stary公司旗下的奇幻冒险题材小说阅读App——Ringdom在Google Play上线，投放菲律宾、新加坡、美国市场，目标受众更趋向垂直化。中文在线旗下的Chapters面向的主要是欧美地区的年轻女性，是一家在线互动阅读平台，为用户提供有趣、互动性强的内容改编作品。该平台小说人物有表情但不能走动，而其新推出的Spotlight和Kiss两款言情类小说阅读App则给人物加入了一些肢体语言，中文在线旗下的鸿达以太是目前国内最大的有声内容生产商，为后期的音频小说海外布局提供了有力支撑。爱点互动旗下的Good

Novel是阅文集团Web novel平台的有力竞争者。掌阅科技的Storyaholic-short story则主打一天之内可以读完的短篇小说。

在网络文学出海市场中，较为典型的公司有阅文集团（起点国际）、掌阅科技、点众科技等。起点国际在2017年成立，到2022年已经有超过2500部中国网络文学作品被翻译至该平台，这一数字比2020年的1300部整整翻了一番，目前这些翻译的作品中有60%左右被翻译为英文。阅文集团的主要输出区域是北美、东南亚、日韩，其次是拉美和中东的部分国家，输出的代表作品有《大医凌然》《天道图书馆》《全职高手》《异世界的美食家》等。一些网络文学作品甚至还会以同名纸质图书和数字版权的方式输出至国外，如英文版的《鬼吹灯》版权被美国兰登书屋购买，日文版的《全职高手》、韩文版的《斗破苍穹》、泰文版的《将夜》、法文版的《斗罗大陆》、土耳其文版的《盘龙》等均是国内大IP转化为纸质出版输出到"一带一路"共建国家的典型作品。有些图书在上线之初还采取了中英文同步发布的新模式，最具有代表性的是阅文集团旗下作者"爱潜水的乌贼"的《诡秘之主》，这一上线模式创造了网络文学订阅模式的最高纪录，总阅读量超过2500万次。在用户运营上，起点国际采用了两种方式提升用户的参与度。第一，为方便用户更进一步了解中国网络文学作品蕴含的文化内核，起点国际建立了专门的词汇库和论坛，帮助用户理解专有名词。第二，将网络文学翻译模式逐渐过渡到海外原创模式与翻译模式并存。在不同的国家，起点国际创办了一系列奖励作者原创的写作计划，如在韩国设立"星创计划"，在东南亚国家设立"群星计划"。2021年该平台征集到8万多部原创作品，截至2022年2月，起点国际的海外原创作品数量超过37万部，共培育作者超过20万名，其中有100部头部作品的点击量超过1000万次。掌阅科技公司创建了国际版的阅读App——iReader。截至2021年底，该平台对2万多部作品进行了文字翻译和音视频制作，包括英文、俄文、泰文、印度尼西亚文、西班牙文等的翻译。在地理区域分布上，该平台目前覆盖了150多个国家和地区，其中涉及40多个"一带一路"共建国家。与此同时，该平台还运营了部分版权代理的业务，为国内超过千家的版权所有方向外发售中文版图书，数量高达30多万种。2020年开始，该平台逐渐过渡到海外原创内容模式，目前平台的海外原创作品数量超过6万多部，培育的本土作者超过1万名。为了降低翻译成本，近年来平台充分融合智能翻译技术，搭建AI辅助翻译插件，为海外读者提供了一键式内容翻译模式。随着网络文学阅读出海热潮的涌现，2019年之后，越来越多的民营企业加入海外市场开发，2019年，推文科技公司通过开发智能翻译技术，提升了翻译效率和翻译质量，并同时将电子版的网络文学作品版权输出到亚马逊的Kindle平台、苹果的Apple books平台和谷歌的Google Play平台。2020年，点众科技公司上线了海外网文阅读平台Webfic，同时覆盖100多个国家和地区，主要区域是北美、东南亚、拉美和欧洲等地区的国家，支持包括印度尼西亚文、西班牙文等在内的6种语言。该平台的内容主题以都市类、情感类题材为主，海外注册用户超过1000万人次，文学作品万余部。Webfic在拉美市场的图书类应用收入排行是第4名，在印度尼西亚和菲律宾市场排名为第2名。[163]

在美国的Google Play图书类畅销榜TOP15中，中国出海厂商的App占到9个，中国的网络文学出海企业不仅要与国内同行企业竞争，还面临着海外本土企业的竞争。2021年，国内互联网公司巨头——字节跳动、小米、腾讯不断在海外推出网络文学作品，比如字节跳动旗下的Fictum和小米旗下的Wonderfic，Fictum面向美国与印度尼西亚市场，Wonderfic目标市场是墨西哥、西班牙和阿根廷。亚马逊推出的网络文学平台Kindle-vella，韩国互联网巨头Naver旗下的网络动漫平台也融合了网络文学业务，2021年，该公司收购了加拿大的本土网络文学平台Wattpad。Wattpad在全球拥有超过9000万用户，是一个在线社交阅读平台。该平台允许用户编写和发布故事，或者阅读其他用户生产的故事，一些故事还被改编成电影、电视剧等，比如美国作者安娜·陶德的网络文学小说《之后》（*After*）系列作品获得超过15亿次的阅读量，英国作家瑞克的爱情小说《亲吻亭》（*The Kissing Booth*）被改编成电影，成为年度最受欢迎的电影之一。该平台上约80%的用户是女性，且多是千禧一代和Z世代读者。这些本土平台与我国网络文学平台的运作模式和产品定位类似，对中国的网络文学出海形成了一定的竞争压力。

从内容市场来看，翻译出海的网络文学读者目前以女性居多，占比高达67%；以个人英雄主义为基础的男频仙侠类、玄幻类、战士骑士类、冒险类等作品，比较受欧美男性受众的欢迎；而融合个人英雄主义和浪漫主义情节的霸道总裁类小说，比较受欧美女性的欢迎。其中狼人、吸血鬼是两个自带流量的IP元素，较深地融入网络文学作品中。在各类网络文学App中，作品标题和封面宣传有不少采用了这些元素进行推广。在亚洲文化圈，尤其是东南亚、日韩等地区，古代题材、现当代题材的女频言情小说更受女性读者的欢迎，目前中国网络文学的海外受众数量有近2/3来自东南亚国家。无论是欧美还是亚太市场,中国出海的网络文学作品在世界观的架构上都融入了奋斗、热血、努力、尊师重道等中国的文化元素,在一定程度上也传播了中国文化,这些作品包括体现传统文化尊师重道的《天道图书馆》,源自东方神话传说的《巫神纪》,反映中国古代宫廷故事的《甄嬛传》《步步惊心》,等等。

网络文学出海面临两个较大问题:一是海外读者的阅读意愿的培育。欧美市场拥有完整、成熟、悠久的出版产业链,欧美本土作品主导着发达国家,乃至世界许多国家和地区的市场,中国的网络文学相对来说还比较小众,读者主要集中在华人华侨群体和一小部分外语群体中,网络文学公司在海外的推广营销成本也比较大,因此,需要持续寻找新的成本低、产出快、难度小的方式吸引读者,调动读者的阅读兴趣。二是网络文学精品内容的打造。虽然原创作者数量一直在增加,但中国本土的原创网络文学作品输出数量还比较少,以主打闪婚、怀孕、霸道总裁等信息点的女频都市小说或与狼人等元素融合的作品,在很大程度上弱化了中国文化元素,网络文学如何更好地承担中国文化传播的重任,更好地维系跨文化交流的纽带,则需要民营企业的文化自觉和国家对民营企业的适度引导。

二、网络游戏出海

网络游戏是一种数字出版产品形态,数字出版是指利用数字技术进行内容编辑加工,并通过网络传播数字内容产品的一种新型出版方式,主要特征是内容生产数字化、管理过程数字化、产品形态数字化和传播渠道网络化。

电子游戏起源于20世纪70年代的美国,当时的载体以电视主机为主,20世纪80年代开始,日本的任天堂、索尼等公司崛起,其开发的游戏主机和游戏逐步占据北美市场。与此同时,欧美市场的家用和个人计算机开始兴起,游戏从电视主机游戏转向个人计算机单机游戏与主机游戏并存。今天电子游戏的基本类型,比如角色扮演类游戏、动作游戏、大型多人在线角色扮演游戏、模拟游戏等都是在当时形成的。到20世纪90年代中期,随着互联网技术的发展,网络游戏开始出现,中国的游戏市场就是在这一潮流下逐渐起步的。20世纪80年代中期,在电视主机游戏在日美市场成为畅销娱乐产品时,电子游戏和游戏机对中国来说还是一个新名词,当时国际市场上最受欢迎的是任天堂的红白机，但是由于价格昂贵，购买途径有限，中国市场上的红白机数量有限，市场上出现了这一产品的山寨版本，而搭载在这一平台上的游戏也多是国外游戏的盗版汉化版本。2000年6月，国务院发布文件《关于开展电子游戏经营场所专项治理的意见》，提出任何企业、个人不得再从事面向国内的电子游戏设备及其零、附件的生产、销售活动。主机游戏市场在此之后的20年间在中国大陆的发展几乎处于空白期。在1980—1994年这十几年的时间里，台湾地区的游戏产业开始兴起了，这一时期出现了不少游戏代理公司和游戏开发公司，他们有的做原创游戏的开发，比如大宇资讯股份有限公司，其开发的《大富翁》《仙剑奇侠传》是中国游戏史上的经典作品；有的做正版游戏的代理，比如智冠科技股份有限公司对美国艺电、动视等30多家公司游戏的代理。1993年是中国的原创游戏丰收年，其中的代表有智冠科技的《笑傲江湖》《射雕英雄传》，大宇资讯的国产战棋游戏《天使帝国》、动作过关游戏《魔道子》，全威科技有限公司的格斗游戏《快打至尊》，汉堂的武侠角色扮演游戏《武林奇侠传》《风尘三侠之金箭使者》《浪淘英雄之决战皇陵》《天外剑圣录》，等等。

  1987年，国务院出台了"放活科研机构，放宽科技人员"的"双放"政策，激发了科技人员的创业热情。1992年北京金盘电子有限公司的《神鹰突击队》、1995年目标软件（北京）有限公司（以下简称目标软件）的《傲世三国Ⅱ》、1995年西山居的《剑侠情缘》、1996年前导软件的《官渡》等游戏，都是这一时期的典型代表。到1996年，中国大陆游戏市场正处于蓬勃发展的黄金时期，好的游戏光盘售卖数量一般在1万—5万套。然而，游戏市场的火爆吸引了大批出版社、硬件厂商和一些不具备游戏研发能力的公司进入。到1998年，中国游戏市场泡沫出现，一大批中小游戏公司纷纷解体。在中国即将进入互联网时代之际，中国大陆的游戏市场很快被境外游戏主导。最开始进入中国大陆的是中国台湾的系列网络游戏，比如2000年雷爵科技股份有限公司制作的《万王之王》、智冠科技股份有限公司的《网络三国》。2000年初，受到东南亚金融危机的影响，韩国将网络游戏作为文化产业中的支柱性产业发展，并在政策、资金、人才、技术等多方面给予游戏公司支持。很快，韩国游戏开始进入中国市场，2001年，以西方魔幻为主题的韩国网游《龙族》、以中国东方武侠为主题的《千年》和以科幻为主题的《红月》进入中国。2001年，上海盛大游戏公司引入韩国游戏《传奇》，到2002年下半年，在线人数突破50万人。2002年，上海第九城市公司代理的韩国3D游戏《奇迹MU》几乎一夜之间覆盖中国中等配置以上的网吧，并推进了低配置网吧的更新。2005年以后，在计算机硬件和软件技术的不断推进下，欧美网游打开了中国市场的大门，最出名的是大型多人在线角色扮演游戏《魔兽世界》以及后面不断衍生的《刀塔》（*Defense of the Ancients*，简称*Dota*）和《英雄联盟》。从这一时期开始，经历过20世纪90年代单机游戏危机后的一部分本土游戏公司幸存了下来，成为国产原创游戏的希望，代表作有西山居的《剑侠情缘》网络版，目标软件的即时战略游戏《傲世三国》单机版、大型多人在线角色扮演游戏《天骄》，门户网站网易的《大话西游online》《梦幻西游》，《梦幻西游》成为中国第一款百万人同时在线的游戏。2010年后，随着中国互联网发展进入移动互联网时代，基于智能手机终端的移动游戏开发成为国产游戏的主流，在1980—2010年的30年间，中国本土游戏的发展受到人才、技术、资金等方面的限制，与欧美、日韩等相比逐渐形成了差距，但在移动游戏市场，中国本土游戏经过近10年的发展有了基础积累，并与这些游戏产业的发达国家形成差异竞争，在手机游戏（以下简称手游）市场占据优势，同时在推动中国文化"走出去"方面开始凸显自身的能量。

中国国风游戏，即融入了中国传统文化价值观和文化元素的游戏，在很长一段时间内是由欧美、日韩等地的公司来开发的，比如20世纪90年代日本光荣株式会社开发的即时战略游戏《三国志》系列，然而这些游戏无论是在人物形象还是世界观的表述上，与中国传统文化还存在一定的认知隔阂，中国本土开发的国风游戏并未在全球市场出圈。1994年，中国第一款单机游戏《神鹰突击队》被韩国的LG公司代理，在韩国市场推出。1996年，前导软件的《官渡》成功登陆日本。2000年，目标软件开发的中国历史上第一款即时战略游戏《傲世三国》成为中国第一款在E3游戏展展出的游戏产品，该游戏发行了16个语言版本，覆盖60多个国家和地区，一时风靡海外。在这之后很长一段时间内，中国的国产游戏还没有一款能够打入全球游戏市场。2004年之后，随着欧美、日韩游戏涌入国内市场，国产游戏的发展面临较大挑战。当时，西山居未雨绸缪，决定另辟蹊径，将游戏转向与中国文化距离较近的东南亚地区。2004年，西山居的《剑侠情缘》网络版出海到东南亚市场，在越南地区公测首日，就吸引了12万名玩家，在3个月内，在线人数突破百万，占据了越南70%的游戏市场份额，一度超越韩国网游《奇迹MU》《坦克宝贝》。这一年，中国游戏厂商在海外的收入仅有5.7亿美元。2006年，完美世界发行大型多人在线角色扮演游戏《完美世界》国际版，成为国内网游厂商海外收入最多的网游公司,该游戏在巴西、俄罗斯都大获成功。《完美世界》的日文版版权代理授权金额达200万美元,是当时国内原创网游出口版权代理授权的最高纪录;2010年,完美世界的海外业务收益突破1亿美元,占国内公司全年总营收的1/3。中国网龙网络控股有限公司发行的《征服》在中东市场大获成功。2007年,搜狐畅游推出的《天龙八部》进入越南市场,成为越南年度最成功的网络游戏,随后,该网游陆续登陆韩国、日本。这一时期,美国、韩国的大型网游持续主导中国的游戏市场,挤压了国产游戏的市场份额,因此,国内网络游戏出海仍在持续推进。2008年,《剑侠情缘》网络版的越南代理公司VinaGame继续与中国网络游戏公司开展合作,代理了巨人网络的《征途》。2010年前后,有一些国产页游在海外市场热度暴涨,比如2009年的《阳光牧场》《神曲》《女神联盟》出口到欧美市场,均获得了千万美元的流水,在海外市场逐步打开局面,游族、三七互娱、昆仑万维等以页游起家的公司在出海方面也取得了不小成就。

  2010年以后,随着手游市场逐渐取代页游市场,腾讯游戏和网易游戏逐渐名列国内游戏市场的第一梯队,在推行全球化战略方面也有较强的实力。除这两大游戏公司之外,还有一些后起之秀和独立游戏工作室推出的游戏开始风靡全球,比如米哈游、莉莉丝、三七互娱、趣加(FunPlus)等公司。2011年,成都尼毕鲁科技推出《银河帝国》,登上iOS北美游戏畅销榜首。2014年,腾讯游戏在东南亚的国际版微信接入《天天爱消除》《天天酷跑》等游戏。智明星通的策略手游《列王的纷争》,支持全世界玩家在同一个服务器内玩游戏,实现多语言的实时交流,2015年8月16日,这一策略游戏在全球下载量突破6700万次,该产品在当年总营收30亿元,海外收入达到29亿元。2016年,腾讯游戏的《王者荣耀》正式登陆泰国市场,该游戏在泰国的收入占其海外总收入的一成左右,替代了中国沐瞳科技的《无尽对决》,在泰国游戏市场占据半壁江山。不过与三国IP在海外的热度不同,西游IP在海外主要面向的是华语用户。

  2018年开始,国内游戏版号严加审核,国内手游市场趋向饱和,市场增长变缓,越来越多的游戏厂商尝试出海,迎来游戏出海的另一波高潮。2018—2019年,在海外游戏发行平台Steam上,国产游戏《太吾绘卷》引发热度,紧接着,《鬼谷八荒》和《永劫无间》登上Steam热榜。网易游戏的出海游戏覆盖了多种游戏类型,比如:第一人称射击游戏《荒野行动》和《终结战场》,非对称性对抗竞技游戏《第五人格》和《猫和老鼠:玩命追踪》(*Tom and Jerry: Chase*),生存游戏《明日之后》,模拟游戏《率土之滨》，多人动作竞技游戏《永劫无间》。网易游戏的海外运营主要采用的是与本土市场IP联动和电竞常态化方式。比如，《第五人格》采用的是哥特画风、悬疑剧情、1V4的对抗玩法，由玩家扮演侦探调查一件失踪案，在回顾案情时，玩家可以扮演监管者或求生者，开始逃跑与捕捉的历程；日本的IP漫画《约定的梦幻岛》，讲述的是一群生活在农场被领养的孩子们发现领养者的真面目和真相后计划逃跑前往梦幻岛的故事。《第五人格》游戏在日本与《约定的梦幻岛》联动，将游戏人物和游戏场景设定到漫画中的欧丽斯蒂庄园，玩法保持不变，继而保持了这些游戏在地方市场的热度。三国文化在东南亚和日本拥有不少受众，国产策略手游《率土之滨》借助中国的文化IP重新掀起了日本的三国文化热潮，激发了日本民众对三国历史的兴趣。在东南亚，网易游戏推出的《终结战场》建立了职业联赛、城市赛、网吧与社区赛三层竞技体系，延长了游戏的活跃度和热度。同时，网易游戏还与海外游戏工作室和公司共同开发《哈利·波特：魔法觉醒》《暗黑破坏神：不朽》等经典作品IP。莉莉丝公司2018年上线的国产模拟游戏《万国觉醒》在2019年成为中国出海手游收入第1位，在65个国家和地区的iOS游戏畅销榜排名第1。2019年趣加游戏凭借《全球尸控》（State of Survival）超过网易游戏、腾讯游戏等公司，在出海收入方面位列第1名，该游戏的主要发行市场是美国、德国和英国。2020年，米哈游的二次元游戏《原神》再次在海外出圈，《原神》同时登陆手游应用市场、任天堂Switch和索尼的PS平台，在推出的两年间，海外营收为25亿美元，在美国、日本、韩国、巴西、英国、印度尼西亚成为热门游戏。2021年，心动游戏出品的《香肠派队》、沐瞳游戏的《无尽对决》（Mobile Legends: Bang Bang）通过在TikTok平台进行裂变营销，分别实现在东南亚市场的1500万次和4700万次下载量。

  出海的另一种方式是收购海外游戏公司，比如早在2017年在全球手游排行前10的游戏中，有9款游戏与中国公司有关。在这9款游戏中，有5款是由腾讯主导或收购的，比如腾讯收购的美国拳头游戏（Riot Game）的《英雄联盟》，芬兰手游公司超级细胞（Supercell）旗下的《海岛奇兵》《部落冲突》《糖果传奇》3款爆款游戏。自2012年来，腾讯预计投资和收购33家海外游戏公司，在2021年游戏收入为322亿美元，超过了索尼、苹果，占据全球游戏市场份额的16%。2022年，在全球手游发行商收入排名TOP100榜单中，中国厂商占据42个。2020年初，在全球经济下行的情况下，游戏出海行业却蒸蒸日上。《2020年中国游戏产业报告》显示，2020年我国自主研发游戏在海外市场的实际销售收入达154.5亿美元,同比增长33.25%。[164]可见,在全球手游市场,中国网络游戏采取了与日韩、欧美的端游、主机游戏的差异化定位,并已经显示出先天优势。

除了经济上取得的成绩,中国游戏出海开始更多涉及文化传播层面的内容。从区域上看,中国游戏出海经历了从文化圈更相近的东南亚地区起步,而后逐步向日韩、欧美等地区扩散的发展路径。在文化相近的东亚文化圈,二次元以及中国武侠、仙侠、三国类的传统文化输出优势明显;而在欧美市场,游戏中的中国元素比例也在逐步上升。由此可见,在未来中国游戏出海的历程中,传播中国特色传统文化,将成为商业与文化双赢的必然选择。通过游戏的参与和沉浸式体验,中国游戏在传播中国文化,推进文化"走出去"方面显得卓有成效。网易游戏的《永劫无间》的战斗背景采用中国风,将远程武器和中国古代传统冷兵器相结合,同时联合金沙遗址博物馆还原金乌文化,与敦煌阳关博物馆联手打造明古代明光铠甲、清中期玛瑙马首短刀,联合龙门石窟将龙门佛像还原到游戏中;《第五人格》的唐人街地图,将茶具、油纸伞、铜钱等中国传统文化元素呈现在求生解密的游戏场景中;《荒野行动》植入的是中国现代武器。腾讯游戏的《王者荣耀》加入了中国传统的历史、神话人物。上海莉莉丝游戏的《万国觉醒》融入了中国历史人物,比如曹操、关羽、孙武等人;《剑与远征》推出新英雄木兰、悟空等人物和相关主题曲《吾道》《天命》,并在纽约时代广场和海外社交平台展出,将木兰这一东方英雄的价值内核和皮影戏、京剧脸谱等非遗文化传播到全球各地;《众神派对》(*Dislyte*)将哪吒、悟空、女娲、杨戬等人物与潮流元素结合,在美国市场获得苹果应用商店2022年下载榜第1和畅销榜前10的首发成绩。

《原神》是一款由上海米哈游天命科技有限公司制作发行的开放世界冒险游戏,《原神》游戏开启公测后,仅1个月,全球下载量就超过了3700万次,主要来自美国、韩国、日本等国家,不到半年时间,收入超过10亿元,是2020年全球收入最高的移动游戏。《原神》游戏承载了较深刻的中国文化内核,在服饰文化上,《原神》中的游戏角色通过二次元的人物建模还原中华传统服饰细节,既与时俱进、雅俗共赏,又保留了源于中华传统服饰文化的韵味,例如游戏角色"钟离",角色设定为璃月地区的守护神。黄项楚的《国产游戏的文化创新模式探索——以〈原神〉为例》一文中提到:"服饰背后、下摆正面扣子、衣摆有新石器时代、商周时期的回纹以及汉方胜纹。

借鉴汉唐的龙袍后摆，衣扣为明清朝的马褂扣子，整体穿着则为民国至现代的修身立领西装。"[165]他的服饰外形参考民国西服，下摆却融合了汉服飘逸之美，中西合璧却又以中国元素为主导，设计浑然一体，是5000年华夏文明传统服饰的集合体。在饮食文化上，《原神》中具有增益功能的消耗性道具，被设计成了饭菜的样式，其中就有许多我国传统菜肴。例如游戏中的璃月菜品道具"松鼠鱼"，对应的原型是苏菜系的名菜"松鼠鱼"。游戏中的文本介绍了这道菜工艺复杂和因形状类似松鼠尾巴而得名，还点出了其外脆内酥的特殊口感，令人垂涎三尺。在戏曲文化上，2022年1月初，《原神》2.4版本上线，其中的新角色"云堇"是一名戏曲名角。角色配音中的戏曲部分，由国家一级戏曲表演家杨扬进行演绎，外形和动作则来自京剧旦角中的武旦和刀马旦。在游戏中演绎的唱段《神女劈观》剧情动画，糅合了戏曲、传统武术、民乐等多种元素。截至2022年2月底，官方账号上《神女劈观》的播放量已经超过511万次，并激发了很多外国玩家对中国戏曲文化的兴趣和热议。在节日文化上，《原神》有以元宵节为原型打造的璃月地区活动"海灯节"，在游戏过程中融入了丰富多彩的民俗习惯和情感。根据游戏设定，每年第一个月圆之夜就是"海灯节"，为了纪念历史上的璃月英雄，人们会在这一天夜里放出"霄灯"，祈愿英雄们的灵魂重返璃月、共度良宵，这与现实中元宵节猜灯谜、燃灯赏灯、阖家团圆的习俗十分契合，寄托了人们传承历史的美好品德和对未来生活的美好期望。《原神》通过将中国传统文化元素融入游戏，并鼓励游戏玩家在游戏外展开讨论这种方式，将中国传统文化传播至现实生活并持续发酵，甚至"破圈"至海外非游戏玩家的视野范围内，这成为游戏在中国传统文化传播领域中的又一重要创新途径。可以预见，在未来，网络游戏这一新型数字出版形态在传播中国文化方面将具备较大潜力。

三、流媒体影视出海

影视剧在严格意义上是否属于数字出版其实并没有统一的结论，影视剧的传播载体可以是线下电影院、电子媒介（比如录像带、DVD）、电视台和网络平台，以电子媒介和网络平台为载体的影视剧符合数字出版的概念，可以被纳入出版的范畴，而在线下电影院、电视台播出的影视剧严格来说不能被称为数字出版。传统的影视剧的实体载体（如录像带等）在技术的推动下逐渐转变为流媒体平台，而电影逐步放弃胶片，进行数字拍摄、硬盘放映，已经成为流媒体的一种类型。在数字出版产品形态中，除了传统的图书出版业，网络文学、网络游戏和影视剧在中国文化的对外传播中所起的作用成效比较突出，也是娱乐产业的重要形态，因此，本书将影视剧作为泛民营出版的类型之一，对其出海状况进行简要回顾。

中国影视剧的对外传播萌芽于20世纪80年代。1980年，中国和日本合拍的电视剧《望乡之星》拉开了中国电视剧对外传播的序幕。1987年，《红楼梦》《西游记》《济公》等电视剧登陆日本、法国和东南亚地区，中国自制电视剧开始走向境外，这一时期主要是面向境外的华人市场，尤其是华人数量众多的港台地区、东南亚地区。《红楼梦》这样的影视剧还传播到了北美、澳大利亚等地区，受到一定的欢迎。1990年开始，中国电视剧古装类作品蓬勃发展，《唐明皇》《还珠格格》《三国演义》《雍正王朝》等陆续出口，尤其是《还珠格格》在亚洲地区非常火爆。2001年，随着广播影视"走出去"工程的提出，国产热门电视剧《大宅门》《铁齿铜牙纪晓岚》等陆续在海外热播，《北京人在纽约》标志着一些反映中国现实题材的影视剧开始走出国门。2004—2006年，韩流文化席卷海外市场，中国电视剧在东南亚地区的市场销售数量下滑，国产电视剧在境外华语区（尤其是港台地区）的销售额也有所下滑。2007年以后，国家提出"文化软实力提升"战略，电视剧的对外传播开始回暖，一大批题材多元、数量众多的电视剧开始陆续在海外播出，比如《媳妇的美好时代》《上海滩》《母仪天下》《咱们结婚吧》《父母爱情》《裸婚时代》等。2010年之后，根据网络文学改编的系列网络IP剧成为电视剧对外传播的主体，传统的主流电视剧类型包括历史剧、武侠剧、近现代题材现实剧、当代剧，而网络IP剧的题材则涉及修仙、玄幻、穿越、宫斗、神话等众多元素，以网络IP为基础的系列作品，如《甄嬛传》《琅琊榜》《仙剑奇侠传》《三生三世十里桃花》等在海外受到欢迎，甚至远销到拉美、欧洲市场，同时现实题材剧《小别离》《归去来》《欢乐颂》等将中国现代化进程中产生的教育问题、职场问题等呈现到海外观众面前，帮助其了解发展中的现代中国。2008—2012年，我国电视剧出口额从7525万元增长到15020万元，年复合增长率超过25%。2011年和2022年电视剧出口额保持在1.5亿元左右，约占全年全国电视节目出口额的65%。得益于网络IP剧在海外热播，中国电视剧分别在2013年、2014年、2015年、2016年实现2.7亿元、3.8亿元、5亿元、6.7亿元的对外销售总额。[166]

中国电视剧的传播发行方式有以下几种。第一是通过国际电视节、电影节来发行。知名的电视节有日本东京国际电视节、韩国首尔国际电视节、法国戛纳电视节等。中国电影的对外交流活动一般由国家广播电视总局指导，并由下属的中国电影海外推广公司、中国电影集团等国有企业直接参与，策划、组织、支持、协调在海外举办中国电影展，选送优秀影片参展。国家广播电视总局电影局通过在国外举办的中国文化年、建交年份纪念活动等，配合外交部、文化部在包括"一带一路"共建国家展出电影，比如2012年电影局组织译制国产影片47部，向48个驻外领事馆提供526部次影片的播放，用于举办中国电影展映活动，在境外40个国家和港澳台地区共举办了118次电影展映活动，展出国产影片614部。同时，选送390部次影片在32个国家和港澳台地区举办77个国际电影节，其中有55部次影片在21个电影节获得73个奖项。在第七届巴黎中国电影节上，电影局设立新片、经典片、动画片、纪录片4个单元，共50部华语作品参展，包括孙瑜导演的《体育皇后》《小玩意》《鲁班的传说》，王小帅导演的《我11》《青红》《扁担姑娘》《十七岁的单车》等，这些影片都以艺术性为主。在洛杉矶的中美电影节上，中国电影局则选送主流商业电影、3D电影、现实主义电影和重大革命历史题材电影等100部影片参展，包括《白鹿原》《一八九四·甲午大海战》《铜雀台》《金陵十三钗》等，中国电影集团、上海电影（集团）有限公司等10多家电影企业负责人与好莱坞的公司代表进行了研讨。

第二是自行搭建发行平台。长城平台是中国影视剧的国际播出平台，在美国、欧洲、亚洲、加拿大、拉美、东南亚、澳大利亚、新西兰、非洲建立9个分支平台，这些平台聚集了中国中央级、省级各类电视电影频道，在这些平台可以直接观看电视台提供的各类影视剧。中央新影集团与美国鹰龙传媒有限公司建立新影剧场，通过电影院展映、电视台展播和新媒体点播等形式，集中展示中国的纪录片。[167]国内的流媒体平台，比如爱奇艺、优酷、腾讯推出多种语言的App版本，在国外软件应用商店上架，2019年，爱奇艺国际版App的下载量在泰国、马来西亚和越南等多个东南亚国家流媒体App中排行第一。腾讯视频则与主打"玛丽苏"泰剧的泰国CH3电视频道合作，将CH3制播的泰剧发行到腾讯视频国际版App——WeTV上，并收购东南亚最大的流媒体平台iflix，改组为WeTV·iflix，在该平台首页，中国电视剧的占比要高于其他国家的影视剧。[168]

第三是网络发行，这里主要是指影视剧直接通过流媒体平台进行输出。2014年开始，国外最大的流媒体平台奈飞（Netflix）开始引进中国影视剧，比如Netflix与腾讯合作引进的《甄嬛传》《白夜追凶》等，网文IP剧的仙侠奇幻类型和浪漫爱情类型受到Netflix平台的关注，《三生三世十里桃花》《锦绣未央》《克拉恋人》《陈情令》《流星花园》等电视剧成为播放榜单中排名靠前的影视作品。其他与Netflix类似的流媒体平台，比如迪士尼+（Disney+）、鼎级剧场（HBO）平台，以及YouTube、Dramafever等视频分享网站中都发布了一些中国的影视剧。YouTube平台账号"大剧独播mztv""中剧独播"等订阅用户达到近百万，提供《延禧攻略》《欢乐颂》《三十而已》《双世宠妃》《庆余年》《知否知否应是绿肥红瘦》等作品。一些国内的民营影视公司，比如华策影视，在YouTube平台拥有151万订阅用户，提供《古剑奇谭2》《以家人之名》《盛唐幻夜》等影视剧，同时频道针对越南、泰国、印度等国家设立区域账号，提供译制剧集。腾讯视频在YouTube上拥有694万订阅用户。国内的电视台同样也会在YouTube上上传一些中国影视剧，比如中国中央电视台（CCTV）在YouTube平台上将《雍正王朝》《武林外传》《西游记》《三国演义》等电视剧输出到海外。而在流媒体平台上，一些专门的宣传发行频道，比如Viki Global TV对影视片花和预告片的发布，以及粉丝的UGC二次创作和推荐等，共同提升了国产剧在国外流媒体平台的热度。

截至2021年，中国电视剧的出口已经恢复到疫情之前的水平，全年电视剧出口的金额约为3.8亿元，约占中国节目出口总额的75%，累计出口电视剧714部、3万多集。在地区分布上，亚洲是最大的中国电视剧市场，出口金额在2021年占据总出口额的15%，目前仍集中在日韩地区、东南亚地区。在非亚洲地区，中国的一些电视剧在欧美和非洲地区也受到一定的欢迎，比如在非洲，通过"中非创新合作提升工程"，《媳妇的美好时代》等家庭伦理剧和《三生三世十里桃花》等古装剧受到欢迎；在中东市场，中国青春偶像剧和年代剧《娘道》等受到阿拉伯观众的欢迎。总体来看，中国电视剧在海外传播规模和效果上还有较大的提升空间。中国是全球电视剧生产第一大国，但是目前市场主要集中在亚洲地区，亚太地区的受众数量占据整体受众的2/3以上，而在欧美、中东等与中国文化相差较大的地区市场其实并不大。与此同时，中国的电视剧在海外需要与欧美剧、日韩剧等竞争，而国产电视剧近年在网络IP改编上过于强调爽感，缺少故事深度和好剧本，制作剧集质量良莠不齐，创新有限，难以长久与同类型的外语作品竞争。此外，中国电视剧生产的市场主体，比如民营制作和发行公司，仅将目光锁定在国内市场，对国际市场影视剧的制作、受众了解不多，全球视野不够，而国外流媒体平台Netflix已经在各国投资生产影视剧，占据本地市场，面对这种情况，中国的影视从业者更需要看到中国影视剧在全球市场上的文化价值，提升影视剧质量，进一步打开海外市场。

出版"走出去"是文明交流的重要方式，纸质图书出版的历史源远流长，但在21世纪，指尖上的文明交流将成为跨文化传播的长效机制。从前述章节可以看出，"一带一路"共建国家的经济发展水平差异较大，且基础设施建设从整体上看仍与先进国家存在较大差距，有些国家的经济体量小，出版市场小，图书内容生产和印刷能力还比较低，这给纸质图书的生产带来了较大的阻碍。不可否认的是，尽管这些国家仍与先进国家存在数字鸿沟，信息网络建设还不健全，但目前共有的一个特点是智能手机的普及率比较高，这为出版"走出去"提供了新的赛道。与此同时，未来随着中国与"一带一路"共建国家信息基础设施的互联互通取得显著成效，出版"走出去"的规模化数字化发展将得到极大提升。出版"走出去"的数字化从整体上看还在起步阶段，本章尽可能地结合纸质图书的整体情况、数字化发展的概括性图谱，以及案例分析，总结了目前中国出版"走出去"数字化所形成的一般模式。

第一节 基于产品"走出去"的数字化模式

优质内容永远是出版业的稀缺资源与核心资源，深耕内容是提升出版机构行业价值的关键，精品内容的持续产出是出版企业竞争力的根本保证。在信息化社会全面发展的今天，为全球范围内的数字阅读用户/读者/受众提供具有中国特色的融媒体出版物，是顺应时代发展趋势、响应国家发展战略、推进出版行业发展的重大举措。数字化内容资源是出版企业开发数字化产品和进行品牌延伸的重要前提，也是实现向用户/读者/受众提供资源服务的重要基础。中国出版"走出去"基于"内容输出"的数字化建设模式，强调内容资源在数字化发展中的核心作用，特别适用于有优质或独家内容和版权资源的出版社和数字集成服务商。具体而言，基于"内容输出"的数字化模式可以分为数字版权输出与运营模式、IP全产业链运营模式、基于数据库的信息服务模式和针对教育出版领域的数字教育解决方案服务模式这四种。

一、数字版权输出与运营模式

通常数字出版物如互联网期刊、电子书、数字报纸、网络游戏、网络动漫等，是通过直接输出而实现出版"走出去"的，等同于一种实物商品的直接出口。近年来，随着我国出版机构数字内容产品"走出去"力度的加大，在版权贸易方面取得的成绩令人欣喜，如上海2017年电子出版物引进输出比为1∶2.25，扭转了长期以来存在的贸易逆差状况。版权输出不同于出版物直接出口，但也是最为常规、传统的发展模式，即出版机构将图书或数字内容的数字版权授权给海外出版商或数字集成商。如中国人民大学出版社《21世纪大英汉词典》的数字版权已销售给美国、韩国、新加坡等多个国家的平台制造商、软件供应商和网络服务商，版税收入超过40万元。

我国出版界数字内容版权海外授权的生力军是网络文学。早在2004年，我国网络文学企业和作者就开始将相关版权（主要是翻译权和出版发行权）授予海外的相关企业。海外授权是我国网络文学作品进入国外市场的直接路径，为我国网络文学的海外输出开辟了快速通道。2015年3月，腾讯文学和盛大文学整合后成立阅文集团，旗下囊括QQ阅读、起点、红袖添香等业界知名品牌，触达数亿用户，引领中国网络文学海外输出，多家网站的原创小说已向日本、韩国、泰国、越南、美国、英国、法国、俄罗斯等国授权数字出版和纸质图书出版，授权作品约200部。

网络文学海外输出值得一提的案例是美国翻译网站武侠世界与中国网络文学网站起点中文网的合作。中国网络文学在海外的传播缘起于海外华人开创的英文网站——武侠世界，它吸引了来自全球100多个国家和地区的读者（主要是海外读者）跟读，点击量超过5亿次，日均访问人数都在50万以上。武侠世界由美籍华人，曾担任美国驻越南大使馆外交官的赖静平创办，2015年，他辞去外交官一职，专门经营自己的网站武侠世界。2017年，该网站每日页面点击量在400万次上下，每日来访用户量接近30万。

武侠世界因为拥有百万读者，在两年的时间里迅速蹿升为全球网站的世界排名（Alexa排名）第954的大型网站。2016年底，因受版权限制，武侠世界网站开始与国内的起点中文网进行合作以解决授权问题，双方决定将起点中文网的网络文学小说进行翻译输出，解决了武侠世界网站缺乏内容支撑和版权保护的问题。武侠世界成为市场上输出中国网络文学的合法网站，而作为本土化的翻译平台，其也依靠自身对海外读者的了解和强大的翻译能力在中国文化传播、文学输出上获得主动权。

与网络文学的海外授权模式不同，中国网络游戏的"走出去"采取的是与地方运营商合作出售产品代理权、收取分成的方式。国内一些中小型游戏公司，没有足够的资本和实力在海外市场建立官方代理机构，而面对陌生市场，面临的风险较大。为了快速让游戏能够吸引玩家，这些公司采用的是与地方企业进行合作的方式。2000年初，日韩的PC端游戏进入中国市场，便是通过国内当时的门户网站（如新浪、网易）以及一些专门的代理公司（如完美世界）进行代理的。中国早期的国产原创游戏便是在代理盈利的基础上形成的。2004年，北京腾武科技有限公司开发的《功夫online》是国内首个自主研发的3D武侠游戏，进入日本、韩国市场时，也是借助本地的运营商来运作，运营商享受游戏营收的利润分成，通过这种方式，这一游戏收入占了企业全部营收的40%。在软件购买方面，中国知网知识库在日本的售卖也是通过日本的东方书店株式会社来代理的，东方书店株式会社为日本50家重大研究机构提供统一采购服务。

传统出版社尽管在开发数字产品方面进展和成效不如网络文学、网络游戏等民营市场主体，但仍然有一些融媒体产品实现了版权输出。2013年，安徽少年儿童出版社开发了孔子学院数字书苑项目，共提供367种电子书产品，该项目是与国家汉办孔子学院达成的采购协议。在传统出版社的学术类著作电子版输出方面，国外大型的数字出版运营平台，如圣智盖尔电子图书馆、爱思唯尔、施普林格是主要的采购渠道。上海交通大学出版社的"中国服务外包报告系列""东京审判研究系列"电子版，江苏人民出版社的《南京大屠杀史料集》78卷、《中国近代通史》10卷电子版，安徽教育出版社的《李鸿章全集》《胡适全集》《宗白华全集》电子版和该社的全媒体数字出版运营平台时代E博，中南出版传媒集团的数百种电子图书，以及代表湖湘民俗文化的数字纪录片和经典国学类动漫视频等输出到圣智盖尔电子图书馆，这些数字版本的学术图书一方面呈现了中国研究的成就，另一方面为国际学者了解中国提供了平台。

上海交通大学出版社的"大飞机出版工程"系列作品输出到爱思唯尔Science Direct数据库。江西科学技术出版社每年与国外达成数字版权合作的数量维持在10项左右，其中儿童类读物、生活健康类读物占有相当比重。2021年，四川天地出版社将社内已有的中文图书输出到美国图书馆供货商——贝克泰勒公司（Baker & Taylor）、互联网阅读平台赛阅公司（Over Drive）。天地出版社更是在大众图书和少儿图书领域分别配置了1名版权经理，并设立电子书和有声书版权维护人员各1名，面向海外市场进行专业化运作。中国少年儿童新闻出版总社将电子版《漫画三国》《漫画西游》等13册图书销售至海外，2022年，该社与新加坡公司Storytel合作，输出了"紫雾心谜"系列有声书版权，在该网站上线有声书的前7册内容，原创图画书《怎样叫醒胖小猪》《一句话的故事》英文版获得了美国《学校图书馆杂志》的星级书评，《喊月亮》英文版获得美国《柯克斯书评》的积极评价，这是数字产品输出的一个亮点。2022年，浙江少年儿童出版社的原创精品图画书《阿诗有块大花布》《阿诗的神奇树叶》《太阳和蜉蝣》等电子版输出到斯洛伐克。华语教学出版社的"博古通今"电子版在海外输出的同时，还在国外的软件应用商店上线。

数字版权贸易的发展仍在起步阶段，但无论是哪一类的版权贸易，都需要出版社深耕内容，以优质的内容资源作为支撑。对数字产品的版权输出来说，电子书的版权授权一般来说比较容易，但更高一级产品形态，如音视频、交互叙事形态产品等，都要求相关主体具有一定的存储、开发、运营能力。出版社在前期产品开发阶段，应善于与技术服务商达成合作，安徽少年儿童出版社与联想集团合作开发的《开满兔儿花伞的地方HD》智能电视版本产品，以及与国内点读笔方案公司合作开发的语音图书都面向市场运作，这成为与阿拉伯语地区中文图书引进方面的知名出版社——黎巴嫩数字未来公司签订数字版权合作的基础。从总体上说，数字产品的版权输出存在要求高、前期投入大、业务主体复杂、商业模式不明确、版权权利主体较模糊等问题，在数字出版业务中，仍需要综合各方的利益，做好版权的保护和权责界定。

二、IP全产业链运营模式

IP的全称是Intellectual Property，通常翻译为知识产权，著作权是知识产权的一种权利类型。在出版领域，著作权与版权系同义语，IP全产业链运营，即是基于著作权而产生的对原作品授权使用或修改的市场行为。[169]IP全产业链运营模式以优质网络文学或动漫等作为内容的源头，在互联网中快速获得流量，聚拢注意力资源，然后通过影视、音乐、游戏、演出、衍生品等多元文化产品的联动开发，营造市场共振效应，实现内容产品的价值最大化。日本动漫产业的海外扩张就是IP全产业链运营的典型代表。美国迪士尼公司的运作同样如此。最早迪士尼以生产动画片为主，此后围绕知名的动画形象，不断开拓业务，例如在世界范围内兴建迪士尼主题乐园、出版相关主题图书、拍摄电影等。这些都让相关卡通形象日益在全世界观众心目中成为迪士尼的象征，进而带动了全品类产品的开发和销售，帮助迪士尼公司取得了商业上巨大的成功。与此同时，就像动漫给日本带来了可观的经济效益和巨大的文化影响力，迪士尼也成为美国文化创意产业的重要标志。

我国IP全产业链运营模式的成功案例，多见于网络文学、网络游戏这类民营公司主导的数字出版产品。根据《成就新时代的中国文化符号：2018—2019年度文化IP评价报告》，中国出海的文化产品中网络文学、实体小说等文学出海占50.69%，其次是游戏占18.67%，漫画占12%，动画占4%。网络文学的文本交流通常是在虚拟空间进行，加上文字描述的新世界更容易有想象的空间，网络文学创作中粉丝和作者的双向互动，这些都增加了海外用户对网络文学的偏好。在网络文学方面，比较有代表性的是《从前有座灵剑山》，这部作品是网络文学作家"国王陛下"于2013年在创世中文网开始创作的仙侠类小说，2014年9月由中国台湾铭显文化事业有限公司发行出版，同年8月该作品由腾讯动漫网络漫画化。2016年，这部作品受到日本动漫制作方的关注，日本的迪恩工作室授权制作同名动画片，制作完成后分别在日本的电视台和中国视频网站播放。在日本，这部作品得到了一定程度的好评，尽管不如日本本土动漫受到的关注多，但是这是海外引入中国动漫IP并进行改编的代表，在当时取得这样的成绩是很不容易的。[170]腾讯动漫旗下的超人气IP《狐妖小红娘》是动漫类作品进行IP运营的代表，该漫画是在中国传统神仙道怪语境下创作的人与妖之间的修炼故事，以故事主人公的情感经历展现了爱情这一人类共通的主题；漫画连载5年后进行动画化，该动画在B站上成为首部点击量破3亿次的国产动画。2017年，该动画在日本东京首都电视台（Tokyo MX）播出，同时在日本二次元群体最大平台Niconico播放，在一些热门社交平台上的话题讨论热度居高不下。2017年7月12日，中国专门研究编排百富榜的机构胡润研究院与国内领先的IP版权运营机构——猫片合作,推出《2017猫片·胡润原创文学IP价值榜》,《从前有座灵剑山》位列第57位。2018年,在《成就新时代的中国文化符号:2018—2019年度文化IP评价报告》中,《狐妖小红娘》在74个出海的中国IP中排名第11位。在动漫类、网络文学类的IP中,一般蕴含中国传统历史文化和武侠文化的产品类型比较受青睐。中国既有的头部IP,最大的问题是用户的参与度不高,IP开发的深度和广度不足,在社交媒体上,中国网络文学、漫画还没有引起足够多的关注,对中国文化要素和中国的讨论也不多,用户并没有表现出较为浓厚的兴趣来探讨中国元素,在讨论的用户中,有相当一部分是海外华人,尤其是中国留学生。而在一些小众专业平台上,对中国的关注度相对较高。在国外的IP运营,还需要中国企业投入更多的力量和资源在宣传推广上,提升品牌的热度。

在传统出版社的海外版权运作中,少儿类文学IP运营理念已经初步渗透到"走出去"过程中。汤素兰的《笨狼的故事》在市场上发行已经有28年,共发行1000万册,在20多个国家发行,湖南少年儿童出版社将"笨狼"这个IP改编为图书,并改编成动画作品,在非洲20多个国家播出。该书输出到斯里兰卡后,被当地一家剧团排演成4个绘本剧,在各地小学巡回演出。

除了少儿类的IP海外版权运营,目前在海外版权运营比较成功的还是刘慈欣的《三体》。截至2022年,该书在全球销量破2900万册,在欧美销售近150万册,在日本销售过11万册,美国托尔图书出版公司对《三体》版权引进的金额达到125万美元。2018年,上海游族文化传媒有限公司购买了《三体》的全版权,2021年,美国Netflix公司拿下《三体》英文版影视剧的改编权。

IP版权运作中的另一类是辽宁出版集团旗下北方国家版权交易中心打造的国内原创IP的海外运营和推广,该出版集团最初选择"吾皇万睡"系列图书,后又在春节期间推出中国民众IP春节大拜年活动,结合了中国的吾皇万睡、阿狸、萌芽熊等角色,制作节庆视频,这些IP形象传播的目的是希望海外出版社能够购买这些IP做周边产品,目前IP授权这一商业模式还处于IP海外孵化阶段。

就目前来看,数字产品在海外的IP全产业链运营还不够成熟,成功的IP产业链运营案例比较稀少,全产业链的运营需要时间培育IP,中国的出版"走出去"处于规模化发展阶段,数字化产品的开发还不成熟,数量也比较少。面对国际市场,还没有建立起完善的版权代理人制度,全版权运营的环境还不够成熟,但是全版权运营在海外已经有较长的历史了，IP全产业链的运作必然是一个趋势。国内已经有不少地方对全产业链运营给予配套支持，比如广州黄埔区成立对外文化贸易基地，从政策服务、信息服务、安全服务、出海保障等方面给予支持，搭建对外开放的连接平台。目前参与版权输出的主要集中在动漫影视、图书出版等领域，该基地出台知识产权质押融资风险资金池管理和运营方案，初始资金总额为1000万元，以政府引导、市场化运作、参与方风险共担的方式，发挥财政资金的支持作用，鼓励市场金融机构和担保机构加大对民营中小企业的信贷支持力度，同时对这些公司出海版权运作中可能面临的部分风险损失给予一定补偿，这一经验值得地方政府借鉴。

三、基于数据库的信息服务模式

数据库的信息服务模式，是利用数据库技术将分散、无序的专业文献资源按照知识体系及其内在联系汇集，结合各类搜索、管理、算法工具，提高内容的附加值，为全球用户提供全面、精准、专业化的信息与知识服务。基于数据库的信息服务模式特别适用于学术出版机构，其特点是发展模式成熟、投入成本高、利润回报也高。爱思唯尔在占有科技、医学等领域最新前沿研究成果的基础上，就是采用基于数据库的信息服务模式为全球用户提供世界一流的科研内容，其科学引文索引检索工具（SciVerse）一站式信息获取平台包括拥有超过1100万篇全文科研文献的科学指引数据库（ScienceDirect）、拥有4100万条文摘信息的科研文摘库斯高帕斯数据库（Scopus），并提供对网络上的免费科研信息实现一站式搜索的思睿斯（Scirus，学术专题搜索引擎）服务。爱思唯尔还研发了基于语义的搜索产品易路明8（illumin 8，专业文献搜索工具）、斯宝来特（Spotlight，专业文献聚合工具）等工具，为全球科研人员提供数字化信息和知识解决方案，以及科研绩效的评估与规划等服务。[171]

中国出版"走出去"基于数据库的信息服务模式，比较有特色的一个领域是医学类资料数据库。自2013年起，人民卫生出版社利用社内的资源积累和专业定位，开始将中西医、公共卫生领域已经出版并"走出去"的图书进行整合，建立了"中国医学文化'走出去'全媒体平台"。[172] 2023年，广西科学技术出版社开发了中国—东盟传统医药全媒体出版平台，该平台集合了以中医药、广西壮族瑶族医药为基础的传统纸质图书、电子书和音视频，是推动中医药"走出去"的重要典型。

学术型数据库是"走出去"数据库的主要内容主题之一。我国知名的期刊数据库企业如同方知网、万方数据、维普资讯等也开展了国际合作业务。其中，同方知网的海外市场服务对象主要是高校、公共图书馆和政府机关，其海外机构用户遍布美国、德国、澳大利亚、日本和港澳台等30多个国家和地区。"一带一路"倡议提出以后，同方知网在2014年推出"中英文丝路文献数据库多国合作项目"，该项目整理了"一带一路"共建国家对丝绸之路研究的各类文献，并将这些文献上线至该数据库，数据库开发是与"一带一路"共建国家共同合作完成的，通过共享共用的方式为"一带一路"共建国家的政治家、学者、普通民众提供交流合作的条件。与之类似，中青（英国）国际出版传媒有限公司开发了数据库产品——"中国艺术百科全书"，该数据库融入智能搜索功能，主要是为"一带一路"共建国家提供文化艺术类的交流服务。[173] 此外，知名电子书出版公司北京方正阿帕比技术有限公司，其海外合作伙伴及客户机构目前已经包括美国皇后区图书馆、德国柏林图书馆、英国牛津大学图书馆等，并且在全球有8000多家学校、公共图书馆、教育城域网、政府、企事业单位等机构用户应用了方正阿帕比数字资源及数字图书馆软件。据统计，全球数字图书用户总规模在2021年已上升至6.01亿人，2023年中国数字阅读用户规模5.7亿人。这一庞大的用户群，是中国出版"走出去"基于数据库的信息服务模式的关键目标对象。

中国社会科学文献出版社生产的系列皮书数据库是国外学者、业界人士了解中国政治、经济、社会发展各个领域的窗口，该数据库在海外的订阅用户已经达到20家左右，试用用户超过100家。除了皮书数据库，中国社会科学文献出版社还拥有列国志数据库、"一带一路"数据库等产品。出版社定期邀请国内外代理商、图书馆、媒体等代表参会，除了推介数据库产品，还与用户进行交流，及时完善数据库产品，国外大学相关东亚研究、亚洲研究、中国研究的群体成为其最直接的用户群，这也吸引了外国代理人和图书馆参会人员等的回应。当然，也有一些出版社尝试与国外技术商、出版社合作开发数据库，比如中国人民大学出版社与Hein Online合作开发的中国法律与社会数据库，收录的是中国学术期刊和相关专著的全文，给全球的法学、政治学、经济学等领域的学者提供了重要帮助。

2006年，上海图书馆创建的全国报刊索引数据库开始做海外推广的工作，通过积极参与海内外国际汉学学术会议，与汉学家、图书馆馆员、国外汉学研究会等学术组织建立联系，为让该数据库更好地服务于海外汉学研究，上海图书馆组建了多语种海外服务团队，数据的翻译由合作院校和外包公司团队完成，尤其是涉及数据库元数据标引这块，邀请目标国家的专家进行审校，到2019年，该数据库已经推广至海外百余家机构，大型用户包括美国国会图书馆、德国柏林国家图书馆，以及常春藤盟校、牛津大学、澳大利亚国立大学等院校。[174]与上海图书馆的该数据库类似，中国教育图书进出口有限公司开发的《大公报》（1902—1949）全文检索数据库，也得到国外哈佛大学、普林斯顿大学、耶鲁大学等的订购。上海交通大学出版社建立的中国地方历史文献数据库，收录了明朝到近代地方文献资料35万件、150万页，售出至哈佛燕京图书馆。东京审判文献数据库、中国司法档案数据库·江津卷等也输出到美国、德国的公共图书馆和大学图书馆，这些海外市场的销售是以代理的方式来推行的。[175]在自然科学领域，中国科技出版传媒股份有限公司开发的中国生物志库、单基因神经疾病知识库面向的是学科领域的研究者，而科学智库、国家科学思想库则兼具知识性和市场性，国外的科研教育机构、企业等也有采购。

有一些数据平台开始融合新的智能技术，为数据使用提供更大便利。引得数字人文资源平台是由哈佛大学费正清中国研究中心、北京大学中国古代史研究中心、台湾"中央研究院"历史语言研究所及中文在线四方合作，共同打造的中国古典数据数字人文资源平台，其意在于重构古文献研究服务新脉络，同时运用"大数据+人工智能（AI）技术"，提高处理历史资料的效率和准确度，聚合更多主体并不断优化用户体验，为国际专业学术研究与文化知识普及提供技术支持。2018年7月，引得数字人文资源平台荣获第八届中国数字出版博览会优秀品牌奖项。

在开发面向海外的数据库时，可以看到，这些数据库的购买方一般多是西方国家，"一带一路"共建国家购买数据库的还不多。一方面，翻译的及时性、准确性是目前面临的最大难题，尤其是教育类数据库的对外推广，因教育内容、教育理念等差异性，订制内容的生产还无法适应海外的读者市场，这些都需要出版社在技术、翻译以及寻求与地方相关机构的合作方面来解决。目前在全球数据库这块，以爱思唯尔、施普林格、泰勒-弗朗西斯等巨头为主的西方出版公司在20世纪70年代通过并购方式已经垄断了西方国家和许多发展中国家的市场，在数字化态势下，这些出版公司聚集的优势资源越来越多，无疑给中国的数据库"走出去"带来挑战。另一方面，中国数据库目前开发的同质性还是比较严重的，如前面我们提到的报刊数据库的开发，主体有好几家出版社，形成了彼此内部的竞争。收费问题和海外用户数量之间的矛盾也是数据库"走出去"需要面对的困境，国外学术机构对中国问题的研究中，优先考虑的是来自它们自己国家或者国际上内容资源丰富的数据库，中国数据库并非优先考虑对象，加上中国数据库的定价也比海外数据库要高，影响了中国数据库的海外落地，尤其是"一带一路"共建国家在价格上还难以接受。不过，也要看到，中国的图书市场内容资源丰富，且随着中国实力的增强，国际社会对中国的关注度提升，数据库"走出去"的前景与空间较大，中国出版社还需要将中国的期刊、图书、工具书等聚集，整合小、散、弱的内容资源，建立出版"走出去"的集约化、出版管理的集团化模式。与此同时，还需要开发或者寻求合作，形成具有竞争力的技术，保障数据库的易读性、智能性和交互性。

四、数字教育解决方案服务模式

针对教育出版领域的数字教育解决方案服务模式，是结合教育内容和现代传播技术，为境外用户/读者/受众提供基于在线课程、作业管理、在线测试、多媒体电子书等个性化的教育相关服务。教育社在"走出去"的过程中，更容易通过目前开发的诸多网络资源、网络平台实现"走出去"，为海外中文爱好者、学校提供教育解决方案。为适应目前国际上比较火的汉语学习热，北京语言大学出版社作为国内唯一一家专门做对外汉语教学与研究的出版机构，在数字化背景下，根据"一带一路"共建国家用户的需求，以社内纸质教材为基础，从教材出版转向多媒体出版物，为对外汉语教学提供多样化的融合资源，很快成为"走出去"数字教育解决方案的典范。该出版社推出的汉语学习平台，包括国际汉语网络课程平台、国际汉语教学资源平台和汉语水平考试（HSK）在线学习与评估系统，这些平台开发的课程内容销量良好，线上销售额每年能达到30万元，覆盖全球160多个国家和地区，目前有4万多人在使用。[176]中南传媒与华为携手，在中东欧"一带一路"共建国家大力推进中南传媒自有版权的数字教育解决方案——学乐云（AiClass）互动课堂。截至2022年3月，该方案已在北马其顿20多所学校和保加利亚孔子学院成功落地。

数字教育解决方案面向的群体也从教育机构扩展至社会企业，一些出版社还基于数字方案开展培训活动，寻找可盈利的空间。北京大学出版社与新加坡的LingoAce合作，开发海外中文教育在线课程库，后者是做海外少儿的中文培训，该平台目前已经有40种少儿中文读物上线，未来借助培育市场，可以延伸至中文教师培训的相关资源。与此同时，与新加坡的企业培训行业领军企业Learnship合作，开发面向各行业精英的中文商务培训课程，该公司将北京大学与商务中文相关的课程进行数字化开发，并借助虚拟课堂进行线上教育，教育从学校延伸至社会企业的领域，为出版社带来了收益。

当然，市场上一些民营的技术服务商在助推"一带一路"智慧教育建设中发挥着重要作用。希沃公司在国内是研发教学软件、交互技术，为学校提供显示设备的服务商，其产品在中国国内学校的智慧教室建设中具有重要价值。随着"一带一路"倡议的提出，希沃依托在国内智慧教室建设的经验，开发了国际版的教学软件，对海外教室开展信息化培训，同时与联合国教科文组织高等教育中心合作，为"一带一路"共建国家捐献智慧教室，为学生和教师提供沉浸式的教学体验。同时，通过与教育部中外语言交流合作中心的合作，在全球落地50间语音合成智慧教室，将物联网、人工智能、虚拟现实技术开发融入中文教学，同时教师可以应用希沃的客户终端进行备课、授课、教学管理，弥补了"一带一路"共建国家智慧教育基础设施建设的短板，为缩小"一带一路"共建国家的教育数字鸿沟贡献了民间力量。与希沃技术服务商类似，海尔国际智慧教育以研发智能学习纸笔、智能学习计算机、智能实验室等硬件产品为特色，该机构在巴基斯坦的总理青年开发项目中，以数字文化为合作重点，为当地的学校提供了以笔记本电脑为依托的移动图书馆，在巴基斯坦、斯里兰卡、孟加拉国等国家建立线上线下结合的国际智慧教育体验教室。在成人教育模块，与单一提供教育平台或内容的技术服务商不同，东软教育科技集团与云南普洱学院、老挝苏发努冯大学签约共建"'一带一路'东软数字产业学院"，在前端，提供了呈现培养方案、课程资源、项目资源、活动资源、毕业设计资源的内容平台，该平台的内容资源融合了该机构22年在职业教育方面积累起来的资源；在后端，为教师提供学生学习、教师教学、管理者运营的数据分析服务；在底端，形成了以算力、存储、安全为基础，以毕业设计管理系统、工程教育认证系统、专业评估评价系统等多个系统为支撑的技术架构。在数字出版"走出去"的教育模块，中国传统出版社的内容优势比较明显，以上民营技术服务商建立的智慧教室亟待更多具有特色的学习资源补充，如果传统出版社能够达成与技术服务商的合作，借助它们的平台，那么中国出版社的数字教育解决方案将惠及更多的"一带一路"共建国家。

第二节　基于渠道"走出去"的数字化模式

向传统纸质出版物的固定读者群推送数字内容产品，或者向互联网用户/读者/受众推荐经典图书作品，进一步培养用户/读者/受众的阅听需求与用户黏性，是当下出版发行渠道建设的重要工作。在海外拥有成熟市场发行体系——包括线下的学校、图书馆、书店等渠道和线上的图书、期刊、数据库内容资源推广渠道——出版企业可以进一步挖掘基于渠道建设的数字化服务模式。此种模式可以细分为以下四种：数字内容平台模式、线上营销推广模式、跨境图书电商模式、版权贸易服务模式。

一、数字内容平台模式

数字内容平台通常依托渠道优势，聚合各类数字内容资源，实现数字化服务。数字内容平台可以分为两种。第一种是数据库平台，可以将其看作数字产品，也可以看作一种内容平台，它的主要面向对象仍然以学术研究机构为主，在上一节对数据库信息服务模式已经有过详细介绍，本小节不详细介绍这一模式。这里的数据库多是中文类数据库，多来自社内的特色资源，如"籍合网"是中华书局下属的古联（北京）数字传媒科技有限公司建设运营的古籍整理与数字化综合服务平台，该平台整合了多种古籍类数字产品，以"中华经典古籍库""中华古籍书目数据库"为核心产品，收录中国古代典籍6800多本，共超过20亿字。近年来，中华书局与国内出版社合作，将凤凰出版社、巴蜀书社、齐鲁书社等10多家出版社的图书整合到该平台上来。目前，这一中文数据库的海外大学和图书馆购买方达到49家，每年有约100万元营收。[177]第二种是内容平台，面向的群体主要是海外一般读者，与数据库模式是不同的，本小节主要详细介绍面向用户的内容平台。

传统出版社以中国的五洲传播出版社为典型代表。该机构多年来不断完善英文版、西班牙文版、阿拉伯文版和法文版数字内容运营平台，聚合图书3000余种，内容涉及英文、西班牙文、阿拉伯文、法文、德文、俄文等近20种语言文字。2015年，五洲传播出版社打造的that's books阿拉伯语数字内容运营平台与30余家阿拉伯出版机构签订了数字内容合作协议，并与阿拉伯地区70%的出版商达成了数字出版合作意向，截至2021年，已授权图书达6500种。此外，该平台还整合了国内20余家出版机构的阿拉伯语内容资源，成为国内最大的阿拉伯语数字内容运营平台，向全球的阿拉伯语用户/读者/受众提供数字内容服务。2020年4—6月，五洲传播出版社和约旦空间出版社联合举办了第三届that's books阿拉伯网络小说创作大赛。该比赛受到众多阿拉伯主流媒体的关注，包括埃及《金字塔报》、约旦《宪法报》、埃及Vetogate新闻网、阿尔及利亚《文化》杂志在内的300多家阿拉伯知名网站、报纸和杂志。其中，埃及《金字塔报》日发行量为110万份，是阿拉伯国家中创办最早的报纸，也是世界上最早出现的报纸之一。

2014年，安徽出版集团开发了"时光流影"平台，探索了不同于五洲传播出版社的另类发展模式。"时光流影"平台最大的特色是引入自出版功能，它是集记录、整理、排版、印刷、快递于一体的互联网平台，用户登录平台上传日常生活的图文，可以通过平台的"一键成书"技术自动完成最优排版，个性化定制印刷，一本起印，融自出版、社交互动功能于一体，到2019年，该平台的用户数量已经突破1300万，获得国家、省、市级各类奖项20多项，专利7项。在安徽数字出版"走出去"过程中，"时光流影"和该平台的线下实体"海外时光站"也在多个"一带一路"共建国家建设，这些为数字出版"走出去"提供了另一种自出版模式。

为了落实"一带一路"倡议，针对在"一带一路"交流合作中存在的各类风险和问题，中国法制出版社在2019年上线了"一带一路"投资与贸易法律服务平台，该平台包括政策法规、域外法律法规、国情研究、典型案例、国际合作、争端预防与解决、前沿理论七大板块内容，中国法制出版社与北京传神信息技术有限公司合作进行域外法律法规的翻译工作，与中国社会科学院法学研究所合作开发国情研究子库，与中国政法大学仲裁研究院合作建立争端预防与解决分库等。

民营机构以国内众多互联网公司建设的网络文学平台为典型代表，我国目前致力于建立网络文学平台，在海外取得一定成效的共有约17家公司。阅文集团2017年上线的起点国际，是中国出版"走出去"数字平台模式的典型代表。起点国际起初以英文版图书为主，逐步覆盖西班牙文版、日文版、韩文版、泰文版、越南文版等10余种语言版本，并提供跨平台互联网服务，除了PC端，Android版本和iOS版本的移动App也同步上线，面向海外用户/读者/受众提供文学阅读服务。截至2019年末，阅文集团上线的翻译作品已超500部，排行榜前200名作品最低点击量已达600万次，单书点击量最高突破3亿次，前50名作品总评论数超过3000万条。[178]点众科技在2019年启动海外阅读业务，2020年上线webfic（App），提供英文版、西班牙文版、印度尼西亚文版等10种语言版本的数字阅读服务，在拉美市场消费者支出排名第四，是前五名中唯一的中国企业，在印度尼西亚和菲律宾图书畅销排行榜中位居第二。作为国家文化出口重点企业，点众科技先是在平台上翻译中国优秀的网络文学作品，其次在平台推出各类激励政策，吸引海外作者创作本土作品，来自中国和国外的文学作品共同聚集在该平台上，广泛传播了中国故事，让外国读者对中国文化更加了解。掌阅科技研发的掌阅海外版iReader（App）目前可支持14种语言，服务40多个"一带一路"共建国家的超过2000万用户，有力推动了中国优质数字内容的国际推广。

网络游戏在某种程度上，其实也可以被视作数字内容的承载平台。作为跨媒体多形态的平台，游戏出海在近年来成为中国产品出海的重要力量，这种平台不仅引入海外的文化元素，而且注入中华文化精神，真正实现了文明之间的交流。掌趣科技开发的《全民奇迹2》与三星堆新文创联合，推出游戏副本"时空迷局"，铜人面具、铜鸟等经典文物被还原至游戏中，同时，将巨石阵、罗马斗兽场、复活岛石像等世界奇迹融入其中，这些游戏元素搭配丰富的玩法，为用户提供了在互动中感知文化的体验，在讲述中国故事方面显得更加具有吸引力。该游戏上线至东南亚地区，在泰国、菲律宾、越南、新加坡等国家获得游戏免费榜第一、畅销榜前五的成绩。[179]无论是传统出版社的内容"走出去"，还是网络文学、网络游戏等衍生产品的"走出去"，都离不开政策的支持，点众科技、掌趣科技都是国家文化出口重点企业，这是中宣部联合财政部、文化和旅游部、商务部等共同评定的，享受出口税收、海关通关便利等优惠政策。这些政策选拔出了一些示范性企业和项目，对数字出版"走出去"起到示范和引领作用。

盘石社交数娱云公司针对当前在数字内容领域存在的出海以文学和视频为主、文学作品类缺少IP、视频制作成本和回报不成比问题，以及如何解决文化差异，实现内容和用户的匹配问题，研发了Rocky Play、中国风主题App、SaaS系统等多款应用。Rocky Play充分利用大数据、区块链、人工智能等技术，整合通信运营商、支付平台、内容提供方等市场相关方,在全球23个国家建立分支机构,沿"一带一路"共建国家布局,提供阅读、游戏、视频、知识学习、轻娱乐五大类型产品,是"内容+社交"的互动平台,目前该平台已经触达"一带一路"共建国家的近1.2亿名用户。中国风主题App,是通过让外国用户参与小游戏,对中国文化有所认知。该平台在缅甸拥有10万名用户。盘石SaaS系统通过数字化、智能化技术为传统企业提供数字化品牌营销、电商会员运营、数据可视化、轻代码应用等服务。

除自研数字内容平台方式外,亚马逊Kindle平台对中国电子书的聚合、对中国出版"走出去"也起到一定推动作用。亚马逊Kindle商店在2012年上线,到2023年,Kindle电子书店在中国停止运营。在10多年历程中,亚马逊推进了我国的数字出版转型,尤其是推广纸电同步的概念。在对外推广中,亚马逊中国和对外翻译与传播研究中心暨中国文化译研网签署战略合作协议,联合启动中国当代文化精品翻译合作项目,在美国翻译出版并发行了贾平凹、陈忠实、冯唐、韩寒等多位作家的图书,并通过美国亚马逊的中国书店为海外读者提供中文读物。亚马逊停止我国境内电子书业务后,在海外依然是读者阅读中文电子书的主流平台之一。国内一些出版社(如浙江文艺出版社等)在出海时仍然选择将内容输出到国外主流的内容渠道。2021年法兰克福书展期间,凤凰出版传媒集团将一批儿童中文有声读物上线至英国儿童有声读物流媒体平台Cloudaloud,借助这一主流渠道,为英国2.5万所幼儿园和小学提供中文学习的内容。

二、线上营销推广模式

线上营销推广是图书转化为发行购买的前提,是图书宣传和传播的关键环节。中国图书在海外的线上营销推广与国内出版界类似,是通过广泛利用各类媒体平台实现主题策划、全媒体传播的方式。互联网时代备受瞩目的移动应用当数社交平台。国内的微信、微博、抖音,国外的Twitter、Facebook等社交平台的传播威力有目共睹。出版的社交平台分享模式以用户社群为核心,借助版权体系中"合理利用"条款,通过社交分享平台绕开出版商的付费墙,实现单篇文章的开放获取,由此拓宽出版机构的盈利途径。英国创建于2009年的门捷雷(Mendeley)个人在线图书馆全球学术社交平台,就是通过社交分享平台将单篇文章的获取权限开放化，同时立足于用户大数据，以学术界用户为核心，构建一个学术文献的社交生态，发展高附加值的信息产品与服务。Mendeley还免费提供2 GB的文献存储和100 MB的共享空间。2015年，Mendeley的活跃用户达到400万。但是社交分享平台模式也会存在极大的版权纠纷风险，因为版权法的调整非常频繁，而平台作者可能会将实际侵犯出版商利益的侵权行为误认为是"合理使用"。例如德国著名学术社交网站ResearchGate近年不断遭到爱思唯尔、威立、威科集团、博睿、施普林格·自然等学术出版商的起诉，要求其删除在该平台上分享的上述出版商享有版权的论文。国内依托中国人民大学书报资料中心的学术科研移动服务平台"壹学者"，集专业编辑、学者群、学术成果，以及学术评价体系于一体，独到地搭建了"内容+工具+社交"的移动互联网产品架构，创建了学术数字图书馆、学术科研工具、学术社交服务三大功能模块，[180]成为国内学术数字出版基于社交分享平台发展模式的成功个案。2015年7月，"壹学者"荣获第六届中国数字出版博览会创新作品奖。这种尝试值得借鉴，但中国自建的这类学术社交平台还未转化为国际化产品，该平台可以加大在国际学术圈的宣传，将更多的国际学者引流至该平台，推进中外学者在该平台的聚合，这样的尝试才能真正将社交分享平台模式的效果发挥到最大。

  与自建社交分享平台不同的是，中国出版的"走出去"更多采用的是在渠道营销上借助海外的社交平台来推广产品的方式。五洲传播出版社在自办平台之外，其西班牙语账户EsChina在2017年的粉丝数已经破10万，同时配备了专门的人员进行维护。外文局通过旗下34种杂志面向世界主要国家进行多语种传播，这些杂志在Twitter、Facebook、VK等海外社交媒体开设有三四十个账号，粉丝过亿，在传播中国新闻的同时，发布中国主题图书信息。机械工业出版社在新成立的机工融媒体中心，建设了300多个社媒账号，抖音小店实现销售收入3500万元。在"走出去"过程中，该融媒体中心打造了向海外出版社推荐的优质图书的中英双语栏目，并将内容在YouTube、B站等视频网站上发布，这种方式开创了版权带货立体化的宣传模式；在法兰克福书展上，上线"阅读中国"展示页，以视频形式呈现中国古建筑模型、传统节日文化、茶文化及医疗机器人等方面的代表性图书。南方出版传媒股份有限公司在海外社交媒体平台创建"我来自广东"的机构账号，及时发布对外活动的视频和图书信息；在2022年法兰克福书展上，借助该账号发布40多条参加法兰克福书展的帖文，有关粤菜、广东发展的图书推介视频的浏览量达到数千，留言有几百个，这是初步尝试。中国国际出版集团所属的国图集团的亚马逊中国书店在Facebook和Twitter上都设置了自己的账号，推出众多融媒体项目，如"第三只眼看中国""聚焦中国""Josh观察室""高恩带你看中国"等微视频节目，丰富了海外社交媒体的内容；[181]该集团所属的中国网，自办节目《中国三分钟》在Facebook上的公众账号阅读量超过2.3亿次，"探索中国"账号入选Facebook2017海外营销领先中国品牌50强。浙江少年儿童出版社、广西师范大学出版社、山东友谊出版社、北京新经典文化有限公司等，都在社交媒体平台上进行产品的营销推广。

在社交媒体分享平台上，一些出版社巧妙借力海外出版社成熟的社交运营渠道，让不少好图书产生市场效益。人民教育出版社与圣智学习集团旗下的美国国家地理学习（National Geographic Learning，NGL）共同编写了"中国读本"丛书，并通过NGL的社交媒体平台进行海外宣传。译林出版社的《忘记我》在国内获得一系列重要奖项后，在2021年推出了荷兰文版、法文版，荷兰文版由比利时的博格朗博出版社翻译出版，法文版由比利时梅欧出版社出版，因为这两家出版社都拥有成熟、丰富的运营经验，故在宣传该书时，广泛利用Instagram、Facebook、Twitter、YouTube、Pinterest、tagmag等社交平台进行宣传推广。[182]中图公司营销策划的中国诗人周亚平的诗集《如果麦子死了》，曾经入选英国诗人、剑桥大学教授蒲龄恩主编的文学刊物*Parataxis*的特刊，活动推广方请剑桥大学的诗歌评论家德鲁·米恩在蒲龄恩的Facebook粉丝群中做活动推广，邀请了在Instagram、TikTok拥有8万名粉丝的网红博主、牛津布鲁克斯大学孔子学院市场助理和牛津布鲁克斯大学出版学院的学生参与活动，在TikTok的图书社区（#Book Tok）进行话题讨论，刺激了图书销售。西方的社交媒体娱乐化倾向一般比较明显，近年来在TikTok、Instagram进行的图书品牌营销也越来越频繁。译林出版社与外方合作社在社交媒体举办书评征集、转发赠书、晒图等活动。朝华出版社在外文局打造的"美猴王系列"基础上推出新的多语种版，在国内抖音号、微信公众号、视频号以及联合TikTok、Facebook、Twitter、Instagram和YouTube等社交媒体，形成了海内外的同步宣发和规模化传播。

在国外的传媒生态中，社交渠道之外的主流媒体依然发挥着重要作用，因此图书的线上营销必须配合各类传统媒体的推广才能实现效益最大化，在报纸、电视、杂志、网站上发布新书报道，给媒体寄送样书，邀请专家撰写书评，及时跟进读者的反馈意见，判断读者是否真正接受认可图书等途径依然是国外出版业推介的首选。国外主流媒体，如《纽约时报》《出版商周刊》《书商》等媒体的影响力大，但在其上做宣传的花费一般比较高，价格常常在近万甚至数万美元或英镑，大型出版集团，如凤凰出版传媒集团，资金雄厚，投入力度较大，已经与以上媒体达成年度合作，可以在这些媒体刊发专栏文章，其旗下的译林出版社在宣传苏童的《另一种妇女生活》时，在《出版商周刊》上刊登专题报道，在宣传《早上九点叫醒我》英文版时，在英国《书商》杂志上刊登书讯，在《新国际主义者》杂志上刊登长篇书评。不过，更多出版社是寻求多元化的线上线下推广方式，在媒介报道上，寻找更垂直领域的媒体，比如《学校图书馆杂志》、TikTok、Facebook等社交平台。北京漫传奇文化传播有限公司在策划推广刘慈欣科幻漫画系列图书时，法文版的出版方代勒古集团在集团官网首页发布了新书资讯，使用相关的预告片、专题文章、地铁多媒体广告等物料，便于线上线下营销宣传。与此同时，该书在法国《费加罗报》、在线法语文学杂志 *Acturalitte*、知名漫画评论杂志《动物园》以及多个漫画类专业资讯网站等20多家法国媒体上报道，实现了主流发行渠道的全覆盖，在线下的销售渠道上，打通法国亚马逊、法国最大连锁超市Lerclerc、老牌连锁书店Decitre、最大漫画书店BD Fugue等渠道，最终该书在法国成为畅销书，且入围法国重要图书奖项。该书的英文版由英国的出版商宙斯之首出版社出版，并通过在线杂志《科幻鸦巢》等媒体进行推广。该书德文版在德国《每日镜报》、在线杂志《部落》、奥地利《克莱恩报》、德语漫画播客《漫谈》等媒体上报道，并进入主流发行渠道，包括德国亚马逊、胡根杜贝尔、塔利亚、德语区领先的零售平台"世界观D2C"（Welbild）、德国电视平台（Bucher.de）以及由700多家出版商组成的网络社区"好邻居"等。我国中央电视总台在8个英国国家电视台开办《中国时间》频道，与英国太空电视台合作，为英译本的中国图书做了大量报道，《欧洲时报》《侨报网》等的中文媒体开始介绍中国作家的英译本图书。英国查斯公司在出版周大新的《天黑得很慢》一书时，将新书发布会的视频传至自媒体平台和公司网站，邀请电视台对译者进行采访，组织作者的线上线下见面会，同时向媒体专栏作家和记者邮寄500册样书。

总体来说，我国的出版企业的线上推广，尤其是利用社交媒体成功做出营销效果的案例还不太多，很多出版社发行人员甚至都没注册过海外社交媒体，在市场的开拓上还需要更加深入。已有的一些海外出版分支机构设立、运营账号时，受限于人员投入、既有规模、经费投入、运营成本等，缺乏成熟专业的运营，粉丝的数量少，内容质量有待提高，他们通常只是例行发布图书相关资讯，缺少热点营销，后续可以尝试借助TikTok做好荐书活动。短视频具有较强的视听震撼力，不仅方便观看和储存，还能够在吸引社交媒体用户注意力的同时弱化语言障碍。TikTok的全球下载量已超过10亿次，出版社需要注意强化即时互动，对粉丝进行大数据分析，这对出版物基于社交媒体平台的跨文化推广非常具有启发意义。同时，国内出版社在做海外线上营销时，还需要结合图书的类型选择合适的媒介，如英国的童书销售更依赖图书馆馆员、社区书店工作人员和学校教师的推荐，这与我国童书销售更多聚焦在短视频直播、社交媒体营销推广是有差异的。

三、跨境图书电商模式

跨境图书电商模式，是指国内出版社直接将已经出版的中文图书或翻译出版的外文图书，以电商平台为发行渠道，实现跨境售卖的方式。图书出口的费用由关税、手续费、运费等几部分组成，不同的公司收取的手续费比例不同，运费则由图书的重量等决定，这与版权输出中，由外方翻译图书、在当地印刷发行是不同的路径。跨境图书电商模式属于实体书的输出，在当前的出版"走出去"中并不是主流模式。一直以来，中国实体图书的出口一般是由国家批准的资质性图书进出口公司在海外的代理商或书店代理图书出口业务，国内目前从事这块的官方公司有中图公司、国图集团、北京图书进出口公司、上海图书进出口公司、中国教育图书进出口有限公司等20多家，也有些出版社是通过在海外开办书店直接销售或寻找代理商销售图书。

中图公司和国图集团是目前规模较大的两家业务公司。中图公司的出版物年进出口70余万种、2100万册/份，在国内有上海、广州、西安、深圳、沈阳、香港等分公司，在美国、英国、德国建有分支机构。该公司研发了中国出版物采选平台，该平台面向全球的中文机构客户，主要经营纸质图书、报刊、音像制品、微缩胶卷、数据库等品类的商业运营。该平台为海外机构提供中国出版物目录信息、检索信息、在线下单并追踪订单信息、加工马克（MARC）数据等功能，每月新增信息近万条。中图公司自主研发的国际数字资源交易与服务平台"易阅通（CNPeReading）"，以"一个平台、海量资源、全球服务"为定位，海内外数字资源聚合上线逾百万种电子书、1万余种电子期刊、500多万篇全文、10.5万集有声书、7个本地大型数据库，涵盖83个语种，外文出版物中英文出版物占近70%，阿拉伯文出版物占12%，德文、法文出版物各占6%和4%。其本地化的聚合理念、国际化的专业服务得到了国内外机构用户和合作渠道的广泛认可。近些年，"易阅通"平台成功对接美国电子书发行商OverDrive等19家海外主流渠道，覆盖海外国家和地区达到83个，完成"海外中国电子书店"项目技术攻坚，累计实现美国亚马逊上线中国电子书4万多种，占全球亚马逊中文电子书销售品种的60%以上。中国图书进出口广州有限公司将实物图书销往30多个国家和地区，少儿类图书占出版物出口总额的八成以上，尤其是在新加坡、马来西亚等华人较多的国家和地区。该公司出口的中华文学经典文库系列成为地方学校、图书馆和汉语言文学机构推荐使用的课外阅读教材，市场份额占比60%以上。地方海关提供了企业应用海关预申报等便利措施，使图书出口通关时间压缩至1天以内。

国图集团每年出口各类出版物400万册，代理中国9000多种报刊出口。该公司在英国伦敦、美国旧金山、日本东京、加拿大多伦多设立分支机构，在布鲁塞尔、法兰克福、洛杉矶、巴黎、伦敦等城市建有凤凰书店、光华书店、长城书店等。面对互联网的高速发展，国图集团开发了多种面向普通读者和机构用户的采买平台。2011年，该公司在亚马逊平台创办中国主题书店，与国内500多家出版社建立供应机制，借助亚马逊这一平台，建立了结合页面营销、订单处理、国际运输、跨境结算到后台的客户服务、销售分析和社交媒体推广等系统工作，完成了《习近平谈治国理政》多语种版本图书的海外线上首发，配合线上相关主题展销，协助筹备海外各类中国主题书展等重要工作，通过在社交媒体平台上的宣传，积极在全球最大在线读书社区Goodreads发表书评，中国主题书店的图书销售成效越来越明显。到2018年底，中国主题书店累计上线的图书品类超过80多万种，其中英文书6万多种，累计发货46.7万册。2015年，该公司成立华文联盟，这是兼具B2B和B2C的跨境电商平台，主要聚合了世界各地经营华文书刊的商户，提供统一的数据、供应链、结算等支持，帮助商户开展预定业务，为海外书店提供到户发货和集散发货两种方式。2016年，该公司与全球最大的报刊综合平台加拿大PressReader合作，建立数字报刊发行平台，上线《瑞丽伊人风尚》《Vogue服饰美容》《中国经济学人》《今日中国》《中国新闻周刊》等数百种报刊，这些中文刊物可以一键转化为英文版、法文版、德文版、西班牙文版、葡萄牙文版和俄文版等，该平台集数字内容展示、销售、支付、社交于一体，实现了中国报刊的电子化平台售卖。2017年，该公司成立中国文化产品跨境电商外贸出口服务平台——华文捷通，在海关和物流之间搭建桥梁，它解决了以往文创产品一家一户分别报关验货清关的程序复杂化问题，将物流方直接与海关方相链接，为中国文化产品出口电商提供高效率、低成本的一站式综合服务，支持北京、上海、深圳三个地方的口岸通关。2018年，该公司研发阅中国（Reading China）——中国出版物海外发行云平台，支持用户根据书号、书名、出版日期、出版社和作者等对数据进行多维度信息检索、批量下载数据资料，书目的信息检索与该公司旗下的电商平台、海外线下书店对接，提供采购相关信息服务。

国内其他的进出口公司，如中国教育图书的实物出口产品重点是学术图书、对外汉语教材教辅和童书，数字资源出口业务涵盖了"历代教外涉佛文献数据库""海外中医古籍库""中华古籍书目数据库""中华经典古籍库""中华石刻数据库""中华木版年画数据库"等39个数据库，海外订户一般是中文学校、图书经销商和图书馆。2021年，浙江出版联合集团旗下的浙江新华书店集团综合应用大数据、算法推荐等技术，研发了中文图书的跨境采购平台"芸台购"境外版，并与全球图书馆主流采购平台完成对接。该平台以全英文界面为主，集合了浙江新华在仓的数十万种新书信息，境外机构可以体验选书、下单、购买、集货、发运全流程服务。展销会期间，国内出版社接到海外订单，一般是将该订单转交给出口公司这样的中介来进行办理的，北京出版集团的"北京文化探微"系列英文版、《十月少年文学》、《少年科学画报》这些实物图书和期刊就是在第28届北京国际图书博览会上达成出口协议的。

在以上图书进出口公司开发的跨境图书电商平台建设之外，在国内电商巨头阿里巴巴境外电商平台阿里国际站，一些出版社通过入驻该平台展现社内图书，为实体图书的"走出去"开拓了一条通道。天津教育出版社是国内首家入驻该平台的出版机构，建成天津教育阿里国际店，依托阿里巴巴的技术支持和跨境市场推广，投放了一批社内图书，代表图书有《助力：外国人与中国改革开放》《让马克思主义成为一种生活方式》等，这些图书涵盖的主题范围广泛，涉及主题出版、中华传统文化、人文社科等领域。该站点的图书推广使用的是VR技术展示，打造360度沉浸式的展示空间，让读者可以获得逛虚拟书店的体验，同时阿里国际站的社交媒体和关键意见领袖营销（KOL营销）也能带动这些图书触达海外读者。

四、版权贸易服务模式

版权贸易是指通过对已有版权作品的使用而产生贸易的行为，是由著作权人将其作品的部分或全部经济利益通过许可转让的方式授权给使用者，是一种无形的财产贸易，这与实体图书的"走出去"是不同的。版权贸易是目前中国出版"走出去"的主流方式，为版权贸易提供相关服务的模式包括线下版权交易平台和线上版权贸易服务平台。线下版权交易平台主要是通过国际书展这一方式进行的。我国出版社参与国际书展是版权输出、图书贸易的一种主流方式，世界知名书展，如法兰克福书展、伦敦国际书展、美国书展、日本东京国际书展、北京国际图书博览会、阿布扎比国际书展、开普敦国际图书展、香港书展、新德里世界书展等已经成为展示国家形象、开展版权贸易、推进文化交流的重要平台，每年我国都有许多出版社携各类精品图书在这些国际平台亮相，与外国出版商洽谈合作和版权输出工作。这里详细介绍中国政府支持搭建的各类图书线下版权交易平台。1986年，北京国际图书博览会创办，现已成为国际第二大书展，也是亚洲规模最大、国际化程度最高的书展。2017年，北京国际图书博览会与世界领先的国际版权交易平台Pub Match合作。Pub Match是线上自动版权交易平台，拥有全球150多个国家的25万条版权信息，由美国《出版商周刊》和Combined Book Exhibit合作经营。双方合作开发中文版的在线平台，中国出版商上传信息后，国际出版商则可以搜索到中国出版商的信息，该平台在第24届北京国际图书博览会上使用。2018年，在北京国际图书博览会上，中国大百科全书出版社与国内画家、专家等共同策划，制作了《穿越时空的大运河》，观众可以借助VR技术感受古代运河景象。2020年后，中图公司加速了北京国际图书博览会的线上云书展建设，通过与京东、快手等互联网平台合作推广，与华为公司合作开发5G，出版机构在PC端和手机端实现云端图书展示、专业交流、阅读推广、版权交易。

全球海外华文书店中国图书春节联展活动在2010年设立，一般是精选一批具有地方影响力、经营状况良好的海外华文书店，联合这些书店展出中国主题图书和开展文化活动。国内出版的一些精品图书，包括荣获"五个一工程"奖、茅盾文学奖、中国好书等荣誉的图书一般会得到重点推荐。该联展同步在Facebook、YouTube等平台联合推广。"中国书架"于2016年创办，背景是考虑到外国书店在出售中国主题图书时比较零散、碎片化，外国读者找书难，难以形成品牌效应，于是五洲传播出版社向国家申请"丝路书香工程"的子项目，希望能够在"一带一路"共建国家的线下书店租借专门放置中国主题图书的书架。到2018年，五洲传播出版社在埃及、土耳其、阿联酋、阿根廷等近13个国家设立了15个主题书架，同时在国内的一些外文书店落地了18个书架。2023年，在马来西亚吉隆坡国际书展期间，有12个"中国书架"落地到马来西亚大众书局在马六甲、吉隆坡、白沙罗、新山、怡保、槟城的6家旗舰店和雪兰莪州公共图书馆，展销国内500种图书。2017年底开始，五洲传播出版社还联合中国工商银行，开始实施"文化工行·中国书架"项目，该书架已经在全球281个中国工商银行的分支机构设立，类似《习近平谈治国理政》、"人文中国"系列的图书上架，开辟了中国故事传播的另一通道。东南亚中国图书巡回展于2017年创办，是"丝路书香工程"的重点项目，由厦门外图集团承办，该巡回展最先开始在泰国、柬埔寨、老挝、缅甸四国举办，此后陆续扩大到马来西亚、菲律宾，促进了中国出版社与东南亚诸国出版社之间的交流往来。

地方出版社搭建的版权交流平台也是当前线下出版"走出去"的一大特色，近年来，出现了以智能技术应用为基础的融媒体产品展示。尼山书屋是地方出版集团打造的集海外图书展示、线上线下图书销售、国际教育等于一体的"走出去"品牌。[183]作为中国在海外建立的中国主题书店，尼山书屋分为线下和线上两种。线下书店一般入驻海外各地大学的孔子学院、公共图书馆或线下零售书店。自2013年首家海外尼山书屋落地马耳他，到2023年6月，已有66家尼山书屋在亚洲、欧洲、美洲、大洋洲的28个国家落地，有4万多种图书通过尼山书屋进入海外读者视野。[184]线上重在建设具有五大功能的数字书屋——基于互联网，采用数字化技术，整合全球实体尼山书屋资源，建设集图书阅读、销售、展览、馆藏、国际出版与版权贸易五大功能于一体的线上线下交互的"O2O（online to offline，线上到线下）"中外文化交流的综合性电子商务平台，与实体尼山书屋相互补充配合。2023年，在马来西亚吉隆坡国际书展上，山东友谊出版社以《汉字人间》系列绘本为源泉，将汉字的音、形、义相互结合，与智能科技进行交互参与，给读者以沉浸式的汉字体验，这种"故事绘本+沉浸"的方式打破了以往以书为载体的海外输出，将是以后"走出去"的一个亮点所在。线上线下结合的跨境图书发行渠道建设模式，适用于具有成熟可靠的海外发行渠道及合作伙伴的出版机构。[185]

线下书展能够为中外出版商提供面对面交流和了解的机会，但这种方式一般投入力度大，且举办时间固定，是集中性展示，如何促进版权贸易的常态化？国内出版机构近年搭建了不少线上版权贸易服务平台，使中外出版机构之间的版权交易成为日常业务的组成部分。早在2014年，山东省就已经规划以青岛国家数字出版产业基地内容出版物为核心，构建国际版权出版物电子交易商务平台，形成中、英、日、韩四种语言，允许交易双方签署电子合同，可以在线完成版权授权协议的签订，实现无纸化版权电子交易，对基地内的企业平台按照交易额的5%收取佣金，对基地外的企业按照交易额的10%收取佣金。广西科学技术出版社面向东盟，搭建了"中国—东盟版权贸易服务平台"，该平台于2019年上线，集版权评估、版权展示、在线交易、版权维护、线下服务与文化交流于一体，目前上线的图书品种有1700多种。2017年，中南出版传媒集团股份有限公司借助互联网，将版权输出与云计算、大数据等新技术相融合，与法兰克福书展IPR在线版权交易有限公司合作，以入股方式将IPR平台引入中国。IPR公司由法兰克福书展集团和美国版税清算中心共同投资，截至2017年，聚集了来自200多个国家和地区的3万多名用户，上线有版权图书10万多种，期刊文章330多万篇，中南出版传媒集团股份有限公司引入该平台后，推进了更多华语图书的版权在该平台完成交易。2018年，中文天地出版传媒集团股份有限公司和北京智明星通科技股份有限公司共同投资开发了垂直于出版领域的国际化社交和版权交易平台，不同国家的编辑、版权代理人、作者、图书营销人员等可以在该平台就版权交易问题进行沟通，这解决了传统出版业的线下交流渠道少、资料语言缺失、语言沟通困难、版权交易流程长等问题，用户可以上传书籍信息，生成在线书籍信息卡，实时翻译对话内容，发送书籍信息卡，及时互动签约。[186]2021年，陕西省委宣传部牵头指导，陕西文投集团西部国家版权交易中心负责运营的西部地区首个一站式OTO版权贸易与保护平台上线，该平台以丝路版权网为载体，融合大数据、云计算、区块链、AI等技术，为文字作品、图片作品、视听作品等提供版权登记、评估、交易、融资、监测、保护等一站式服务，支持线上的版权交易，进一步拓宽了版权线上交易的渠道。

第三节　基于资本"走出去"的数字化模式

作为未来中国出版业"走出去"的重要模式，资本运作是一种包括资金、技术、经营管理等在内的更高层级的"走出去"方式。具有一定资本实力的出版集团和大型出版社，已经通过建立战略联盟、建立海外分支机构、直接收购海外出版机构、投资参股这四种不同模式在不断探索与创新。

一、建立战略联盟模式

建立战略联盟的具体做法是与当地知名的出版机构联合，共享资源、联合开发产品。在民营出版领域，战略联盟通常指基于中外企业的共同利益，建立紧密的战略伙伴关系，相互交换资源，共同承担风险、享受利益分成。通常中国企业是产品开发者或者与外国企业合作开发，而目标市场的企业负责海外销售和运营。《英雄无敌online》这款游戏，最早是中国网龙网络控股有限公司与国际大型游戏公司育碧娱乐软件公司在2004年合作开发的，且双方各自在本地市场进行销售，这一合作是当时轰动整个网络游戏界的大事。

在传统出版领域，近年来，国内出版社与国外多家出版社成立出版联盟，形成出版共同体，为出版"走出去"和版权交流提供了另一种模式。2014年，围绕"一带一路"倡议，安徽少年儿童出版社以既有的合作版图为基础，发起成立了"丝路童书国际合作联盟"，首批成员包括与该社有密切合作关系的6家来自"一带一路"共建国家（包括黎巴嫩、土耳其、叙利亚、越南、新加坡等）的出版社，以及6家国内出版社，该联盟利用每年的大型国际书展开展联盟间的研讨对话，分享经验，联盟内的成员单位就资源整合、构建产业链、双向投资实现合作共赢。与安徽少年儿童出版社类似，2019年，接力出版社牵头成立接力-东盟少儿图书联盟，截至2022年12月，该联盟共有来自6个东盟国家的14家盟员和来自南亚国家的3家观察员参与，2022年新增印度尼西亚、越南、斯里兰卡的3家出版单位，为增强中外出版业之间的合作提供了信息平台。之所以成立该联盟机构，是接力出版社考虑到其出版图书的重点输出地区是东盟国家，为了提升"走出去"的精准度，更好地契合不同国家和地区的阅读习惯、市场需求，联合国内一些少儿出版社合作推出的。在该联盟的推动下，"接力-东盟少儿图书联盟"官方微信公众号上线，向联盟成员分享新书信息、行业咨询，江苏少年儿童出版社与柬埔寨等国家建立了双边互译项目。

2017年，中图公司发起成立中国出版"走出去"联盟，该联盟成员单位有22家，实施了"外国人写作中国计划""中国图书海外中心""中国内容编辑部""中国书架""中国馆"等项目。2015年，中国新闻出版研究院联合中国人民大学书报资料中心、众书网和人大数媒科技（北京）有限公司发起成立中国学术数字出版联盟，将中国社会科学院系统、高校和其他学术研究机构、出版机构等40多家单位集合在内，这为推进中国学术出版规范体系建设，实现我国优秀学术成果的数字化、集约化和国际化传播提供了便利条件。与中国学术数字出版联盟相类似，2017年，中国人民大学出版社发起成立"一带一路"学术出版联盟，来自30个国家和地区的共94家出版社、学术机构和专业团体加入其中，到2019年4月，该联盟的成员单位增至310多家。该联盟的主要作用是推进与出版机构之间的出版合作，举办出版和学术活动。

2018年，中国人民大学举办新时代"一带一路"学术出版高峰论坛。2012—2017年间，中国人民大学与21个"一带一路"共建国家的53家出版机构签订了510项版权协议，将1500多种中国主题图书翻译成多语种版本在国外发行。2019年，为进一步推动成员单位内的资源整合，联盟搭建了"一带一路"中国图书国际版权交易电子平台。

2018年，中国-中东欧国家出版联盟成立，秘书处设于外语教学与研究出版社，截至2021年9月，已有52家成员单位，包括外语教学与研究出版社、匈牙利科苏特出版集团、中文天地出版传媒集团等100多家出版社，覆盖13个中东欧国家，成员间实现版权合作200多项。该联盟的主要工作机制，一是为联盟内的成员共同建立海外分支机构、中国主题编辑部、合作出版、开设"中国书架"等营销渠道提供密切交流的机会；二是定期组织联盟单位的研讨会，建立成员间的沟通机制，如每年在北京国际图书博览会期间举办中国-中东欧国家出版联盟论坛；三是收集联盟成员的书目、出版、经营等方面的信息，定期更新，降低成员之间的信息收集成本；四是会聚出版人才，将不同国家的汉学家、翻译家汇聚起来，同时组织培训活动，提升版权贸易人才、出版管理人才和翻译人才的专业能力。

2021年，在中国音像与数字出版协会指导下，中国音像与数字出版协会出版融合工作委员会和中图公司共同成立数字出版产业"走出去"推广联盟，联盟可以在建立数字出版"走出去"标准、建立社会效益考核体系、共建共享学术图书书目数据等方面推动出版"走出去"的规模化发展。在该推广联盟会议上，中图公司与北京出版集团、中国社会科学出版社、人民邮电出版社3家联盟单位签订了合作协议，国内有30

多家出版机构参加此次会议。未来在数字出版"走出去"方面，成员单位力量汇集将进一步释放数字出版产业的潜力。

目前的战略联盟模式一般由国内出版社主导，但参与方式还有其他两种途径：第一条路径是由民间公益组织来主导的，典型的如中国文化译研网，这一平台是2015年建立的，旨在帮助世界各国多语言读者和观众及时发现、翻译、创作和分享优秀中国文化作品，是一个公益服务平台，由文化部外联局和北京语言大学共建的"中国文化对外翻译与传播研究中心"负责网站的运营。截至2024年7月，该平台的会员覆盖全球100个国家，语种达到63个，翻译项目实现894个，优秀作品5210个，与2030家机构保持合作，拥有专家人才5012位，同时建立20多个"一带一路"语言专家委员会，以及文学、诗歌、出版等10多个作品委员会。[187]除了纸质图书的翻译出版，网站还运营推进一些影视剧的翻译项目，如将《西虹市首富》《知否知否应是绿肥红瘦》《泰囧》《斗牛》等300多部影视剧作品翻译成不同语言输出至海外。除此之外，该平台还建立文化翻译工作小组，如中蒙文化互译工作坊，推出中国代表作的小语种翻译。2017年，该网站建立了"新世纪中国当代作家、作品海外传播翻译数据库"项目，分别以10种语言推出100名中国作家的作品，向全球展示中国作家。第二条路径是我国出版社加入国外的一些出版联盟。如亚太出版商联合会（APPA）是地区性组织，宗旨是促进亚太地区出版界之间的交流与合作，它是亚太地区唯一的国际性出版社团，每年年会会举办图书评奖活动。我国是通过中国出版协会负责该奖项的中国图书参评工作，这一评奖活动也是展现中国出版界形象的一大平台。

二、建立海外分支机构模式

建立海外分支机构模式是出版机构业务扩展的重要战略，主要包括建立海外全资或合资子公司、成立海外编辑部。在海外渠道畅通的情况下，一些有实力的出版公司在海外全资控股建立子公司，负责出售母公司的数字产品。2000年初，有一批游戏公司建立了海外子公司，如金山娱乐在越南、马来西亚建立子公司，输出《剑网》系列产品；完美世界在全球范围，包括北美、欧洲、亚洲等地区已经建立了自己的全资运营平台，这些子公司通过雇用地方人员从事开发、运营等，顺利将游戏、软件等产品输出到海外。

在传统出版社中，全资成立子公司的出版社数量也比较多，同时起步也是比较早的，但数字产品的开发还较少。早在2007年，中国青年出版总社就在伦敦全资成立了子公司伦敦分社，截至2018年，伦敦分社共有专职和兼职员工12人，在英国、法国、意大利、波兰、俄罗斯、德国、北美、亚洲等国家和地区共有14家分销商。这是中国第一家以出版业务为重点的出版分社，为了配合伦敦分社的工作，中国青年出版总社成立了北京中青雄狮数码传媒科技有限公司。该公司的主要工作是配合伦敦分社，为分社做一些出版方面的素材搜集、作者维护、资料宣发、排版设计等辅助工作，而分社主要是负责面向海外市场做读者需求调研、选题策划、翻译、文稿校对、营销推广和财务结算。分社出版的图书以文化艺术类作品为主，茶文化、创意文化、旅游文化等方面的图书一般是直接出版英文书，在海外单本售价能达百欧元以上，有些图书能够实现1万—2万册的发行量。该分社与总社共同开发的数据库产品"中国文化艺术国际传播数据库"，借助布鲁姆斯伯利出版社的海外营销推广至国外大型图书馆和科研机构。[188]中国青年出版总社伦敦分社是在海外"走出去"的百余家出版社中，为数不多的在海外市场运营顺利，且连续10年实现盈利的机构。2009年，黑龙江省委宣传部划拨150万元文化发展资金支持黑龙江朝鲜民族出版社在韩国首尔注册分社中国语言出版社，2018年，该分社改名为华文堂。通过地缘优势和语言优势，该分社与韩国的出版社、书店进行了深度合作，通过图书的双向引入，促进了文化的交流。华文堂的建设，包括在海外的办公用房、业务运营、选题策划、印刷发行需要大量资金，这离不开国家政策的支持。科学出版社早在2009年就在东京全资建立东京分社，除社长外，该社在日本有4名员工，在北京有2名员工，到2018年，该分社出版了中国学者的日文版图书约110种，并在当地发行市场以及在日本的主流销售渠道，与各大图书馆、线下书店都保持合作关系。东京分社以学术图书为出版重点，包括文学艺术类、主题出版类、科学科普类，有不少是总社的精品图书，采取两地同步出版，也有一部分图书是与国际编辑部的形式一样，由双方编辑共同讨论编辑方案，然后围绕排版、品牌设计、稿件编译进行分工。2021年，二十一世纪出版社在克罗地亚建立全资子公司熊猫出版社，聘请当地经验丰富的管理者和编辑，该出版社成为疫情期间出版社与海外出版业务保持联系的重要窗口。

无论是民营性质还是国有性质的出版单位，在海外全资成立子公司都面临以下问题。第一是前期的投入比较大，资金回收周期长，出版社的运营压力大。第二是图书专业性强，尤其是学术性的图书，翻译难度大，跨时久，网络游戏、网络文学这类数字产品的翻译相对容易，专业性、系统性强的图书翻译更依赖专业译者。第三是运营人才的匮乏，这要求国际出版人才要了解输出国和目标国两国的图书制作及营销差异，进入主流图书渠道需要时间运作积累。因此，建立全资子公司只能说是当前"走出去"的第一步，接下来如何在竞争激烈的国际市场站稳脚跟才是最关键的。我们目前的"走出去"还处于这样的规模化发展阶段，传统出版社还是以纸质图书的开发为主，数字产品的开发相对较少，而民营公司因其资本的灵活性和市场敏感性，在"走出去"方面相对来说资本比较充足，主要的精力集中在开拓市场上。

除了建立全资子公司，合资公司也是一种常见形式。这种模式有利于中方发挥内容策划优势，外方运用渠道运营优势，进行本土化运作，以激发市场需求，降低进入风险。国内一些出版集团的下属出版社海外分社的数量呈指数型增长。2015年开始，国内有不少出版社开始在海外建立分社，如中国社会科学文献出版社与俄罗斯科学院涅斯托尔历史出版社合资成立斯维特出版社，推动了国内有影响力的图书在俄罗斯的出版，带动了中国社会科学文献出版社"一带一路"数据库、中国主题图书数据库等产品在俄罗斯的销售。接力出版社与埃及智慧宫文化投资出版公司合资成立接力出版社埃及分社，该分社面向中东地区市场，主要是考虑该区域儿童图书的需求量大，在埃及出版的图书可以销售到中东其他22个国家。与接力出版社类似，在同一年，安徽少年儿童出版社与黎巴嫩的数字未来公司合资成立时代未来公司，这是商务部正式批准的首家境外出版企业。时代未来在安徽少年儿童出版社提倡的丝路童书国际合作联盟中发挥关键作用，借助数字未来在中东遍布的发行销售渠道，在人员聘用、销售方式和产品生产三个方面实现本土化，在成立第二年就实现61种产品面向中东地区发行，直接翻译和引进安徽少年儿童出版社的41种图书，合作研发科学百宝箱项目20种，以阿拉伯文和英文对照发行。2017年，时代未来引进安徽少年儿童出版社图书51种，2018年引进安徽少年儿童出版社图书20种，截至2018年底，实现签约132种、实际出版98种，图书范围涵盖儿童文学、卡通动漫、玩具图书、绘本、桥梁书、多媒体产品等板块。在探索本地市场方面，时代未来开发运营了一种新的图书零售模式——自动售书机，在中东各国的大型商超、交通枢纽、文化场馆和公共机构进行铺设。在成功运作的图书中，"刘海栖幽默童话"系列、"海边妖怪小记"系列、"皮影中国"系列、"爸爸树"系列（获中国出版政府奖）入选了"国家丝路书香工程""经典中国国际出版工程"和"中国图书对外推广计划"，"兔子作家"系列（获中国出版政府奖）阿拉伯文和英文两个版本获得了输出版优秀图书奖。人民天舟（北京）出版公司在摩洛哥、阿联酋等国家设立海外分支机构，深耕阿拉伯文、法文、英文等语种市场，已经成为首批获得对外专项出版权的试点企业。

  2015年后，在海外成立分社和建立国际编辑部已经成为我国出版"走出去"并行的主流模式，建立国际编辑部甚至成为大中小型出版社的主要选择，对国际化业务刚刚起步的出版社来说更是如此。相比于在海外建立分社，国际编辑部是以项目制为抓手，运行方式更加灵活，成本和风险更低。在日常化运作中，国际编辑部一般由国内出版社和国外出版社的编辑、发行人员共同组成，其业务针对的对象主要是中国主题图书。一般来说，通过云端会议、远程邮件、国际书展、实地研讨等方式，国外出版社可以将本土市场的读者特点、社会热点、政治经济状况等基本信息提供给国内出版社的编辑，国内出版社结合已有的内容资源、作者资源，与国际出版社共同谈论选题。选题确定后，可以直接面向海外市场寻找国际作者，创作外文图书，由国外出版社的编辑进行校对，由国内出版社进行把关。出版完成后，可以通过合作出版社的渠道来进行发行，当然国内出版社也可以配合当地的文化活动，与当地的孔子学院合作，或者借助各大国际书展积极宣传。例如2018年长江出版传媒股份有限公司与埃及希克迈特组建的长江传媒中埃编辑部，在埃及开罗有2名员工，负责阿拉伯文版图书的翻译与校对工作，出版了《中国震撼》《中国巨变》等系列图书。有时，国内编辑提供的选题可能并不能被国外编辑策划团队接受，经过双方的讨论，国内出版社才能逐渐培养对目标国的策划经验。五洲传播出版社在阿联酋的编辑部是与阿联酋和弦出版社合作建立的，共有中外员工4名，中方人员负责寻找适合当地的中国主题选题，外方人员负责图书的编辑和销售。该编辑部积极寻求与当地机构的合作，如与华人武校合作策划出版武术教材，并积极寻求地方政府支持，力求将该教材推广到地方中小学课堂。

  正是基于此，国内出版社成立国际编辑部的数量众多。自2016年以来，中译出版社先后在11个"一带一路"共建国家成立中国主题编辑部；新世界出版社与8家海外出版机构携手成立中国图书海外编辑部；外语教学与研究出版社在海外成立4家中国主题编辑部；五洲传播出版社在海外设立了2家海外编辑部。[189]截至2022年底，外文局在41个国家成立了69家海外编辑部，合作出书500多种，与当地的大学图书馆和国家图书馆合作，举办读者联谊活动，建成10个中国图书中心，提升中国图书的海外落地率、到达率和影响力。外文局旗下的国图集团与海外中国图书一起，形成了完整的营销推广渠道，将图书传播至海外读者群体。[190]截至2018年8月，中国出版集团下属的中译出版社、中国大百科全书出版社、商务印书馆、中国民主法制出版社4家出版社已与海外出版商签约成立了21个国际编辑部，具体见表5-1。通过建立国际编辑部这一方式，本土化策略才能得到较大成效的落地。

海外编辑部的设立对出版社来说是一件比较容易做到的事情，但要避免流于形式，"走出去"的下一步是深耕市场，开发本土市场真正需要的图书，寻找文化的共同之处，做到一国一策、一书一策。

表5-1 中国出版集团下属出版社与海外出版商签约成立的国际编辑部

国际编辑部名称	国内出版社	海外出版商	签约时间
中译-里德中国主题国际编辑部	中译出版社	西班牙里德出版社英国公司	2017年6月
中译-罗奥中国主题国际编辑部	中译出版社	罗马尼亚拉奥出版社	2017年6月
中译-罗兰大学"一带一路"研究中心-科苏特中国主题国际编辑部	中译出版社	匈牙利科苏特出版社	2017年8月
中译-普拉卡山中国主题国际编辑部	中译出版社	印度普拉卡山出版社	2017年8月
中译-海王星中国主题国际编辑部	中译出版社	斯里兰卡海王星出版社	2017年8月
中译-芝戈亚中国主题国际编辑部	中译出版社	塞尔维亚芝戈亚出版社	2017年8月
中译-东方知识中国主题国际编辑部	中译出版社	突尼斯东方知识出版社	2017年10月
中译-星矛中国主题国际编辑部	中译出版社	坦桑尼亚星矛出版社	2017年12月
中译-看东方中国主题国际编辑部	中译出版社	巴西看东方出版社	2017年12月
中译-哈瓦那大学中国主题国际编辑部	中译出版社	古巴哈瓦那大学出版社	2018年2月
中译-文化驿站中国主题国际编辑部	中译出版社	秘鲁文化驿站	2018年2月
中译-马卡鲁中国主题国际编辑部	中译出版社	尼泊尔马卡鲁出版社	2018年7月
中译-多元文化中国主题国际编辑部	中译出版社	缅甸多元文化出版社	2018年7月
中译-盛道中国主题国际编辑部	中译出版社	泰国盛道出版社	2018年7月
中译-丽芝中国主题国际编辑部	中译出版社	越南丽芝版权代理公司	2018年8月
中译-安卡中国主题国际编辑部	中译出版社	孟加拉安卡出版社	2018年8月
"中国百科进美国"国际编辑部	中国大百科全书出版社	美国宝库山出版社	2017年3月
《中国大百科全书》英文版国际编辑部	中国大百科全书出版社	德国施普林格·自然集团	2017年8月

续表

国际编辑部名称	国内出版社	海外出版商	签约时间
商务-全羊毛国际编辑部	商务印书馆	格鲁吉亚全羊毛出版社	2018年6月
商务-牛津国际编辑部	商务印书馆	牛津大学出版社	2018年8月
中国民主法制出版社伦敦编辑部	中国民主法制出版社	语言桥英国分公司	2018年4月

三、直接收购海外出版机构模式

直接收购海外出版机构,作为一种重要的资本"走出去"模式,能够有效避免水土不服,节约成本,具有显著的本土化发展优势,不过与此同时也不可避免地具有一定的市场风险。英国培生教育出版集团依托其教育内容资源的强大优势和成熟的投资并购经验,不断收购境外拥有技术、平台的数字教育公司,和相关公司展开战略合作,在全球范围内迅速拓展其教育出版和在线教育服务业务,是资本"走出去"数字化模式建设的典型代表。近些年,随着我国出版集团实力的增强,已经有多项海外并购的成功案例。中国出版社进行海外资本运作是一步步积累"走出去"的结果,跨国并购必然要经历一个成熟的过程,不能靠"脑子发热",图一时之快。国内有些出版社最开始通过版权输出的方式开启与国外出版机构的合作,然后通过与海外出版社合资建立分支机构,在足够了解国内外市场,熟悉资本合作模式,积累了资本运作的经验后,才能实现更进一步的资本"走出去"。

凤凰出版传媒集团在"十二五"时期就启动了国际化的工作,是一步步在以上模式的基础上才最终完成对海外企业的并购的。2008年,美国出版国际公司因经营问题计划出售童书业务,受到凤凰出版传媒集团的关注,该收购难度大、挑战大,原因是原公司涉及的产业链长,主体多,业务资产分布广,交易难度大,并购的是资产业务,而非对原公司的整体股权收购。在种种努力下,2014年7月,凤凰出版传媒集团以8500万美元收购美国出版国际公司的童书业务和其位于德国、法国、英国、澳大利亚、墨西哥等海外子公司的全部股份和资产,实现了对电子有声童书全球市场的布局,成为中国出版业有史以来最大规模的跨国并购。这家出版商具有迪士尼等国际文化产品品牌的授权和沃尔玛等分销渠道,业务涉及20多个国家,这种并购方式对凤凰童书业务进入地方主流渠道意义重大。[191]同年，广西师范大学出版社完成了对澳大利亚视觉出版集团（Images公司）的收购，该收购案被评为"中国创意工业创新奖·新管理模式金奖"。2015年2月，皖新传媒与国图集团签订《投资意向书》，共同收购法国凤凰书店。

2015年8月，浙江少年儿童出版社宣布收购澳大利亚的童书出版社——新前沿出版社，这家出版社是全资收购的，该社原负责人成为浙江少年儿童出版社的经理，继续负责出版社运营。虽然该社规模不大，每年只有大约200种图书出版，但已在澳大利亚和英国经营了10多年，对本土市场很了解。2017年，浙江少年儿童出版社又在伦敦注册成立新前沿出版社（欧洲）公司，抓住英国出版市场，是收购与投资结合的典型。在具体实行方式上，浙江少年儿童出版社的海外子公司雇用的全部是外籍员工；在生产流程上，实行编辑、出版、营销、经营一体化的策略，保证了海外公司与决策的独立性和海外的本土化运作。而母公司则是远程管理、全盘了解、实时监督，在选题、财务和物流印刷3个方面介入管理过程。这一方式是适应海外图书市场相对成功的一种选择，能让中国图书在海外的出版和传播获得一定的影响力。截至2023年，浙江少年儿童出版社的海外出版单位共出版图书907种，完成国际同步出版项目10种，实现纸质书版权贸易241项，数字版权贸易24项，覆盖40多个国家，出版的图书中有47种获得澳大利亚和英国的国家级、地方级奖项。

广西师范大学出版社的"走出去"以音乐类图书和建筑设计类图书作为突破口。2014年，广西师范大学出版社以200万美元收购澳大利亚视觉出版集团，2016年8月，在第23届北京国际图书博览会上正式宣布成功收购英国ACC出版集团，到2018年底，广西师范大学出版社拥有新加坡、澳大利亚、英国、美国等多家海外公司，海外员工有40多人，初步形成了出版"走出去"的全球格局。2017年10月，中国A股上市公司印纪传媒宣布收购福布斯传媒。

我国是出版强国，但非科技出版强国，其中一个重要因素就在于科技出版的国际传播能力较弱，科技话语权不足。科技类出版社的海外并购有利于提升中国科技文化的影响力。[192]早在2008年，人民卫生出版社就收购了加拿大BC戴克出版公司的全部医学图书资产，收购该社后，人民卫生出版社拥有了国际著名医学专家的作者群和最长达20年不断修订再版的医学图书精品。[193]2019年，科学出版社收购法国EDP Science出版社，该出版社是法国历史比较悠久的科技出版机构，由诺贝尔物理学奖和化学奖获奖者玛丽·居里夫人、波动力学创始人路易·德布罗意、诺贝尔物理学奖获奖者让·巴蒂斯特·皮兰等科学家创立。该出版社出版科技期刊75种，其中英文类58种，法文类17种，这一并购在科技出版领域是少见的。

民营企业参与国际化并购的典型代表公司是北京新经典文化股份有限公司（以下简称新经典）。2016年，新经典收购法国菲利普·毕基埃出版社。该出版社曾翻译引进莫言、王安忆、余华、毕飞宇等作家的作品，曹文轩的《青铜葵花》就由该社最早引进法文版本，因受市场欢迎才有了其他语种的图书进入欧洲其他国家。新经典的收购在一定程度上解决了"走出去"过程中汉学家翻译难找、作品难卖的问题，是文学板块"走出去"的重要举措。2022年，该公司在美国的全资子公司群星出版社（Astra Publishing House）收购了儿童漫画和青少年图像小说出版社Toon Books和美国科幻图书品牌DAW Books。DAW Books拥有50年历史，出版科幻类图书超过2000部，推出了许多获奖作家的作品，是美国少有的接受作者直接投稿的出版社。随着《三体》在海外的爆火，以及近期科幻电影的兴起，读者对科幻出版领域的关注度提高，新经典的海外收购也可以帮助我国出版社开拓国内的科幻图书出版板块，提升国内科幻出版的能力。

这些载入中国新闻出版行业并购案史册的大事件，都是我国出版资本"走出去"的里程碑。海外并购要结合出版社自身的状况，目前参与海外并购的中国出版社一般都是经营状况良好、拥有强大的品牌影响力和运营管理能力的大型出版社。即便是拥有这样的条件，也应看到，我国的出版社大多是内向型出版机构，海外并购复杂度高，存在一定的风险，一定要对收购对象有足够深入的了解，充分进行调研和评估，否则将一些并不具有优势，甚至是走向衰落的出版社收购进来，不仅对出版社的国际业务没有实质性帮助，而且会成为债务负担。

四、投资参股模式

投资参股模式是指购买海外某一公司一定数量的股份，对公司进行控制。目前我国企业的海外投资主要是指纯粹控股公司，即只凭借公司的股份进行资本经营，而不直接从事生产经营业务。我国的海外投资领域多样化，从最初涉及贸易到资源开发、工农业生产、工程承包、交通运输、医疗卫生等领域不断扩张，在涉及"一带一路"

共建国家的投资中，仍是以央企、国企等企业为主。但近年来一些民营企业开始投资文化产业领域，包括游戏、音视频、出版等细分板块。2013—2014年间，我国在文化产业领域的海外投资事件中，软件网络及计算机服务领域投资占比29%，游戏动漫占比16%，电子商务占比12%，SNS占比10%，教育培训占比4%，广告会展占比2%。在投资事件的地理分布上，美国占事件总数的65%，新加坡、英国和以色列各有3起，韩国、印度尼西亚各有2起，巴西、俄罗斯、芬兰和日本各有1起，投资的主体是国内少数有实力的文化企业，包括腾讯、网易等。[194]

建立海外分支机构是传统出版业海外投资的一种形式，投资领域仍在传统出版板块，但传统出版机构中有一些在海外做了跨界尝试。2013年，江西出版集团以"基金+直投"股权投资方式收购美国第三大物联网RFID芯片企业美国意联科技，尝试以"互联网+物联技术"推进出版业的融合。[195]同年，安徽出版集团收购波兰的时代马尔沙维克集团，在全资收购该集团后，分批次投资100万美元，围绕图书的出版、文化旅游、培训、文化经贸等领域开展合作，并依托该集团与波兰哥白尼大学共建汉语文化交流中心，又与在俄罗斯运营的新时代印务公司相互配合，此类投资延长了与出版相关的产业链条。[196]

民营企业的海外参股典型代表公司有腾讯、网易。2010—2021年间，腾讯每年的海外投资或收购为2—8起，投资并建立了超过20家海外工作室，投资的海外公司数量达33家，资金达978亿元人民币，这相当于网易2022年全年的营收，投资金额小到上百万美元，大到数十亿美元。2008年，腾讯投资参股的拳头游戏，开发出风靡全球的手游《英雄联盟》，到2015年，腾讯实现了对《英雄联盟》100%的控股。2012年，腾讯投资游戏引擎商Epic Games，后者开发的《堡垒之夜》上线一年赚取50多亿美元。2016年，腾讯投资动视暴雪5%的股份，合作推出手游《使命召唤》。2016年，腾讯获得日本知名出版巨头角川书店旗下的广州天闻角川动漫有限公司41%的股份，该公司是中国轻小说的核心企业之一。2021年，腾讯又以约17亿元人民币收购日本出版公司角川书店约6.86%的股份，成为第三大股东。角川书店是日本的出版业巨头，与集英社、讲谈社、小学馆并称为日本四大出版社，旗下拥有视频分享网站Niconico版权，动漫《刀剑神域》《从零开始的异世界生活》、影视《午夜凶铃》《罗生门》《你的名字》等作品版权，以及《只狼》《黑暗之魂》等游戏版权，每年出版图书约5000种。事实上，腾讯海外投资参股的布局从更早的时候就开始了。2019年，腾讯入股英国游戏开发商Sumo，占有Sumo公司9.96%的股权，该公司的主体工作室Sumo Digital成立于2003年，参与制作过《龙与地下城》《古墓丽影》等知名3A游戏，是全球最大的独立第三方游戏工作室。2021年，腾讯以9.19亿英镑全资收购了该公司。除此之外，近3年来，腾讯在海外公司持有的股份包括对挪威Funcom的全资控股，对瑞典10 Chambers的主要股权持股，持有瑞典Fatshark36%的股权，世界知名游戏背后的开发商，都有过被腾讯投资的历史。2019年第四季度海外收入占腾讯游戏收入的比例为23%，到2023年第四季度，这一比例高达34%。网易的海外投资与腾讯形成了差异化竞争态势，其起步比较晚，2016年成立投资合作事业部，投资的主要领域是一些初创团队和中小团队。网易以1亿欧元全资收购Quantic Dream，后者拥有员工250多人，旗下拥有全球销量超800万份的《底特律：变人》，该投资是网易投资中规模较大的。

随着中国实力的增强，海外本地出版市场对来自中国的投资也表现出较强的意愿和兴趣。东南亚最大的电子书平台e-Sentral创立于2011年，既面向普通读者，也为该区域各个国家的图书馆提供电子书业务，聚合了超过7万位东南亚当地出版商和作者，以及超过15万部来自西方出版社的电子书。该平台目前有东南亚最大的教育出版社和上市公司Pelangi出版集团、马来西亚教育部下属机构KotaBuku的投资，与此同时，该公司还在积极寻找中国的投资。中国企业对海外数字出版领域的投资可以充分利用本土的平台资源、技术架构、用户资源，将数字内容更顺畅地输出到目标国家。

从以上所述海外投资状况来看，传统出版业在"一带一路"共建国家的投资仍然比较少，投资的目的地仍然以新型数字出版产业较为发达的北美地区，欧洲的英国、瑞典、芬兰等国家为主，其次是以日本、韩国、新加坡等为代表的亚洲国家，尤以日本为重点。在面向"一带一路"共建国家的投资中，出版业仍然以传统出版产品贸易和服务为主要形式，包括实体图书的销售、大型书展、版权贸易、教材输出等，以独资、收购、合资等方式进行的投资还比较少。在投资涉及的领域中，图书出版业的投资参股形式并不多，以民营企业为主体的投资主体以追求资本和利润为主要目标，而部分"一带一路"共建国家的文化产业发展水平与美国、日本以及欧洲发达国家存在明显差距，政治更不稳定，给对外投资带来较多的风险因素，因此面向"一带一路"共建国家的投资参股还不是目前出版"走出去"主流的资本形式。

中国出版"走出去"面临十分复杂的国际环境，其中不确定性因素很多，这些所谓的不确定性因素都会构成风险。无论是宏观层面的政治、经济、文化等风险，中观层面产业面临的困境，还是微观层面的出版机构在数字化发展中遇到的问题等，都需要对出版"走出去"进行深入总结。

第一节　宏观层面的环境风险

面向"一带一路"共建国家，我国出版"走出去"在培养高素质翻译人才、建立海外分支机构、拓展外向型平台和渠道等方面进行了积极的探索，也取得了一定的成效。在图书出口的地区分布上，重点区域已经转移到"一带一路"共建国家，出版业的"走出去"既面临与其他行业"走出去"共有的问题，也面临行业本身特殊性带来的特殊困境。在各类困境中，以政治风险、文化风险、经济风险等为主的风险对出版企业的影响较大。

一、地区间的政治不稳定因素较多

中国出版"走出去"首先需要面对的是政治风险，各国政治都会对出版构成影响。国际局势变化很快，国际政治制度、领导人的更换都会影响出版业。当前国际局势不稳定，局部地区战争风险加剧，一旦国家发生战争，出版业的损失可能无法控制。有些国家为保护本国出版业的发展，会颁布限制外国出版企业在本国的发展政策，比如增加税收，设置门槛限制外国出版企业进入。某些国家政局不稳，经常发生政权变动，新政权往往不承认旧政权的政策，如果在这些国家投资，可能会遭受重大损失。所有这些现象都提醒中国出版企业需要对目标国家的政治性风险进行评估，不可贸然"走出去"。这些评估包括目标国家的政权稳定性、政策稳定性、执政能力等多个方面。

尽管"一带一路"倡议给"一带一路"共建国家带来诸多契机，但基于地缘政治的地区性冲突仍长期存在，政治风险也就成为出版"走出去"的不确定因素之一。亚洲、非洲、欧洲的重要节点地带是中亚和中东。在中东国家，伊朗长期存在的问题已经成为经贸和文化交流中最大的不确定因素，利比亚、叙利亚、也门等国家的冲突与战争交替，给地方发展和基础设施建设带来诸多不稳定因素。在中亚国家中，吉尔吉斯斯坦政局长期动荡，2005年该国爆发"郁金香革命"，2010年发生政权非正常更迭并引发暴乱，2020年该国又因议会选举引发抗议和冲突。沙特阿拉伯得益于丰富的石油资源，有稳定优厚的财政收入，政治社会相对稳定。在南亚地区，恐怖主义、宗教与种族矛盾激化增加了地区性经济与政治的不稳定，地区性大国——印度，对中国长期存在"信任赤字"。我国的出版"走出去"不仅仅涉及单本图书的翻译和推广，近年来国内一些大型出版机构还通过建设海外编辑部、与本地出版机构合作生产图书、兼并本地出版公司等方式拓宽"走出去"的空间。一般来看，制度执行质量较低的国家，经济发展也比较落后，吸引外资的愿望比较强烈，出版"走出去"可能更容易实现，但政治风险高也容易降低出版"走出去"的吸引力，出版社多是国有企业，依赖国家层面和企业层面的政策性支持和资源支持，对规避政治风险具有一定的抵抗能力。相比之下，一些民营企业的"走出去"，比如游戏、数字音乐、网络文学等泛出版行业，主要是以市场需求为导向，更倾向于地域环境稳定、制度环境较好的地区。即便是对于国有出版机构，政治冲突导致的地区不稳定也会干扰出版"走出去"的文化传播效果。

政策性挑战同样是"走出去"的重要挑战。近年来，在中国企业"走出去"的过程中已经发生过因为政策变动而无法充分利用国际市场的情形，如美国对中兴通讯和华为的制裁。中国出版企业在海外的经营活动同样会面临所在国家的贸易性或非贸易性关税壁垒等挑战，尤其是考虑到图书作为一种带有价值观的特殊产品，不同于一般商品，所以有些国家为了保护国内文化产业，在国际贸易方面会实行"文化例外"政策，也就是说出版等文化行业可以不按照通行的国际贸易规则行事，而是采取限制性开放政策，法国就是实行"文化例外"的典型国家。这些"文化例外"的政策会影响中国在这些国家的出版经营行为。

1992年，加拿大将文化产业不列入自贸条款的行业。欧洲人支持将影视业视为一项文化产业，并重申对它予以保护的重要性。1993年9月，在欧洲议会上，由法国提出，通过了将文化产业例外化的提案：文化产业应该出现在《关税与贸易总协定》例外条例的总章中。[197]出版业毫无疑问是文化产业的一部分，不受《关税与贸易总协定》的约束。20世纪80年代以前，美国电影产业同样受到国家税收庇护："如果投资者想获得减税，可以对电影行业进行投资。"由此可见，世界各国对文化行业都高度重视，把它视为特殊的行业，采取不同于一般产业的政策进行管理。出版是文化行业的分支，当然要受到相关约束，我们在"走出去"的过程中需要认真研究这些政策，否则就可能给出版活动带来损失。

中国出版机构对地方的政治环境感知、宗教文化、民俗文化理解不足，在出版的海外运作机制、语言翻译、本地化运营、读者阅读兴趣等方面的把握就会不到位，甚至可能会触犯习俗或宗教方面的禁忌，对国际形象也会产生一定损害。对于出版机构来说，应该根据自身的行业属性、特征、规模、风险承受能力来定位"走出去"的地域范围和策略。政治关系在双边或多边的文化贸易、文化交流方面发挥着十分重要的作用，出版企业需要把握目标国的政策和国际合作机制，对目标国制度环境进行风险评估，转变经营理念。在出版业"走出去"选择目标国家之前，一定要深度调研目标国的政治环境、经济环境等因素，充分考虑合作风险。

二、国家数量多，市场小，文化差异大

截至2022年12月，中国已经与150个国家和30多个国际组织签署了200余份"一带一路"合作文件，主要集中在东南亚、南亚、中亚、西亚、中东欧、北非等区域。从人口规模来看，"一带一路"共建国家的人口规模占全球人口总数的60%，但GDP只占到全球GDP的32%，且多为新兴经济体国家和发展中国家，有不少国家的经济发展基础薄弱，整体水平偏低，市场容量偏小。以泰国为例，泰国是东南亚的第二大经

济体，人均收入仅次于新加坡和马来西亚，全国人口约7000万，共有30多个民族，泰族为主要民族，约占人口总数的40%，泰语、英语使用比较广泛；华人占泰国人口总数的12%—14%，主要来自广州、潮汕、厦门等地区，闽南话、广东话在泰籍华人中使用也比较普遍。泰国的互联网普及率约为47.5%，视频网站访问量比较大的是YouTube、TV.line.me等。[198]2010年，中国—东盟自由贸易区成立后，中国与泰国的贸易规模越来越大，中国对泰国出口的多是机电产品、高新技术产品、纺织品以及农产品等，中国从泰国进口的多是天然乳胶、农产品等。在泰国出版市场，出版商领军者有9家，这些出版商的年收入共计约3.15亿美元（合计人民币约22亿元），占整个出版市场份额超过35%。大型出版商有29家，年收入共计1.15亿美元（合计人民币约8亿元）；中等出版商有41家，年收入在3500万到1.15亿美元之间；小型出版商有319家，年收入低于3500万美元（合计人民币约2.4亿元）。中国每年会通过书展等方式推进图书的国际化，比如2018年在第二届东南亚中国图书巡回展上，中国有85家出版机构参展，共推出8000多种主题出版物，如《习近平谈治国理政》《习近平讲故事》《习近平新时代中国特色社会主义思想三十讲》，文学小说《三国演义》《平安批》等在泰国各书店都有销售，网络文学作品在泰国的销量也比较突出。在东南亚市场，中国的出版物发行量每年在几百万册以上，主要购买国家是新加坡、马来西亚、印度尼西亚、泰国、印度等，其中新加坡、马来西亚最多。这些图书多以中文版或泰文版为主，相比于英文版图书在当地的优势地位，中国出版物的输出总量并不多。

同样，中亚国家GDP最高的国家——哈萨克斯坦，其GDP总量与欧洲的匈牙利、乌克兰处于同一水平，该国人口只有约2000万，2023年GDP在世界排名第50位，使用的语言主要是哈萨克语和俄语。苏联解体后，哈萨克斯坦的出版业走向私有化，但目前绝大多数出版的著作是教科书，占出版物总量的90%，且多从俄罗斯进口。多数出版社充当的是印刷商的角色，不少图书并未经过正式的编辑生产流程，作家也多承担着付费印刷、发行、存储等出版工作。[199]哈萨克斯坦欧亚国际书展是欧亚地区最大的文化和教育活动之一，汇集了欧洲和亚洲国家的出版、印刷等公司，中国的主题出版物包括《之江新语》《摆脱贫困》《习近平讲故事》《平易近人：习近平的语言力量》《信仰人民：中国共产党与中国政治传统》，中国经典文学作品、汉语学习教材教辅、儿童读物等也都出现在中国展区。2019年底，中国在哈萨克斯坦的阿拉木图开设了第一家中国主题书店——尚斯书店，店内售卖俄文版、哈文版以及中哈双语的中国主题图书共700多种，书店内较受欢迎的图书有反映中国古代哲学思想的著作，如《论语》《孙子兵法》等。当代文学作家莫言、王蒙、李佩甫等在哈萨克斯坦的知名度也比较高。"一带一路"倡议提出以来，中哈经贸合作往来频繁，中亚国家出现汉语热，因此汉语教辅类图书、汉语等级考试用书也比较好卖。尚斯国际出版集团在俄罗斯、吉尔吉斯斯坦也拥有独立的出版机构和发行渠道，主要翻译出版中国主题图书。但总体来说，出版业在该国发展相对落后，市场体量还比较小，中国主题图书的推广渠道较为单一，且数量较少，受该国经济发展水平限制，中国图书的读者覆盖面还比较窄。

国家数量众多、市场体量小，限制了中国图书"走出去"的规模化发展，中国主题图书每出口到一个国家，其成本是比较高的，当前的出版"走出去"动力多来自国家层面的政策支持、资金资助，出版承载的文化价值远远超越经济价值，出版社的内生动力则稍显不足。不过，需要注意的是，"一带一路"共建国家的文化复杂性也会让出版的文化价值打折。

首先是语言互通的艰巨性和复杂性，"一带一路"共建国家仅65个国家的语言数量就占据人类语言总数的三分之一以上，使用语言约2488种，官方语言约54种，在官方语言服务难度评级中，这些语言服务难度为4—9级，摩尔多瓦语、波黑语的难度高达9级，斯洛伐克语、马来语、土库曼语、迪维希语、塔吉克语、乌尔都语、孟加拉语等11种语言难度高达8级，难度为7级的语言达22种。2019年，全球语言服务市场规模有近500亿美元，其中300亿美元来自"一带一路"共建国家，我国的语言服务企业约37万家，翻译企业超万家，区域通用性语言服务，包括汉语、英语、法语、俄语、阿拉伯语等服务占比达80%，国内小语种人才的培养和供给仍需要加大，因此语言翻译是出版"走出去"的一大挑战。

其次，文化距离对出版"走出去"的效果也会产生一定的影响。文化距离是指客源地与目的地之间的文化差异程度。文化距离的测算维度包括权力距离、个人主义倾向、社会男性气质程度、不确定性规避程度、经济目标长期倾向、自身放纵与约束倾向六个方面。在适度的文化距离内，两国文化相近，有利于在熟悉的经营环境中加强多元文化的整合，营造学习和创新的氛围，文化差异产生的收益就比较高；如果文化距离较大，文化差异带来的冲突会使整合成本大于收益，此时对文化贸易就会产生阻碍作用。[200]从权力距离倾向来看，欧洲国家与亚洲国家的差异较大，亚洲国家属于权力较为集中的国家，而以色列受西方思想影响较大，在亚洲国家中的权力距离最小。

在欧洲国家内部，俄罗斯、斯洛伐克等内陆国家的权力系数高于以立陶宛为代表的波罗的海各国家权力指数。从个人主义倾向来看，权力越集中的地区集体主义倾向更加明显，这与权力距离的分布特点类似。从社会男性气质程度来看，程度越明显，男性在社会竞争和资源独断性方面的优势就越明显，社会男性气质程度反映了一个国家的性别包容度。从不确定性规避程度来看，亚洲国家的哈萨克斯坦，欧洲地区的希腊、俄罗斯、乌克兰、白俄罗斯等国家系数最高，更倾向于稳定的社会秩序，而新加坡这样的国家对变化和风险的包容度较高。从经济目标长期倾向看，发展较为迅速的亚洲国家，如韩国、中国、新加坡、哈萨克斯坦等，更注重长期利益，而发展相对较慢的国家更倾向于短期利益。从自身放纵与约束倾向来看，系数越高，对自身的约束行为程度越高，而亚洲国家的自身约束程度要高于欧洲各国。由此来看，出版"走出去"的文化传播还需要考虑地区间的文化差异，并因地制宜进行系统设计。

三、经济性风险复杂多变

政治、文化等因素的不同，会导致出版经营上的风险。任何经营活动都会有风险，但是国外的经营风险相对较大，出版企业对目标国家的整体形势、读者消费习惯的了解都远不如在本国国内。对形势判断的失误、措施不当都可能导致经济风险。具体而言，经济风险大致可以分为两类：经营型风险和财务型风险。

一是经营型风险。任何企业管理都有可能发生失误，措施失当难以避免，这些都可能给企业带来风险。相对于政治风险，经济风险的可控性要高一些，有些风险可以通过制度的完善加以避免。企业可以就海外投资项目向保险公司投保，一旦发生风险，可以向保险公司索赔，以此降低风险，但是需要支付一定数额的保险费。此外，在信誉管理上，中国出版企业"走出去"也可能面临目标市场国家的严苛审视，因此务必谨慎从业，用实际行动逐渐建立起自己良好的口碑和商誉。

二是财务型风险。这种财务风险可能是汇率带来的，例如由于目标国家汇率发生变化，出版资金在国际流动时或增或减，这给出版经营带来了风险；也可能是由于跨国运输过程中财务灭失带来的资产减损等。近年来，中国海外投资风起云涌，在矿业、能源、制造业等领域发展很快。根据商务部、国家统计局和国家外汇管理局联合发布的《2020年度中国对外直接投资统计公报》，2002—2020年中国对外直接投资流量每年平均增长25.2%，截至2020年底，中国对外直接投资存量25806.6亿美元。这种增速在全世界是前所未有的。但是，伴随着大量的海外投资，风险也在加剧，中国企业的并购超过一半并未取得实际效果。[201]上海汽车集团股份有限公司购买法国双龙汽车公司后，员工三天两头罢工，企业不能进行正常生产，成本增加，最后被迫申请破产，损失40亿元。出现这种情况的原因在于，对所在国劳工政策、法律环境、税收结构等国情了解不够。

各国民众社会观念不同，出版企业海外经营面对的营商环境也不一样，这也带来了经营管理风险。世界各民族文化差异很大，也给出版企业"走出去"带来很多问题，比如宗教因素、民俗文化因素等。出版"走出去"实际上是一种在不同文化之间的传播。文化冲突是一个需要考虑的重要因素，不同的价值观、信仰、伦理道德、意识形态和风俗习惯都是导致文化风险的因素。在这样的大背景下，出版企业"走出去"需要管理者充分考虑适应当地的文化习惯。出版管理者需要寻找发现其他文化的优长，并善加利用。在企业内鼓励跨文化交流，通过联谊会等形式促进不同文化背景员工之间的友谊。贝塔斯曼曾经获得准许在中国部分地区开办图书俱乐部——贝塔斯曼书友会。1997年，贝塔斯曼陆续在中国推出书友会、在线业务、全国性连锁书店。2001年，中国书友会成员已经达到150万人。2003年、2004年巅峰时期，营业额达到1.5亿元人民币。按照书友会的规则，要成为贝塔斯曼的书友会成员，需要买一本书，才可免去30元入会费，如果邮购，还需另付邮费。会员每季度至少买一本书，若半个月内不购书，就会收到一封"主要推荐书"，由俱乐部自动配送一本，书送到后，无论读者喜不喜欢都必须付款；如果不接受，会员资格将自动取消，会员费无法收回。随着网络书店的发展，贝塔斯曼书友会、连锁书店业务受到严重影响。据了解，贝塔斯曼为招募会员，长期在大众性期刊《读者》《青年文摘》等刊物上刊登广告，每月花费300多万元。每招募一名会员，平均要耗费25元。此外，它还收购了中国本土连锁书店二十一世纪锦绣图书连锁有限公司40%的股份，并成立合资公司北京贝塔斯曼二十一世纪图书连锁有限公司。但是好景不长，由于不能适应中国的文化环境，贝塔斯曼于2008年7月3日宣布终止中国书友会的运营，即终止上海贝塔斯曼文化实业有限公司在华的全部业务。实际上，中国政府批准贝塔斯曼的只是在上海一地发展会员，在运营过程中，贝塔斯曼远远超出规定的经营范围在全国发展会员，即使这样，最后还是退出了中国市场。这是一个典型的投资失败的案例。很多人习惯按自己的传统思维办事，而这些却不一定适合所在国的实际情况。有些企业在国外购买企业后失败了，很大程度上是源于水土不服。企业在"走出去"时须避免盲目的海外并购。有研究显示，在全球的海外并购中，只有30%左右是成功的，其中所在国家的商业制度、法律环境、文化差异、工会甚至意识形态，都可能给并购带来毁灭性的打击。比如欧美企业内的工会存在感极强，在就工人利益与企业进行抗争时表现也十分顽强，在美国设厂的福耀玻璃工业集团股份有限公司就曾因为要不要在工厂内成立工会与工人们进行了一番艰苦的谈判和斗争。美国好莱坞的演出工会实力也很强大，任何人都必须加入工会，否则不能承揽业务，演员不能参与演出。中国文化企业的海外投资与并购必须高度重视工会问题。总之，出版"走出去"的本质是文化"走出去"，中国出版"走出去"有自己的优势，也有现实的必要性，是大国经济发展的必然，在"走出去"的过程中需要充分了解它的各种属性，充分注意各种容易出现的问题，正确对待各种风险，做好预警，准备预案。

第二节　中观层面的产业发展问题

出版能不能"走出去"，除了要考虑宏观层面的环境风险，还要审视出版产业存在的问题，包括我国出版企业在发展规模、出版物质量、企业品牌与信誉度等方面存在的现实困境。

一、中国出版国际化程度不高

中国出版"走出去"需要中国出版业自身的强大。应该说，我们的出版业与美国、英国的出版业差距还很大，还没有真正国际化的大型出版集团。虽然我们有些出版集团资产规模已经和某些国际化的出版集团相差不多，但是主要业务还局限在国内，国际性业务很少。与西方发达国家相比，中国出版产业的国际竞争力有限。第一，出版产业的人才比较匮乏，在人才结构上，编辑人员多于市场与发行人员，这与欧美国家相比，比例失调更为明显。第二，缺乏经营管理型人才。第三，知识资源的利用和开发还比较有限。第四，资本缺乏竞争优势，出版产业的国际资本运作偏弱。第五，中国的主题图书要进入国际主流社会是很难的。尽管中国出版物的数量和出口总额在稳步增长，但有相当一部分是中文书，销售还局限在一些华文书店和华文读者圈层，且中国香港、中国澳门成为输出图书数量最多的地区，其次是东南亚的华文圈层，而在"一带一路"共建国家和英语世界，中文出版物的份额小，市场影响力有限。在"一带一路"共建国家，除了时政类、文学类图书，中小学课本、教材等教育类图书占有较大比重。[202]

2024年，由美国《出版商周刊》、英国《书商》杂志、法国《书业周刊》、德国《数字报道》、中国"百道网"等联合发布的《2024全球出版50强报告》中，我国有4家公司上榜，分别是凤凰出版传媒股份有限公司、中南出版传媒集团股份有限公司、中国出版传媒股份有限公司、中国科技出版传媒股份有限公司，其中凤凰出版传媒股份有限公司排名第11，中南出版传媒集团股份有限公司排名第16。这已经是很不错的业绩了，说明我们的部分出版集团已经跻身全球大型出版集团的前列。但是，我们的出版集团大多是由政府主导建立的，不是靠市场兼并而建立起来的，对市场的适应性、内部的凝聚力和效率都有待提升。我们的出版集团和名列前茅的励讯集团（里德·爱思唯尔）、汤森路透集团、贝塔斯曼在国际化方面差距仍然较大。在这一榜单中，德国有11家公司上榜，美国有8家公司上榜，日本有7家公司上榜，法国有5家公司上榜，我国上榜总数与一些出版强国相比还有一定的差距。

图6-1所示为2010—2019年中国图书生产总值增长情况。如果计算同期中国GDP的平均增长率，可以得出表6-1的数据。

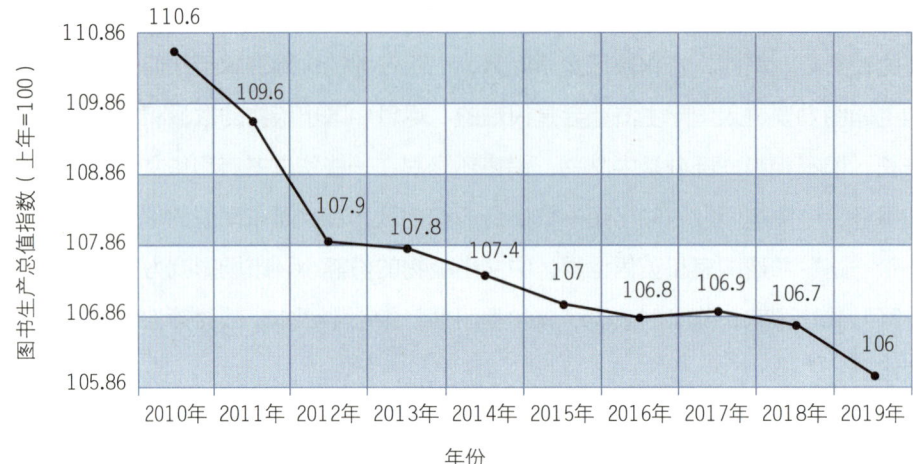

图6-1 2010—2019年中国图书生产总值增长情况

(图片来源：国家统计局"国家数据"网站)

表6-1 2010—2019年中国GDP平均增长率

年份/年	2010	2011	2012	2013	2014	2015	2016	2017	2018	2019	平均值
GDP增长率/%	10.6	9.6	7.9	7.8	7.4	7	6.8	6.9	6.7	6	7.67

结合图6-1和表6-1可以看出，2010—2019年间我国图书生产总值增长情况基本和GDP的增长同步，前期速度比较快，后期逐渐放缓。

图6-2所示为2010—2019年国内图书总品种数变化趋势，可以看出，2018年我国图书总品种数约51.93万种，已经是世界第一。这一数字说明仅就图书品种的丰富程度来看，中国出版是全球无可比拟的。但是，其中有些书的质量并不高，重复出版、跟风出版、粗制滥造等现象普遍存在。因此，自2018年以来，书号总量受控，其中2019年新书总品种数减少到224762种（如图6-3所示），创2012年以来的新低，图书总品种数也出现了10年来的第一次下降，为505979种。政府控制书号总量的目的就是要求出版业实现由高速增长阶段向高质量发展阶段的过渡。

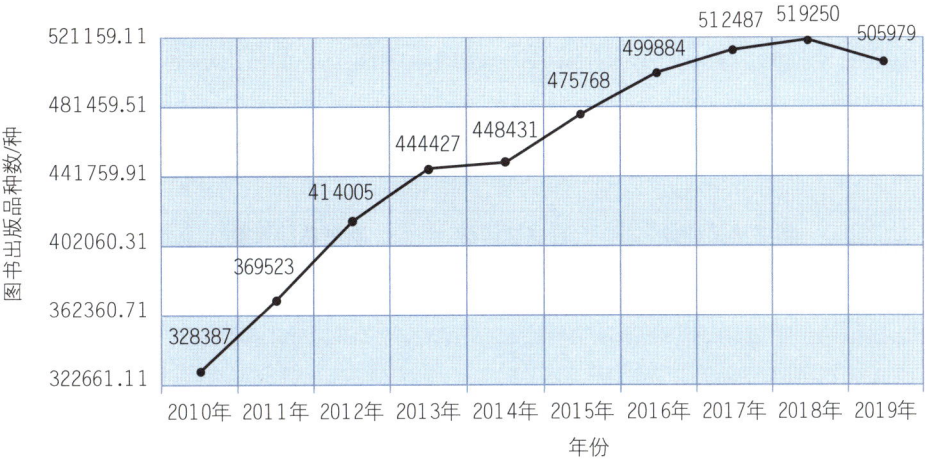

图6-2 2010—2019年国内图书总品种数变化趋势

（图片来源：国家统计局"国家数据"网站）

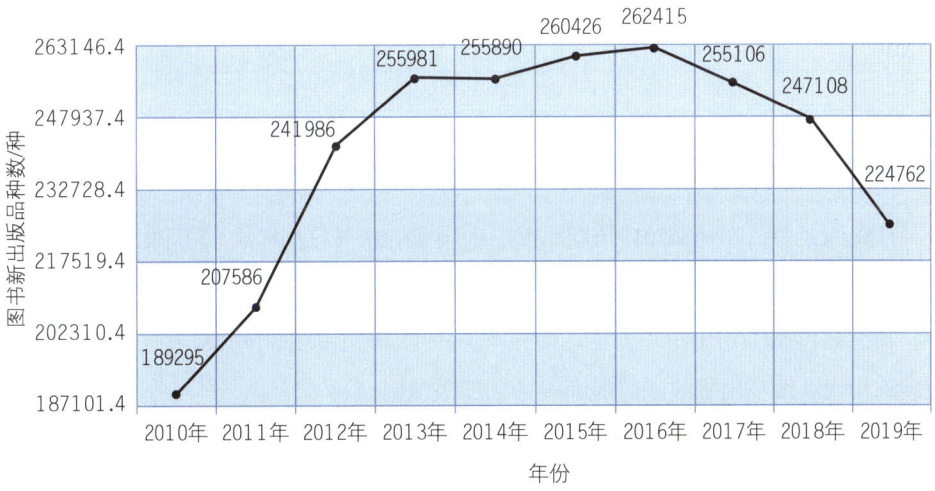

图6-3 2010—2019年国内新书总品种数变化趋势

（图片来源：国家统计局"国家数据"网站）

除了图书出版新书总品种数,如果再加上新书总印数、新书总印张数和新书定价总额这三个指标,我们可以得出2010—2019年中国图书新书出版增长率变化(见表6-2)。

表6-2 2010—2019年中国图书新书出版增长率变化

年份/年	新书总品种数增长率/%	新书总印数增长率/%	新书总印张数增长率/%	新书定价总额增长率/%
2010	8.84	1.90	7.22	10.37
2011	12.53	7.46	4.65	13.57
2012	12.04	2.85	5.12	11.32
2013	7.35	4.87	6.83	8.95
2014	0.90	−1.51	−1.17	5.75
2015	6.10	5.84	5.53	8.26
2016	5.07	4.32	4.58	7.10
2017	−2.79	5.58	4.79	1.32
2018	−3.14	10.69	12.79	19.81
2019	−9.04	−0.79	−0.22	1.70
平均	3.79	4.12	5.01	8.82

注:根据中国新闻出版研究院公布的历年《新闻出版业基本情况》整理。

从整体来看,2010—2019年期间图书出版业的新书总品种数、总印数、总印张数、定价总额四项指标平均增长率除了定价总额一项指标高于GDP的平均增长率7.67%以外,其他各项都落后于GDP的平均增长率。说明图书出版业的发展没有跟上国民经济发展的步伐,图书出版业还需提炼内功,加快发展。

从全球出版市场来看，在纸质图书的新书总品种数方面，中国已经是全球第一，2017年中国有25.51万种，而当年美国只有19.8万种（如图6-4所示），中国的新书总品种数比美国的1.28倍还多，其他国家的新书总品种数更无法和中国相比。中国的新书总品种数约是法国的2.4倍，德国的3.1倍，俄罗斯的2.2倍，日本的3.5倍。

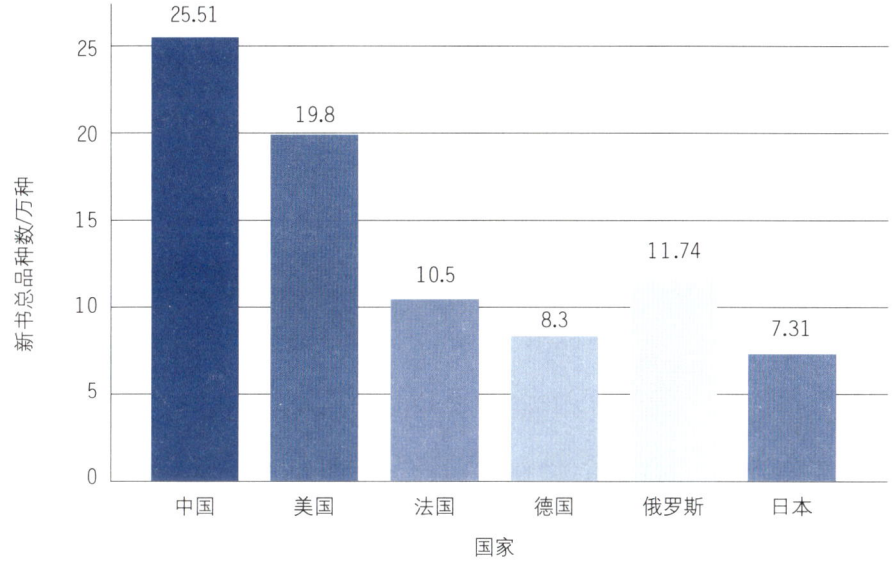

图6-4　2017年各国图书新书出版情况

（图片来源：范军.国际出版业发展报告（2018版）[M].北京：中国书籍出版社，2019.）

2017年中国图书销售总额1111.85亿元人民币，美国是262.3亿美元，按照1美元兑换7元人民币，折合人民币约1836亿元人民币，美国高出中国65%。关于图书销售总额，我们需要辩证地来看，这一数字只具有一定的参照性，不能代表美国出版业的全貌，这里面有一些定价因素，美国图书定价远高于中国。如图6-5所示，德国2017年图书销售总额是109.02亿美元，折合人民币764亿元，中国约为德国的1.46倍。中国图书销售总额虽然低于美国，但是高于德国。通过查阅其他资料，我们得知英国2017年图书销售总额是36.2亿英镑，按照每英镑兑换8.79元人民币，折合人民币约318.2亿元。中国已经是图书销售总额第二大国。但是，值得思考的问题是，德国仅有8000多万人口，是我们人口总数的5.8%，图书销售总额却是我们的69%。由此可见，中国国民购书的潜力巨大。单纯的图书销售总额不能反映出版业的总体状况。

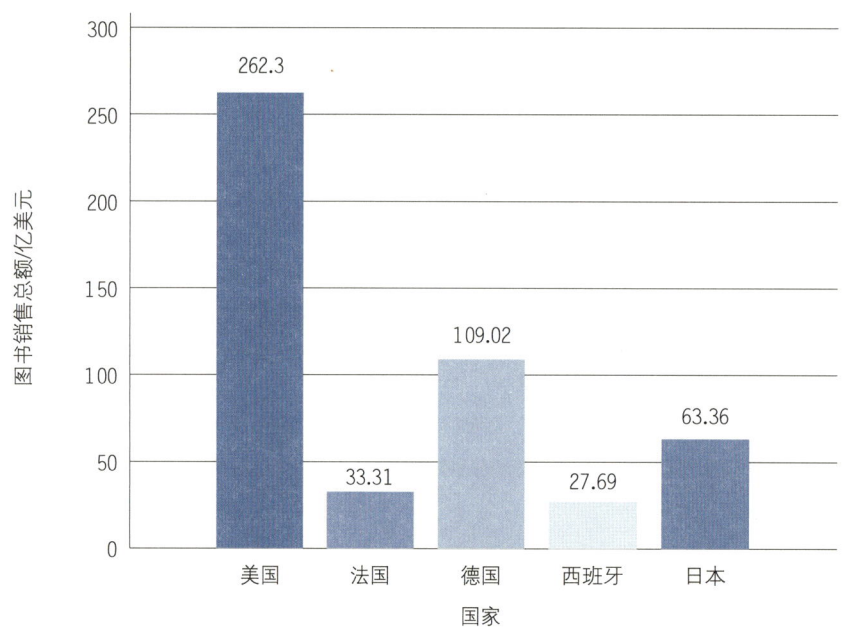

图6-5　2017年各国图书销售总额情况

（图片来源：范军.国际出版业发展报告（2018版）[M].北京：中国书籍出版社，2019.）

2017年我国图书出口总额5046万美元。如图6-6所示，2017年美国图书出口总额是43.48亿美元（含图书以外的其他印刷品）。中国图书出口总额远低于美国，美国图书出口总额是中国的86.17倍。英国当年图书出口总额为21.47亿美元，是中国的42.55倍，占据了全球图书出口17%的市场份额。日本当年图书出口总额约为8300万美元，大约是中国的1.64倍。由此可见，中国的图书出口与大国地位极不相称，还有很大的潜力可以挖掘。

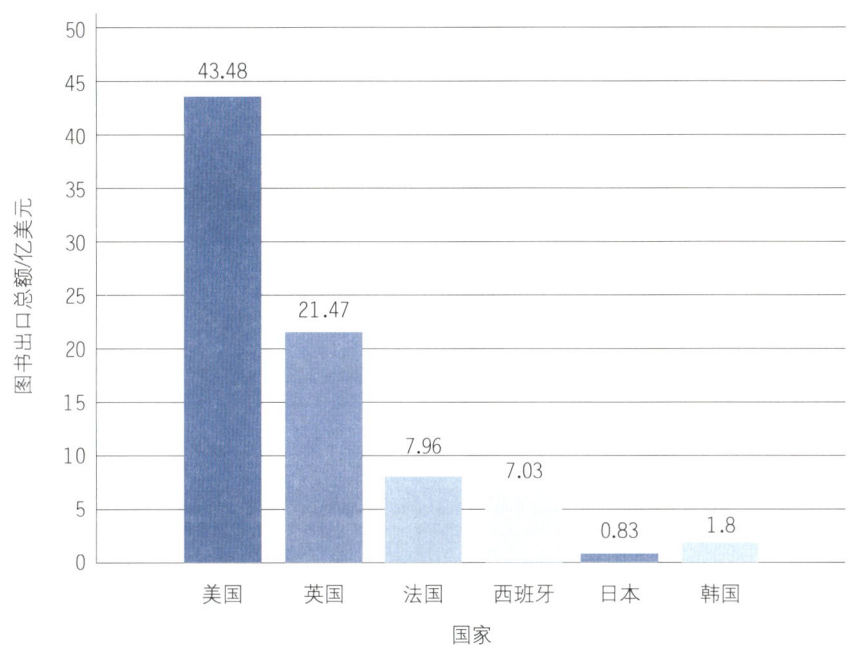

图6-6　2017年各国图书出口情况

（图片来源：范军.国际出版业发展报告（2018版）[M].北京：中国书籍出版社，2019.）

如图6-7所示，我国图书进口总额自2013年以来稳步提升，2018年约为21577万美元，远远大于出口总额5046万美元，是出口总额的4.28倍。图书进出口总额逆差很大。不过，对一个发展中国家来讲，通过引进图书来提高国家科技、文化水平是最经济的，不必为此而过于担心。当然，我们通过提高出版物品质来增加出口量、减少图书贸易逆差是好事，但是不可操之过急。

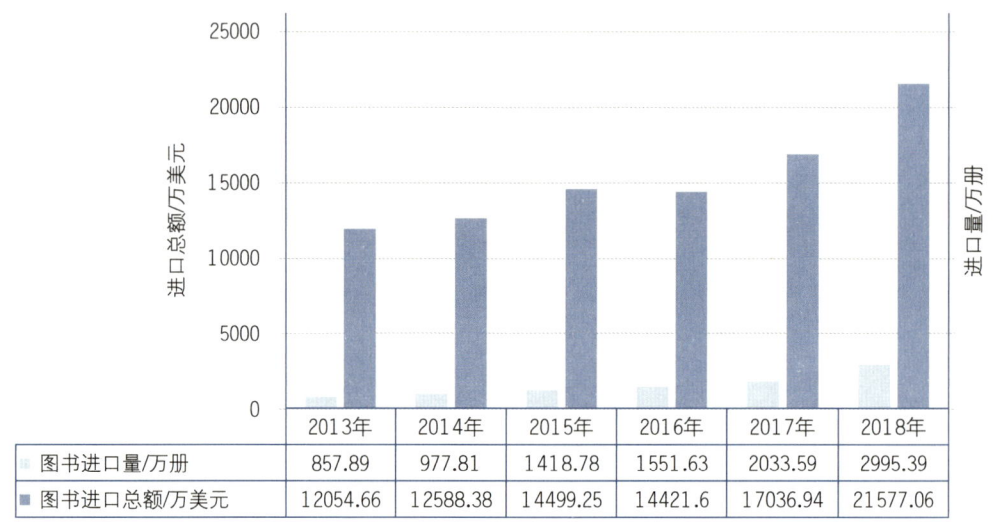

图6-7 2013—2018年中国图书进口量及进口总额统计

（图表来源：国家新闻出版广电总局、智研咨询整理）

二、出版物质量与品牌的挑战

根据联合国教科文组织文化统计框架，文化产品一共有13个大类，分别是古董、乐器、录制媒介、绘画、其他视觉艺术（如刺绣、雕塑）、手工艺、首饰、摄影、书籍、报纸、其他印刷品、电影和视频、建筑和设计。在产品结构构成方面，2018年，首饰、其他视觉艺术、手工艺的出口比重分别是38.7%、22.45%、17.89%，这三类产品共占文化产品出口总量的近80%，占比最低的分别是电影和视频、摄影、建筑和设计、报纸、古董，对应的比例分别为0.003%、0.0038%、0.02%、0.03%、0.06%，这五类产品对文化产品出口的总贡献不足1%。在文化产品的出口区域分布方面，出口区域依次为亚洲（60.07%）、美洲（24.18%）、欧洲（12.19%）、非洲（2.2%）和大洋洲

（1.37%）。在中东欧国家，重点输出国主要是波兰、斯洛文尼亚、捷克和匈牙利，其中波兰是中国在中东欧国家的第一大文化贸易伙伴，文化产品出口总量占该区域总量的50.72%。[203]文化产品的核心类别主要是文化遗产、印刷品、声像制品、视觉艺术、视听媒体，这些出口总量占文化产品出口总量的比例并不高，不过在核心文化产品结构中，视听媒体已经成为文化对外传播的领头羊，占比高达38.2%，其次是视觉艺术（包括影视、刺绣、雕塑等产品），声像制品（磁带、光学媒体等），印刷品和文化遗产。

对于核心文化产品的竞争力，有学者采用国际市场占有率、贸易竞争力、显示性比较优势、对称性显示性比较优势等指数来衡量。与"一带一路"共建国家相比，中国核心文化产品的国际市场占有率高于其他国家。贸易竞争力指数指的是一国某类产品进出口贸易的差额占该类产品进出口贸易总额的比重，用来衡量该国产品的净出口能力，也可以反映一国生产的产品是否处于竞争优势。中国核心文化产品的净出口能力较强，且出口优势在逐步增强。此外，波兰、马来西亚的贸易竞争力指数为正，而俄罗斯、哈萨克斯坦、克罗地亚、保加利亚、匈牙利、土耳其、以色列、泰国的该指数为负数，出口优势有所下降。这对我国核心文化产品的国际竞争力提升是有一定作用的。显示性比较优势指数体现的是某一国或地区产业贸易的比较优势，表明某一国家或地区某一产业的出口占世界平均出口水平的相对优势，我国核心文化产品的显示性比较优势指数平均值为1.39，整体呈现上升态势，总体竞争力有增强。马来西亚、波兰、克罗地亚、保加利亚等国的核心文化产品的显示性比较优势指数均高于中国，中国在这方面与其他国家的差距还比较大。从对称性显示性比较优势指数来看，我国的视听媒体领域在五大类文化产品中的优势最为明显，而在印刷品、声像制品、文化遗产方面的国际竞争力不太明显。由此可以看到，中国的核心文化产品出口规模大，出口能力强，但总体竞争力弱，比较优势不明显。[204]

出版"走出去"一定是精品图书"走出去"，能够被国际社会认可的书无疑都是精品，所以，要想增加"走出去"的数量，必须首先练好内功，多出精品。图书做精了，外国出版商不请自到。浮躁、粗制滥造是出版无法"走出去"的致命祸首。大众文学书把故事讲好，学术图书把学术质量做好，实用类图书把技术做精，都是"走出去"的关键。英国是出版国际化最高的国家之一，图书质量过硬。据贾尔斯·克拉克、安格斯·菲利普斯在《透视图书出版》一书中介绍，英国的大学教材"策划编辑一周需要数次光顾大学和拜访教学人员,以此了解学科的发展趋势、洞悉他们对当前所使用的教科书的看法,并努力销售自己公司的图书"。正是编辑人员勤勉和精益求精的工作态度奠定了英国图书的高品质,而这无疑值得我国同行们学习。

面对这种挑战,我们更要靠精品来实现国际化的发展。举凡能够在国际社会有影响的作品都是优秀作品,甚至是经典作品。为了提高我国"走出去"出版物的质量,我国出版业应该在以下两方面有所行动。

第一,"走出去"的内容经典化。一个民族的文化就是该民族一系列经典著作的累积。经典的传播力是最大的,一本经典能抵上一万本一般图书的影响力。它们具有跨越民族、国家和跨越时空的传播力。经典在国际化的过程中起到统领作用,是领军图书。打造经典是国际化的重要手段之一。如果出版物在经典化方面有重大提升,那么实现国际化是自然而然的事情。说一千道一万,出版"走出去"主要是把出版物推广到国外去,出版物质量是第一位的,内容是关键。国外读者的眼睛是雪亮的,只要是好书,读者就会买账。利用好国际出版市场这个检验我们出版物质量的试金石,静下心来,细细打磨一本本好书,而不是急功近利、揠苗助长,这本是我们应对挑战的治本之策。但是,现在的出版体制过于急功近利,追求短期效益,很难催生经典。这是出版"走出去"面临的最大挑战。

第二,学术出版引入专家评审制度。现在国内学术专著出版质量堪忧,原因是多方面的,其中之一是我们没有建立起严格的学术专著出版准入制度。近些年来,由于部分出版单位效益不好,出版者对内容把关不严,造成学术著作出版质量下降明显,在业内外都引起了不好的反响。为此,可以在学术出版流程中引入匿名审稿制度,通过对学术出版选题进行专业论证,将达不到学术出版标准的作品排除出出版流程。在这方面,学术期刊的出版相对于学术专著的出版已经先行一步,现在国内大多数学术期刊出版已经引入匿名评审制度。匿名评审是一种十分成熟的学术出版制度,在国际社会通行了一二百年,尽管也存在若干问题,但是至今还没更好的制度能代替它。国外很多学术出版社都设有学术委员会,负责对学术专著的出版进行评审。这些学术委员会专家的遴选十分严格,出版社也会充分尊重学术委员会专家的意见,连总编辑、社长都不能随便改动专家意见。普林斯顿大学出版社、哈佛大学出版社无一不是如此。学术委员会的专家都是学界精英,他们的眼光独到,对学界的发展了如指掌,一本书能不能出版,他们的判断不会有太大的偏差。

近些年来，西方国家也在探索新的学术著作评审制度，学术出版网站F1000在这一方面做了有益的探索。过去学术著作的双盲审制度使得审读专家与作者无法沟通，F1000实现了专家评审意见的公开化，并且允许作者和专家直接交流，在一定程度上提高了学术著作评审的客观性，对作者学术水平的提高也很有帮助，这种评审制度创新也许有一天会得到普及。中国学术著作要想"走出去"，实现国际化，第一步就是要制定专家审读制度，这是提高学术著作出版质量的重要手段，也是学术出版国际化的重要路径。据了解，现在人民出版社、部分大学出版社等已经开始实行专家审读制度。如浙江大学出版社成立科技出版指导委员会，同时从牛津大学出版社和约翰·威利父子出版社聘请资深编辑，共同润色科技类图书出版物。河北教育出版社、外语教学和研究出版社为提高英文出版物的质量，长期聘用英语为母语的国家的专家来华做编辑。这些做法都值得肯定。除了出版物的质量，在出版品牌的建设上，国内出版单位和发达国家的国际同行们也有巨大差距。事实上，无论是图书还是出版机构，我们都很难称得上拥有在国际上叫得响的品牌，这同样是一个巨大的挑战。而为了在品牌建设上有所突破，我们也需要在两方面进行改进。

第一，学习国际先进同行的品牌建设经验。一些国际大型出版集团不仅出版机构在国际上大名鼎鼎，而且拥有一大批图书品牌。学术出版领域的爱思唯尔、施普林格、牛津大学出版社、剑桥大学出版社，教育出版领域的培生、麦克米伦，大众出版领域的企鹅兰登书屋、西蒙与舒斯特公司等，只要一提这些名字，大家都有所耳闻，而它们的图书在国际社会也享有盛誉。归根到底，是一本本优秀图书创造了这些国际著名出版集团的良好声誉，而不是单纯靠把机构做大。这里以孤独星球（Lonely Planet）出版公司和多林·金德斯利（Dorling Kindersley Limited，简称DK）出版公司为例，对国外出版企业构建出版品牌的经验进行阐述。

澳大利亚的孤独星球、英国的DK都是全球知名的旅游图书出版品牌，在全球的机场书店都能见到它们的图书。孤独星球在伦敦、奥克兰、新德里、北京等都设有办事处，它出版的每本旅游图书上面都有显著标志，很容易辨认。它出版的旅游系列图书"孤独星球"共拥有500多名员工和350多位签约旅行作者，一共出版了650个主题，在全球200个国家和地区销售，年销售量达700万册，约占全球英文旅行指南销售量1/4。英国广播公司2007年以1.43亿美元收购其75%股份，2011年又以6700万美元收购了余下25%股份，2013年以7700万美元将其出售给美国NC2传媒公司。"孤独星球"

系列在中国2013年6月以后由中国地图出版社出版。

DK出版种类丰富，涉及生活、艺术、旅游、园艺、烹调、幼教等方面，突出的特点就是图文并茂，尤其是图片设计十分精致，成为国际著名出版品牌。它在童书出版领域独树一帜，成为全球十大儿童图书出版商之一。DK对图书质量精益求精，比如和英国红十字会合作一本《急救手册》（*First Aid Manual*），为了最大限度保证图书的使用价值，对书中的每一个救护措施都演练了一遍，结果团队里面有的扮演正在流血（用番茄酱模仿）的伤员，有的扮演躺在地上呻吟的病人，等等。这本书投放市场后，销售了650万册，被翻译成了45种文字。DK出版的一本烹饪书，有一位读者按照书中的一个菜谱做菜，结果被一枚爆出的豆子崩伤了眼睛，原因是菜谱中忘记提醒用户向锅内加水的步骤。为此，公司将上百万本图书全部收回，并赔偿读者损失。

第二，加强国际合作出版，加速融入国际出版市场。近些年，我国的浙江大学出版社与国际学术出版巨头爱思唯尔、施普林格建立了稳定的合作关系，双方逐渐开始联合策划、共同出版、联合署名部分图书产品。该社还和英国麦克米伦出版公司联合出版"大国大转型·中国经济转型与创新发展丛书"，在国际学术圈已经小有影响。二十一世纪出版社在博洛尼亚国际儿童书展上荣获"2015世界年度最佳童书出版社"，中国出版集团在伦敦书展上获国际出版卓越奖主席大奖。我国的图书装帧还多次获得"世界最美的书"奖。这些都说明中国出版已经步入世界出版的殿堂，开始获得国际社会的承认，创立国际著名的出版公司和图书出版品牌也指日可待。

三、企业信誉的挑战

很多发达国家是契约社会，他们重信用，重合同，严格按照协约办事已经成为一种工作习惯。我们有些出版企业在企业信誉方面还存在瑕疵，如不按时支付版税，不按合同办事等。这些做法对出版企业"走出去"构成严重的挑战。

国外作者与出版者之间相互信任并长期合作的例子比比皆是。德国著名作家赫尔曼·黑塞把自己的全部版权授权给德国一家出版社——苏尔坎普出版社，授权期限至2023年，是整个版权存续期。这样的例子在欧美国家不是偶然事件。苏尔坎普出版社现在已经出版了黑塞著作的40个单行本，这些著作被译成了40多种文字，在全球销售

1亿多册。该出版社把黑塞打造成了20世纪读者最多的德语作家。另外，诺贝尔文学奖得主、《百年孤独》的作者加夫列尔·加西亚·马尔克斯将所有文本的出版代理事务授权给他的西班牙出版经纪人卡门·巴尔塞伊丝的期限是150年。类似上述两个例子里的授权是建立在作者对出版社、经纪人的信任基础上的。反观国内，大部分图书版权授权期限只有3—5年，10年长期授权的很少，更不要说把整个版权存续期内的出版权全部授给某家出版社了。这一点值得中国出版人深思。

这里涉及版权的集中授权和长期授权的问题。有些作者主张给出版者的版权授权期越短越好，其实，这是一种误解。短期授权不仅不利于出版社，对作者也十分不利。短期授权对作者而言的唯一好处，就是如果发现授权的出版社不给力，由于合同很快到期，到期后就可以换另外一家出版商。因此，与其这样，还不如在授权前认真考察出版商，一旦决定授权，就是集中授权、长期授权。所谓集中授权，就是一位作者把自己的所有版权都授权给一家出版社，授权期限在10年以上。欧美很多作者这样做，而中国很少出现这种情况。集中授权、长期授权对作者和出版者来讲都是一件好事。对出版者来讲，可以花大力气宣传推广作者，而不用担心作者把版权转售给其他机构。如果授权期限过短，出版者不敢投入巨资来宣传作者，因为自己花的钱可能刚刚产生效果，版权到期，作者可能会选择出价更高的机构，而前期的投资都是给别人做了"嫁衣"。对作者来讲，集中授权、长期授权可以省去很多烦心事，专心创作。另外，出版者舍得在作者身上投巨资进行宣传，作者的名声会有大幅度的提高。

近些年来，国内作者开始逐渐集中授权、长期授权。比如郑渊洁前些年把自己的所有版权都授给二十一世纪出版社。10年期满后，他仍然采取集中授权，将版权授予了浙江少年儿童出版社。2016年，莫言的纸书版权全部授给了浙江文艺出版社。2023年，杨红樱的大部分版权也都授予浙江少年儿童出版社。

在出版国际合作领域，诚信同样非常重要。在这方面，外语教学与研究出版社做得很好。1983年外语教学与研究出版社与英国牛津大学出版社签署《牛津初级英语学习词典》《牛津英语用法指南》的版权授权协议。当时，牛津大学出版社方面开价很高，外语教学与研究出版社相关负责人说，尽管当时中国尚未加入世界版权公约和伯尔尼公约，外语教学与研究出版社本可以不经授权直接出版，但是，仍愿意遵照国际版权公约取得授权，然后再出版。牛津大学出版社方面很顺畅地接受了外语教学与研究出版社的报价。外语教学与研究出版社这种做法取得了牛津大学出版社的信任，后来双方之间很多项目的合作都很顺利。有一次，外语教学与研究出版社从牛津大学出版社获得一本大众英语小说的授权，结果销售很好，远超预期，外语教学与研究出版社主动调高向牛津大学出版社支付的版税率。牛津大学出版社方面对此很感动，双方的互相信任跃升到了新的高度，为此后的合作打下坚实的基础。在诚信方面，国内有些出版社做得还很不够，经常见到作者抱怨出版社不按时支付版税（稿费）等情况。很多出版社的出版合同形同虚设，不按合同办事的情况很多。

  此外，很多外方出版社还经常抱怨中国的出版方不能及时支付版税，不能提供准确的销售报告。这里面有中国出版方的责任，同时也有其他原因，比如向外方出版社支付版税，需要经过地方税务局、国家税务总局的审批，如果中方出版社首次办理，往往缺乏预留时间，容易造成支付不及时。有些出版方是自身实力不足，资金周转困难，难以按时支付。而关于提供准确的销售报告，这里面既有中方出版社的责任，也存在一定误解。一方面，我们的一些出版社粗放式经营，对数字管理不精细，发行和财务部门不协调，往往难以提供准确的销售报告。另一方面，很多外国出版商往往用其本国的销量来衡量中国的销量，认为提交的报告不真实。但这忽略了一个前提，即中国的国民阅读率较欧洲国家、美国、日本等还有很大差距。一本在英国能够销售20000册的图书，可能在中国也就销售20000册。虽然中国的人口是英国人口的20多倍，但不能用人口总量的对比来推测图书的销量。近年来，随着中外出版交往的增加，外方出版社逐渐接受了这一事实。对于销售报告、版税支付存在的实际问题，那些版权贸易做得比较好的出版社已经很好地解决了这一问题。比如中信出版社，支付版税、提供销售报告都很及时，深得外方出版社的信任。很多外方出版社都愿意把版权卖给中信出版社，一方面是因为该出版社营销图书十分得力，销售数据让外方满意，另一方面是因为中信出版社忠实守信，具有很高的国际声誉。中信出版社短时间内能够实现跨越式发展，和它的忠实守信关系很大，这是国内出版社应该认真学习的。此外，民营出版公司新经典也是忠实守信的典范，在国际范围内积累了很好的声誉。数字出版领域的掌阅公司同样如此，版权方在后台能看到它的所有销售数字，十分透明，这增加了版权方对平台的信任感。听书平台得到App也是守信用的典范，每门听书课程的销售量都是透明的，在课程首页明显位置标有课程销售数量，课程定价也很清楚，销售额与作者对半分成，作者只要看到销售数字，就知道自己能有多少收入，一目了然。

在国际合作过程中，一些外国出版商会抱怨中国书价太低。因为大多数版权使用费都是约定按版税方式支付，书价低的话，外方出版社的收益自然就会减少。但其实当前中国书价较改革开放初期已经大幅上涨了。书价是和国民消费水平相关的，脱离消费水平而盲目提高书价无疑等于行业自杀。而且中国还属于中等收入的发展中国家，居民的富足程度远远比不上欧美发达国家，书价当然也不可能和他们一样。对于书价问题，仍需要中外出版方结合实际做深入协调。

最后，国外一些国家环保意识很强，社会大众对采用环保材料的产品往往优先选购，很多图书都印有环保标志，体现出出版企业的社会责任。在1993年，森林管理委员会（FSC）成立，目的是加强对世界森林进行切实可行的管理，促进对世界森林的管理工作符合环境发展的规律和社会利益，FSC标志会附加声明，大致意思是"出版商努力确保所使用的纸张源自合法砍伐的木材，同时这些木材取自管理良好和具有认证的森林"。有些出版物明确声明，图书采用的纸张来自永续林，也就是人为种植的造纸性树林。这样的树林一般采伐周期是25—30年。还有出版物明确声明采用的是再生纸，比如2007年出版的"哈利·波特"系列最后一册《哈利·波特与死亡圣器》用的就是再生纸，当然这些再生纸中混合了产自拥有FSC认证证书的森林的原浆。国内出版物鲜见有环保标志者，目前据调查，国内有些童书出版社开始采用大豆油墨印刷部分图书，这种油墨相对更为环保。但整体来看，我们出版人的环保意识尚需要提高。出版业要扎根当地，就必须树立为当地经济、文化建设做贡献的良好形象，提高企业的信誉度。

第三节　微观层面的数字化困境

中国出版"走出去"的数字化是一个长期的过程，无论是传统的出版社，还是泛民营的市场主体，在"走出去"的数字化建设方面都存在一些类似的瓶颈，主要体现在以下几个方面。

一、"走出去"数字化的投入意愿问题

尽管全球市场的潜力巨大,但并不意味着"走出去"主体的意愿就强烈。首先,我国缺乏世界一流的出版旗舰集团,难以与主导世界图书市场的欧美大型出版集团竞争,原因在于我国的出版企业多是内向型企业,国内的数字化转型仍在探索之中,因此"走出去"的方式还比较依赖传统的纸质图书版权输出。一些大型出版集团,承担着推进中华文化"走出去"和话语体系建设的重要责任,积累了一定的资金和资源,因此,有能力通过在海外收购技术公司或生产制作数字形态产品,推进图书的数字化。尽管在这方面已经有一些出版集团,比如凤凰出版传媒集团、中国出版集团在这方面做出了显著成绩,但从总体来看,无论是国内大型出版集团还是中小型出版社,这些集团的业务布局多聚焦的还是国内市场,比如凤凰出版传媒集团的年度营收除了在图书出版发行方面,还涉及电子游戏、文化酒店、文化地产、金融投资和艺术经营多个产业领域,在国际市场的布局并不明显。

其次,对市场主体来说,"走出去"的意愿也与投入收益比相关。在国际市场,出版的数字化与其他高新技术产业一样,属于技术密集型和资本密集型产业,前期投入的资金较大,资金回收的时间比较长,无论是国内传统的出版社还是泛民营出版主体,资金更容易流向能够较快产生市场收益的产品,比如畅销书、网络游戏、影视剧、网络文学,这些产品面向的受众群体比较广,市场比较大。但即便如此,在"走出去"的数字化建设中,它们仍然面临不同程度的困境。比如,在东南亚地区,用户的付费意识不明显,数字产品在国际上的出售价格较低,海外受众的数量相比国内来说比较少,而且"一带一路"共建国家的市场空间相对较小,国家众多,这些都容易影响市场主体"走出去"的投入意愿和积极性。

二、"走出去"的数字化产业链条问题

传统的纸质图书产业链包括作者、出版社、印刷厂、发行商、零售书商、民营策划机构等,而网络技术的出现改变了传统的出版产业形态。在产业链上游,有第三方数字技术公司,可以负责开发一些新形态的数字产品,数字公司的出现使一部分图书

可以通过数字化格式呈现在网络平台，而无须经过印刷厂的大规模印刷，按需印刷成为一种新的生产模式。同时，电子书、有声书、VR形态图书的出现，丰富了读者的阅读形态，更对纸质图书这一形式带来冲击。在产业链下游，电商平台的出现在一定程度上可能会挤压零售书商的空间，促使线下书店寻找新的盈利空间和转型方式。与此同时，各类阅读类终端的出现，与电商平台一起，成为图书发行的主要渠道。在国外，形成了集亚马逊和Kindle阅读器于一体的电子书生产分发形式，而在国内，则形成了以智能手机为依托的各类阅读App。欧美主要的图书市场已经形成了比较成熟的出版数字化产业链条，一些大型出版集团已经完成了数字化转型，像爱思唯尔这样的企业，至少有超过一半的营收来自数字出版，主要包括数字期刊、数据库、音视频等，而中国出版"走出去"在"一带一路"共建国家市场的数字化链条还未形成，具体体现如下。

第一，缺少支撑性的技术服务商，产业链各环节无法有效整合。作者、出版社是数字出版产业链的内容提供商，而网络终端、手机终端则是最终用户，"一带一路"共建国家的信息基础设施建设整体上相比于欧美发达国家还存在一定的差距，数字鸿沟现象相对严重，而4G、5G布局和宽带互联网服务主要集中在经济发达地区的少部分城市，出版"走出去"的数字化重点布局应该是开发基于智能手机终端的电子书和音视频App，但目前这类App的开发还是以传统出版社为主体进行的，国内技术服务商参与这一产业链条的还比较少，而在"一带一路"共建国家，多数国家的信息技术发展还比较依赖中国的援助，因此本地的技术服务商数量较少。由于缺乏相应的技术积累和市场运营经验，这类阅读性App的市场效益有限，多为物理性融合而难以产生文化影响的化学反应，网络文学类阅读App和网络游戏的情况稍微好些，但仍然需要面向"一带一路"共建国家众多语言的翻译技术支持，人工翻译的成本相对较高，且速度较慢，要打入海外市场，就必须有第三方人工智能翻译技术的帮助，目前这类技术服务商还相对较少。

第二，图书、网络文学、网络游戏、影视剧是数字出版的典型形态，是整个数字文化产业链条的核心部分，共同承载着中国文化元素，在文化"走出去"的过程中发挥核心作用。但在"走出去"的过程中，图书"走出去"的主体以出版社为主，后三者是以民营企业为主，四类主体往往各自为战，相互隔阂还比较深，多在各自的行业领域活动，缺少协同合作，比如影视剧的热播并未带动相关出版社进行对应的海外营销，也未及时推出相关的图书等阅读产品。

第三，出版"走出去"的数字化还需要建立相对应的技术标准，要兼容不同版本的数字出版物，要为海外受众提供便利的检索、分类、阅读、支付和版权保护等渠道。比如各个出版社在"走出去"的过程中进行数字化产品开发会产生较多的格式版本，电子书方面有知网的CAJ格式、Adobe的PDF格式，而在海外亚马逊平台有MOBI格式，这些格式在电子阅读终端上并不兼容，读者要在智能手机上安装多个阅读软件。读者精力被耗散，阅读成本增加。各类App的开发还造成资源浪费，使运营成本提高、收益甚微，这对企业在本地的运营和开发带来了负面影响，进而让各个市场主体相互割裂，闭门造车，无法培育稳定的海外阅读市场。此外，中小出版社在这方面缺乏规模化的资金支持，而传统企业以内容为优势，缺乏核心技术，市场上服务传统企业进行数字化转型的技术服务商还比较少。以上这些关键性问题仍然在困扰出版主体，尽管网络技术在中国的发展比较迅速，但是数字出版技术的发展与网络技术的发展呈现出一定的非协调性，需要尽快建立相对统一的行业标准。

三、出版"走出去"的数字版权管理问题

在新冠疫情带来在线阅读和出版物消费的动态变化后，数字出版物在今后的国际文化交流中可能会占据越来越重要的地位，尤其是一些"一带一路"共建国家的纸质图书出版市场规模小，出版能力有限，智能手机将为电子书、音视频等新型产品形态带来更多的传播空间。数字出版产品相比于纸质作品来说，媒介形态更加复杂，著作权的确认难度、使用难度都比较高，而一些"一带一路"共建国家经济发展水平差距较大，版权制度法律体系的完善程度也各不相同，不同国家在版权认定、管理方式上存在差异，这为数字版权的管理带来困难。以网络文学来说，网络文学在海外面临着司法体系的差异、跨境取证难度较大和翻译成本问题，网络文学缺乏成熟的代理人机制，一些非法组织私自翻译未获得版权的中国网络文学，在苹果应用商店和安卓应用商店，一些阅读类App可以免费下载中国网络文学，仅在越南翻译出版的841种书目中，除部分知名作品外，相当一部分是没有经过中国各大文学网站授权的盗版作品。当前国内对区块链在版权管理中的应用做了学术探讨，许多研究者认为，大数据、云

计算、人工智能技术可以为海量的版权作品建立详细的信息标签，在提升目标用户精准化推送的同时，也能够为作品的写作、出版、出售和版权认证提供全链条的解决方案，在版权保护方面具有较为广阔的前景。但需要注意的是，区块链技术的关键是建立统一的技术标准和法律标准，"一带一路"共建国家的基本情况各不相同，如何建立统一的技术标准、行业标准和跨国认证，这些都是尚未解决的难题。在我国，数字出版产业发展还不太成熟，数字产品的形态和传播也在随时变化，立法的时机还不够成熟，我国有关网络出版的法律、法规目前只有两部。在这种情况下，也容易产生一些盗版纠纷的事件，尤其是在网络文学和网络游戏方面，一些市场主体考虑到盗版风险，对"走出去"还比较犹豫。

四、数字化内容表达与读者需求的对接问题

知彼知己，方能百战不殆，我们的出版"走出去"之所以步履蹒跚，主要原因之一是我们对世界上其他国家（包括诸如英国、美国、德国、法国、日本等发达国家）的出版业了解和研究远远不够。这种信息和知识上的匮乏无法为"走出去"提供足够的智力支持。我们的出版"走出去"，首先要了解国外出版，但目前国内对外国出版的研究还停留在初级阶段，比如我们目前尚无本土写作或翻译引进出版的关于国外主要发达国家的完整出版史著作。其他研究外国出版史的零星研究文章，大多聚焦微观问题，研究的系统性、全面性都不能令人满意。中国新闻出版研究院虽然每年会发布一些外国出版研究报告，有很高的参考价值，但是类似的出版物还太少。全国的大学、研究机构也很少设立外国出版研究机构，至多是在一些机构内部有一两个人在研究一些外国出版的问题。关于上述认识已经是出版学界和业界的共识。

不过这些年来，我们的出版研究人员已经意识到这一问题的重要性，开始着手研究外国出版的一些问题，也取得了部分成果。南京大学张志强教授对外国出版关注较多，主持翻译了"凤凰出版研究译丛"，包括《文化商人：21世纪的出版业》《数字时代的图书》《1001种图书营销方法》等，成为学界、业界的重要参考书。北京印刷学院叶新教授对美国出版研究下了很多功夫，他的《美国杂志的出版与经营》《美国杂志出版个案研究》等著作对美国杂志出版的研究很见功力。叶教授还主持翻译了

《黄金时代：美国书业风云录》一书。这是一本美国出版断代史专著，也是研究美国出版不可多得的参考书。上海交通大学出版社总编辑李广良和浙江大学出版社副总经理张琛合作翻译的马克斯·豪尔所著的《哈佛出版史》资料翔实、丰富，具有学术深度，给我们提供了一个美国出版史的观察样板。北京外国语大学国际新闻与传播学院教授、中国文化"走出去"效果评估中心执行主任何明星教授正在主持《法国出版史》（四卷本）的翻译工作。法国是欧洲出版重镇，在世界现代出版史上扮演了重要的角色，研究欧洲出版必须研究法国出版。这本书能够翻译出版，将会对法国出版研究和中国出版"走出去"产生很大的帮助。何教授每年组织发布《中国图书海外馆藏影响力研究报告》，截至2021年已经连续发布10年。该报告观察角度独特，内容别开生面，对了解我国图书在世界范围内的传播情况有重要参考价值。西北政法大学的王立平教授正在主持一个关于牛津大学出版史的国家社会科学基金项目。牛津大学出版社历史悠久，出版物质量可靠，是世界学术出版重镇，它的历史也是英国出版史的重要组成部分。这项成果如果能够出版，对研究英国出版和中国出版"走出去"也会有重要参考价值。王立平教授翻译的耶鲁大学出版史、博睿出版史即将出版。这类研究外国出版史的项目和著作对国内出版界全面了解国外出版有着重要的积极意义。

数字化传播手段一直被认为是中国出版"走出去"的某种捷径，可以弥补传统国际传播格局下中国经验不足的问题。事实上，目前我国的网络技术可以很快应用到对数字产品形式的开发上，在政府引导、政策支持、资本加持的情况下，出版业的数字化转型以及广泛意义上的数字出版应该可以有质的提高。出版业的核心是内容，高质量的内容和讲故事的方式才是站稳国际立场的关键。因此，未来中国"走出去"的数字化模式核心还是要看其承载的内容是否与读者的口味相一致。我国的出版社每年出版的图书种类都非常多，在"走出去"的不同国家和地区，又往往需要处理文化和语言等多方面的差异，这些大量的内容资源有哪些是"一带一路"共建国家受众喜爱的，适合用哪种传播手段，哪些能够带来收益，这些都需要传统出版社做好调研，对国际用户的需求进行精准把握，尤其是不能盲目撒网，要充分利用新媒体方式提升传播的针对性，让数字传播实现良好的双向沟通，而不能让数字出版停留在传统的单向传播阶段。如日本动画在世界动画产业中占有独特位置，同时也承担着改善日本对外形象的重要职责，其在国际受众对接方面就有值得出版行业借鉴的地方。比如在受众定位上，日本动画的受众群体更加广泛，以年龄层划分涉及儿童、少年、青年各个阶段，而且根据不同群体的理解能力创作了丰富的内容表达。比如《机器猫》这样的动画片定位多是儿童群体，情节简单，人物关系也不复杂，而《名侦探柯南》这样的动画则聚焦少年群体，迎合的是少年寻求刺激、热血、好奇的心理。而针对青年，比如《新世纪福音战士》则更倾向于引导青年受众探索深刻的哲学、社会议题，在角色的设计上，减弱日本的民族特性，在保留日本文化元素的同时，加大对西方文化元素的角色设计，让各国受众在动画观赏中都能看到自己熟悉的文化符号，从而产生亲切感。在国产游戏中，多人在线战术竞技（MOBA）类手游《王者荣耀》亦是如此，泰国版的《王者荣耀》在线上活动推广中加入泰国本土的传统节日——宋干节，并推出相应的水系角色皮肤，专门制作游戏背景音乐，建立了玩家与游戏的情感连接。在泰国，二次元文化同样大受欢迎，《王者荣耀》与日本的知名动漫IP联名，从英雄角色到皮肤进行了全新设计，同时与地方高流量的明星合作，吸引粉丝，这些在内容设计和推广方面的经验值得出版界思考总结。

五、出版"走出去"数字化建设的人才问题

传统出版的数字化和数字出版最关键的是要有人才支持，而在国际市场，对人才的需求则更加迫切。我国传统出版商和技术服务商之间的行业隔阂还比较大，两个行业生产运作规律不同，传统出版商对内容更加敏感，在选题策划、编辑、内容创新方面具有优势，而技术服务商在形式创新、用户运营上的经验更加丰富。国际市场需要复合型人才，至少需要对另一个行业有基本了解，加上国际出版市场在编辑人才、技术开发人才之外，还需要更多熟悉国际版权法、版权交易、版权代理、小语种翻译、经营管理等方面的人才，目前来看，这些都还处于空白阶段，因此，人才问题也就成为出版"走出去"数字化建设的一大掣肘。在数字出版中，相比我国近千家的网络文学网站和网络游戏开发商，"走出去"探索海外市场的企业也就十几家到二十几家，在海外进行市场运作的职业化人才不多。目前国内国际化出版人才的短缺是不少出版企业不得不面对的一大难题。尽管我们的改革开放已经有40多年的历史，我们与国外的出版交流也不少，但我们的出版人的国际编辑能力、国际出版市场研究能力和对国际出版法规与习惯的了解程度都还十分有限。中国精通国际出版运营的人才稀缺，还

没有形成专门的出版职业经理人市场。造成上述状况的原因是多方面的，一方面，我们的出版市场很长一段时间是计划经济，即使出版单位完成企业化转型，人们的思维方法、行为方式等也还残留着计划经济的影子。另一方面，我们的管理方式还是以行政命令为主，市场化的手段比较少。出版单位的领导主要由上级主管部门任命，而不是公开招聘。这些都影响出版企业人才的国际化。

而作为对比，国际性出版集团则已经形成了一种国际化管理的成熟做法，其负责人都是由董事会任命的，政府不能干预，有很多是公开招聘来的。中国出版"走出去"在人才方面的挑战是巨大的，为此需要在多方面强化能力。

1.掌握多种文化背景知识的能力

国际出版涉及的民族文化背景种类较多，各国之间读者的口味差别很大，把握起来难度很大，需要编辑对这些文化背景有精到的把握，如此才能了解这些民族文化背景中读者的需求、习俗等。所谓国际视野，就是看问题突破单一民族的立场、观点，在国际范围内观察、处理问题。编辑的国际视野就是放眼国际出版市场，观察人类社会发展的共同规律，这样更容易把握人类社会发展的共性，比如对图书题材的偏好、装帧形式的偏好等。英国很多图书都能在国际范围内销售，其中关键的原因是英国编辑具备国际视野，没有仅仅从英国立场看问题，这样大大减少了国际社会的推广阻力。美国好莱坞电影、迪士尼的动画之所以在全球范围内流行，就是因为编剧、制片人具有国际视野。他们不仅善于讲故事、拍摄技术高超，而且善于利用、借鉴其他国家的优秀民族元素来展开故事，比如借鉴中国的花木兰、熊猫等，让中国人感觉很亲切。

2.信息获取和信息反应能力

信息获取能力和信息反应能力是考验一个编辑的重要指标，优秀编辑能够及时获取信息，并能够针对这些信息策划选题，满足市场需求。国际型编辑应该具有在国际范围内收集信息与反应的能力。从理论上讲，互联网海量信息对每一个人都是同样开放的，有些人能够迅速识别有用信息，并及时策划选题，出版相应图书，从而赢得市场；有些人则比较迟钝，抓取不到信息，或者抓取到信息后反应迟钝，贻误战机。在这方面，中国编辑短板明显，还需要历练。

3.沟通和交往能力

在欧美市场，出版经纪人起着非常重要的作用，这些地区90%以上的大众图书是通过经纪人代理的。因此，作为国际型编辑，需要同多国的出版经纪人保持密切联系，尤其是要保持与国际出版经纪人圈子的联系。这个圈子的人对国际出版市场发展趋势把握准确，掌握了大量的畅销图书资源，同时，他们也是协调多国同步出版的中心人物。我们国内的出版经纪人还不成气候，数量少，专业服务水平不高，在图书出版市场发挥的作用还十分有限。这种情况对出版"走出去"参与国际竞争十分不利。出版经纪人队伍的现状严重制约了中国出版"走出去"。除了出版经纪人，国际同行也应该成为国内编辑在日常工作中的重点交往对象。要成为国际型编辑，就需要与其他国家的编辑进行多种交流。不同国籍的编辑之间不仅仅是竞争对手，更是合作伙伴。国内编辑在国际范围内构建一个同业朋友圈，将有利于他们正确把握市场走势，正确估量手中稿件的市场价值。

4.克服心理障碍能力

长期的封闭环境让国内的出版人在出版"走出去"的过程中表现得并不是十分自信。这种畏难心理的产生很大程度上缘于我们对国际出版市场的不了解。其实经过多年的"走出去"和"引进来"的实践后，我们可以发现实际上出版"走出去"并不可怕，只要遵循一定的方法，循序渐进，不盲目投资，一般的风险和困难都是可以控制的，所以"走出去"恐惧症是完全没有必要的。我们的很多出版企业已经在"走出去"方面取得丰硕成果就是最好的证明和激励。

总之，出版"走出去"面临的挑战是多方面的，有的来自文化，有的来自政治，有的来自企业管理等方面，有的则来自信息和知识。为此，一方面我们需要练好内功，将我们的产品和出版机构的品牌树立起来；另一方面，我们应该拥有全球视野，了解国际出版市场和各国文化、政策等，有针对性地推进我们的"走出去"工作，而不是"大水漫灌"。

出版"走出去"是一个系统工程、长期工程，数字化转型是未来出版"走出去"的趋势，出版"走出去"的数字化形成了基于产品、渠道和资本的三类模式。近年来，以政策和财政支持的出版"走出去"仍然是以传统出版社为主导的，纸质图书成为出版"走出去"的主要形态，数字化产品处于初步发展阶段。此外，在海外广阔市场，以网络游戏、网络文学等为代表的民营企业在"走出去"过程中发挥着越来越重要的作用，尤其是在获取经济效益的同时，将中国传统文化以海外读者喜闻乐见的方式传播到海外，让出版"走出去"从文化增值向文化、经济同步发展的方向转变。未来，为进一步推动出版"走出去"的数字化，应该从以下不同路径出发，对出版"走出去"的政策设计以及出版机构的整体转型进行重新审视。

第一节 政策路径：强化"一带一路"出版"走出去"的顶层设计

中国出版"走出去"大概经历了三个层面和发展阶段，第一个层面和发展阶段是，中国的各类出版物实物或版权输出国外，彰显中国的出版实力。第二个层面和发展阶段是拥有一批优秀精品力作，得到外国读者接受和认可，产生一定的品牌影响力。第三个层面和发展阶段则是中国出版在国外真正落地生根，完成从"走出去"到"走进去"再到"走下去"的升华。随着文化"走出去"战略的实施，中国出版也步入"走出去"提速阶段，政府出台了一系列重要政策，促进系列出版"走出去"项目和计划的启动。当前"走出去"的行业主体越来越广泛。除了国有企业，还有民营企业、行业组织、科研机构及庞大的作者队伍。此外，一些海外出版机构也把引进中国版权作为重要的工作，形成了国内和国外、业内与业外、集体与个体共同促进中国出版"走出去"的局面。出版"走出去"的政策应从以下方面进行优化。

一、从资助项目输出到资助平台建设

近年来，在党和国家相关政策的驱动下，形成了系列卓有成效的出版"走出去"项目，推动了国际传播的规模化发展，这些项目包括"中国图书对外推广计划""中国文化著作翻译出版工程""经典中国国际出版工程""中华学术外译项目""丝路书香工程""亚洲经典著作互译计划"等，每年资助多达几千种图书的翻译出版，在国际图书界提升了中国声音的表达空间。除此之外，"中国出版物国际营销渠道拓展工程"是用以资助企业开拓海外营销渠道的，开启了从资助图书到资助渠道拓展的政策覆盖。在这些项目的资助下，我国出版"走出去"更多的是单本图书的翻译和出版，但平台数量的稀缺使得国外读者通过平台来接触和了解中国出版物的概率大大降低，使得不少出版物无法走进广大受众，亦无法挖掘潜在客户。

数字化是未来出版"走出去"的趋势之一，要实现中国出版"走出去"良性且长远的发展，政府不仅需要在项目运作上提供资金和政策支持，让更多项目"走出去"成为可能，更要支持国内出版企业建设成为国际化的出版平台。这种将"走出去"的模式由"输血型"转换为"造血型"的做法，虽然初期投入的力度和操作的难度会更大，但从长远看无疑更有价值，甚至比单纯地资助单个项目要更加经济。平台经济是数字经济的主要形态之一，在近30年的发展历程中，中国平台经济得到快速发展，一些大型平台甚至发展成为一个生态体系，它聚合了技术服务商、商家、用户等市场相关主体。以微信来说，该平台最初是以社交服务为用户提供价值，而后慢慢增加了自媒体、主流媒体、多频道网络（MCN）等内容制作方式，同时聚合了政务服务、金融服务商、游戏开发商等不同的主体，而后平台累积了大数据，以数据为生产要素重新进行资源配置，可见，平台经济对传统经济产业形态的重构。在国际关系进入深度调整时期，中国与西方发达国家的竞争焦点转移到关键领域的核心技术和基础技术，平台经济、平台企业是中国经济发展的一大优势，也提供了最有可能弯道超车的契机，在基础技术、前沿技术的研发投入上，除了国家层面的投入，具有雄厚实力的头部企业才有可能进行模式创新、前沿创新。因此，为了让平台经济形成强大的内生动力，将新一代信息技术与实体经济高度融合，推动出版产业的不断升级，推动中国与"一带一路"共建国家信息基础设施建设的协同发展，政策的资助应该覆盖到数字平台的建设中来。目前，政策支持的出版平台的打造主要体现在通过和国外出版机构合作，共同建立海外编辑部，或者是依靠出版集团的资本优势，直接并购国外出版机构，如上海交通大学出版社在印度设立的中国—南亚科技出版中心的战略，或者是政府支持搭建的线下国际书店联展。真正形成具有影响力的数字平台还不多，在这方面的政策、资金支持还比较有限。

在国内，2019年起，国家新闻出版署启动实施了出版融合发展工程，通过质量评估、资金资助、宣传推广、案例教学、人才培养等多种形式，率先推出了数字出版精品遴选推荐计划。在入选该计划的数字产品中，既有融媒体出版的产品，如音视频"中国科学家的故事"，也有平台产品，如"小书童"在线有声阅读平台、交通教育融合出版服务平台，在近4年的资助项目中，涉及的主要是内向型的出版传播平台，涉及国际市场的融媒体产品有贵州人民出版社的《"一带一路"动漫故事》，五洲传播出版社的阿拉伯文移动阅读项目、that's books中国内容外文图书馆云服务平台，陕西师范大学出版总社的丝绸之路历史地理信息开放平台，吉林出版集团股份有限公司的《绘本中国》融媒体国际出版项目，山东友谊出版社的"尼山馆藏"海外推广项目，江西美术出版社的"瓷上世界"文化"走出去"融合发展与传播平台，中国科技出版传媒股份有限公司的SciEngine学术期刊全流程数字出版与知识服务平台，这些融媒体产品做出了有益尝试，不过数字化的平台数量还比较少。在政策资助主体上，大多数主体以传统出版社为主，民营技术公司较少被纳入进来，目前被纳入遴选计划的民营企业只有掌阅科技、得到文化传播有限公司、大连厚仁教育科技有限公司、北京凯声文化传媒有限责任公司等少数几家，这对于激活民营主体的活力尚且不足，对加强民营内容服务商出海更是推动力不足。因此，在出版"走出去"的系列工程中，政策支持体系应该从单独资助单本图书、单个出版项目逐渐扩展到对平台建设的资助，尤其是在国际出版市场上，比例可以有所倾斜。

二、从资助资源开发到资助人才培养

党的十八大开始，以习近平同志为核心的党中央高度重视融合发展工作，自2014至2022年间做出了系列推动传统媒体和新兴媒体融合发展的重大决策。2022年，在国家"十四五"发展规划引导下，中宣部印发《关于推动出版深度融合发展的实施意见》，从夯实人才培养基础、强化高层次人才培养激励到发挥企业人才建设主体作用，对出版融合发展人才队伍的建设做出了宏观布局。随后，中宣部、国家新闻出版署推出的出版融合发展工程项目明确了两大子计划，一是数字出版优质平台遴选推荐计划，二是出版融合发展优秀人才遴选培养计划，突出了党和国家对平台经济新业态和人才强国建设的深化认识。对于出版复合型人才的支持，该项计划推出了三大举措来强化人才建设：一是委托相关高校对入选人才开展综合培养，通过理论研讨、调研访学、业务交流等方式提升融合发展的理论水平和实践能力；二是推动人才所在单位推出配套支持措施，为人才提供组织保障；三是建立对入选人才的跟踪评估，吸纳人才参与国家级出版融合的重大项目、攻关项目等，在人才评奖评优工作中给予重点推荐。

除了该项资助计划，从2015年开始，国家就针对数字出版相关人才发展做了制度设计，《关于深化出版专业技术人员职称制度改革的指导意见》提出，畅通各类出版专业技术人员职称申报渠道，将从事与出版物策划、数字出版相关的非公有制经济组织、社会组织的出版专业技术人员纳入职称评审考试中，同时在全国出版类人才评选，如"四个一批"人才评选、中国出版政府奖优秀出版人物奖评选中，增加融合发展人才入选比例，这些都激励了数字出版人才的发展。纵观全局，数字出版取得一定成绩时，也应看到，传统出版业的数字化发展才刚刚起步，数字出版人才还面临诸多问题，如缺乏统一的数字出版人才评价体系，用人单位的配套实施细则还远未落实，数字出版人才晋升通道仍不畅通。[205]国内的人才发展政策尚且还停留在制度文件的规定层面，对于国际出版传播人才的政策支持更显不足。

编辑是出版的核心环节，编辑力量也是出版"走出去"的核心力量。在出版"走出去"的诸多影响因素中，是否拥有熟悉国外市场、具备国际资源整合能力的出版人才，尤其是编辑人才，是中国出版能否成功"走出去"的重要环节。除编辑之外，版权运营人员、翻译人员、出版管理人才的不足都与目前我国出版企业大规模开展的合作出版、海外分支机构建设、图书精品化战略不相匹配。再者，中国出版"走出去"

要走数字化发展之路，实现弯道超车，擅长在海外新媒体平台进行营销策划、寻找选题、开发融媒体产品的数字营销人员、产品经理、运营人员等严重不足。这些人才的匮乏，对未来出版"走出去"事业造成较大阻碍。因此，我们既需要对成果、项目和平台这样的"硬件"资源进行建设、改造，也需要投入更多资金，支持出版人才尤其是数字化编辑等在内的出版人才培养这种"软件"进行升级。有了熟悉海外出版市场的编辑团体和出版发行群体，在其传帮带以及相应的奖惩制度配合下，势必将会涌现出更多的优秀人才和优秀作品。

三、从提供资金支持到资金和技术支持并重

对积极响应中国出版"走出去"的企业来讲，政府与企业的双向奔赴更有助于激发企业出海动力。政府在"走出去"的过程中，针对数字化模式投资长、短期回报不明朗、前期阻力大、技术壁垒高等问题，应在既有政策的基础上，继续加强对"走出去"企业的政策扶持力度。包括制定明确的政策指导，甚至可以酌情设置某些特许经营，为出版企业提供更加优惠的税收政策和财务支持，设立专项资金，用于支持出版企业的数字技术研发、数字化市场推广和数字化深度国际合作项目。

同时，政策的制定应逐渐从提供资金支持到资金和技术支持并重。"授之以鱼"不如"授之以渔"，在出版企业"走出去"的过程中，资金和技术其实分别扮演了"鱼"与"渔"的角色，尤其是出版"走出去"的大势之一就是对象由实体图书转变为融媒体产品，而融媒体开发离不开数字出版技术的支持。当前在"走出去"方面比较靠前的出版企业都是在出版技术上走在前列的出版企业，如大众出版领域的阅文集团、掌阅科技，主题出版领域的人民出版社、党建读物出版社、学习出版社等。这些出版社凭借资源整合和内容开发能力，将多种功能集合于一个平台供用户选择，不仅实现了数据和内容的变现，更全面提升了运营效率和拓展了产业边界。当然，和国外出版巨头相比，目前国内的数字出版技术还是有很大差距。很多技术基础本身比较薄弱的出版单位，在技术上和国内优秀同行差距明显，更遑论在国际出版市场和国外巨头进行竞争了，因此政府对其进行"技术扶贫"的急迫性要远大于"资金扶贫"。

在国家层面上，可以适度引导国内新闻出版业的技术开发扩展至"走出去"的业

务上来。2016年，国家新闻出版广电总局发布《关于加快新闻出版业实验室建设的指导意见》，提出"十三五"期间，要推动和完善新闻出版业科技创新体系，要求新闻出版业实验室建设分为两类，即出版融合发展实验室、科技与标准实验室。前者主要是探索推动传统出版和新兴出版在内容、渠道、平台、运营、管理和体制机制方面的深度融合，后者则是解决行业共性关键技术与标准的研发与应用问题。对于入选的重点实验室，会优先安排补贴资金，对符合条件的产业化项目，会优先列入国家新闻出版改革发展项目库，并将成果面向行业做宣传推广。根据这一指导意见，国家新闻出版广电总局办公厅发布《关于开展首批新闻出版业科技与标准重点实验室申报工作的通知》，组织新闻出版企业、相关高等院校和科研院所单独申报或联合申报，同时鼓励技术企业参与联合申报。实验室的申报方向也是分成两类，一类是专业领域实验室建设，另一类是跨领域综合性实验室建设。[206] 2016—2022年，在入选该项计划的重点实验室中，有不少技术企业参与，如在生产技术与装备类实验室——柔软印刷绿色制版与标准化实验室，牵头单位是上海出版印刷高等专科学校，共建单位是富林特（油墨）上海有限公司和上海印刷技术研究所；九州出版社牵头的资源编码与管理类实验室——ISLI标准应用研发联合实验室，共建单位是北京中启智源数字信息技术有限公司、中新金桥数字科技（北京）有限公司、深圳市天朗时代科技有限公司和北京北大方正电子有限公司；数据管理与运营类实验室——出版发行行业数据应用实验室，由江苏凤凰出版传媒股份有限公司牵头，共建单位是化学工业出版社、湖南省新华书店有限责任公司、新疆维吾尔自治区新华书店、北京中启智源数字信息技术有限责任公司。[207]在国际化业务的技术应用上，知识产权出版社牵头的知识产权知识挖掘与服务实验室研发的机器翻译系统实现中、英、日、德、俄、法、韩等多语种双向的全自动机器翻译和人机交互计算机辅助翻译，系统总注册用户量达到20万个，中华书局的古籍数字化与知识工程重点实验室研究成果"籍合网"累计实现销售收入1380万元，其中有一小部分来自海外用户订阅费用。[208]可见，这些技术研发在海外出版业务上的应用还不多，政策可以适度引导这些实验室项目与出版业的出海问题相联系。为激发民营企业的内部数字化建设动力，政府还可以加强数字化培训和信息技术支持。通过举办行业培训班、开展专业知识分享和经验交流活动，帮助企业提升技术能力和管理水平。政府可以引进专业数字化顾问团队，为企业提供战略规划和发展建议，推动数字化转型和创新发展。

在组织层面上，可以适度鼓励上市出版传媒企业开展混合股份制改革，在保证国有控股主体地位的基础上，可以适度让渡部分股资给市场主体，引入先进的技术力量和市场运营力量，这在新闻出版领域已经有所尝试，可以从湖南广播影视集团的融媒体发展和凤凰出版传媒集团的融媒体发展来探究数字化转型路径，为出版"走出去"的数字化发展提供参考。2010年前后，湖南广播影视集团进行了体制机制的改革，挂牌湖南广播电视台暨芒果传媒有限公司，将新闻业务单独剥离出去，按照事业单位管理方式，坚持党管媒体的原则，将旗下的经营性资源、资产注入整合进芒果传媒，组建阳光快乐互娱集团，形成以芒果TV为品牌，芒果TV、湖南IPTV和移动增值业务全面融合的整体格局，让非新闻业务进行市场化运作。阳光互娱公司中，芒果传媒有限公司的持股在64%左右，而引入的社会资本包括中移资本控股有限责任公司、湖南高新创业投资集团、深圳光大新娱产业基金合伙企业等。芒果TV作为互联网平台，与原有的卫视资源相互融合，同时平台自制内容占到全网内容的30%以上，有效地在爱奇艺、优酷、腾讯三大视频平台主导中国视频市场领域下开辟出另一条通道。芒果TV的综艺节目《妻子的浪漫旅行》《声临其境》等陆续出海，电视剧《我在他乡挺好的》获得2021年度优秀海外传播作品，芒果TV国际版App海外用户达1.09亿。凤凰出版传媒集团的数字化有两大核心举措。一是成立江苏凤凰数据有限公司，建立下关数据中心和新港数据中心，直接让上下游数据互联互通，实现内容生产、应用服务、渠道销售和新媒体平台之间的大数据分析，这些数据可以为智慧教育、精准营销、高质量决策提供可靠依据。二是与中国移动战略合作，推动数字化转型的落地。2023年，将总股本的10%转让给中移投资，转让后出版集团持股63%，这一投资将中国移动在5G、大数据、云计算方面与出版集团的内容资源深入融合，广泛布局智慧教育、数字阅读、云游戏、影视等，重构集团的数字化业务。芒果TV和凤凰出版传媒集团的举措来自组织层面对引入外部力量的决策，值得国内一些大型出版集团借鉴和思考。

四、从重视事前开发到兼顾事后反馈

目前，政府将大量的政策和资金向前期项目的开发和输出倾斜，系列出版工程重点资助的是图书生产上游的图书翻译和出版，但对于下游的营销、发行、传播的具体

效果还无法全面兼顾。2015年，中共中央办公厅、国务院办公厅印发《关于推动国有文化企业把社会效益放在首位、实现社会效益和经济效益相统一的指导意见》，对图书出版单位的价值导向做了主要规定，这一文件提到的相关表述比较抽象，较难进行操作性评价，尽管一些地方进行了初步的指标探索，但无法在全国形成统一的评价体系。2018年，中宣部进一步印发《图书出版单位社会效益评价考核试行办法》，对图书出版单位的绩效考核进行了量化，该文件共分成4类一级指标，9个二级指标和35个方面的量化标准，满分共计100分。一级指标分别是出版质量（50分）、文化和社会影响（23分）、产品结构和专业特色（15分）、内部制度和队伍建设（12分），出版质量实行扣分制，所占比重最大，包括图书的内容质量和编校印装质量，对出版物出现严重政治导向错误和社会影响恶劣的，实行一票否决。文化和社会影响指标，分为重点项目（10分）、奖励荣誉（6分）、社会评价（4分）、国际影响（3分），由于国际影响指标加分项需要出版机构明确提供外文样书或版权收入证明，入选"走出去"项目是实现版权输出的方式之一，并不直接与这一指标加分项挂钩。国家重点出版规划项目获得立项的图书依然是用中文创作，没法覆盖到国外的外语读者群体。在国际影响板块，加分项主要是指出版物版权输出、实物输出情况，年输出出版物版权品种在3种以上的加1分，5种以上的加2分，8种以上的加3分，出版物实物输出、海外出版机构建设或合作出版取得重大成果的加1分，入选"国家文化出口重点企业"的加2分。

在产品结构和专业特色、内部制度和队伍建设上，也没有将国际化业务纳入该项指标中来。整体上看，当前的社会效益评价体系主要面向的还是国内市场，国际化的奖励和评价未被纳入进来。随着出版"走出去"的单位越来越多，且"走出去"的形式越来越多元化，原有评价指标还没有及时跟上变化，前瞻性和指导性有限。没有反馈机制的"走出去"最终可能就是眉毛胡子一把抓，没有重点，也找不到突破点。为此，应建立"走出去"效果评价体系和效果评估机制，在出版物内容评估上，可以考虑纳入学术性评价，它既指在形式上遵循学术规范，包括语言严谨、资料翔实、引用规范，也是指在内容上叙事创新、论证有逻辑和思想深刻等。在出版物的市场效果上，需要及时收集和分析渠道销售量、媒体报道量和读者评价量等重要指标数据，将其结果作为完善政府、出版企业和渠道方在"走出去"过程中调整自身行为和方向的重要参考。除此之外，出版"走出去"的国际化评价还要考虑将融媒体产品纳入进来。一方面，现在已经有越来越多的民营主体，如游戏开发商、网络文学平台、影视剧等，在海外产生经济效益的同时能很好地传播中华文化的作品。另一方面，传统出版主体在海外已经有一些融媒体产品，这些尝试值得鼓励，但目前的评价体系未能及时跟上现在的融媒体发展。党和国家有关部门可以根据以上这些方面适度做好优化工作。

第二节　市场路径：坚持全产业链运作，延伸出版链条

在早期的实践中，我国出版"走出去"的实际传播效果并未完全达到预期，每年国家资助"走出去"图书1万多种，但真正具备国际影响力的品种却屈指可数。在"走出去"的主体方面，还存在主体多元分散、传统出版社投入不足、主观意愿不高的问题。一些实力雄厚的出版集团在"走出去"过程中缺乏整体设计和长远规划，往往前期投入巨大成本，后期面临财务危机。一些出版社注重短期收益，跟随出海热潮，"走出去"存在一定盲目性。同时，在目前的考核机制中，党和国家有关部门对出版部门的考核整体是以社会效益为主，而具体评价指标里面涉及国际化的部分比较少。出版"走出去"的外部动力主要来自政策支持，要真正加快"走出去"步伐，还需要出版主体以社会效益和经济效益相统一为目标，认真研究市场，遵循市场规律。

一、叙事策略

当前，因为多种因素的累积，西方社会对中国还存在很多错误认识，尤其是在西方某些政客的推波助澜下，这种误解有加深的趋势。如何将一个好故事讲好，回顾一下此前图书和版权输出史就会发现，即使我们的产品质量尚可，但在国外就是不受待见，其中很大一个原因是我们的表达方式和话语习惯与国外受众不符。长期以来，我国国际传播在叙事方式上一直存在着的矛盾之处是，一方面，叙事如果过多以本土元素和本国话语为主导，过远的文化距离会导致预期效果与实际效果之间的差距；另一方面，文化元素和表达过于类似，有意无意迎合西方的话语和偏好，则容易陷入他者话语，缺乏主体性的表达。我国早期的影视剧或图书一般比较容易陷入这两方面的困

境，导致文化产品不容易抵达读者内心。

首先，需要看到的是，中国故事的表达在海外是有市场诉求的，这是中国出版数字化"走出去"的拉力。改革开放后，中国经过十几年的发展，在整体实力上有了提升，到2000年初，中国加入世界贸易组织，深度融入国际市场。2008年北京奥运会之后，中国经济持续发展，2010年跃居世界第二大经济体。这一迅速崛起，使得国际社会对中国的兴趣与日俱增，无论是外交关系的建立还是经贸关系合作，抑或是文化间的交流，都需要加快"走出去"的步伐。在这样的背景下，中国出版物的版权输出和实体物的输出逐年增长，但目前来看，这些图书更多的还是采用翻译出版的方式，这种方式导致的后果是一部分图书与海外读者的阅读偏好不契合，一部分图书即便是主题契合，还需要围绕海外读者的阅读习惯进行再次加工，需要国际化的思维表达以及本土化的营销策划，否则很难对市场形成影响力。因此，全产业链的运作非常重要，现在中国出版"走出去"更关注的是如何利用市场化的手段激发读者的购买行为，真正走进读者的案头书桌。

其次，要看到对于讲好中国故事，中国是有底气的。一是中华优秀传统文化蕴含的经验和智慧，二是中国特色社会主义所展现的中国道路，这两方面的积累可以成为我们文化自觉与文化自信的重要来源。文化自觉，就是对文化价值的自我觉醒、自我反思，是在文化认同的基础上对传统文化意义、作用和地位的深刻理解。当然，在传播我们的传统文化时，可以在保留传统文化、思想精髓的基础上，融入现代精神和全球思维，从而引发当代受众的情感共鸣。当世界的目光更多聚焦中国，中国话语体系能否更好地与世界沟通交流，中国故事表达的接受度显得尤为关键。

再次，讨论中国故事的具体表达才有进一步的可能。跨文化叙事的关键在于寻找价值的共通点，具备国际视野。对于图书选题关注的领域，应结合目标国家受众和文化价值来进行策划。出版工作者可以借助多种手段和数据来做受众分析，这些途径有目标国家的畅销书排行榜、社交媒体平台有关中国的热度数据、图书阅读平台对中国图书的评分等，也可以借助国内外研究机构有关国家形象研究成果或市场上的第三方民调机构。一些出版社可以使用大数据技术与国外第三方电商平台或媒体机构合作，进行更精准、更及时的用户画像分析，对市场进行弹性把握。以民调数据为例分析，对于非洲民众对华好感度，英国民调机构YouGov的调查显示，尼日利亚、肯尼亚、南非、埃及受访者认为中国对国际事务产生积极影响的比例分别是83%、82%、61%、

57%，据此可以大致判断中国在非洲的基本形象。2018年9月，在中非合作论坛上，非洲联盟主席和卢旺达总统提到中国在非洲的援助、投资战略是没有附带条件的，在非洲的政治界、学术圈等人群中，中国贷款帮助非洲国家抵抗了来自世界银行等全球性机构的压力，中国企业在非洲提供的交通、教育、卫生和电信服务，以及开展的和平与安全项目都是值得肯定的。中国的发展模式，尤其是脱贫模式、社会稳定治理等，对非洲的领导者和学者具有较大吸引力。但与此同时，在西方的部分媒体、学术文章中，关注的领域多是中国在非洲采掘业的投资，甚至将中国描绘成掠夺者，忽视中国对非洲基础设施、建筑、电力生产、制造业的贡献，甚至未提到欧美西方国家对非洲的投资近一半来自采掘业。中非之间的合作是互利共赢，在合作中，非洲既能够发展成为一个现代化的新兴市场，也能与中国开展经贸关系。这些基本情况虽然被社会上层精英人士所了解，但普通民众和部分西方媒体更容易受到以上舆论的影响，中国出版业在策划选题时要在这些基本情况上，找到现代中国和非洲之间的关联点。在内容框架的搭建上，还要结合一些受误解的要点，给予针对性回应和反击。

除了现代中国之外，出版主体也应该找到非洲民众所熟悉的中国文化符号。新中国与非洲国家的文化交流始于1955年，通过长期的文化交流，京剧、功夫、唐诗、饺子、方块字已经成为传统文化中非洲民众所熟悉的传统文化要素。在当代文化中，民营文化企业四达时代从2002年开始就到非洲开拓市场，2007年在非洲投资，2015年底，已经在30个非洲国家注册成立公司，在其中16个国家开展数字电视运营，发展用户超过700万人，共有频道440套，其中自办频道38套，用8种语言24小时不间断播出。中国功夫、中国影视剧、中国体育，尤其是中超联赛在非洲播出，成为非洲民众收看电视节目的热点之一。2010年前后，该企业就自办了中国影视剧的频道，当时创办频道的目标主要是为在非洲工作的中国人提供家乡服务。节目用中文播出，后来吸引了一些非洲观众的注意，于是四达时代成立译制中心，将这些影视剧配上英文、法文字幕，后又做了配音，中国影视剧《西游记》《射雕英雄传》《奋斗》《我的青春谁做主》《媳妇的美好时代》等相继播出。我国的出版企业在做版权输出、策划选题时，要对这一区域的整体情况和具体国家做针对性了解，不能盲目将国内成功的图书输出到这些国家。2019年，在第22届肯尼亚内罗毕国际书展上，湖北长江传媒英爵意文化发展有限公司与内罗毕大学孔子学院合作，同肯尼亚国家图书馆和内罗毕大学达成协议，签订中国书架、荆楚书架，图书一部分是捐赠的，一部分是供销售的，这里面的图书包括主题图书、汉语学习、少儿图书、中华传统文化和科学技术五大类,其中九成是英文,还有一些是斯瓦希里文,出版社在捐献或输出这些图书时,要提前判断这些图书选题是否契合当地民众对中国的兴趣点。要针对选定主题,也可依据现有出版行业数据进行可行性判断,如类似主题的已出版作品的信息、销售及馆藏情况、受众的接受程度及其在输入国家的实际影响力等,从而对海外出版的选题策划进行及时的策略调整。

在做好选题规划后,要考虑采用怎样的叙事方法。在语言表达上,要善于将中国元素与世界元素进行类比、共通。国际出版涉及的民族文化背景种类较多,各国读者的口味五花八门、差别很大,把握起来的难度也很大,中国出版"走出去"面临的主要问题还在于作品如何突破地域文化差异,通过引发共鸣的故事和人类共通价值的传递提升全球影响力。在这方面,我国的网络文学、科幻小说、谍战小说在国外的接受度比较高,归结起来,网络文学解构了传统文学的严肃端庄风格,以通俗易懂和爽感情节,受到国内外年轻读者的欢迎。在男频作品中,男性读者更关注网络文学里大量出现的中国功夫、兵器等传统文化符号,但在叙事方式上关注的是个体的成长升级。这与西方国家的个人英雄主义叙事有相通之处,但个人成长的落脚点在于拯救天下,本质是一种集体价值观的表达,因此玄幻题材对外国男性读者的吸引力较强。在女频作品中,女性读者与男性读者相通的是,对中国传统文化、当代文化中的符号,如服饰、功夫、美食、器具等表现出兴趣,但在叙事方式上关注的主题是爱情,而这是世界共通的情感,在小说关注的两个人的成长历程上,既表现了个体现代的价值理念,又表达了中国语境下的集体价值观念,因此,在讲述中国故事时更容易被接受。科幻文学的表达也是如此,长期以来,我国的科幻文学很难得到国际受众的认可,其中原因就是中国科幻是建立在传统故事的叙事上,是从本民族的视角来看世界。而以刘慈欣《三体》的出版为代表,其之所以受欢迎,一是中国的科幻文学契合了国外图书市场的出版热潮,一些读者通过阅读中国的科幻来了解中国,二是叙事视角虽然以中国历史为背景,但关注的是人类文明的兴亡,参与拯救文明的主体包括中国与国外众多群体,且给出中国的解决方案。这种表达既新颖,又传递了人类命运共同体的价值观念,这种叙事方式既没有刻意模仿西方的叙事表达,又关注到共通的文明问题,弥合了中外文化差异。这些都值得中国出版业在表达方式上做出创新。

在装帧设计上,要多总结国外不同类型的图书装帧设计风格,遵循他国出版的市场规律。编辑的国际视野就是放眼国际出版市场，观察人类社会发展的共同规律，就此分析各国民众对图书题材和装帧形式的偏好等。西方发达国家的大型出版集团之所以出版的产品能够以多语种的方式行销全世界，究其根本即是他们在图书选题上契合了世界精神或当地特色，能够与读者产生共鸣。在国际出版物的设计领域，德国图书艺术基金会主办的"世界最美的书"评选活动，每年从参评的数十个国家的图书中评选，即便入选难度高，中国的图书仍然在获奖国家排名中仅位列荷兰、瑞士、德国之后，汉语出版物的设计受到国际社会的青睐。[209]中国的出版物在海外策划出版时，即便是与国外出版社合作，也应该对本土畅销书的装帧设计进行细致研究，尤其是对书名、颜色、字体、纸张、图案等加以研究，总结规律，比如我国党政类主题出版物的颜色在国内多以红色、黄色为主，这些出版物到国外是否在装帧设计上给以创新，都需要出版主体重新考虑。

二、品牌策略

品牌是出版"走出去"产品价值增值的重要方式，也是获取海外用户忠诚度的手段，我国虽然出现了一批品牌认知度较高的出版企业，但出版业整体并未真正进入品牌经营时代，也没有真正具有国际影响力的出版企业和产品品牌。于是我们应该追问的三个问题是：中国出版业为何没有国际化的出版品牌？建立国际化出版品牌为何对出版"走出去"如此重要？如何建立国际化出版品牌？在回答这三个问题前，先需要强调出版品牌包括产品品牌和企业品牌，而这两者本就是相辅相成的关系，产品品牌支撑企业品牌，而企业品牌又可以放大产品品牌的价值和影响力。

中国出版企业的管理体制自从新华书店总管理处分离出来后就一直采用国营的方式，尽管1978年改革开放之后，印刷、发行业务逐渐让民营资本介入，但出版业务始终是国有资本的天下。20世纪90年代出版社市场意识逐渐觉醒，"事业单位企业化管理"走上历史舞台，2009—2011年，文化企业的"转企改制"将除数家公益性出版机构外的绝大部分事业单位性质的出版企业改革为市场化的企业，公司治理结构慢慢建立起来。但是，历史毕竟有惯性，"转企改制"虽已经过去10年，但就目前的实际情况而言，企业化、市场化和集团化并没有真正在中国出版业形成，这也是为何"走出去"战略虽然2003年即已提出,但到目前为止中国的出版企业依然没有脱离将"走出去"等同于实物和版权输出的窠臼,也就与真正的国际化相差甚远。思想的封闭、理念的落后和行动的迟滞都是阻碍中国出版业形成国际化品牌的关键因素。

中国出版要实现真正地从"走出去"到"走进去",建立国际化的出版品牌无疑是必由之路,其根本原因是品牌影响力的持久性。从知识产权法的角度而言,品牌类似于商标,著名品牌就是驰名商标,一来它具有识别商品原产地和品质的重要功能,出版品牌意味着产品的品质过硬,因此自然能够吸引消费者,二来品牌本身是无形资产,可以通过授权等方式进行多用途使用。从消费者行为学角度来看,品牌是一种关系营销,当生产者和消费者通过品牌商品建立起对商品的信任关系之后,同类型的其他商品要想获得消费者眷顾的难度就会加大。

据以上分析,建立国际化的出版品牌无疑可以帮助中国出版企业提高产品销量,增加自己的品牌附加值,还能通过建立起与海外消费者之间的信任关系,向其推广更多的中国文化产品,助力中国文化真正实现"走出去"。具体做法如下。

第一,组建真正的国际化出版公司是第一步。北京大学张维迎教授归纳了衡量企业国际化程度的三个比值,即海外资产与企业总资产的比值、海外销售额与企业销售总额的比值、海外雇员与公司雇员总数之间的比值。一些大型国际出版集团海外收入比例已经远远超过本土,意味着其国际化程度很高。以德国最大的出版集团贝塔斯曼来说,也通过收购、参股、控股等形式开拓海外扩张之路,其中最重要的两次收购是在1969年收购古纳亚尔25%的股份和1998年收购兰登书屋。借助这两次收购以及多次对中小出版社的兼并,该集团很快成为德国最重要的大众出版集团。2013年,贝塔斯曼旗下的兰登书屋与培生集团隶属的企鹅出版社合并,并以53%的股份控股(培生集团持47%),2017年增持到75%(培生集团减持至25%),2019年底则实现了完全控制,由此进一步巩固了其世界最大大众出版集团的地位。它的海外业务已经遍布全球50多个国家和地区,海外收入占到总收入的60%以上。阿歇特出版集团也在全球积极开展战略并购和合资联营,业务范围扩大到29个国家和地区,海外收入占总收入的67%。爱思唯尔在全球拥有200家出版社,与爱思唯尔形成强大竞争关系的施普林格则在20多个国家和地区拥有6000多名员工,威利集团50%的市场来自海外,牛津大学出版社每年用40种文字在全球出版约6000种图书。2019年贝塔斯曼完全控股企鹅兰登书屋后,拥有原企鹅兰登书屋旗下约275家独立出版商以及总部位于慕尼黑的兰登书屋出版集团的47家出版社。立足全球，放眼全球，以全球市场为定位，这样的出版企业还太少。相比之下，我们的很多大型出版社也出版了不少外文图书，但是很少有外国雇员。由上也可以看到，由于出版业高度的版权依赖度和低规模带来的巨大成本压力，国外的出版社一般采取合并或购并其他出版机构的方式来实现规模化、集团化。

第二，将打造国际知名出版品牌作为目标。有了国际化的出版公司，国际化的出版品牌也不一定水到渠成，除非发生合并或购并的出版公司本身已经经营有国际化出版品牌。众所周知，出版品牌从无到有从来不是一蹴而就的，而是经过长达数年、数十年甚至数百年长期积累的结果。而要成为国际性的出版品牌，可能比一般地域性的品牌更加艰辛，以下因素是不可或缺的。首先，一以贯之的发展战略。可以发现目前国际性的出版集团已经越来越注意将非主营业务进行剥离或者进行强强联合，从而更加专注于自己的优势板块，通过不断的专业化、规模化和数字化来抵御来自整体市场和竞争对手的威胁。这在教育出版、学术出版和大众出版都是如此。培生集团2013年将自己旗下的企鹅出版社和贝塔斯曼旗下的兰登书屋进行合并，并持有新成立的企鹅兰登书屋47%的股份，但此后持续减持，直到2019年底完全退出，转而专注于教育出版。2013年7月1日，由企鹅出版社（英文图书市场份额排名第6）和兰登书屋（英文图书市场份额排名第1）合并而来的企鹅兰登书屋正式亮相，其作为世界最大大众出版集团的地位进一步得到巩固。

在学术出版领域同样如此，2015年由施普林格科学与商业媒体集团、麦克米伦教育和自然出版集团合并组成了施普林格·自然出版集团，专注于研究、教育和商业领域。和专业化相伴的往往是数字化、国际化，大型出版集团基本都是三方面齐头并进。例如爱思唯尔在20世纪70年代就开始坚定地走数字化转型之路，并在2010年左右完成转型，在此过程中非常注重专业出版的收购，同时剥离消费出版业务，并加强国际合作，比如2005年开始与中国的期刊合作。只有专注和专业才可能树立起出版品牌，这已经是在出版行业被不断证明的"铁律"。一以贯之的发展战略对任何想有所作为的企业而言都是重要的。但这对中国的出版企业而言却并不容易，因为中国的出版企业大多为国有企业，而随着管理层尤其是主要负责人的变动，以往的企业发展战略发生变化的可能性不小，这成为中国出版企业创建国际化品牌极大的不确定性因素。

第三，形成统一、鲜明的产品风格。产品外包装是企业和产品的显著标志，能够增强产品的识别度。这也是商标最早的功能。世界上若干重要的出版品牌和图书品牌往往都建立在统一、鲜明的产品风格上,例如我们耳熟能详的企鹅经典、牛津通识读本等系列图书都因为独具特色的产品风格设计,让读者牢牢记住。产品风格除了识别作用,也是商誉的重要标志。带有某种固定风格的产品会被视为拥有质量保障,间接起到宣传营销的作用。当然,为了塑造国际化品牌,还需要照顾到不同目标市场读者的审美方式,对产品设计进行有针对性的调整。

第四,形成高品质的内容。出版业本质是内容产业,统一的包装风格可以增加商品的识别度,而优质的内容则可以让读者成为忠实的用户。"内容为王"的理念在国际出版品牌的创立中依然成立,但国际化出版中对优质内容的判断标准并不是一味追求高端、学术,而是要因地制宜地照顾到目标市场读者群体的需要,为此不得不考虑内容传播形态、目标市场文化的多样性等因素。

第五,全球化的作者、编辑和营销网络。既然是国际化的出版品牌,和国内出版品牌就应该有所区别,而这些区别就是作者的来源、编辑的专长以及营销的渠道之间的差别。如果说前面提及的这四点是整个国际化品牌构造中的"骨架"的话,那这一点相当于需要往里面填充的"血肉"。引入国际化的作者和编辑是为了让出版物的内容能够在文化、语言等方面符合国外读者口味,国际化的营销网络则可以帮助出版者将上述出版物送达尽可能多的潜在国际受众。

三、协同策略

协同策略是指两个或多个企业通过联盟的方式实现较长时期的技术、生产、品牌的资源互换,共同形成优势。"一带一路"倡议提出以来,我国大量的影视剧、网络文学、游戏、图书、动漫等出口迅速发展,但无论是哪一类,目前的出海都缺乏统筹性的规划。以网络文学传播平台来说,目前涉及的国内主体只有10多家,这些企业在海外各自为战,相互竞争,由于出海的翻译成本高,地区性受众细分不足,加上网络文学出海还处于商业模式的培育阶段,在海外面临着共同的问题,包括海外维权、技术开发、金融风险等,民营主体间的协同重要性要远远高于它们之间分散的竞争性。商务部建立"走出去"公共服务平台,该平台将服务"一带一路"、国别(地区)指南、境外经贸合作区、境外安全风险防范、投资合作促进、统计数据、政策法规及业务指南、在线办事及咨询、金融服务等纳入其中，为中国企业出版"走出去"提供了完善的信息服务。

我国新闻业和出版业是"走出去"、讲好中国故事、提升国家软实力的主力军，新闻业"走出去"的规模投入和力度要远早于出版业的"走出去"，这表现为新华社、人民日报社、中央电视台（央视）等在海外的分社（台）纷纷建立，同时在全媒体传播网络建设中呈现出巨大成效。以央视为例，在"走出去"过程中，央视大力开办本土化频道和时段，中国国际电视总公司已经开办印度尼西亚本土化频道和柬埔寨本土化频道，还开办了越南、捷克、南非、迪拜的本土化时段，在日本落地的CCTV大富频道已经进入日本三大主流付费电视平台；在频道和时段设置之外，与境外电视机构合作，植入我国的电视栏目，共开展50多个节目植入式播出项目，其中部分节目在德国莱茵美因等5家主流电视台植入播出；与国外电视台合作开设电视栏目，如西班牙语国际频道与拉美最大跨国媒体南方电视台合办了介绍中国文化和拉美文化的周播节目*Prisma*，阿拉伯语国际频道与突尼斯国家电视台互派摄制组，拍摄《中国人眼中的突尼斯》和《突尼斯人眼中的中国》等节目；央视在国际社交媒体平台的运营也比较好，如央视英语新闻频道在Facebook上的粉丝数超过3000万，央视网全球账号粉丝数达到3300万，与央视相关的视频在YouTube上的点击量突破20亿次。这些都说明了央视在国际传播方面的成效，中国出版业作为中国故事的发声渠道，与主流媒体的海外协同却并未建立起来，两大领域还存在较大的隔阂。目前，主流媒体与影视界有了初步探索，如央视与捷克、南非等国合拍动画片《熊猫与小鼹鼠》等，与英国雄狮公司合拍《孔子》，这些节目在央视和国外电视台同步播出，传播的效果比较好。但我国出版业在海外社交媒体上还处于前期账号培育阶段，流量不足，出版业的海外营销可以与央视的全媒体渠道协同起来。影视剧与出版的协同在未来也能形成联动效应，如中国影视剧近年在东南亚国家的出海不时掀起一阵热潮，2018年以来，中国有诸多不同类型的影视剧传播到海外，如描写义乌改革开放30多年、浙商精神的《鸡毛飞上天》在国内获得上海电视节白玉兰奖之后，被译制成菲律宾语后在菲律宾主流电视台播出，3个月内的平均收视率达到15%，《致我们单纯的小美好》在菲律宾的最高收视率达到15.9%。中国广西电视台和柬埔寨国家电视台、老挝电视台还合作开设了中国剧场栏目，播出类似《青年医生》《欢乐颂》等影视剧，这些当代题材的电视剧记录了中国改革开放后经济社会的变迁和发展，带有鲜明的时代印记，而我国的网络文学、主题出版领域近年来出现了不少类似题材,有些影视剧甚至是由文学IP作品改编而来的。如果出版业能够与影视剧联动,将会形成系统表达和规模效应,这些都值得出版业在"走出去"时对目标国家的文化产业市场先做基本了解,然后考虑如何与不同的相关主体形成联动效应。

再以敦煌IP为例,敦煌文旅集团的敦煌文创与人工智能软件公司商汤科技(SenseTime)等公司共同合作,将AR、AI技术与敦煌文化中的形象结合,推出一系列数字藏品。2021年,敦煌文创IP首次出海,获得了海外关注。在图书出版业,近年围绕敦煌的精品图书不断涌现,类似《我心归处是敦煌》这样的作品更是反映了敦煌文化背后的守护人,这些与敦煌数字文创产品的协同更能将敦煌这一IP文化的海外传播落到实处。

在当前的协同发展中,已经有一些出版社开始尝试做跨界融合。比如,安徽少年儿童出版社整合产业链,聚焦图书玩具化、玩具图书化策略,将图书从版权贸易向文化出口服务贸易转变。安徽出版集团时代出版传媒公司与波兰玛萨雷克出版社的合作从版权贸易向印刷、培训等领域转变。游戏开发公司完美世界与中国出版集团旗下中译出版社达成协作关系,两公司将利用各自的渠道优势和内容优势,探索文化内容与新技术的融合,中译出版社的《元宇宙》《画说经典》等可以与游戏产品的开发和运营相结合,推动图书内容融入游戏这一新的产品。抖音和快手先后与国内的互联网公司达成深度合作,腾讯手游《绝地求生》(PUBG)通过短视频平台完成了海外营销。2022年,莉莉丝游戏与上海温哥华电影学院等开展跨界合作,莉莉丝游戏旗下的两款手游《万国觉醒》和《剑与远征》出海到日本、韩国,并取得成功,两款游戏在传播中国文化方面作用较大。莉莉丝游戏与上海温哥华电影学院、笑果文化集团合作创建剧本杀编剧训练营,并尝试进行剧本杀的线上玩法,让游戏、影视与互动体验游戏相结合,形成了跨界合作的新模式。尽管目前海外的剧本杀市场还不成熟,用户和作品还远未培育起来,但随着智能技术的进步,中国故事表达承载的媒介越来越多元化,未来的国际传播将产生更加丰富的表达形式。2023年,湖南出版投资控股集团、《经济日报》等被纳入外文局国际传播协同机制。湖南出版投资控股集团旗下的岳麓书社与外文局下属的新星出版社就外文局重点项目"丝路百城传"的《长沙传》达成组稿、推广合作;《经济日报》与外文局各自发挥优势,搭建海外交流合作平台,举办媒体智库论坛,双方致力于共同打造习近平经济思想的国际传播,为世界各国经济发展提供中国方案。

在推进市场的协同方面,政府应该致力于创造良好的营商环境,促进市场的发展和资源的有效配置,使之朝有利于数字化模式的方向倾斜。首先,政府可以通过制定相关政策、提供支持和引导等手段,为出版业"走出去"的数字化模式提供必要的保障和便利。其次,政府也应与出版行业紧密合作,共同探索多种合作链条的潜力,通过协调与合作,建立起政府、市场和行业之间更加紧密的合作关系。再次,在构建这样的营商环境时,我们还需考虑政府与其他相关主体的合作,这包括与"一带一路"共建国家政府的合作,与本土"走出去"相关主体的合作,以及与其他双边传播关系中相关主体的合作。通过加强这些外部合作关系,可以促进数字化模式的全面实现,提升中国出版业在国际舞台上的影响力和竞争力。最后,政府也可以牵头,让"走出去"企业抱团取暖,加大"走出去"出版主体的团结协作力度,共建数字化平台,通过建立行业协会、举办数字化交流会议和合作项目,促进企业之间的数字化交流合作和资源共享。

第三节　人才路径:强化"一带一路"多元化的队伍建设

随着"一带一路"倡议的不断推进,中国出版"走出去"的探索不断深入,以及数字化模式在"走出去"方面的作用和地位不断增强,人才培养具有了越来越重要的战略意义。但从目前来看,现有的人才培养模式和中国出版"走出去"的人才供需之间依然存在着错位问题,尤其是在数字化模式的人才供需问题上,存在着更为突出的矛盾,人才结构不平衡、技术应用不足、创新人才保障体系不完整等问题亟待解决。综合国内外相关数字模式人才的相关论述,按照中国出版"走出去"的实践需求情况,根据人才的需求模型,考虑到组织或行业对人才的需求,定义不同类别人才所需的技能、知识、经验和素质,将"一带一路"多元化人才队伍的建设分为以下几个路径。

一、强化技能和知识模型

技能和知识模型关注人才在特定领域或职业中所需的专业背景。它通常将技能分为基本技能（如沟通能力、团队合作）和专业技能（如专业知识、技术能力），具体在本议题内，我们亟待培养翻译人才、国际编辑和法律人才。

"一带一路"共建国家众多，包括各种语言和文化背景的国家，因此需要大量的小语种翻译人才。为了实现国家之间的有效沟通和合作，需要翻译人才能够进行准确、流畅的口译和笔译工作，促进信息交流和互动。他们不仅需要熟悉语言，还需要了解各国的文化背景和传统，以便在翻译过程中保持文化的准确性和敏感性。这些翻译人才在商务谈判、合同签订、市场推广等方面发挥着重要作用。他们能够帮助企业和组织理解与沟通来自不同国家的商业信息，促进双方的商务合作。"一带一路"倡议不仅关注经济合作，还强调人文交流和民间友好。小语种翻译人才在文化艺术、教育、旅游等领域的交流活动中扮演着重要角色，他们可以推动文化艺术作品的翻译和演绎，促进学术交流和教育合作，增进人民之间的友谊和理解。努力提升翻译水平，能拉近中国文化与"一带一路"共建国家受众之间的距离。跨文化意识是中国出版"走出去"翻译从业人员的基本修养，也是衡量其翻译能力的重要尺度。在"一带一路"国际传播中，增强跨文化意识，有助于译者提高捕捉文化信息的能力并以恰当的方式使之得到有效的传播。也就是说，跨文化意识对于向世界讲好中国故事具有重要意义。

在编辑岗位的招聘方面，跟传统出版社对人才需求的具体表现不同的是，传统出版社倾向于招收有专业背景职称的非编辑出版专业毕业生，新媒体单位更倾向于招聘内容策划和产品专员方面的编辑出版专业毕业生，因为互联网等数字出版模式在内容创作方面对专业的要求更高。我们在出版教育方面应以培养应用型出版人才为培养目标，要培养互联网编辑出版专业的人才，以支持中国出版"走出去"和应对"一带一路"倡议，要建立或完善互联网编辑出版专业的相关学科和课程体系，培养国际编辑人才。国际编辑的培养要从国内的高校编辑出版专业的教改开始，从产学研一体化的角度，建立系统的体系培养方案，包括开设与互联网出版相关的课程，如数字出版技术、内容创作与编辑、社交媒体运营等，培养学生掌握互联网出版行业的理论基础和实践技能。为学生提供参与实践的机会，例如组织实习项目、校园媒体运营、线上平台管理等。通过实践，学生可以亲身体验互联网出版的工作环境和操作流程，培养实际操作能力和解决问题的能力。针对"一带一路"出版"走出去"工作的复杂性，建议跨学科（包括编辑、设计、技术、市场营销等）培养。建议推行"双导师"模式，学术导师与行业导师联合支持，提供实践指导和行业洞察。他们可以分享最新的行业趋势和经验，帮助学生更好地了解行业需求和发展方向。要增强国际视野，加强与国际出版机构、高校的合作与交流，引进国际先进的互联网编辑出版专业的教育经验和理念。通过学生交流和合作项目，拓宽学生的国际视野和跨文化交流能力。加强持续学习和专业发展，互联网出版行业发展迅速，要求人才具备不断学习和适应变化的能力。培养学生终身学习的意识，鼓励他们参与行业研讨会、参加培训课程、获得专业认证，不断提升自身素质和专业技能。通过以上措施，可以培养出具备互联网编辑出版专业知识和实践能力的人才，为中国出版"走出去"和"一带一路"倡议提供有力支持，推动中国互联网出版行业的国际竞争力和数字化进程。

传统意义上，在面对知识产权问题时，更多的关注点集中在法律层面，人们从各个角度探索知识产权在立法上的建树。我们要重视培养精通国际法的人才，在法学教学体系中，培养精通英美法系和大陆法系法律的通才。众所周知，我们中国是大陆法系国家，"一带一路"共建国家中，法系选择不完全相同，且在知识产权保护力度上也各不相同。我们尚处于相关法律人才培养模式的探索阶段，应将理论教学与社会专业实践相结合，将国内教学和国际合作相结合，实现从课堂到社会、从中国到世界的教学连接和实践。在世界范围内实现集教学、专业实践、国际合作、文化交流、服务社会等于一体的法学教育思路，培养高级法律人才。爱德华·霍尔指出，文化所隐藏之物大大甚于其所揭示之物。奇特的是，它所隐藏的东西最难被其自身的参与者所识破。因此，在跨文化传播中，真正的工作不是理解外国文化，而是理解本国文化。

二、提升能力和素质模型

这种模型强调人才在特定职业或角色中所需的能力和素质，它可以包括领导能力、创新能力、问题解决能力、适应性和灵活性等。该模型帮助组织确定适合特定职位或角色的人才特征，以促进人才选拔和发展。

管理人才是整个战略计划的执行者,关系到整个"一带一路"中国出版"走出去"数字模式实现的成效。从业者要具备系统观念和专业背景,在大处上规范,在小处上落实。要熟悉行业标准和规范,明确各项具体的要求,并有着自觉的行业监管规律。在内部管理上建立评价标准和考核激励措施,懂得赏罚,确保业务质量和绩效评估的客观性和公正性。同时,建立激励机制,如薪酬激励、晋升机会等,完善职称评聘体系和程序,激励从业人员提升技能和开展创新工作。明确各自的职责范围,提升编辑能力和专业技能。积极参加行业人才发展和交流,如研讨会、培训班、论坛等,促进数字出版领域从业人员之间的互动和经验分享。

国际版权代理人是指从事跨国版权交易和代理业务的专业人士。他们在全球范围内代表作者、出版商、制片公司等版权持有人,负责管理、保护和推广他们的版权资产。国际版权代理人的主要职责如下。第一,版权交易,即代理人与版权持有人签订代理协议,代表他们进行版权交易,包括授权书的签署、版权许可和转让的谈判等。他们通过寻找潜在的买家或合作伙伴,促成版权交易并确保交易条款符合双方利益。第二,版权管理,即代理人负责管理版权资产,包括版权登记、维护版权数据库、版权归属证明等。他们追踪版权的使用情况,监测和追究侵权行为,并协助版权持有人维护其合法权益。第三,营销和推广,即代理人通过制定营销策略和推广活动,推动版权作品在国际市场上的传播和销售。他们与出版商、电影制片商、电视台等合作,推动作品的发行和宣传,扩大作品的影响力和市场份额。第四,合同管理,即代理人负责起草和管理版权交易的合同,确保合同条款清晰明确,保护版权持有人的权益。他们与律师、法务团队合作,处理合同的谈判、起草和执行过程。第五,市场研究和分析,即代理人进行市场研究和竞争分析,了解国际版权市场的趋势和需求。他们收集市场情报,评估版权价值,为版权持有人提供战略建议和决策支持。

国际版权代理人需要具备深厚的版权法律知识、商业洞察力和谈判技巧。他们需要与全球出版商、电影制片商、音乐公司等建立广泛的合作关系,开拓市场渠道,促成有利的版权交易。国际版权代理人需要具备商业和市场洞察力,了解出版市场趋势、作者需求和版权价值。目前,国际版权代理人及相关营销方面的专业人才存在巨大的缺口,国内尚未形成专门的人才培养专业和成熟的人才培养方案,岗位多由相关的编辑出版专业学生担任,在理论高度和实践高度上急需体制性的提升,因岗位重要,专业性强,急需有商业思维和市场分析能力的专业背景人士走入国际版权交易市场。学科培养有周期性，现有情况下，政府应加大政策扶持力度，激发"走出去"企业内部建设动力，发挥国际化企业人才和华人华侨的作用，快速从前期"走出去"过程中发掘相关人才。

三、重视价值和文化模型

与一般专业人才不同的是，基于"一带一路"的政治背景，还要求相关专业人员具有一定的价值观和跨文化语境能力。作为具有高度叙事性和传播性的数字出版产品，它肩负着增进各国之间文化艺术传播与交流的重任。而"一带一路"共建国家的特殊性则在于，不完全等同于西方受众，或与中国的地缘相近，或曾经与中国的社会制度类似（如俄罗斯），或与中国的文化背景有相近的地方（如印度）。基于此，这些国家的受众对中国影片的跨文化理解较之西方受众具有一定程度的亲近感。因此，更应该综合利用地缘、文化、外交等优势，加强对"一带一路"共建国家的跨文化出版"走出去"。

内容生产者要加强文化理解与适应性，需要具备深入了解和适应"一带一路"共建国家文化的能力。这包括对目标受众的价值观、文化习俗、语言特点等的了解，以便创作符合当地市场需求的内容。内容生产者应具备多语言能力，能够流利地沟通和创作多种语言的内容。这对于跨越不同国家和地区的市场至关重要，以确保内容的准确传达和本土化。随着数字媒体的发展，内容生产者需要具备跨媒体创作的能力，包括文本、音频、视频、图像等多种形式的创作和编辑技能。这有助于满足不同媒体平台和用户需求的内容呈现。内容生产者需要具备敏锐的市场洞察力，积极寻求跨文化合作，与当地的出版机构、媒体公司、作家、艺术家等建立联系与合作，共同开发和推广适应当地市场的内容。

中国出版"走出去"的数字化模式探索需要注重讲好中国故事，提高其对传播目标国民众的吸引力、感染力和影响力。要深入挖掘中国丰富的文化资源，包括传统文化、历史故事、文学作品等。通过挖掘和呈现独特的中国文化元素，可以吸引国外民众的兴趣，并展示中国的独特魅力。影视创作人员应细心采撷中国多元社会生活的方方面面，包括人物故事、社会现象、家庭关系等。通过真实、细腻地描绘中国社会的方方面面，可以让国外民众更好地了解中国人的生活和情感；结合"一带一路"的特殊性，应注重选取具有普适性的题材，这样可以突破文化和语言的障碍，让故事更容易为国外民众所接受和理解。这些题材可以涉及人类情感、家庭关系、友谊、爱情等，与中国文化和价值观相结合，形成独特的故事表达；影视创作人员应注重技术与艺术的结合，通过优秀的影像制作和表现手法，增强作品的传播效果，通过摄影、剪辑、音效等方面的精良制作，使作品具有更强的感染力和艺术表现力。通过国际合作，可以使中国故事更好地适应国际市场需求，并获得更广泛的传播渠道。

在这方面，可以参考欧美国家出版专业人才的培养。美国佩斯大学的出版专业拥有悠久的历史和丰富的经验，于1985年创立，培养目标为"充分利用当今成功出版人士的经验与专业技能来培养明日的出版业领军人才"。该专业在培养出版业人才方面具有一定的传统和声誉。佩斯大学位于纽约市，这是全球出版业的重要中心之一。学生可以充分利用纽约市丰富的出版资源和机会，与行业专业人士建立联系，并且佩斯大学与当地的出版公司、媒体机构和相关组织建立了广泛的合作关系。这些合作关系为学生提供了实习、就业和行业洞察的机会。佩斯大学出版专业的人才培养政策，以及该大学提供的出版专业课程和培养方案，得到了国际出版行业的普遍认可。佩斯大学的学生可以选择在出版领域的特定方向进行学习，如出版管理、数字出版、设计编辑与校对、市场营销等，其课程体系传承于拉德里夫出版学院，在课程设置、教学方法、实践结合等方面可以被视为人才培养的普遍模式。佩斯大学出版人才培养的最大特点，一是以出版专业硕士培养为基点，招录的学生本科专业多为英语、艺术、历史等学科，为未来的出版领域带来了多元化的学科视野；二是师资方面是以兼职外聘的出版业界专家为主，一方面能够为学生传授实用性的出版知识，另一方面还能为学生提供更多的实习、就业机会，理论与实践的结合更加紧密。中国的出版专业人才培养，可以结合"一带一路"的特殊性，适应出版人才的市场需求，探索适宜的内容培养人才模式。

四、发展信息和数字模型

无论"走出去"的哪类人才培养，都应该将发展信息和数字技能融入其中。中国出版"走出去"的数字化探索是一个重要的战略目标,对于实现这一目标,应秉持《出版业"十四五"时期发展规划》所提出的宏伟目标,并将其作为行动的指南。这一规划明确了到2035年出版业数字化水平要达到新的高度的要求,强调通过实施数字化战略,全面推进出版业的深度融合发展,以壮大出版发展的新引擎。

在人才培养方面,要注重培养复合型数字出版人才。这样的人才具备广泛的知识背景和跨领域的能力,能够以全局的视角思考和解决问题,推动数字出版的创新和发展。他们不仅具备出版专业的知识和技能,还能够结合其他领域的知识,例如技术、市场营销和创意策划,以全面的思维方式推动出版业的数字化转型。如对版权代理者来说,跨文化出版传播的生产流程较为复杂,非常重视版权,中间会出现很多问题,版权代理需要对区块链技术有所了解,作为去中心化的技术,它提供了一个安全的编码平台,方便确认、记录、跟踪过往交易,让信息十分透明。于创作者而言,应培养融媒体出版人才,这些人才熟悉并善于运用多种媒体形式,能够整合文字、图像、音频、视频等多种元素,打造丰富多样的数字出版内容。他们熟悉不同媒体平台和工具,能够有效利用社交媒体和数字营销渠道,以更广泛的方式传播和推广数字出版产品。在中国出版"走出去"的数字化探索中,融媒体数字出版人才还需要具备国际视野和跨文化交流能力,了解不同国家和地区的文化背景和市场特点,具备良好的外语沟通能力和跨文化交际能力,能够与国际合作伙伴进行有效合作和交流,将中国故事以更具吸引力、感染力和影响力的方式传递给全球受众,在国际市场中有效推广和传播中国的数字出版产品。

对营销者来说,区块链构建的社区,会吸引有相同爱好的粉丝聚集在一起,让优质内容能有效触达用户,并牢固锁定圈层文化,增强粉丝与社区、偶像、影视作品的黏性。注重网络新媒体的使用,进行多渠道的网络传播,优化搜索引擎,不断提升我们在出版"走出去"过程中的技术能力。对管理者来说,中国出版"走出去"数字化急需商务模型、功能模型、系统功能建设、信息系统集成框架设计等相关方面的人才,去实现企业数字化管理建模方法、过程集成方法、信息框架和应用等方面的内容,管理者需要思考如何培养具备数字技术研发和创新能力的人才,能够开发和应用先进的数字出版技术,提升数字产品的用户体验和功能。同时,我们鼓励培养创新型数字出版人才。这些人才具备创业精神和实践能力,能够将数字出版与创新的业务模式相结合,开拓新的市场和机会。他们不仅具备出版业务的专业知识,还能够理解和应用新兴技术（如人工智能、区块链和虚拟现实等），掌握市场趋势和消费者需求，为出版业带来创新和变革。他们能够开拓新的数字出版业务模式，拓展出版价值链的各个环节，以满足不断变化的市场需求。

目前，在数字化人才培养上已经有一些人才评价的初步探索。2017年2月，北京市新闻出版广电局首度颁发了数字编辑专业高级职称证书，这是推动出版转型形成，适应互联网时代复合型人才培养的重大举措，人才培养的类别包括产品经理、项目经理、产品架构师和新媒体运营人员。在顶层设计上，数字编辑专业高级职称认证注重产学一体的发展方向，比如在考纲设计上，分别涉及数字出版技术、数字出版产品策略，以及实践方面的数字出版产品设计、数字出版产品运营等。设计的具体考评形式涉及数字新闻、数字出版、数字影音、游戏等领域。不过，对于更多类型的出版专业人才，目前市场还是处于自发形成阶段，人才缺口大，面向国际化出版人才评价的改革提升仍有较大操作空间。打造具备综合能力和创新思维的数字出版人才队伍，是推动中国出版"走出去"的数字化转型，提升中国出版业在国际舞台上的影响力和竞争力的必由之路，要鼓励数字出版企业与高校、研究机构和行业协会等进行紧密合作，共同推动人才培养和产业发展的良性互动，开创中国出版"走出去"的数字化新时代。

第四节　评价路径：建立中国出版"走出去"的效果评估体系

党的十八大以来，我国出版"走出去"事业的发展速度越来越快，呈现出多主题、全方位、多渠道、多类型发展的良好局面。积极构建出版"走出去"事业的效果评估体系，既是党和政府积极推动出版"走出去"事业发展的需要，又是一项社会主义伟大事业的内在要求，已经成为我国出版"走出去"事业提质增效、高质量发展急需攻克的重大课题，其有着重大的理论实践意义和特殊社会价值。在全球文化产业国际竞争这一重大背景下，建立一个科学、真实、可衡量、可运行的出版"走出去"政策效益评价框架，将有助于全面考察我国文化出版"走出去"的方式、途径及其成效，与党和国家对我国文化"走出去"的发展战略顶层设计相符，进而确定全球社会对我国文化产业发展的需要程度以及我国文化产业"走出去"的潜力空间，为完善我国文化出版"走出去"政策提供了有效的决策依据。以科学评价出版"走出去"的整体成效为目标，本节尝试就我国出版"走出去"成效评价中的几个基础性、原则性和框架性问题进行一次系统研究，并提供几个思路，期望在这个课题中发挥抛砖引玉的作用。

科学合理的评价制度是一种由评判客体、评判基础、评判要求、评判方法、评价手段、评估结论及其与之相应的制度规定组成的有机体系，可以体现评价目的和要求的被评价客体的各方面状况，从而能够针对评价结果做出判断。本节从全球价值导向性、全球市场竞争力、全球产品竞争力三个层面开展出版"走出去"的有效性评价。按照经济效益与社会效益有机结合、定量与定性有机结合、系统性与针对性有机结合、科学性与可操作性有机结合的评价原理，科学合理地建立符合出版"走出去"项目实践的有效性评估指标体系。

一、评估目标

中国出版"走出去"的主要使命，是增强中华民族的亲和力、感染力、吸引力、竞争力，向全球研究推介更多富有特色、反映中国文化精神、蕴藏我国传统精髓的中国文化，进一步提高中华民族影响力。应当在此总体目标下，从出版物全球市场竞争力、全球社会影响力以及全球价值引导能力三个方面，对我国出版"走出去"成效加以评价。

二、评估对象和范畴

1.国家大型出版工程项目的效果评估

我国的重大出版物项目，包括我国出版物海外宣传项目资助、世界经典华人海外发行项目资助、国家社会科学基金中华学术资助、我国丝路书香工程支持情况、输出引进版中国书籍宣传项目等。可以总结目前已开展的这些活动和项目的实际开展情况，明确它们在我国出版领域"走出去"战略实施中的路线图和实施瓶颈，并深入研究这些项目目标受众人群的特征，建立评价项目在国外执行成效的信息资料收集与分析，形成分析的数学模型。对其中比较优秀的、由中央资金扶持的经济项目和文化活动开展经验总结和政策优势效果评价,以便向更多国家展现坚强、稳定及蓬勃发展的中华民族国家形象,从而确定中国传统文化和中国形象向海外传播的策略。

2.中国出版企业资本、产品和服务"走出去"的效果评估

中国出版企业的"走出去"计划,是我国文化"走出去"项目的重要部分。新闻出版公司"走出去"作为既往我国文化海外宣传经验的主要平台,在有力地增强我国文化软实力以及在全球舆论体系中争取话语权上始终发挥着重要作用。我国主要新闻出版公司"走出去"效果评估,需要至少涵盖如下三个方面的信息:国外出版组织成立概况、国外合作组织签署概况、国际经营从业能力状况,其传播方式、传播途径、媒介覆盖、宣传风格、媒介语言等均成为影响中文出版物传播效力的关键因素。

深入研究我国出版企业进入国外市场的发展模式,以及海外投资的经营方式、区域划分、业务现状,研究我国出版商品和服务"走出去"的市场现状、特征、主要格局分布情况、在国外市场中的地位等,评价我国出版投资"走出去"的国外市场效果和竞争力,并实地调研制约我国出版投资、商品和服务"走出去"发展的各种因素,且评价其效果和发展潜力,为进一步增强我国出版投资"走出去"的市场效果,提供有针对性的指导方案和意见。特别根据"一带一路"倡议的区域格局,从世界文化交易角度入手,分领域探讨我国出版商品与服务在目标市场的竞争力情况,从而提供有效开拓国外出版物市场的交易渠道。

3.中国出版海外用户消费行为模式研究

我国的文化生产、业务发展"走出去"必须面对和满足国外的目标市场及海外用户。因此,我国出版组织只有把握好国外客户的消费习惯,才能够有的放矢,创造出既适应国外用户消费偏好,又体现我国先进文化水平的新商品,从而创造具有经济效益与社会效益的市场经济局面。我国出版物若要"走出去",就必须跨文化交流与经营,以应对国际文化冲突的挑战。对我国出版物与海外用户消费模式的探讨,可从收入水平、分配方式与构成,消费观念与习俗,主办国文化发展,以及东道国与输出国之间的文化资本,东道国及输出国的文化商品的数量、价格和提供能力,消费者价值观、人文素质、对外来文化的认知、文化参与能力、文化消费、知识产权保障水平等方面,分析各要素对不同的文化冲突的影响力,让中国企业能够充分了解跨文化输出文化产品或服务面临的复杂环境,更好地选择更适合其文化产品或服务的目标市场。

4. 对"走出去"支持政策进行绩效评估

为更好地推动我国先进文化"走出去",国家制定了一系列扶持措施。为此需要开展"中国出版'走出去'政策绩效评估"的专题研究,以探索我国出版"走出去"政策绩效评价中的相关因子、方法。在此基础上,建立我国出版"走出去"政策绩效评价框架,并对目前及现有的出版"走出去"政策的效果开展实证评价研究,从而揭示当前政策取得的效果以及面临的问题,并给出改进我国出版"走出去"策略的指导意见。

三、评估思路和框架

《出版业"十四五"时期发展规划》提出,要切实采取有效措施,增加输出数量,改善输出结构,提升内容产品输出品质,扩大优秀内容覆盖面,提升市场占有率和影响力。要以价格引导、消费者反应、市场影响、销售额等为主要指标体系,形成科学合理的"走出去"目标评价系统。这为中国出版"走出去"效果评估研究提供了重要依据。效果评估包含对传递信息内容的评估,包括基本品牌传递与主题信息传递,目标读者接触传播信息内容的频度,读者对传递信息内容的感知反馈,乃至读者接触传播信息内容后发生的思想、心态、行动的转变。中国出版"走出去"效果评估指标体系构建,需要综合考虑国外受众对图书的认知与认同,既要有理论层面的可行性,又要有实践层面的可操作性;既要以其经济价值指标进行衡量,更要衡量其文化社会价值,还要紧密结合中国出版"走出去"的特点和工作实际,这样才有效。所以,本节将从消费者视角切入,通过考察海外消费者的认知效应、态度效果、行为效应三个维度,从国际市场竞争力、国际社会影响力、国际价值引导力三个层面,开展我国出版"走出去"效果评估工作(如图7-1所示),从而建立我国出版"走出去"效果评估指标体系。

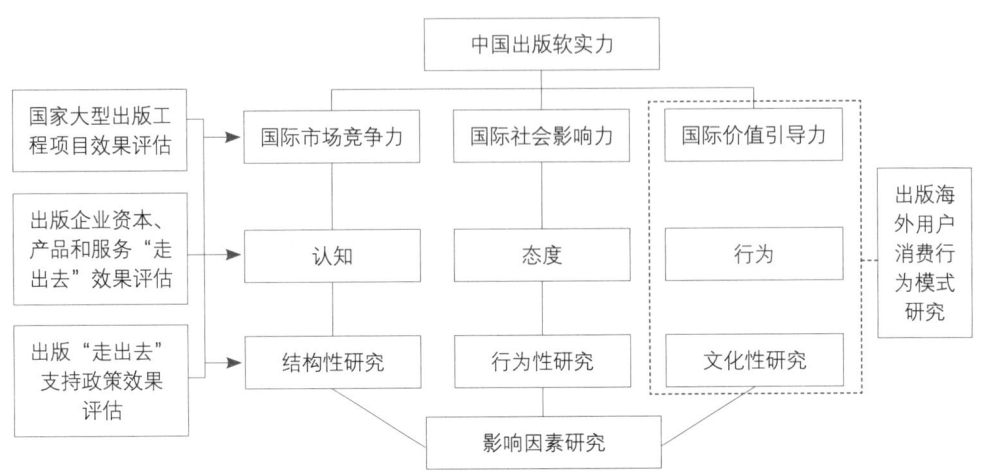

图7-1 中国出版"走出去"效果评估体系框架设计

感知是影响的早期阶段，意识是影响的中间阶段，而行动则是影响的最高阶段。传播学中的"接触率"和经济学领域的"行业比例"能够体现感知阶段的作用和重要性，用户黏性、消费偏好和交互等能够反映出用户状态，而"企业满意度"也能够决定对用户行动的影响。从认知、态度、行为三个层面的目标来看，包括价值取向、文化水准、消费者反应、市场效果、运营绩效等主要方面。对认知、态度、行为三个传播目标，可从中国出版物的国际市场竞争力、国际社会影响力以及国际价值引导力三个维度进行探讨。

第一，在国际市场竞争力层面，主要对我国出版物商品、业务在全球市场中的市场占有率、我国重大图书宣传活动、我国新闻出版公司的国际发展和我国资本对全球新闻出版行业的投入效果做出评价，侧重于覆盖面、到达度和市场占有率的指标。作为一项对外贸易活动，从长远看，我国出版"走出去"还需要同时接受传播规则与市场规律的双重考验，在高度重视出版"走出去"的社会效益的同时，更要注意市场利益，以实现版权输出图书社会效益和经济效益的有机统一。

第二，在国际社会影响力方面，要注重对我国出版物内容在全球市场上的占有率和欢迎程度进行评估，利用需求偏好、用户黏度等数据来衡量全球市场对我国出版物的态度。出版"走出去"的国际社会影响力大小决定着中国出版"走出去"的效果和意义。中国出版应着重打造具有国际适应性的高质量图书，促进"走出去"图书在国外的有效阅读与传播，让国外受众了解中华文化，进而对他们的认知产生积极的影响，改变他们对中国的态度,这样才能实现中国图书文化传播价值的最大化,这是衡量出版"走出去"社会影响力的主要标准。基于上述分析,社会影响力评估指标主要包括输出版权图书的国际知名度、满意度、美誉度,其中受众知名度指标包括主流媒体转载率、曝光率;受众满意度指标包括图书形象评价、总体期望、用户忠诚;受众美誉度指标包括图书国际获奖、正面评价。这些指标是国际社会影响力最重要、最直接的体现。

第三,在国际价值引导力方面,出版"走出去"的价值引导力是指通过出版产品版权输出对受众进行价值引导的能力。面对不同国家和地区、不同的文化背景、不同的价值观念的受众,获得不同文化的价值认同,是出版"走出去"取得预期效果的关键。武汉大学教授方卿认为,出版产品是文化传播的重要载体,出版产品的价值实现与增值来自出版主体的创造,更有赖于受众的认知与再创造。出版产品的消费是将出版产品所承载的内容信息传递给受众,进而对受众产生影响并取得认同的过程。在这个消费过程中,出版产品通过价值引导,使出版产品实现了价值增值。价值主张是出版产品对外传播的核心内容,出版产品价值引导的目标就是出版产品的价值主张得到目标国受众认可,并在更深层次上引起受众行为的改变,从而有效实现价值传递,获得目标国文化认同。出版"走出去"想要取得成功,必须以获得输出国家和受众的价值认同为前提,只有获得了价值上的认同,版权输出才能取得更好的效果。中华书籍版权的效应是通过消费者的价值观、方式和习惯的改变及表达,使更多人了解并接受中华民族的价值思想,加深对中华民族的理解并得以传承中华文化,这是中国出版"走出去"利益导向的基础内涵,也是我国出版"走出去"效益判断的最高层面。基于以上分析,将价值引导力的评估指标确定为中华文化认同度、中国形象好感度、正向传播度。

出版机构"走出去"的效果评估,具体要看出版物接受方的品牌价值、对国内文化的认同感,以及在行为模式(包含人际交往活动、消费、习惯等)上的改变程度。这一评估也是一种结果评估,要经过一定的时间才能确定结论。需要通过制定较全面的评估指标体系,对我国出版"走出去"项目的长期作用做出评价。

四、评估指标体系设计

评估指标体系构建有两类,一是在宏观上阐释建构宏大且有普适性的系统评估体系;二是针对单个组织、媒体、企业、活动、工程的特殊性建构具体的评估指标。本研究基于以上思路构建评估指标体系。

根据目标和阶段任务需要,应以提高我国新闻出版软实力为目标,从我国出版物的国际市场竞争力、国际社会影响力和国际价值引导力三个层次上建立我国出版"走出去"效果评估指标体系,并多角度对确定指标体系的干扰因子加以研究,减少指标体系确定的随意性,提高评价系统的科学性。全面挖掘运用国外各类资料,对各类数据、问卷、模型等数据方法加以深入研究,根据不同的出版"走出去"类型的具体情况,形成符合其特征的最佳效果评估子系统。各子系统有机组合形成我国出版"走出去"效果评估的综合指标。

从国际价格网络的角度,综合剖析出版"走出去"市场整体价格的运作状态,初步形成我国出版"走出去"价格的四种效果评估子系统,包括:①版权输出的效果评估子系统。②实体商品输出的效果评估子系统。③数字出版产品的海外传播效果评估子系统。④品牌与资本"走出去"的传播效果评估子系统。

指标体系的具体设计,依据如下。①中国出版国际市场竞争力,包含广度、国际市场占比、客户规模、涵盖率、受众结构、购买量、浏览量、订阅数、点击率等。②中国出版国际社会影响力,包含兴趣喜好、客户黏性、互动频度、连续时间、深度阅读率、深入浏览率等。初拟国际社会影响力评估指标见表7-1。③中华文化价值导向力(行为)要从更深层上引发国内消费者行为方式的变化。国际价值引导力是对我国新闻出版"走出去"战略效果评估的最高层次,反映的是我国新闻出版意图及对全世界新闻受众行动的强化力度。所谓强化,说的是接收者长期关注与自己的观念相一致的内容而产生的结果。

表7-1 初拟国际社会影响力评估指标

一级指标	二级指标	三级指标	数据来源
国际社会影响力	在场（到达、覆盖、出现）	出版语种、地域分析；海外馆藏率、借阅数据；发行量、销量、主流零售终端覆盖率	国外政治人物，中国问题研究领域专家学者，普通读者的公开观点阐述和评价，亚马逊海外书店，世界图书馆联机OCLC数据库，世界互联网公共平台（亚马逊、谷歌新闻），社交媒体平台（Facebook、Twitter等域外主流媒体）书评数据等
	评价（正面或负面）	海外媒体报道量；书评数据；价值评价；高频词分析	
	承认（认可程度）	海外读者认知度、满意度；社交媒体点赞量、转发量	

特别需要指出的是，"一带一路"出版业需要更加行之有效的效果评估机制，来提升出版业的效率和质量。目前"一带一路"出版业已经迈进了提质增效的阶段，相较之前，更加注重出版的质量而非数量。想要衡量"一带一路"出版业是否融入当地，需要从项目具体落地效果好坏、中国出版业是否得到当地出版业的认可、出版物是否受到当地群众的欢迎以及产生的经济效益高低等方面衡量。因此，要推动建立健全"一带一路"出版业效果评估机制，包括设立指标体系、完善奖惩机制、对出版单位及其从业人员进行资质测验和信用打分、加强未建项目的审验、维持已建项目的形象、做好版权续约工作等方面，对"一带一路"出版物的产品质量进行衡量。例如，纸张印刷、排版是否有误，是否造成目标国的误解，以及经营好融媒体账号，将网络作为长期收集目标国民众对中国出版业的反馈、评价和建议的重要端口等，为科学建设"一带一路"出版业长期规划添砖加瓦。

第五节 技术路径：以新智能技术融合贯穿出版"走出去"的全过程

互联网时代，信息传播环境凸显的是数据、技术、内容三者的相互渗透、彼此交叉与共生共荣。数据沉淀之后往往具有商业价值；技术为创新与发展提供引擎；内容则是获取用户的基础。对出版行业来说，随着信息化水平的提升，移动互联环境下用户/读者/受众对数字内容产品与服务的品质、水准要求会越来越高。中国出版"走出去"的数字化模式构建，需要基于针对用户/读者/受众的需求分析以及新兴科技驱动下的产品开发与服务升级，围绕内容、渠道、平台，不断探索创新路径。在中国出版数字化模式发展创新过程中，内容、渠道、平台三者是递进关系，前者是后者的基础，后者在前者充分发展、卓有成效后才会产生高一级质变。技术将不断升级迭代，内容却永远是稀缺资源。出版行业的核心竞争力，首先体现在能够拥有源源不断产出好内容的能力。在贯彻"内容为王"的主旨要求之后，更新、拓展、开辟传播渠道就是重中之重。在数字化内容资源与渠道都完备之后，建设国际化的平台、提升服务水准，就成了重要议程。在这个过程中，只有充分运用前沿科技，遵循互联网思维，不断抢占先机，方能在日新月异的数字经济浪潮中立足、站稳与壮大。

一、运用大数据技术对接读者需求偏好

如何加强出版"走出去"的数字内容建设？换一种通俗的说法：如何为海外用户/读者/受众做出好的数字内容？何谓好内容，在立场不同、视角不同、专业不同的情况下，对"好"的评价标准也会不一样。如果遵循互联网思维，就会将"是否满足用户/读者/受众的需求与喜好"这一条作为衡量标尺。从这一角度来说，中国出版"走出去"的数字化内容，首先应是海外用户/读者/受众喜闻乐见的内容。因此在中国出版数字内容"走出去"的过程中，需要细分海外数字阅读市场的目标消费者，做好市场调查。

第一，要充分运用大数据技术描绘目标用户/读者/受众画像。随着移动互联网的普及以及信息技术的发展，出版行业的相关数据正以指数级速度增长，包含出版文化产品数据，作者数据，用户/读者/受众阅读、消费以及反馈数据等方方面面。随着海外受众对个性化阅读需求的日益增加，大数据技术不仅能够通过对相关项目数据的挖掘、清洗与整合，对海外受众的阅读和接受效果做出评估，通过语义分析、爬虫技术等手段实现评估的细化处理，而且能够对海外受众的阅读需求进行画像，对出版选题策划、语言表达等环境展开预测，进而形成对文化传播最具效能的内容生产。例如，为准确把握"一带一路"共建国家的市场需求，中国出版集团就组织专业力量，对罗马尼亚、匈牙利、泰国等国的文化出版市场进行专项调研，根据调研成果制定"一国

一策"的市场策略。针对波兰、塞尔维亚等国数字出版起步较晚，但有声书市场增长迅速的特点，中国出版集团大力推动文学、童书、字典类有声书进入两国市场。

第二，完成用户/读者/受众画像之后，要依据目标消费者的需求，进行出版物主题的策划。数字内容选题策划要利用大数据技术，对目标国的市场需求与热点倾向进行智能化的分析与运算，拓宽出版选题的范围。在以出版物为媒介的跨文化交流中，了解海外读者的文化习俗，基于生活事实与文化的动态性发展进行有效评估，找寻可对话性、可沟通性，这二者是出版主题选择的重要依据。不同国家在文化价值方面往往存在文化距离与文化偏好，中国出版"走出去"首先需要针对目标国出版物内容的整体性偏好进行调查分析，如目标国的畅销书排行榜数据，就是非常有用的参考依据。这些数据大多出自具有公信力、数据收集整合能力强的媒体之手，反映各类型图书在本国受众中的影响力。其次，各个国家的社交网络、新闻媒体、电商平台、图书馆等平台，都有能够反映时事热点、阅听需求以及用户/读者/受众体验与评价的数据。对这些数据的实时收集与分析，能够提升中国出版机构的市场化反应能力，并为出版物主题策划提供参考依据。此外，在出版物选题策划的评估环节，针对同类主题的作品信息、销售状况、馆藏情况、用户/读者/受众的接受度等进行大数据分析，特别有助于判断选定主题的可行性。

借助大数据开发读者需求的前提是数据资源的积累，无论是面向国内市场的京东、当当电商平台，还是世界图书零售平台亚马逊，每本书的封面、读者评分、读者评价、浏览记录、停留时间、用户注册信息都被清晰记录在数据后端。这些平台通过这些数据指标来开发推荐算法，形成了极为丰富的阅读大数据。中国出版"走出去"的数字化目前处于起步阶段，还是应先集中精力做好线上线下渠道的数据案例积累，将目标国中国主题图书的售卖情况、读者反馈情况、融媒体产品传播情况等细化成指标，建立大数据库，然后才能有针对性地策划选题。

二、加强融媒体出版物的开发力度

"融媒体"是指充分利用媒介载体，把广播、电视、报刊、网站、移动互联网应用程序等既有共同点，又存在互补性的媒体，在人力、内容、宣传等方面进行全面整合，实现"资源通融、内容兼容、宣传互融、利益共融"的新型媒体运作模式。[210]
伴随着信息通信技术的突飞猛进，信息文化传播已经深深地嵌入融媒体传播体系中。
2015年，国家新闻出版广电总局发布《关于推动传统出版和新兴出版融合发展的指导意见》，指出要将传统出版的专业采编优势、内容资源优势延伸到新兴出版，积极通过多种方式吸收借鉴、善加利用先进的传播技术和渠道，借力推动出版融合发展。在这一思想的指引下，中国出版业开始步入以大数据、人工智能、虚拟现实、区块链等信息技术引领发展的新阶段，融媒体出版物日益成为主流出版产品。

从文本形式的角度看，融媒体内容是一种共时态分屏共时、历时态多屏共存的复合文本，不同媒介文本相互配合、彼此关联，共同深化内容主题、提升用户/读者/受众的体验。与此同时，不同媒介文本形式的出版物之间应能够相互促进、相互转化。融媒体内容的典型特点是多元化、视觉化、听觉化。多元化强调的是基于媒体融合的传播形态，根据海外用户/读者/受众的个性化需要，将选题创意、内容生产与用户体验相结合，开发适配各类移动智能终端、各种新媒体平台的数字内容产品。随着科技的发展，各种移动智能终端层出不穷，除了智能手机、Kindle、iReader等各式阅读器，还有可穿戴式智能设备，如智能手表、智能耳机，此外，智能音箱也在近几年成为热销产品。这些终端设备是硬件，需要赋予软件丰富的内容与服务之后才能满足用户的需求。不同设备由于其核心技术不同，适配的软件类型、数据库内容、服务平台都会不同，但数字化内容是所有设备发挥功能的基础。另外，当前以移动应用为代表的新媒体平台日益丰富，但不同平台上的数字内容往往有不同的特征。如微博的文章就与微信公众号的推文风格不同，抖音与B站的视频内容规则也不同。一部融媒体出版物的数字内容应该具有在不同终端、各个平台进行传播与分享的功能，否则传播力就会有局限。这种融媒体内容多元化的要求，对媒介文本的创意、创作、发布、营销等各环节都提出了更高的要求。

在互联网时代，以音视频、静动态页面、图片等为代表的视觉化产品在"走出去"的过程中发挥着越来越重要的作用。2019年12月6日，某短视频博主登上微博热搜，随后成为全民热议的话题人物，并登上《中国新闻周刊》封面。截至2019年12月底，她在微博上的境内粉丝数达2170万、在抖音上的粉丝数超过3390万，全网粉丝总数超过7400万。与此同时，她在美国某视频平台上的粉丝数也超过790万，有些短视频点击量超过4000万，总播放量超过10亿次，成为顺应视觉化趋向在海外市场进行跨文化传播的引人注目的自媒体。

除了视觉，听觉也是人们进行娱乐的重要途径。从近年来有声出版物市场的火爆就可以看出听觉读物正在逐渐复苏。一方面，声音是人的个性化属性，能够引起相关群体的兴趣和关注，人们对有声读物的喜欢就像对音乐的喜欢具有一样的原理；另一方面，有声书制作商也会根据读者的喜好不断调整有声读物的生产和传播，比如在内容制作上让作者专门打造适合有声书制作的有声书文本或"简短版著作"。总体而言，有声读物提供了一种新的讲述故事的方式、理念和体验，也是一种对人类早期口述信息的回归。出版商们应该学会根据读者的收听习惯有选择性地开发相应的产品，比如目前非虚构类有声作品比虚构类有声作品更加受读者欢迎。

三、加大开发智能翻译辅助技术

无论是当前国内引进出版还是"走出去"的图书翻译质量，大部分人可能对其并不太满意。语句不通顺，遗漏关键信息，专业词汇翻译不准确，"硬译"现象明显……这些都是目前翻译作品出版中屡见不鲜的问题。主要有以下几方面原因。第一，翻译费用低，译者动力不足。翻译稿酬偏低是国内一直以来存在的现象。1990年国家版权局颁布、至今仍然有效的《书籍稿酬暂行规定》规定翻译作品的稿酬为："翻译稿：每千字8至24元。特别难译而质量优秀的译稿，可以适当提高标准，但每千字不超过35元。"2014年11月，国家版权局及国家发展和改革委员会发布了最新的稿酬支付标准，翻译费用相比1999年有所增加，增加至50—200元/千字。虽然各出版单位在与译者签订委托翻译合同时，在关于翻译费金额约定上可以根据实际情况进行调整，但考虑到国内图书定价和利润率都较低的情况，除了引进版畅销图书外，一般图书的翻译稿酬并不会特别有吸引力。同时也因为低稿酬不容易吸引高质量的译者，造成大量低翻译水平的作品流入市场。

第二，翻译者的专业化、职业化水平低。这是低稿酬带来的另一个负面效果。相较于低稿酬的图书笔译方式，理性的翻译者会偏向于从事经济回报更大的其他类型翻译工作，如同声传译等。翻译人员没法安心专注于笔译，并进行深入钻研，那相应的职业化和专业化就无从谈起了。在这种情况下，图书翻译往往交给一些业余的翻译爱好者或学生去执行，其翻译质量可想而知。翻译者的专业化水平不够还体现在小语种（如阿拉伯语、印地语、越南语等）的翻译人才匮乏上。翻译人才没法涌现的一个附带结果就是好的译者约稿不断，翻译计划不得不一拖再拖，可能直接影响出版单位规划好的出版进度，造成本可能畅销的图书无法取得应有的市场效果。

第三，现行评价体制对翻译者不利。如果说低稿酬是从物质层面挫伤了翻译者的积极性，那么评价制度则在精神层面上降低了翻译者的满足感。从事翻译工作的人大多数都是大学教师和科研院所的研究人员，而现在的科研评价体系对翻译作品给予的权重很低，远远比不上论文和专著，这使得教师和科研人员翻译图书的积极性不高，更不愿意投入大把的时间。这是翻译图书质量不高的重要原因之一。据了解，高校教师接受出版社约稿任务以后，往往把任务分解给多位学生，由学生来翻译，教师最后统稿。有些教师甚至连最后的统稿都交给学生来处理，其质量可想而知。

为了解决以上问题，出版界引入市场化的编译方式。目前主要通过国内出版社的出版成品翻译成为外文版，也有少部分图书是直接由目标国家的作者写作完成的。当前出版机构在海外作者资源积累、海外市场运作方面还不成熟，形成一套完全面向海外市场的出版机制还需要时间，出版"走出去"的主要方式还是翻译。在这个过程中，虽然译者的作用非常重要，但是编辑的作用也不可忽视，他们通过深厚的职业素养和敏感度对图书的可读性进行把关。这是为融入外国市场，基于市场接受度而做出的选择。这种市场化的编辑方式是传播中国文化、提高译本的市场竞争力和海外影响力的有效解决方案。

大数据智能服务模式的特点是凭借先进的知识检索技术和分析技术以及智能化的产品应用，解决图书及数字内容产品"走出去"过程中信息不对称的问题。大数据智能服务模式以用户为中心、以数据驱动决策，将出版商、客户、用户进行紧密连接，从而优化产品的供给与反馈，是按需出版与精准营销的关键模式。中国出版"走出去"过程伴随着各类问题，为应对这些问题，市场上出现了诸多第三方技术服务商，为出版"走出去"提供技术方案。在翻译问题上，中国对外翻译有限公司的控股子公司中译语通科技股份有限公司专攻大数据与人工智能，为全球企业级用户提供大数据与人工智能场景化应用解决方案。中译语通在2018年北京图书订货会上展示了全球出版大数据平台，并凭借先进的知识检索及分析技术，被北京图书订货组委会评选为"十佳出版新技术应用企业"。该平台通过整合全球出版社、书店、图书馆、新闻资讯等数据，利用自然语言处理、智能语义理解、大数据分析挖掘、大数据内容安全等技术，构建出版行业知识图谱，为行业专家、出版单位、期刊单位、发行企业、技术服务商等提供智能出版选项、一站式编辑服务、多角度出版数据分析及营销渠道精准挖掘等一系列智能知识服务。

然而，要提升大数据的翻译精准度，技术开发者应培训人工语言的精准度，其中涉及的一个问题是处理好文化折扣，它是出版"走出去"过程中必须面对的客观存在。为了降低因出版物话语表达和翻译逻辑等不佳而导致的文化折扣，大数据翻译技术的开发要提高语料库的丰富性和精准度，尤其是要与国内研究机构、学者等积极合作，了解目标国家的文化思维、俚语、习俗，以及中国的历史人物、民间习俗、专有词汇在海外的接受情况，更要注意文化之间的高低语境差异。要积极与海外汉学家达成合作，围绕一些高频词汇的翻译策略，将最适合的翻译词汇纳入语料库，对机器语言进行训练，这样才能逐渐避免机器翻译存在的文化折扣问题。

四、建设数字化营销推广渠道

中国文化"走出去"一直是备受热议的话题，在"一带一路"倡议深入发展的当下，我们需要进一步拓宽"走出去"的渠道，国内并不缺少好书和好的版权，但苦于缺少畅通的推广渠道，所以部分出版集团选择在海外开设发行机构或出版、发行合为一体的机构。营销也很重要，在解决发行问题后，我们对西方主流媒体和社交平台的开发同样需要加强。

运用大数据技术展开市场调研，做好选题策划，是针对用户/读者/受众的前期调查，旨在发现目标市场的需求。加大融媒体出版物的开发力度，是针对用户/读者/受众需求进行产品创作。接下来，就需要进行产品推广与市场营销。中国出版"走出去"的营销渠道，一方面是按照国际营销方式与营销渠道的战略进行建设，另一方面要根据基于媒体融合的数字内容产品的多样化、多元化而探索数字化营销模式和促进机制，特别是要实现实体营销渠道与数字化营销渠道的互融互通互促，以满足"走出去"的要求。

第一，要从传统营销向互联网互动交流式营销转变。随着媒体融合的推进，融媒体出版物在不断发展,个性化的数字阅读及消费体验已成为时代新宠,并成为数字出版品牌经营的重要方向。融媒体出版物提供给用户/读者/受众的是完全不同于传统出版物的全新体验与服务,其最显著的特点就是注重互动、讲究交互。所谓互动,指注重编辑、作者、设计师、工程师、营销人员与用户/读者/受众的沟通,强调以主动、细致、个性化的服务赢得用户/读者/受众。所谓交互,是指数字内容产品都是交互式阅听产品,不仅能够点评、留言、转发、分享,还可以进行个性化设置,赋予用户/读者/受众参与性与主体性。出版的互联网互动交流式营销就是彻底改变传统营销以图书售卖为终点的服务方式,自始至终强调人与人之间的沟通与协作,在不断探寻用户/读者/受众需求的过程中,通过精准的、细致的人性化服务进行销售。

第二,要从线上营销向线上与线下营销相结合转变。中国出版机构对海外的线下营销并不陌生,出版机构积极参加国际书展,在不少书展上我国均作为主宾国,同时还形成了全球华文书店海外联展等活动。近年来,在这些线下书展中,我国不仅将众多图书版权输出到"一带一路"共建国家,更是通过场景化传播对中国文化进行了推介。2019年10月16日,由中国出版集团、中国大百科全书出版社举办的《穿越时空的中国》数字影像在第71届法兰克福书展上亮相,这是该影像展首次在海外展出,同时配有同名书多语种版本的发售。展览以大运河为背景,通过长25米、高3米的高清巨幕播放动态数字影像:从华灯映水、画舫凌波的古韵夜景,到高楼耸立、绿茵遍地的时代新貌,1700多个人物、200余艘大小船只在数码巨幕上"动了起来",栩栩如生……《穿越时空的中国》展示了中国历史的精彩瞬间,三维动画与二维场景相互融合,蔚为壮观,不能不令人赞叹是一个艺术与技术完美融合的优秀案例。在线上营销活动中,首先,中国出版机构要认真研究海外市场目标读者的媒介接触特点,比如在欧美国家,主流报纸、杂志的书评依然是主流,现在也有一些大型出版集团利用社交媒体进行直接宣传和社群运营,TikTok成为读者购买图书的重要参考依据平台。在图书销售渠道上,亚马逊的市场份额也远远超过线下书店,因此线上营销活动实现电商的引流就变得更加重要。中国出版"走出去",无论是电子书还是纸质图书,要致力于充分结合亚马逊成熟的网络销售平台和本土化线上营销渠道,实现优化资源配置,这是我国图书产品进入目标国主流社会的重要渠道。

第三,要促进数字营销的本土化能力。中国出版"走出去"是方法,目标是"走进去""走下去"。所以中国出版"走出去"数字化发展的最终目的应是在当地落地生根、发芽结果。出版机构应有效整合出版企业资源和目标国资源,建立本土化的数字资源与服务平台,实现与用户网上互通互动和服务的迅捷化,形成包括活动营销、内容营销、网络营销和数字化资源平台营销的本土化营销体系,进而实现营销本土化。就跨国出版的本土化内容而言,我国学者潘文年教授概括为企业员工、企业资金、生产销售、运营管理、企业文化五个方面。本土化从横向视角看,包括环境、条件、市场、竞争对手、资源、能力等方面的分析和判断;从纵向视角看,涉及对研发策划、组稿、翻译、图书出版、推广、运营、公关等各环节的把握和控制;从发展视角看,既要考虑与生存和立足相关的因素,也要考虑可持续发展、核心价值、核心能力等问题。既要考虑近期的具体工作,更要做好长期准备,预见未来的困难和机遇,有效防范风险,等等。[211]因此,本土化需要进行系统设计,尤其是数字化营销的本土化,特别需要重视基于互联网的数据、事实、逻辑与规律。

五、强化数字资源服务平台建设

数字资源服务平台包括全球发布平台、数字资源管理运营平台、图书对外传播平台、融合媒体运营平台、[212]电子商务平台、移动支付平台等。数字化平台的建设,是中国出版"走出去"数字化模式发展成熟期的目标。数字化内容资源与渠道建设是平台建设的基础。出版平台建设的过程中,我国有必要借鉴国际出版集团数字化发展经验,取长补短,同时进行创新与突破。中国出版"走出去"的数字资源服务平台建设的核心目标是传播中华文化,以科技为支撑,为海外的机构、用户等提供知识服务和阅读服务。[213]数字资源服务平台目前的建设重点是以数字内容平台、数据库、知识服务方案以及版权交易平台为主,但每类产品都存在一定的问题,如除了一些网络文学平台和五洲传播出版社的that's books,很多内容平台目前只是在产品开发和推向市场阶段,使用率还不高,数据库的开发仍以中文居多。当前大型出版集团是进行中国出版"走出去"数字化平台建设的先锋队。2018年4月19日,中国出版集团数字化综合运营平台二期正式上线。该平台一改数字产品运营模式,实现产品集群数据互通、资源配置。平台聚合移动客户端、在线平台、数据库、电子书、音视频等多种形态,并面向海内外开放资源,有效提升了中国出版行业的影响力,助推出版多样化传播路径构建。数字化出版"走出去"不应仅停留在产品开发阶段,而应充分使用互联网思维来深化市场运营。要成功运营数字产品,无论是国内出版社从事国际化业务的相关工作人员,还是在海外已经成立分支机构的人员,要建立一支专业化的产品设计团队,调研海外读者对产品的体验意见,优化产品设计和开发。同时,出版机构要敢于在海外投入一定的成本和人力,尤其是营销编辑要熟悉海外媒体的图书运营规律,早日促成图书的品牌化发展。

六、推动区块链数字版权管理应用

数字化模式的引入使得中国出版"走出去"的过程变得更为复杂,同时也对版权保护提出了更高要求。随着区块链技术的出现,有望在技术层面推动中国出版"走出去"的发展,解决版权难题。作为一种去中心化的技术,区块链提供了一个安全的编码平台,能够方便地确认、记录和跟踪过去的交易,从而让信息变得极为透明。对于创作者和出版机构而言,数字化模式下的区块链技术能够为他们提供更好的版权保护机制。通过将作品的版权信息以加密形式存储在区块链上,确保作品的真实性和独一性,有效防止侵权行为的发生。同时,区块链技术还能够为作者提供更多的发行和授权方式,使其在全球范围内吸引更多的读者和合作伙伴,无须过度迎合市场需求。在营销方面,基于区块链构建的社区能够吸引有着相同爱好和兴趣的读者与行业相关方聚集在一起。这样的社区提供了一个交流和分享的平台,使优质内容能够有效触达目标读者,并增强读者与出版机构、作者之间的联系和黏性。通过区块链的透明性,读者可以更加信任和了解作品的来源与作者,进而形成更加稳固的读者与作品之间的关系。

数字化模式下的区块链技术为版权保护、作品发行和授权、市场营销等方面提供了新的解决方案,使中国出版"走出去"能够更加安全、高效地实现其目标,促进优秀作品在全球范围内的传播和交流。政府和行业在推动区块链技术在中国出版"走出去"中的应用和合作方面发挥着重要作用。政府可以制定相关政策和法规,为区块链技术在出版业中的应用提供支持和指导。政府可以鼓励出版机构和创作者采用区块链技术保护版权、实现作品溯源等,同时提供相应的资金支持和奖励机制,推动行业的数字化转型。政府和行业可以共同建立区块链技术应用的合作平台,为出版机构和创作者提供技术支持、培训和资源共享等服务。这样的平台可以促进行业间的合作和交流，加强技术研发能力，推动区块链技术在出版业中的广泛应用。政府可以鼓励出版机构和相关机构共享数据，并通过区块链技术实现数据的安全和可信交换。这有助于提高信息的透明性和互操作性，促进出版业内各方的合作和协同发展。政府可以组织制定区块链技术在出版业中的标准和规范，以保障数据的一致性、互操作性和安全性。这有助于建立行业信任体系，提升区块链技术在出版业中的应用效果，最终有助于推动出版业的可持续发展。

随着互联网时代的兴起，全球移动互联网爆发式扩张正在接近尾声，世界互联网连接规模增长步入动力转换期，互联网发展从"人人互联"转变到"万物互联"，人工智能等新兴网络信息技术成为全球科技竞争的新高地。[214]世界各国的出版业都在经历深层次的结构变革，欧美一些发达国家的出版集团，数字化的营收已经占据总体营收的50%以上，出版业正式进入数字化重构阶段。中国出版业的数字化转型虽然起步晚，但是在国内网络技术和数字经济的驱动下，融合出版和数字出版已经有了快速发展，尤其是以游戏、网络文学、音视频为代表的数字出版产业已实现跨越式发展。与此同时，在党和国家有关部门的大力引导、支持下，国内众多传统出版企业不断深入探索数字化转型。在这一时代背景下，中国出版"走出去"急需适应这一趋势，探索"走出去"的数字化模式与路径，打造中国出版"走出去"的升级版，为中国软实力建设和国际传播话语权建设的提质增效创造新契机。

一、中国出版"走出去"数字化转型的必然性

数字化之所以能够成为中国出版"走出去"的有效模式，得益于数字技术自身所具有的结构特性，包括用户需求的快速响应、营销推广的精准触达、产品内容的精准定制、用户反馈的及时捕捉以及业务的迭代更新。这一结构特性在未来可能会逐渐颠覆传统出版行业的运作规律，如数字化的内容生产呈现典型的轻资产特征，主要成本体现在技术人员的劳务和内容制作相关的软硬件开发方面，这与传统出版业在印刷、库存、物流、厂房等方面的高成本形成鲜明对比。并且，软硬件的开发具有高附加值特征，随着图像制作技术、大数据技术、机器学习技术等的成熟与应用，出版企业可

更高效快捷地实现内容开发与制作，边际成本将逐渐递减。数字化出版还呈现出典型的内容聚集形态，最终会产生有价值的数据，数据资产也将成为连接用户需求和产品开发的中转站。正是在这样的结构特性下，数字化模式能够有效突破传统出版"走出去"在渠道、产品、盈利、语言等方面的瓶颈。

第一，数字化模式可以有效摆脱传统模式中无法打开海外渠道的困境。传统的图书发行需要依托线上零售平台或线下各级批发和零售商，但在海外要建立系统化的发行渠道是很不容易的。目前，国内出版社图书的海外发行主要是通过中图公司和国图集团等国有中盘商进行，有些出版社如山东友谊出版社的尼山书屋、凤凰出版传媒集团的凤凰书架等，在海外设立了自己的发行机构，但总体规模都较小。线上渠道方面，中文图书或中国出版的外文图书很难直接登上亚马逊外国网站。渠道上的闭塞导致目前我国的图书"走出去"主要还是通过版权输出或合作出版的方式进行，而即使是合作出版，合作双方都会约定外文版由外方出版社负责海外发行，中文版由中方出版社在中国境内发行。这种发行范围的约定导致中方出版机构无法直接面对外国市场。当然，目前国内也有个别机构成功构建起了一套成熟的国内出版的外文图书的海外发行网络，典型代表即是上海新闻出版发展有限公司。该公司出版发行的英文版"文化中国"丛书不仅全系列重印率很高，输出了多种小语种的版权，而且各种图书都进入了不同国家的海外销售主流渠道，并取得不错的销售业绩。[215]数字化模式下的国际出版则不存在千方百计建立线下分销渠道的麻烦，而是将内容生产和分发集中于同一个平台，直接面向终端用户，出版商同时扮演发行商和零售商的角色。在这一模式下，出版商唯一需要投入大量精力的是制定合适的推广方案，以便吸引尽可能多的用户在线上使用其产品。

第二，数字化模式可以有效解决传统模式存在的信息反馈慢、产品落地难的问题。数字出版是指利用数字技术进行内容编辑加工，并通过网络传播数字内容产品的一种新型出版方式。这也就意味着数字出版产品带有互联网产品的属性，而互联网产品的生产往往以用户为导向，追求快速迭代，所以及时的信息反馈、快速的决策调整和优化是数字出版产品必须具备的特点。事实上，数字产品往往通过试听、试玩等方式，并结合大数据技术，第一时间对市场和用户信息进行收集、整理和分析，能在短时间内进行产品改进。原"凯叔讲故事"高级副总裁王朝阳先生在2021出版行业新媒体发展论坛上讲道，"凯叔讲故事"在设计产品时会极力打造高质量儿童内容的"最小颗粒度",贯彻"敏捷出版"的理念。他们对每个新上线的产品都会进行数据测试和分析,在测试过程中,如果发现在某个时间点后的用户在线率断崖式下降了,说明产品在该时间点出现了"致命"问题,那产品经理就会立刻和设计师一起对产品进行优化,这对少儿出版的数字化建设具有较大启发意义。与此形成对比的是,传统图书出版从交稿到出版,再到营销和发行,各环节之间的数据和信息交流是相对隔断的,尤其是在国际出版流程中,出版商和用户的距离就更远了。作为产品生产者的出版商无法直接掌握一手的用户使用情况的数据,不得不依托经验进行决策,但此种情况下,生产经营风险会陡然上升,产品的适销对路也就成了空谈。

第三,数字化模式可以有效解决传统模式无法通过和用户建立情感与文化认同并获得稳定盈利的问题。"Z世代""数码原住民"等都是描述生活在互联网时代群体的重要代名词,而出版业成败的关键也越来越取决于对这部分读者的争夺。互联网塑造着人们的认知模式和情感模式,因此要赢得国外网络环境下的读者,就必须对这些模式和运行逻辑进行分析、研判,这正是数字化模式在出版"走出去"方面可以发挥作用的地方。数字化出版运用大数据技术对海外受众的阅读需求和喜好进行分析、评估,形成最具效能的内容生产,并根据读者反馈不断更新升级产品,实现稳定盈利。数字化平台也更容易实现"共情营销",生产商可以挖掘消费者的期望、需求和痛点,通过商品承载的信息和价值观,与消费者之间建立强有力的纽带。数字化出版从产品生产到读者反馈形成了良性的闭环,生产商始终围绕读者来建立产品关系和情感联系。在传统出版"走出去"模式中,出版商和用户之间的交易是一次性的,很难在双方之间创造和建立更多可能,更谈不上情感和文化上的深入交流与互动。一次产品失误往往就会永久失去用户,这不仅仅使作为产品生产者的出版商无法进行补救,更遑论形成有效的盈利模式了。

第四,数字化模式可以有效弥补传统模式中出现的语言和翻译人才方面的短板。英语是世界上使用最广泛的语言,这意味着以英文出版的出版物在国际传播中拥有先天的优势,这也是欧美的大型出版商可以很快建立自身影响力的重要原因。但除此之外,数字化和本地语言化也是西方先进出版同行们得以进军其他非英语国家的重要途径。中国出版"走出去"无疑可以学习这一经验,例如可以依托诸如"AI翻译+人工审校"的方式使翻译效率和精准度提升,从而有效解决中国产品的语言障碍和数量供给问题。在这种情况下,出版商无须为优秀翻译人才的稀缺而苦恼。在传统版权输出模式下,"走出去"图书产品往往因为翻译质量不佳和文字表达的非本地化等问题,难以吸引外国读者的关注。此外,优秀翻译和小语种翻译稀缺导致的翻译周期过长或部分产品无法翻译等问题还可能严重影响版权输出的进度和效率。

二、中国出版"走出去"数字化发展需强化的四组关系

数字化是中国出版业推进产业升级、融入世界出版格局、建设出版强国的必由路径。在国家"走出去"战略的总体统筹下,中国出版业经过近30年的探索,在"走出去"的思想认识、技术积累、组织架构等方面都有较大调整,"走出去"的出版物数量、种类、合作方式进一步丰富。然而,我们在看到成绩的同时,也要看到互联网技术已经对出版业生态带来了重大冲击。在当前阶段,智能化、深度信息化的趋势不可阻挡,未来将会产生更多新的知识表现形式和传播方式,中国出版"走出去"数字化建设要正视现实,更新理念认识,跳出封闭系统思维,强化以下四组关系。

1.国有机构与民营主体的全员参与

中国出版业承担着构建中国话语体系,讲好中国故事、传播中国声音,展现可信、可爱、可敬的中国形象这一使命。近年来,为增强传统出版机构"走出去"的动力和实效,国家对出版"走出去"的政策导向愈加明显,施政措施愈加细化,支持力度愈发加大。比如早在2011年,新闻出版总署就制定了《新闻出版业"十二五"时期发展规划》和《新闻出版业"十二五"时期"走出去"发展规划》宏观指导文件,提出打造六到七家实力雄厚、有国际竞争力的龙头企业,扭转版权贸易逆差,在30个左右的重点国家和地区完成市场布局等整体目标。为贯彻落实这些目标,2012年,新闻出版总署出台《关于加快我国新闻出版业"走出去"的若干意见》,围绕新闻出版业"十二五"规划,提出在版权输出数量、版权引进与输出比例、数字出版产品和服务金额、实物出口数量以及"走出去"相关的信息服务平台建设(包括建立版权交易信息库、中外作家库和翻译人才库等)等方面的具体实施指标。这些年,配合这些宏观到微观的指导文件,国家陆续设立系列"走出去"工程,包括"经典中国国际出版工程""丝路书香工程""中国国际出版物国际营销渠道拓展工程"等,给出版业提供了实质性的项目和财政支撑。这些举措有效调动了国有出版机构"走出去"的积极

性，一些出版机构甚至自发进行更多开创性的尝试，包括建立海外分社、收购海外出版机构、建设数字内容平台、尝试产业链运作等。在出版"走出去"20多年的发展历程中，传统出版机构发挥了领头羊和主力军的作用，构建了更加积极、正面、负责任的大国形象，有力提升了中国文化软实力。

尽管国家层面的支持力度很大，国有出版机构积极作为，但"走出去"仍然充满挑战。一是中国国有出版机构转企改制的时间还不长，面对新媒体技术的冲击，在探索数字化转型方面还未取得良好成效。如何以数字化方式更高效地走向国际市场，与海外出版商建立理想的合作方式，对国有出版机构是重大挑战。二是国内出版集团大多是内向型企业，主营业务在国内市场，对跨区域、国际化的经营经验积累还不够，对海外市场可能出现的风险和困难往往预估不足，难以应对。三是思想观念还比较滞后，"走出去"的动力明显不足。一些出版社对"走出去"的认识站位不高，较依赖自上而下的驱动机制，"走出去"更多是获取国家层面的资源支持和财政支持。相对应的，有些出版社的"走出去"往往缺乏长期发展规划，国际化战略不清晰，目标定位不明确，"走出去"存在一定的盲目性。还有一些出版社考虑到"走出去"成本高、风险高，存在畏难情绪，尤其是中小出版社人力、财力资源有限，"走出去"投入意愿不高。目前，国际形势动荡和逆全球化趋势加剧，地缘政治事件频发，产业链供应体系受到冲击，以美国为首的部分西方国家，构建了意识形态互认度高、可控性强、相对封闭的产业链网络。在出版业领域，欧美发达的出版产业，无论是传统纸质图书的输出还是数字出版的业务布局，比中国传统出版业的国际化成熟。在这种情况下，仅靠传统出版机构来完成国家软实力建设的使命是比较困难的。这时就要转换思路，看到民营企业在"走出去"过程中呈现出的特色和优势。

以网络文学、网络游戏、流媒体影视等为代表的民营企业在"走出去"方面具有天然市场契合性。首先，民营内容企业诞生于市场经济，对市场反应敏感，尤其是善于捕捉市场机会，对国际市场上一些小众需求、小众市场把握更迅捷，恰好能够解决"一带一路"共建国家数量多、经济体量小、阅读需求无法被满足的问题。其次，民营企业发展更依赖市场规律的调节，自主经营、自负盈亏、自担风险，对国家层面的投资依赖度低，既降低了政府层面的资源投入，又能以市场化运作来传播中国文化，社会效益和市场效益更容易实现统一。再次，民营企业机制灵活，经济效益驱动明显，在国际市场上的适应性最强。一旦出现盈利难、执行难的问题，能很快做出调整，转换赛道，最终探索出最小化成本和风险、最大化收益的方法。最后，一些民营企业在海外市场考验中逐步培育了坚韧、敏感、敢于挑战、勇于创新的创业精神，在技术积累、体制机制、组织管理、运作经验等方面拥有传统出版业无法替代的优势。近年来，随着互联网技术的发展成熟，国内市场进一步饱和，越来越多的民营内容企业开始开拓海外市场，在移动游戏、移动电商、社交媒体、短视频娱乐、移动通信领域频频发力，尤其是在广大的发展中国家，已经占据一席之地。对传统出版社"走出去"存在的问题，尤其是数字化领域的经验匮乏问题，民营企业完全可以参与其中。它们的加入不仅能够为传统出版"走出去"提供先进的技术支撑，更能带来成熟的市场经验，带动出版"走出去"的数字化革命。总之，无论是国家层面的政策引导，还是组织层面的运作思路，都可以大胆尝试将民营市场力量纳入其中，引导和激发民营市场主体"走出去"的文化自觉，为中国出版"走出去"的数字化发展进行有益探索。

2.国内市场与国际市场的同步发展

创新是开放的动力，开放是创新的基础。我国目前出版业的数字化进展缓慢，存在一定的僵化、固化、形式化问题，出版业只有坚持国内市场与国际市场的同步发展，通过与外部市场建立联系，形成互动，才能使国外先进的数字化经验溢出至国内市场，倒逼中国传统出版业变革，激发数字出版"走出去"的活力。要理解开放创新对出版业数字化发展和数字化"走出去"的逻辑，可以借用管理学领域的两个概念——开放式创新和封闭式创新来进行分析。与开放式创新相对的概念是封闭式创新，在20世纪的大部分时间里，封闭式创新模式曾在科技革命和经济发展中占主导优势。封闭式创新模式的逻辑是以内部聚焦为基础的，组织推进创新的目标是保证竞争的高壁垒性。具体实施策略有聘请最优秀的人才、自主研发新产品和新服务、自主推销新产品、抢占创新的时机、投入最好最多的研发力量以及保护知识产权。封闭式创新形成了良性的内部循环，企业组织开发出诸多突破性技术，外部竞争者较难超越，世界著名的贝尔实验室就是通过这一方式在市场保持领先地位的。然而，到了20世纪末期，一些结构性因素侵蚀了封闭式创新的基础。一是互联网和人工智能快速发展，使许多壁垒迎刃而解，技术人才流动性加强，导致知识创新能力拓展至其他组织中，技术创新壁垒被逐渐打破。二是一些西方国家高等教育不断普及，知识型、技术型人才溢出到各行各业的中小型企业。三是市场上出现风险投资，在一些知名实验室从事基础研究的科学家和工程师将研究成果商业化，建立初创企业。他们通过寻求风险投资做大企业，消解了知识产权和技术垄断的可能。在这样的背景下，知识创新逻辑转变为寻求与企业内外的所有优质人才合作，充分利用外部研发创造的价值，充分利用企业内外研究成果，购买外部知识产权，等等。美国好莱坞电影之所以在很长一段时期内占据世界电影工业的优势地位，离不开工作室、导演、人才中介、演员、编剧、专业分包商和独立制片人建立起来的联盟网络，这是典型的开放式创新模式。

中国数字化出版"走出去"必须坚持开放式创新模式，坚持国内市场与国际市场的同步发展，原因如下。第一，无论是同欧美大型出版传媒集团相比，还是同国内大型互联网企业相比，传统出版机构技术研发人员体量不大。同时，传统出版社以内容为核心优势，技术研发并不是出版社的优势。以上原因造成出版社技术自主创新难度加大。第二，传统出版社体制机制改革还不到位，一些出版机构并未完全建立起现代化的企业制度。国有机构和民营策划公司相比，形成了相对优势地位，组织内部自主创新动力尚未激活，顶层数字化转型的支持性政策难以有效发挥作用。一些出版社在数字化"走出去"的建设中，虽然意愿强烈，但对技术规律研究不深，产品开发与市场需求脱节，出现重复低水平建设。有些面向海外的数字平台建设为融合而融合，对适不适合做融媒体开发以及海外读者接受情况，在产品开发前很少进行细致研究，导致效果不尽如人意。第三，传统出版产业链分工细化导致内部封闭式创新较难实现。数字化出版"走出去"需要出版机构具备高度的创意能力、制作能力、营销能力、分销能力、服务能力和技术研发能力。传统出版社除了在创意能力方面可能占据优势，在其他环节显然更依赖外部市场的经销商、零售商、电商平台等。第四，优秀技术开发和运营人才在组织之外，尤其是聚集在国内外市场的互联网企业中，传统出版社要完成数字化出版"走出去"，必然要寻求组织外的创新资源，购买技术服务和知识产权。

国内市场与国际市场的同步发展，意味着传统出版机构必须坚持"引进来"和"走出去"的双向结合。"引进来"不是通常所理解的引进海外版权图书，而是引进国内互联网企业的技术力量和国际大型出版集团的运作经验，这必然会加速出版"走出去"的数字化进程。对外部技术力量的引进在当前中国出版业融合发展中并不少见，一些出版社开发出的VR沉浸式体验产品，多是和国内高校、科研机构的数字出版实验室或数字出版公司合作开发完成的。对国际大型出版集团的经验引进案例不多，科爱出版公司的经验可以借鉴。2007年，中国科学出版社与爱思唯尔合作成立科爱出版公司。借助爱思唯尔的品牌和声誉以及母公司提供的生产和运营服务，该出版公司与中国的学会、大学、科研机构合作经营130多种外文期刊，有不少被纳入国际一流期刊，对传播中国声音、加快中国学术话语体系建设、增强中国国际影响力效果十分明显。"引进来"和"走出去"都是推动出版业数字化"走出去"的有效方式。"走出去"是出版机构深入了解海外市场的必由之路，出版社的创新转型意识要在动态变化的环境中才能逐步被培养起来。在"走出去"的过程中，无论是欧美国家在出版业数字化转型方面积累的技术优势还是经营理念，或是"一带一路"共建国家出版业的发展特性与经济发展模式，都能够刺激中国出版业在海外市场的创新意识，因此中国出版"走出去"数字化需要国际国内市场深度融合，相互推进。

3.内容开发对技术规律的适应与转化

数字化时代，人们的媒介消费习惯、阅读方式、学习交流形式都在发生变化，单一依靠纸质图书的发行已经无法满足读者多样化的阅读习惯，尤其是在一些"一带一路"共建国家，纸质图书出版业的发展还相对滞后，智能手机的普及率相对较高，中国出版"走出去"不能仅仅局限于纸质图书的开发，要采用融媒体出版的形式，创新传统出版的表现形态。融媒体出版是以纸质图书内容为基础，采取多种呈现方式对内容进行深度加工，提升读者阅读体验的出版活动。目前常见的形态有电子书、有声书、图片、动态页面、短视频、长视频、AR书、App、数据库、小游戏等，载体通常以智能手机为主。融媒体出版具有典型的交互性、视觉化、裂变式、场景化特点，能够弥补纸质图书在时效性、互动性方面存在的不足，提升出版"走出去"的传播效果，增强用户的黏性。无论是纸质图书还是融媒体出版，内容都是出版"走出去"的核心要素，但出版主体要明确的是，"走出去"的数字内容与纸质图书的内容本质上是不同的。传统出版物的内容是密集的、系统的、深入的，融媒体产品则具有典型的碎片化、短小化及娱乐化特点。在海外市场进行融媒体产品开发要适应其简约化、视觉化等特点，目前传统出版社内容的更新与转化还远未适应这一规律。

要适应新的技术规律，内容的开发与转化要考虑三个方面的因素。

第一，要认识到纸质出版与融媒体出版在产品特性上的不同。纸质图书能给读者带来沉浸式体验，这里的沉浸式体验并非视觉的感官刺激，而是自我构造出的一个相对安静、专注的空间。同时，纸质图书具有权威性、专业性、严谨性，适合那些需要反复阅读、深度阅读、具有收藏价值的读物类型。电子书则具有方便、快捷、省钱、省空间的特点，更便于作者索引注释，既适合需反复阅读，也适合浅层次、娱乐性的读物类型。有声书的场景感、互动感更强，适用的场景常常在家中或驾驶途中，较看重主播水平和后期制作技术。与纸质图书、电子书的书面语不同，有声书还更侧重口语表达和短句表达，要求语言通俗易懂，读者更易理解。图片、动态页面的视觉感、体验感更强，但限于篇幅，内容需高度浓缩、提炼要点。AR/VR产品的视觉体验感要远超图片、动态页面，一些AR/VR产品单纯强调沉浸式体验感，弥补文字表述的形象缺失问题，一些AR/VR产品则在视觉体验之外，通过嵌入小视频、小游戏，将知识普及融合到感官体验中。App和数据库满足的是用户借助平台浏览全部信息的习惯，此类产品建设必须内容全、形态全、垂直领域深，出版社要有丰富的数据支撑和高质量的内容支撑。

第二，内容的开发与转化要评估纸质图书与融媒体类型的适配度。一般来说，纸质图书适合经典著作，包括经典文学、经典学术著作、艺术类图书等。还有一些重要文件，如法律法规、规划纲要、白皮书、蓝皮书等，因其主题的严肃性、权威性，仍然以纸质图书为主。此外，词典、字典、日历、地图集等工具书，也更适合以纸质图书的形式呈现。电子书既适用于学术著作，也适合漫画、小说这类轻阅读读物。有声书则更适合文学读物等在叙事情节和人物塑造方面比较突出，适合讲故事的类别。对纸质图书与二维码结合的产品形态，则要具体问题具体分析。"走出去"的科普类图书、文化历史读物较适合嵌入文字和视频，既可以传播中国主题知识，也可以增强视觉体验，深化读者对中国文化的感知记忆。教育类图书更适合嵌入视频或者学习平台，形成知识服务模式。安徽教育出版社的《汉语入门王》开发了纸质版、光盘以及配套App，增加了文字、动画、音视频、练习等形态。2019年10月，以中国大运河为创作背景的图书《穿越时空的中国》和VR虚拟影像展在法兰克福书展上展出，有效展现了中国运河文化故事，完成了多语言版本的全球发售。这些都是纸质图书与融媒体图书相互融合、促进的典型案例。

第三，"走出去"的融媒体出版要考虑成本和效益的投入产出比。融媒体出版开发往往需要投入额外的人力和资源，传统出版社要善于巧用融媒体形态，尽可能以低成本实现传播效果的最大化。2017年，为庆祝中国人民解放军建军90周年，《人民日报》和腾讯"天天P图"App合作开发的《快看呐！这是我的军装照》H5页面，引发了全网晒军装的现象级事件，其开发成本不高，但传播效果出圈。一本军史主题图书如果能够嵌入这样的动态H5则可以事半功倍。数字化出版的"走出去"可以考虑采用这样的方式烘托图书发售的热度。2022年，甘肃教育出版社的《写给青少年的敦煌故事》采用了1300多幅敦煌照片，嵌入了丰富的音频、视频，这样的融媒体出版物也比较适合走向海外市场，如果能在海外加大营销推广力度，便能够获得良好的口碑效应。而有些AR图书，受底层技术开发的制约以及应用生态的不完善等因素的影响，开发成本高，定价高，且场景颗粒感强，操作复杂，在"一带一路"共建国家未必适合。出版数字化"走出去"在选择融合形态时，应事先评估投入成本与预期效果。

4.局部科学性与整体持续性一体化发展

出版"走出去"是国家文化软实力建设和话语体系建设的战略工程，数字化出版"走出去"是出版"走出去"的应有之义，出版主体应认识到，数字化出版"走出去"必须是健康的、科学的、全面的、长远的，要坚持局部科学性与整体持续性一体化发展，在局部科学、健康发展的基础上促进整体的全面性、持久性。局部科学性是指无论是基于产品、渠道还是资本的"走出去"模式，都需要建立在充足调研和可行性评估的基础上，要保证"走出去"的科学、合理、有效。然而，当前出版数字化发展存在的共性问题是多数出版社在"走出去"之前并未做好调研工作，无论是单一的产品开发还是系统的海外机构建设，都与海外市场的实际情况有所脱节，导致"走出去"的效果有限，"走出去"整体工作的持续性更是无从谈起。

在"走出去"的数字产品开发上，多数出版机构采取的做法是把国内获得过重要奖项、市场口碑良好的图书版权直接输出至海外。这里面的图书有一部分确实与海外一些国家读者的偏好相契合，但仍需在书名、封面、框架、表达上适应海外读者的习惯，进行二次加工，还有一部分则与海外读者兴趣相距甚远，很难实现版权输出。

融媒体产品"走出去"，包括电子书、数字平台、数据库等，存在许多需优化的地方，产品形态选择要适应目标国家出版业数字化发展的实际情况。如美国出版业的数字化探索历史早，电子书、有声书占据了相当大的市场份额，有相当数量的图书采取纸书同步的形式发售。英美出版市场的音视频图书、AR图书主要集中在教育出版和科普出版领域，但与中国国内市场一样，高质量的音视频读物和AR图书数量也不多。不过，在众多发展中国家，甚至是有些发达国家，电子书、有声书、数据库的普及程度是有较大差异的。在输出电子书、有声书时，要对目标国家数字阅读的基本情况、读者与媒介的接触习惯有所了解。在数据库输出方面，目前产品仍以中文数据库为主，语言翻译和转化是数据库输出的最大难题，海外购买机构主要以欧美发达国家的大学图书馆和科研机构为主，"一带一路"共建国家的目标群体规模有限，数据库售价高也使得对"一带一路"共建国家的推广更加艰难。出版社在建设数据库产品时，要考虑到"一带一路"共建国家的目标群体和价格接受意愿。

在海外建设分支机构有助于国内出版社直接获取海外出版机构的实物资产、图书版权、作者资源、核心技术、销售渠道等，更容易、更深入了解海外市场。然而，现实是出版社在海外投入大量财力后，有些项目昙花一现，不了了之，甚至成为母公司的资产负债，给管理者带来巨大压力。主要原因是局部科学性与整体持续性的关系没有处理好。以内向型业务为主的传统出版社普遍缺乏跨国经营和管理的经验，在并购之前对并购目标的信息获取有限，对目标企业的定价和评估缺乏科学论证。一些企业为简单化扩大规模，或追求多元化经营，又或追随出海热潮，海外机构建设和并购往往仓促、盲目，低估了海外并购的难度，导致高昂的整合成本难以消化。一些出版社从实际发展出发，同时响应国家战略号召，对国际化有所布局，但顶层设计和规划不足，尤其是对于并购后如何建立一套有效的海外管理模式，解决并购后存在的在管理理念、劳动关系、文化差异等方面的问题，以及如何扭亏为盈，建立可行的盈利模式，都未进行系统、全面考虑。这最终导致这些出版社在并购后无法适应海外市场的变化，造成财务危机。

数字化出版"走出去"缺乏局部的科学性、健康性，最终会导致"走出去"整体工作难以持续、长远发展。要实现数字化"走出去"的长久发展，必须在顶层设计上做好整体规划，在组织层面健全数字化流程，在产业链上深度融合。在整体规划上，出版集团要做好顶层规划，建立未来5至10年"走出去"的数字化发展计划，在版权输出数量、数字平台建设、拟投入的成本、预期收益、目标国家和区域方面进行量化。集团总部作为决策中心和规划中心，要对"走出去"数字化的实施计划、管理办法、考核激励等做总体统筹。集团下属的执行单位要做好分工协调、各有侧重。数字产品"走出去"在海外市场的产品格式、出版标准必然与国内市场不相一致，尤其是电子书的制作过程涉及制作格式、标识、流通、销售等多个环节，出版集团要尽早制定数字化标准规范，与国际市场接轨。在组织流程上，"走出去"其实更容易实现生产流程、管理流程的数字化。我国传统出版业的数字化转型之所以进程缓慢，其中一个重要原因在于出版社长期以来存在的路径依赖。尽管出版机构内部建立了数字出版部门,但传统的编印发部门与数字出版部门并未有效联动,数字化建设还是用传统思维去做技术的加法,而不是真正的业务相融。在海外市场做数字化建设则无须处理这些组织管理的僵化难题,可以直接将数字化建设团队分为策划团队、销售团队、技术团队和运营管理团队,这种形式更加灵活、成本更低,可将互联网思维真正融入数字化发展。在产业链建设上,成熟产业链运作将扩大出版数字化的社会影响力,提高市场效益,全面推进国内、国际数字出版产业链的深度融合。一方面,要逐步改变国有企业存在的某些行政式命令管理、上传下达的模式,建立地方政府、地方员工对中国企业的认同感。另一方面,要逐步摸清目标国家出版业数字化的发展情况,做好"走出去"数字化的基本定位,明确自身在产业链中的地位和优势,积极与处于产业链上下游的地方企业合作,深度融入地方产业,形成产业链闭环,真正实现中外出版的合作共赢。

三、中国出版"走出去"数字化发展需在六个方面重点推进

数字化时代,以网络出版、在线教育、知识付费、自媒体为代表的新型产品形态不断向纸质出版物发起挑战,改变了读者的消费习惯,更改变了传统出版业的生存样态,出版业的竞争已经不再局限于出版业内部,而是更多来自出版圈外层的技术服务商、平台商、内容服务商等主体。在新的产业生态下,对于中国出版"走出去"的数字化建设,出版机构在认知上要厘清国有机构与民营主体、国内市场与国际市场、内容开发与技术规律、局部科学性与整体持续性之间的关系,在实践中更要探索行之有效的方式,强化以上四组关系。下面通过前文的分析论证,总结出版机构拓宽数字化出版"走出去"以下六个方面的思路。

1.平台建设要真正融入国外市场

世界上一些互联网发展迅速的国家和地区,正经历从移动互联网时代向智能传播时代过渡的阶段,而在大部分发展中国家,尤其是"一带一路"共建国家,移动互联网发展正当时。移动互联网时代的最大特点是App平台呈现爆发式增长,社交属性渗透性强。一方面,这给中国出版数字化带来了契机——我国出版业"走出去"的数字化产品中就有不少是以移动终端为载体的;另一方面,App数量增多、信息过剩、流

量分散，也使得平台的推广愈发艰难。"走出去"的平台产品不能仅停留在僵化的建设完成阶段，更要考虑该如何"做活"，如何融入国外市场。一般来说，平台建设有两类，一类属于自建平台，一类是共享平台。自建平台包括以内容聚集为特点的数字平台，直接面向海外读者，也包括以版权交易为基础的贸易平台，直接面向海外出版商。

数字内容聚合平台输出较为成功、最为典型的有传统出版社（以五洲传播出版社为代表）开发的that's books阅读平台，以及民营企业开发的网络文学阅读平台阅文国际（Web novel）。尽管运作模式、开发主体不同，但二者成功占据本土阅读终端下载榜前列。两大平台的共同点是内容资源足够丰富，图书主题足够多元，形成本土作品与中外作品多元并存之势。that's books阅读平台结合中国国内和阿拉伯地区的一些优质、畅销图书，更将英语国家和非英语国家的经典、获奖、畅销作品囊括其中。在欧美市场，以Web novel为代表的网络文学阅读平台呈现出多元繁荣之态，以狼人、吸血鬼为主角的西方玄幻小说和以武侠、仙侠为主题的中国玄幻小说并存。在东南亚市场，读者既可以阅读到本土元素的浪漫爱情故事，也可以阅读来自中国的仙侠故事和美国的狼人文学。网络文学阅读平台共同构建了一个理想的爱情世界和英雄成长故事，真正融入了海外读者的生活，也让平台盈利实现可能。总之，平台内容建设要有国际化、本土化视野，构建你中有我、我中有你的传播格局，才能既满足读者本土化的阅读口味，又满足读者了解异国文明的好奇心。

数字内容平台面向海外读者，版权交易平台则面向海外出版商，目前最大的困难是和海外出版商建立信任关系，引导出版商真正使用，形成真正的双边、多边互动。目前已建的版权交易平台，包括一些内容平台，有些还停留在初始的1.0版本，出版社没有根据海外市场变化做好及时的更新和迭代，也没有花足够的精力宣传推广。这种自说自话的"走出去"形式造成前期资源投入的极大浪费，与国外市场是割裂的，很难取得效果。平台建设的目的是提升出版物的影响力，如果自建平台难以融入海外市场，应及时转换思维，优先考虑以更低成本投入，借助海外共享平台精心做好内容宣传、推广和发布。"一带一路"共建国家的共享平台，既包括国际主流的社交媒体，如Facebook、Twitter、YouTube、TikTok，也包括本土市场的社交媒体，如韩国的Line，俄罗斯的VKontakte。共享平台自主可控，营销做得到位，更容易产生传播力和影响力。利用主流媒体和新媒体同步进行营销策划，已经成为欧美大型出版集团的常态工作。2022年，企鹅兰登书屋在TikTok图书社区推出新工具，允许读者在视频中添加图书相关信息的链接，为图书建立标签，同时在德国推出灯塔App，在北美推出在线分析工具CAT，为图书营销提供数据支撑。我国出版社的新媒体营销在国内进行得异常火热，但针对海外平台直接营销策划的意识还不强，对海外本土市场的新媒体运作规律也不熟悉。出版机构的海外平台营销应因地制宜，适应海外读者的媒介接触习惯，并研究本土成功的新媒体营销经验，比较国内外平台营销的异同，尽早融入国际市场。

2.内容策划要真正贴近海外受众

传统出版业和互联网行业存在的一大本质区别是前者从上游内容出发，后者从下游用户出发，双方常常在二者之间寻找平衡。对传统出版业而言，内容优势始终是其核心优势，这并不因数字技术的冲击而发生变化。前信息化时代，读者获取知识的能力受到技术水平的限制，知识生产供不应求，出版业占有绝对优势。信息化时代，知识获取的技术屏障消失，信息呈现爆发式增长，知识生产供过于求，读者注意力替代图书生产成为稀缺品。不过，信息过载反而带来信息加工处理负担，获取高效、有用、系统的知识体系，成为读者的核心诉求。作为知识密集加工的专业生产者，传统出版社仍在内容独特性方面占据优势。当下，出版社必须适应新的数字环境，并及时进行调整，从聚焦内容优势转移到建立内容与用户的连接，这是传统出版社融合互联网思维的本质要义。新兴互联网企业的业务模块始终围绕用户展开，从早期的门户网站到后来的算法新闻，业务模式的创新升级就是为了延长用户的停留时间，获取用户的注意力。随着用户黏性的增强，使用业务的频次变高，流量变现的可能性在增大。在海外市场，出版业要改变以往在上游生产中所处位置带来的优越感，以积极心态拥抱下游用户。上游的内容策划要积极对接好下游用户，既要增强对国外读者需求的理解和主题匹配度，又要在叙事表达上避免灌输、说教，还要建立有效的营销方式，避免一厢情愿地赠予。

首先，要依托大数据技术对用户偏好进行深度挖掘，找准主题。在这方面，欧美大型出版集团的经验值得国内出版社借鉴。纸质出版时代，欧美出版集团就非常重视用户数据分析，他们采用媒体书评、用户访谈、问卷调查等方式了解读者喜好，调整图书选题策划的方向和改版工作。融媒体时代，一些出版集团成立了数据分析部门，通过与第三方图书评论网站（如Good Reads，海外注册用户数达到3亿多）、亚马逊电商平台、社交媒体平台等合作，对用户在前端的访问痕迹、购书下单、停留时间以及用户反馈等进行深度挖掘分析，最终形成用户群体画像，掌握用户核心需求。中国的数字化出版"走出去"往往缺少这一关键步骤，在选择"走出去"的图书时，要么依靠主观判断，要么依赖国外出版机构采购意向被动输出，没有与海外读者建立直接联系。国内出版社应利用大数据分析技术做好市场调查工作，对目标国家读者对中国的印象、中国主题图书的信息接触渠道、中国的兴趣点、中国主题图书的阅读感受，以及融媒体产品偏好等做细致调查，尽快找到目标市场读者群体的具体诉求。

其次，无论是融媒体出版物的开发还是网络文学、网络游戏等数字出版物的开发，在叙事方式和营销设计上，都要善于发掘中国主题与目标国家文化之间的共鸣点和利益交汇点。共鸣点既有文化符号的相似性，也有文化价值理念的相似性，更有助于海外读者深入理解中国和中国文化，也有利于推进文明互鉴。比如，近年来，中国新能源汽车逐渐走出国门，在许多国家成为显著的中国符号，随着国产汽车品牌（如比亚迪、长城、长安和吉利等）纷纷在泰国投资建厂，中国新能源汽车已成为泰国民众所熟知的中国主题符号。在中东和非洲的许多国家和地区，以华为手机、格力空调、海尔洗衣机、新能源汽车等为代表的中国制造商品已经进入民众的日常生活。中国制造既给海外民众生活带来便利，也反映了中国科技发展的当代成就。在传统文化领域，印度民众最熟悉的中国人物之一是玄奘，而日本民众最熟悉的中国人物之一是鉴真。这些都是中国文明与世界文明交融互鉴的典型。出版主体在策划开发内容时，要善于发掘这些具有共通性的要素，以海外读者熟悉的中国符号做好共情传播。"一带一路"共建国家是广阔而陌生的文化富矿，以共鸣点切入的内容策划必将带来大视角的创作，既有助于出版"走出去"从单方面宣传转向双向互动，又有助于将叙事表达从中国文化叙事转向海外文化叙事。用他国元素讲述中国故事，与用中国元素讲述中国故事相比，在提升中华文化影响力方面更能做到事半功倍。贴近海外受众也是中国出版"走出去"数字化发展的基础。

3.数字产品与纸质出版物要有效联动

中国出版"走出去"的数字化模式构建，并不等同于只发展融媒体出版物或者数字出版物，而是要推进纸质出版物与数字产品的同步发展、有效联动。从海外市场分析来看，欧美国家图书市场的销售数据表明，纸质书仍是出版业的中坚力量，纸质书与电子书呈现稳定的协同发展之势。世界知识版权组织2021年的全球出版业发展报告显示，英国、美国、荷兰、挪威、丹麦、瑞典、芬兰等国家的纸质图书销售占比分别为75.9%、75.5%、75%、71.5%、70.5%、67.1%、65%，电子书/有声书的占比分别为24.1%、24.5%、25%、28.5%、29.5%、32.9%、33.2%。在广大发展中国家，尤其是多数的"一带一路"共建国家，纸质图书仍是主流的出版形态。以巴西、墨西哥为例，其纸质图书的销量占比分别高达97%、95.8%，电子书/有声书的市场份额仅占3%、4.2%。在一些网络渗透率高、基础设施较为完善的国家，如日本，纸质图书的市场份额为62.2%，电子书/有声书的市场份额为37.8%。数字化时代，在纸质图书保持市场绝对优势的同时，电子书/有声书也成为读者阅读必不可少的方式，出版"走出去"的数字化发展应适应这一变化，保持数字产品与纸质出版物的有效联动。

数字化出版"走出去"要认识到纸质图书与电子书之间的共生关系，纸质图书、电子书适用的场景不同，互补性远高于替代性，且随着电子书与纸质书之间价格差距的缩小，消费两种介质的读者具有高度重叠性和转化性。对于电子书发售，国内目前依然有不少出版社采取滞后于纸质图书数月发行的方式。不少出版社认为，滞后发行电子书能给出版业带来更多利润，同时，他们也担心发行电子书容易造成盗版现象，对正版图书售卖造成损伤。过高的维权成本让出版社对电子书等数字产品的发行表现出一定的保守态度。当然，已经有越来越多的出版机构看到数字产品与纸质图书联动更容易产生溢出效应，而非挤压效应，能为图书的售卖带来整体收益的增长，甚至有些电子书销量超越纸质图书销量。这一观点已经被学术界所接受。[216]出版社在数字化"走出去"过程中，一定要摒弃只开发数字产品或者只输出纸质产品的固有观念，在一些数字出版市场份额达到10%以上的国家和地区，大胆采取纸电同步上市的策略，以读者和应用场景覆盖的最大化为目标，提升图书的整体收益。

从出版社当前的数字产品开发来看，仍存在一定难题需要破解，要与纸质图书的"走出去"相互支撑。一是数字产品开发周期相对较长。除电子书外，无论是融媒体图书，还是数据库、平台抑或是VR数字影像，普遍需要至少1年的策划时间，面向海外市场的开发周期可能更长。二是数字产品生命周期很难保证。一些爆火的H5有效生命周期可能只有几天，一些数字产品或因质量问题，或因与海外读者需求契合度不高，在上市后没多久，就被替代或者淘汰。即便是当前出海相对成功的国产手游，面向一些版权市场不成熟、法律法规不健全的国家，盗版作品的出现也吞噬了原创游戏的市场份额。三是数字产品需要持续迭代升级来维持用户的新鲜感，这种迭代需要持续的技术和人力投入。目前国内的出版社还不具备这样的实力来支撑这一生产模式。四是数字产品推出市场后，运营成本是比较高的，尤其是在产品初期的推广阶段。如何在流量过剩时代维持用户的活跃度和黏性，是传统出版商和民营出版主体共同面对的难题。相比之下，纸质图书的生产已经形成了相对成熟的体系，前期投入成本可控，发行数量可科学评估，投入和收益相对固定。因此，出版主体要处理好纸质图书与数字产品之间的关系，两种类型的图书之间要相互支撑、相互联动、相互赋能，共同推动数字化出版"走出去"的高水平发展。

4.商业模式要敢于进行颠覆式创新

无论是纸质出版"走出去"还是出版"走出去"的数字化建设，要真正融入国际市场，提高传播效果，根本还是要遵循市场规律，挖掘商业模式创新的要素。在当前全球出版产业格局形成以欧美出版巨头为主导局面的情况下，要打破既有格局，建设出版强国，中国出版主体必须敢于进行颠覆式创新。出版业的颠覆式创新是指在改变和突破现有出版格局、出版体系的前提下，引入新的产品、服务或者盈利模式，从逐渐改变到最终实现颠覆，改变原有的出版产业生态，最终在市场竞争中获取优势。颠覆式创新开创的市场一般有两类，一类是新兴市场颠覆，即产生一个新的市场空间，这一空间还未受到行业内大企业的关注；另一类是低端市场颠覆，即提供一个更简单、更低价或者更方便的低端替代品市场。颠覆式创新对中小型企业更具有优势。一方面，小企业能够通过技术创新，向低端市场或新兴市场推出更便宜、更简单的产品服务，并逐步走向上游市场，直至取代主流产品或服务，完成对行业的颠覆。另一方面，大企业的创新必须基于现有用户推出更优质的产品，因新兴市场和低端市场的毛利率低，他们认为新兴市场和低端市场既无足够的吸引力，也比主流市场规模小，因此关注度不高。

对于新兴市场的颠覆，仍可以网络文学出海、五洲传播出版社数字阅读平台建设为例来理解。网络原创文学模式在欧美国家其实一直存在，但相比于大众出版，一直是小众市场。国外网络文学模式源自粉丝同人创作，美国文化学者亨利·詹金斯在《文本盗猎者：电视粉丝与参与式文化》中描述了影视剧粉丝是如何将对剧中人物结局的不满转移到现实的二次创作中，从而共享了部分粉丝群体对人物命运安排的理想设想。粉丝二次创作一直局限在比较封闭、小众的圈层中，在欧美国家并未发展成规模较大的出版板块。日本漫画产业高度发达，漫画衍生出的轻小说创作与网络文学的特点也相距甚远。中国深厚的传统文化、庞大的人口基数、迅速普及的互联网、经济社会的跨越式发展以及改革开放以来中高等教育的普及，为网络文学的出现培植了丰厚的土壤。无论是从网络文学叙事体系、出版体制和阅读模式，还是从中央到地方给予的配套支持，网络文学在中国已经形成了成熟的运作机制和较大规模的市场。欧美市场、日本市场原先其实不存在网络文学这一空间，但是在互联网浪潮的驱动下，中国网络文学输出到北美、东南亚、拉美、中东的一些国家，已经开拓出一个另类市场。与网络文学出海路径不同，五洲传播出版社that's books平台之所以能在拉美和阿拉伯地区占据市场主导地位，在于这些区域缺乏有实力的数字阅读平台，这与欧美国家以亚马逊Kindle为主导的数字阅读市场形成了错位竞争。

对于低端市场的颠覆，中国的智能手机、国产手游成功开拓到海外，本质上依靠的就是颠覆式创新。中国手机行业在功能机阶段出现了大批模仿者，到智能手机时代，在苹果、三星占据世界手机市场的情况下，早期模仿者，如OPPO、vivo及后来的小米、华为等都是先从低端市场切入，在价格上占据优势。到后来占据一定市场后逐步做强，甚至在部分技术研发上超越了原有行业巨头。华为、小米手机进入发展中国家市场，一方面为他们提供更加便宜的智能产品，另一方面则加大研发力度，提升技术创新含量，最终改变了原有智能手机的市场格局。中国国产手游的成功出海给传统出版业带来更大启发。欧美、日本等发达国家的游戏市场，长期以来是以主机游戏和PC端游戏为主，游戏开发成本极高，玩家不仅要购买昂贵的主机设备，还要购买价格动辄成百甚至上千的游戏软件，游戏公司关注的是为玩家提供更复杂、高品质的游戏体验。相比于主机游戏，手游质量参差不齐，盗版严重，玩家体验感差，并未受到大型游戏厂商的关注。但是，对"一带一路"共建国家的民众来说，高昂的主机、PC端游戏娱乐成本显然不适宜。中国网络游戏企业以开发智能手游为路径，研发了一批在海外受欢迎的国产手游，包括《原神》《万国觉醒》《明日方舟》《荒野行动》等。尽管出海的过程艰难，但国产游戏在新兴国家市场为玩家提供了价格更优惠、更简单、更方便的游戏娱乐形式。国产游戏出海的颠覆式创新不是在已有的竞争市场沿着传统的发展路径持续创新，而是打破这条发展路径，通过更加平价和易于操作的产品，使之前没有能力消费既有产品的人们成为新的消费者。

对出版业来说，"一带一路"共建国家市场仍然是出版"走出去"的一片蓝海，颠覆式创新恰是中国出版走向这些国家的契机。中国出版主体要在充分调研目标国家出版业发展的基础上，敢于投入，大胆创新，寻找颠覆性创新的路径。比如在非洲地区，受殖民历史影响，非洲有24个国家以英语为官方语言，这些国家出版业的显著特点是，欧美出版巨头主导甚至垄断了本土出版市场，本国又常因法律文化政策不完善，面临盗版、生产能力低下的困扰，继而造成对发达国家出版业的依附和民族出版业的落后局面。中国出版业可以考虑从四个方面做颠覆式创新。第一，输出中国先进的数字出版技术和印刷技术等力量。将中国智能化的印刷设备和技术输出到经济滞后的"一带一路"共建国家，以价格优势占据市场优势，参与并帮助完善这些国家的出版产业链建设。第二，因地制宜开发数字阅读平台、网页阅读平台、手游等产品，将更快捷、更低价、更方便的阅读产品及时传递给海外读者，逐步探索免费加付费模式在这些国家的适用性。第三，数字阅读产品可以与国内智能手机厂商达成合作，搭载中国制造的渠道优势，通过软件预设的方式抵达海外读者。第四，大胆采用、借鉴欧美图书出版的按需印刷模式。"一带一路"共建国家的读者规模小，阅读体量也没有国内那么大，可以借鉴国外按需印刷的方式，解决在国外市场印刷、库存积压的难题，满足部分海外读者的小众需求，以长尾效应创造新的营收。

5.出版合作要真正建立经贸关系，形成可持续机制

当前，增强中华文化软实力、提升中华文化影响力是从文化事业和文化产业两个方面来展开的。文化事业的实施主体是政府或者非政府组织，一般采取非市场化手段，以图书宣传、赠予、文化交流等方式提升图书在传播中华文化方面的效能。文化产业的实施主体是出版社和民营机构，一般以市场化手段推进出版业的对外贸易。文化贸易不仅能增加出口收益，还能深入增强文化间的理解与信任。在中国文化对外贸易结构中，以游戏、广告、设计和动漫为代表的数字出版物，其贸易总量已经逐渐超越出版、影视等传统文化产业，成为对外文化贸易的重要力量。中国图书出版和影视剧在"走出去"方面稳步增长，但文化贸易机制的发展还不成熟。一方面，图书版权交易的价格低，国际竞争力弱。中国图书版权输出到海外市场的价格往往在几千美元左右，但从欧美等国家引进的版权价格高达上万美元的不在少数。这既受目标国家版权价格的实际水平影响，也与中国图书的品牌价值低有关。另一方面，建立在合作出版、成立海外编辑部等基础之上的"走出去"，还未建立完善的运营管理机制，目前只是就单独图书或者出版项目展开简单的合作分工，市场销路还未打开，产业链模式还未建立。一些国外出版机构与中国出版业合作的基础是争取政府层面出版"走出去"的项

目支持，并未大力投入精力和资源建立完善的中国主题图书生产机制。未来出版业的"走出去"需要更多地考虑与国外市场主体建立真正的经贸关系，充分发挥市场在资源配置中的作用，通过文化贸易的方式将中华文化推广出去，真正走近国际读者。

中国出版机构与外国企业无论是开展合作出版还是资本投资，既要科学评估宏观环境对出版合作的影响，又要考虑微观方面中外出版机构合作的有效方式。宏观方面，出版机构应密切关注并为目标市场可能存在的系列风险做好准备。国家风险是一国在政治、经济、外交、社会等领域的不安全风险，与投资环境紧密相关。要充分将目标国家的硬环境和软环境纳入经贸关系建设评估中来。硬环境方面，信息基础设施建设对出版合作可能会带来一定影响。软环境方面，一些国家政局不稳定，存在金融危机风险，一些国家还存在烦琐复杂的税法、劳工法和其他法律等问题。在地缘政治竞争加速的新常态下，出版机构需强化风险意识，形成海外经营的风险管理理念。一些大型出版集团有必要成立海外投资风险防控部门，或者与高校科研院所合作，做好风险的识别、预警、评估和规避。同时，可以参考目前国内外比较权威的数据报告，包括世界银行的年度《营商环境成熟度报告》、世界经济论坛的《全球竞争力报告》，以及国内商务部组织编写的《对外投资合作国别（地区）指南》，避免因上述风险带来的经贸合作损失。

从组织发展来说，要与国外出版机构建立良好的经贸关系，提升中国出版物的核心竞争力。第一，要提高自身实力，经贸合作必须以强大的出版集团作为支撑力量。我国出版企业的国际化水平相比欧美出版巨头还存在一定差距，尤其是熟悉国际出版市场规则的管理人才比较缺乏，而"一带一路"共建国家又是全新而陌生的市场，因此在经贸合作方面面临的挑战也更大。出版集团要敢于创新，学习借鉴海外先进出版集团的国际化管理经验，海外分支机构可以大胆聘用目标出版市场和欧美大型出版集团的管理人才。第二，出版机构要与海外市场主体建立战略合作伙伴关系，建立利益互补、双向共赢的依存关系。要与本地出版机构建立关系，因为它们对本国出版产业涉及的采编发业务和文化习俗、读者市场更为了解，选题策划仍需依赖与它们的合作。要重点发掘中国市场与目标国家本土市场的共性问题，如在"一带一路"共建国家，移动手机终端为数字阅读带来良好的契机，中国出版机构可以向这些企业输出先进的平台技术，创造移动阅读需求，同时带动本地出版市场的产品升级，获取地方政府和企业的支持。第三，中国数字化出版处于起步期，要避免传统出版"走出去"过程出现的海外市场信息沟通不畅的问题，充分利用网络加强与海外出版机构的了解、交流、协作，建立彼此信任关系，保证双方在图书销量、营销策划、宣传资料、读者反馈以及经销零售渠道等方面的信息共享。要致力于将一次性的版权输出或者出版合作转变为持续合作、永续经营的长久伙伴关系。第四，要敢于探索风险共担、利润共享的合作模式，增强海外本土出版机构对出版、推广中国图书的热情和动力。

6.行为主体要真正建立海外产业数字化联盟

数字化出版"走出去"意味着出版主体在海外市场中的角色将逐渐从内容提供商转变为内容服务商，后者涉及内容资源聚合、大数据整合、用户关系维护、技术产品更新等多个环节，这比传统的版权输出、合作出版涉及的工作要更为复杂，同时对出版主体的整体实力提出更高的要求。当前，中国出版"走出去"形成实力型出版社在海外建立分社或者直接投资收购，多数中小型出版社以版权输出为主的发展格局。但无论是何种形式的"走出去"，出版主体往往各自为战，力量分散，难以产生规模效应。一些出版社建立了数据库产品、数字平台，但这些产品多重复性建设，特色不鲜明，市场销售情况并不理想。一些"走出去"的报刊数据库，多家出版社是开发主体，内容大同小异，本身海外受众规模就小，在"走出去"中还形成内部竞争，造成影响力有限。尽管民营企业建设的网络文学阅读平台在一些国家占据主导地位，但在同一国家市场，与之形成竞争态势的往往是来自中国国内的企业，而非目标国家的本土企业。中国企业将国内的一套竞争模式照搬到海外市场，为提高海外用户App的下载量展开激烈竞争，投入巨额资金做市场推广，造成两败俱伤的局面，对文化"走出去"的整体工作并未带来实质增益。中国数字化出版"走出去"主体，不像欧美大型出版集团能够通过不断兼并来扩大全球市场，在"走出去"过程中更要形成合力，建立产业联盟，形成差异化竞争，才能提升中国出版的整体品牌影响力。

出版产业联盟可以在垂直领域也可以在水平领域建立。在垂直领域，我国出版界已经建立了一些出版联盟组织，为出版"走出去"提供了良好的合作平台。2017年，中图公司发起成立中国出版"走出去"联盟，截至2019年8月，已经涵盖了国内20多家出版企业，通过系列项目的实施，有效提升了各出版社"走出去"的针对性。2021年，中国音像与数字出版协会和中图公司共同建立数字出版产业"走出去"推广联盟，目前国内加盟单位数量在稳步增长。为进一步提升"走出去"合力，中国出版"走出去"联盟应号召更多的出版单位加入，同时应将一些内容资源开发的数字技术公司、版权代理公司等纳入其中，增强该联盟在推进数字化出版"走出去"产业链方面的作用。数字出版产业"走出去"推广联盟未来则需要吸收更多的传统出版社，推进它们和民营企业合作，深化IP全产业链运营模式。有些国内出版社也牵头成立了区域性、专业性的产业联盟。2014年，安徽少年儿童出版社基于少儿出版定位牵头成立了由国内6家出版社和"一带一路"共建国家6家出版社组成的丝路童书国际合作联盟，促进联盟成员内部的信息互通和资源互补，开展双向投资和贸易。2015年，安徽少年儿童出版社与黎巴嫩数字未来公司合资成立的时代未来公司也成为该童书联盟的一员，这种形式促进了传统出版与数字出版融合以及IP产业链海外运作的有效联动。

  垂直领域的出版产业联盟建设已经初具规模，应在产业链的完善上扩大成员的类型。相比于垂直领域，水平领域的跨界合作在出版"走出去"过程中是比较少见的。欧美一些大型出版集团，不仅拥有众多不同类型的出版社，同时还拥有影视化、动漫化部门，实现了图书价值的深度开发，跨界融合的效果明显。以德国跨国传媒集团贝塔斯曼为例，该集团旗下的兰登书屋在美国拥有九大出版品牌，包括传统出版领域的矮脚鸡出版集团（旗下拥有8家出版社，主要出版大众小说）、皇冠出版集团（旗下拥有9家出版社，主要出版社科类、商务类图书），以及非传统出版领域的兰登书屋信息集团、兰登书屋有声出版集团和兰登书屋电影胶片出版集团。2007年，兰登书屋创建电影部，后在2012年更名为兰登书屋电影工作室，并成立电视部，专门负责与市场大型电影电视公司合作改编集团出版的优质图书资源。相比于我国出版"走出去"，国内热门影视剧不少是由网络文学IP改编的，影视剧的热播也带动了网络文学纸质图书、电子书、动漫等的同步上市，但当这些影视剧走出国门在海外热播时，出版部门并未及时跟进，未在海外形成同频共振效果，数字化出版在水平领域的跨界产业融合仍有较大的开发空间。

  数字化出版"走出去"的主体分散更是带来版权输出分散问题，图书、影视剧、动漫、音乐等出版物的版权交易也未能形成合力。在图书版权输出方面，我们建立了一些数字版权交易平台，如广西科学技术出版社建立的"中国—东盟版权贸易服务平台"，中南传媒入股的法兰克福书展IPR在线版权交易平台，以及陕西文化产业投资控股（集团）有限公司西部国家版权交易中心运营的OTO版权贸易与保护平台。这些平台尽管区域特色明显，但功能类似且使用率低，对国外市场版权交易并未起到明显的推动作用。多数出版机构仍然倾向于利用国际书展、电子邮件等方式来进行版权洽谈工作。在影视剧出海方面，北京四达时代集团是一家民营的数字电视运营企业，在24个国家进行频道经营，既是中国影视剧海外播出平台，也是主营中国影视剧出海的版权代理商，但仍面临着版权交易谈判难、影视剧版权方权责不清等问题。要推动出版"走出去"，就要改变这些版权分散输出、各自为战的局面。可以由政府有关部门引导，将纳入政府财政资金投入项目中的图书、电子书、影视剧、动漫、音乐等作品，统一纳入对外输出作品版权资源库，境外版权由政府有关部门或者政府委托第三方机构统一运营和管理，境外版权的费用以免费或低价转让为主；对于实现在海外营收的版权作品，则在扣除运营成本后，将版权收益返还给著作权人。出版主体加入海外产业联盟，主要是按照标准和规律推动中国出版"走出去"和发展数字化模式，这些要遵从产业规律并进行技术论证。

四、中国出版"走出去"数字化模式的未来前景

21世纪以来，伴随着经济的发展，我国文化建设的重点正逐渐从国内精神文化建设延伸到中华文化国际影响力的提高上，出版业迎来了文化强国建设、出版强国建设的大好历史时期。中国出版"走出去"整体发展形成以精品图书为重点、版权输出为方向、企业品牌为基点、项目依托为支撑的良好态势。与此同时，数字化建设趋势逐渐明晰。产品"走出去"丰富多元，电子书、数据库、教育解决方案以及IP产业链运营同步发展。渠道建设改变了以国际书展为主的版权输出模式，形成了数字内容平台、线上营销推广、跨界图书电商、版权贸易服务一体化的发展格局。资本"走出去"更加深入，出版主体的国内外联系更加紧密，出版联盟遍地开花。中国出版业以建立海外分支机构、直接收购、投资参股的方式深度融入国际市场，在海外出版的全产业链建设上更加积极主动。这些数字化"走出去"为未来中国出版业的国际化奠定了良好的基础。在数字化出版"走出去"取得巨大成效的同时，仍要看到发展过程中需要突破的瓶颈。

第一，面向"一带一路"共建国家，在建立文化认同、适应语言习惯上，我们并不具备天然优势。以智能手机为终端的"指尖"交流，能超越"一带一路"共建国家传统出版在地理、物流、交通等方面的阻碍，对建立"一带一路"共建国家民众对人

类命运共同体和文化主体身份的理解有重大意义。虽然"一带一路"共建国家市场广阔，前景值得期待，但对国内出版业来说也是陌生的区域，文化认同建设不会因技术进步而变容易。中国与欧美国家的交流频次较为频繁，时间较早，理解程度较深，国内学术界对欧美国家的政治、经济和文化发展，以及它们作品中的中国形象都有很丰富、翔实的研究，但对大部分"一带一路"共建国家的相关研究却比较薄弱。文化认同建设需建立在双向理解的基础上，在这方面，我们还有很长的路要走。

第二，中国出版"走出去"的数字化转型日益迫切，但国内数字化转型还未取得理想效果。国内出版业的数字化转型能有效带动数字化出版的"走出去"，为出版"走出去"积累技术和经验，加快与国际市场的融合进程。我国出版业的数字化转型已经进行了10多年的探索，出版界也能认识到数字化的趋势，但转型收效甚微。传统出版业在出版组织架构上形成了集策划、编辑、加工、印刷、发行于一体的生产体系，数字化转型要完全打破这样的组织流程，建立一套全新的数字加工生产流程，对出版机构来说，成本是巨大的，过程是艰难的。一些出版社简单加入数字融合的出版方式与全流程数字化出版相距甚远。同时，数字出版物作为新兴产品形态，如何建立标准的产品规范，如何处理盗版问题，数字产品与纸质产品该如何定价，如何平衡上游生产者与中游平台之间的利润分配，这些问题还未解决，对出版社投入数字出版的热情是有影响的。

第三，数字化出版"走出去"处于起步期，"走出去"的形式多元，但市场效果不理想。国内的数字化转型也不过10余年的时间，数字化出版"走出去"尽管在产品、渠道和资本方面都有不同方式的探索，但同传统出版"走出去"一样，目前还未能产生理想的传播效果，也没有找到合适的盈利模式。数字产品的"走出去"数量亟待增加，且已有"走出去"的数字产品低水平重复的居多。线上版权交易开发深度不足，面向海外市场的营销推广意识还未建立起来。同时，数字化出版"走出去"产业链建设还不完善。人工智能翻译系统的研发以及第三方内容制作技术公司在出版"走出去"的数字产业链中至关重要，但目前这方面的人才和技术都相对匮乏，导致"走出去"的效果比较有限。

要解决这些困难，需要国家、出版机构、出版从业者、社会组织等共同投入。作为推进中华文化"走出去"的主体，出版机构既不能在面对困难时畏缩不前，也不能急于求成，急功近利。要看到，数字化出版"走出去"必然会成为面向"一带一路"

共建国家出版"走出去"的有效模式。"一带一路"共建国家的经济发展相对滞后，传统出版市场的生产能力有限，与出版业相关的交通、物流与宽带互联网建设是一个长期的过程。相比之下，以智能手机为介质的移动互联网发展迅速，为解决本土市场阅读需求与知识产生之间的矛盾结构带来解决思路，并为中国数字化出版"走出去"的长效机制提供了良好契机。

从中国的实际情况来看，出版"走出去"、出版业数字化转型已经越来越成为党和国家高度关注的事业，在这些方面的支持力度将越来越大，配套保障体系也将越来越健全。2021年底，国家新闻出版署印发《出版业"十四五"时期发展规划》，对壮大数字出版产业、推动出版业高水平"走出去"、提高出版业治理能力与管理水平等进行了全面部署。2022年4月，为进一步落实这一规划，中宣部印发《关于推动出版深度融合发展的实施意见》，从6个方面20项措施提出出版深度融合发展的具体实施路径。国家新闻出版行政管理部门先后推动设立一系列"走出去"项目，持续性强，覆盖面广，资助项目类型涉及翻译出版、境外参展、数据库工程、资本运作、发行推广等各个方面，这些重点项目将继续为出版"走出去"的数字化提供支撑。在地方层面，不少地方政府在推动传统出版数字化"走出去"之外，还将民营出版企业纳入政策规划之中，在推动数字出版物的"走出去"方面成绩显著。如浙江省在全国率先建立省级网络作家协会，实施网络文学引导工程，并建立网络作家村，吸引地方优秀网络文学作家和影视动漫游戏企业入驻，为数字出版的IP全产业链运营提供服务保障。数字化出版"走出去"是国家出版"走出去"和出版数字化双战略的汇合点，未来随着以上政策的逐步深入和完善，出版"走出去"数字化发展必将取得实质性进展。

文化"走出去"是出版"走出去"的基础，中华民族丰富的传统文化资源和价值底蕴为出版"走出去"提供了强大的文化支撑。党的二十大报告提出坚持马克思主义基本原理同中华优秀传统文化相结合，并要求增强中华文明传播力影响力。2023年6月2日，习近平总书记在文化传承发展座谈会上提到，中华文明具有突出的连续性、创新性、统一性、包容性、和平性，只有全面深入了解中华文明的历史，才能更有效地推动中华优秀传统文化创造性转化、创新性发展。在国家大力推进传统文化创造性转化的整体支持下，中华五千多年的璀璨文明孕育了优秀的思想、音乐、美术、书画、戏曲、茶艺等文化资源，为出版"走出去"提供了丰富多样、取之不尽的选题灵感，且出版"走出去"的数字化反过来赋能传统文化，以更轻快、更灵活的生产与传播让传统文化动起来、活起来。总之，中华优秀传统文化是出版"走出去"的支撑与底气，将推进出版业将这些丰富的文化资源转化为"走出去"的文化优势，形成与中国当前经济实力和国际地位相匹配的文化影响力。

与此同时，中国强大的科技创新实力和科技人才队伍将为数字化出版"走出去"提供技术支撑。在新一轮智能信息技术革命中，中国在5G、人工智能、区块链、大数据等方面已经成为世界领先的技术开发者和市场推广者，互联网时代造就的移动支付、电子商务、物联网等技术也在世界上处于先进水平，这些技术与数字化出版"走出去"紧密相关。在当前的智能技术革命热潮下，中国从政府层面到民间大大小小的科技公司，正加大人工智能方面的研发投入，与世界科技巨头相比，中国企业提供的人工智能应用并不落后于这些企业。以ChatGPT为例，中国的ChatGPT技术可以支持海外多语言对话，可以通过模拟不同文化的用户之间的对话，推进外国民众对中国文化习俗的了解，也能够为海外用户提供中文学习、旅游帮助等，这些为服务"一带一路"共建国家的民众深入了解中国、实地接触中国奠定了良好的技术服务基础，为出版"走出去"的数字化发展带来无限可能性。未来，这些新技术在出版领域的成熟应用，必然给数字化出版"走出去"带来质的飞跃，甚至能向"一带一路"共建国家输出先进的技术理念，带动这些国家出版领域的现代化转型。

最后，中国数字出版领域强大的民营主体能够与传统出版机构产生有效联动、双向融合，传统出版能够借鉴整合民营公司"走出去"成功的经验和产品，同步提升数字化出版"走出去"的整体效果。在对外数字化传播过程中，游戏、动漫、H5等多种形式能让传统出版内容"唱起来""跳起来""活起来"，让读者不仅愿意点开看，还喜欢看。上海莉莉丝游戏公司开发的《万国觉醒》融入了大量中国文化和历史元素，如孙子、曹操、花木兰等历史人物和春节、中秋等传统节日，玩家在游戏之余，会去搜索和了解这些游戏角色或元素的背景信息，这间接达到了文化传播的目的。网络文学向传统文学展示了一种新的文学输出方式，可以为传统文学出版带来借鉴经验。如我国"丝路书香工程"开展的"外国人写作中国计划"，可以将数字化的思维植入项目执行过程中，除了鼓励外国作家们用本国语言风格进行叙事外，还可以引导他们增加更多适合网络传播的叙事风格，以便相关内容能够直接在外国通过数字化的方式进行传播。

总之，出版"走出去"的数字化模式提供了一种以相对低成本却能够对"走出去"中的内容创作、生产、营销、消费、反馈、再创作全流程进行有效监控的新思路。虽然数字化的模式已经应用于中国出版业"走出去",但对其进行的系统总结和深入探讨还比较匮乏,本书正是基于对出版"走出去"数字化转型的重要性、紧迫性和有效性的充分认识,梳理不同主体在"走出去"过程中应该扮演的角色并探索合适的"走出去"路径。与此同时,我们依然需要清醒地认识到因文化、语言、现实条件等而产生的障碍,数字化模式"走出去"过程不太可能一帆风顺,出版主体既要看到现实困难,也要树立信心,认真研究寻找数字化出版"走出去"的可能路径,为出版强国建设和人类命运共同体建设提供文化支撑。

参考文献索引

注：为便于阅读，本书未采用页下注的形式，正文中所引文献均与下述参考文献一一对应。

[1] 大卫·福斯特，莱内特·欧文. 国际出版与版权知识[M]. 北京：外文出版社，1992：6.

[2] 章宏伟. 十六—十九世纪中国出版研究[M]. 上海：上海人民出版社，2011：3-8.

[3] 吉少甫. 中国出版简史[M]. 上海：学林出版社，1991：285.

[4] 李小牧，等. 中国国际文化贸易发展报告（2022）[M]. 北京：社会科学文献出版社，2022：80-85.

[5] Publishers Association. Publishers Association Yearbook 2020 released[EB/OL]. [2021-09-10]. https://www.publishers.org.uk/publishers-association-yearbook-2020-released/.

[6] 罗平汉. 伟大的改革开放[M]. 成都：四川人民出版社，2019：47.

[7] 约瑟夫·奈，俞平. 软实力：一个概念的演进[J]. 国外社会科学前沿，2022（6）：78-87.

[8] 蒋英州，叶娟丽. 对约瑟夫·奈"软实力"概念的解读[J]. 政治学研究，2009（5）：114-124.

[9] 推文科技. 中国媒体海外社交传播月度报告[R]. 2021.

[10] 中华人民共和国商务部. 商务部等十部门关于进一步推进国家文化出口重点企业和项目目录相关工作的指导意见[EB/OL]. [2010-02-01]. http://m.mofcom.gov.cn/article/fgsjk/201002/20100202649537.shtml.

[11] 息慧娇. 十八大以来中国出版业"走出去"概况[J]. 科技与出版，2019，290（2）：67-71.

[12] 诸葛蔚东，崔爽，李锐. "中国图书对外推广计划"在西方主要国家实施状况分析[J]. 出版参考，2015，751（15）：41-43.

[13] 戚德祥. 中国出版"走出去"创新研究[M]. 北京：中国社会科学出版社，2020：28.

[14] 房毅，吕健泳."经典中国国际出版工程"情况综述（2013—2017年）[J]. 出版参考，2017（8）：14-17.

[15] 张捷. 2019年"经典中国国际出版工程"立项情况分析与未来展望[J]. 全国新书目，2020（3）：6-9.

[16] 夏侠. 中华学术外译项目发展研究[J]. 出版参考，2021（4）：29-31.

[17] 新闻出版总署．实施中国出版物国际营销渠道拓展工程[J]．出版参考，2010（36）：19.

[18] 缪立平."一带一路"战略下的丝路书香工程[J]. 出版参考，2015（7）：6-7.

[19] 汪妍，禹建湘. 中国图书国际传播新动态与新思路——基于"丝路书香工程"皮尔逊系数的运用[J]. 出版广角，2021（24）：26-31.

[20] 范军，刘钊．亚洲经典著作互译计划：战略意义与实施路径[J]. 中国出版，2022（20）：28-32.

[21] 黄波涛. 中华文化"走出去"的财政政策研究[M]. 北京：社会科学文献出版社，2013：56.

[22] 黄波涛. 中华文化"走出去"的财政政策研究[M]. 北京：社会科学文献出版社，2013：57.

[23] 上海市人民政府新闻办公室. 2020年上海市"中华文化走出去"专项扶持资金项目申报指南[EB/OL]. [2020-04-08]. https://m.thepaper.cn/baijiahao_6908909.

[24] 中华人民共和国商务部．关于公示2021—2022年度国家文化出口重点企业和重点项目名单的通知[EB/OL]. [2021-07-27]. http://www.mofcom.gov.cn/article/h/redht/202107/20210703180727.shtml.

[25] 单波，刘欣雅. 国家形象与跨文化传播[M]. 北京：社会科学文献出版社，2017：89.

[26] 陈向红. 中国文学在英语世界的译介、传播与接受研究[M]. 上海：上海交通大学出版社，2019：66-77.

[27] 范军，李晓晔. 中国新闻出版业改革开放40年[M]. 北京：中国书籍出版社，2018：27.

[28] 中国出版工作者协会. 中国出版年鉴1986[M]. 北京：商务印书馆，1986：109.

[29] 尹章池，张麦青，尹鸿. 国际图书与版权贸易[M]. 武汉：武汉大学出版社，2011：19-32.

[30] 朱昌平. 挑战与探索：新闻出版业发展改革论文集[M]. 银川：宁夏人民出版社，2006：42.

[31] 王大庆. 北京国际图书博览会版权贸易首次实现顺差[N/OL]. 光明日报，[2006-09-07]. https://www.gmw.cn/01gmrb/2006-09/07/content_476253.htm.

[32] 周蔚华，钟悠天. 中国出版走出去要有六个转向[J]. 中国出版，2014（7）：6-10.

[33] 郝振省. 2007—2008中国出版业发展报告[M]. 北京：中国书籍出版社，2008：156.

[34] 戚德祥."十三五"时期中国出版走出去的成效与思考[J]. 中国编辑，2020（12）：23-28.

[35] 2020年新闻出版产业分析报告[R]. 中国新闻出版广电报，2021-12-20（2）.

[36] 李小牧，李嘉珊. 中国国际文化贸易发展报告（2018）[M]. 北京：社会科学文献出版社，2018：8.

[37] 王大可. 走出去指引下的中国出版业国际化之路[J]. 科技与出版，2020，39（3）：99-103.

[38] 范军，邹开元."十三五"时期我国出版走出去发展报告[J]. 中国出版，2020（24）：3-10.

[39] 张贺. 精彩中国故事，吸引世界目光——中国出版走出去综述[N]. 人民日报，2016-02-16（4）.

[40] 茉莉，赵子龙. 中国文学在阿拉伯世界的译介与接受——以余华《活着》为例[J]. 中国文艺家，2019（5）：79.

[41] 陆云."中国主题"受关注，中外出版机构怎么做？[N]. 中国出版传媒商报，2019-09-25.

[42] 赵乃林. 辽宁省多部儿童文学作品在国外出版发行广受好评[N]. 辽宁日报，2022-11-15.

[43] 商务部新闻办公室. 全面发展的中国与亚洲国家经贸关系[EB/OL]. [2008-12-21]. http://m.mofcom.gov.cn/aarticle/ae/ai/200812/20081205964886.html.

[44] Hongyi Lai. The Rationale and Effects of China's Belt and Road Initiative: Reducing Vulnerabilities in Domestic Political Economy[J]. Journal of

Contemporary China, 2021（30）: 330-347.

[45] 刘雪松. 新型国际关系对传统地缘政治观的超越[J]. 社会科学战线, 2021（12）: 192-201.

[46] 胡艳萍. 中国推动全球治理体系变革的动因、制约因素及实现路径[J]. 学术界, 2020（9）: 140-146.

[47] 徐照林, 朴钟恩, 王竞楠. "一带一路"建设与全球贸易、文化交流[M]. 南京: 东南大学出版社, 2016: 2-23.

[48] 余江. "一带一路"与文化传播[M]. 天津: 南开大学出版社, 2020: 3-54.

[49] 哈艳秋, 鄢晨. 略论古"丝绸之路"的华夏文明传播[J]. 国际新闻界, 2001（5）: 11-16.

[50] 李玉言, 李克. 崛起大战略: "一带一路"战略全剖析[M]. 北京: 台海出版社, 2016: 30.

[51] 钟子轩. 古代丝绸之路与佛教医学的交流传播[J]. 中国宗教, 2021（6）: 72-73.

[52] 万明, 王勇. "一带一路"与中国故事[M]. 上海: 上海交通大学出版社, 2020: 383.

[53] 鲁班工坊"出海", 让世界读懂中国[N]. 中国青年报, 2022-09-05.

[54] 对外文化和旅游交流十年: 引领文明交流互鉴, 为世界文明发展进步汇聚力量[N]. 文旅中国, 2022-10-15.

[55] 温琳. 精准化推动"一带一路"倡议下中华文化传播交流[N]. 光明网, 2020-01-17.

[56] 中国朋友圈·驻华大使访谈录[N]. 环球网, 2019-12-07.

[57] 周斌. 中国电影、电视剧和话剧发展研究报告（2017卷）[M]. 上海: 复旦大学出版社, 2018: 70.

[58] 蒋胜男. 加大向"一带一路"国家电影出口力度, 助推中国文化出海[N]. 中国电影报, 2022-03-07（5）.

[59] 王长江. 现代政党执政规律研究[M]. 上海: 上海人民出版社, 2002: 5.

[60] 张全新. 共产党执政规律研究[M]. 济南: 山东人民出版社, 2002: 2.

[61] 田辰山. 儒家国际化的必然途径是中西比较哲学阐释[J]. 孔子研究, 2014（1）: 16.

[62] 约翰·霍布森. 西方文明的东方起源[M]. 孙建党, 译. 济南: 山东画报出版社,

2009: 280.

[63] 季进. 另一种声音: 海外汉学访谈录[M]. 上海: 复旦大学出版社, 2011: 391.

[64] 中华人民共和国商务部. 2021年中国国际收支报告: 我国文化服务进出口规模突破千亿美元[R/OL]. [2022-03-29]. http://tradeinservices.mofcom.gov.cn/article/lingyu/whmaoyi/202203/132029.html.

[65] 葛继宏, 叶森. 我国对外文化贸易发展研究: 现状、问题与对策[J]. 浙江社会科学, 2022 (12): 93-99.

[66] 陆伯华. 世界出版业: 美国卷[M]. 北京: 世界图书出版公司北京公司, 1998: 88.

[67] 杨胜伟, 燕汉生. 法国图书出版业[M]. 北京: 中国书籍出版社, 1993: 83.

[68] Thompson J B. Books in the digital age: The transformation of academic and higher education publishing in Britain and the United States[M]. Polity, 2005: 44.

[69] 任殿顺, 张鸿雁. 2006—2015年十年间全球出版业格局变迁——基于"全球出版业50强"十年数据分析[J]. 编辑之友, 2017 (7): 22-27.

[70] 魏龙泉. 鲍德斯美国第二大连锁书店[J]. 出版史料, 2007 (1): 123-124.

[71] 风舟. 英国连锁书店之王——水石[J]. 出版广角, 2004 (2): 74-75.

[72] 孙万军. 西方出版经纪人模式的发展与变迁[J]. 出版科学, 2013, 21 (1): 5-7.

[73] 杨贵山. 美国网上书店发展现状[J]. 出版发行研究, 2000 (4): 58-60.

[74] 杨贵山. 欧美书业概论[M]. 成都: 四川教育出版社, 2002: 17.

[75] Acumen Research and Consulting. Audiobooks Market Size is Expected to Reach at USD 33,538 Million by 2030, Registering a CAGR of 26.5%, Owing to In creasing Number of Younger and Adult Listeners[EB/OL]. [2022-07-26]. https://www.globenewswire.com/news-release/2022/07/26/2486464/0/en/Audiobooks-Market-Size-is-expected-to-Reach-at-USD-33-538-Million-by-2030-Registering-a-CAGR-of-26-5-Owing-to-Increasing-Number-of-Younger-and-Adult-Listeners.html.

[76] Shannon Maughan. Audiobook Growth Continues[N/OL]. Publishing weekly, [2022-06-08]. https://www.publishersweekly.com/pw/by-topic/industry-news/audio-books/article/89547-audiobook-growth-continues.html.

[77] 刘银娣. 数字出版启示录：西方数字出版经典案例分析[M]. 广州：世界图书广东出版公司，2014：17.

[78] 赵学军. 中国图书出版机制研究[M]. 北京：中国书籍出版社，2018：11.

[79] 史东辉，王利明，董宝生. 中国图书出版业的产业组织分析[M]. 南宁：广西人民出版社，2008：11.

[80] 胡太春，金梦玉. 编辑出版实务：由传统出版到数字出版[M]. 北京：中国广播影视出版社，2018：89.

[81] 翁昌寿. 电子书简史——媒介演进与内容创新[J]. 国际新闻界，2011，33（2）：83-88.

[82] 林赛君. 电子阅读器：汉王对抗亚马逊kindle2[J]. 现代商业，2009（7）：72-73.

[83] 段洁. 我国有声书发展现状、困境及对策研究[J]. 科技传播，2017，9（24）：160-161.

[84] 廖小刚，陈琳. 数字化发展模式研究[M]. 长沙：湖南师范大学出版社，2018：90.

[85] 吕沁融. 打造音乐精品内容，探索融合出版模式——上海音乐出版社暨上海文艺音像电子出版社转型数字内容产业形态[J]. 中国广告，2022（8）：87-89.

[86] 郑爱玲. 传统出版社数字出版现状与发展策略[J]. 科技与出版，2013（5）：82-84.

[87] 王艳玲，陈亚桥. "互联网+"时代传统出版社App的开发与运营刍议[J]. 出版广角，2017（9）：16-17.

[88] 何柳. 从电子书发展看国内图书数字出版现状[J]. 中国报业，2017（4）：60-61.

[89] 杨佳，赵亮. 从电子书到电子纸——由Kindle退出中国市场说起[J]. 竞争情报，2022，18（4）：2-10.

[90] 欧阳友权. 中国网络文学二十年[M]. 南京：江苏凤凰文艺出版社，2019：17-21.

[91] 中国社会科学院文学所. 2021中国网络文学发展研究报告[R]. 2022.

[92] 中国作家协会网络文学中心. 2021中国网络文学蓝皮书[R]. 2022.

[93] 刘志强. 谈如何应对电商时代图书零售渠道变化[J]. 出版发行研究，2018（3）：40-42.

[94] Squires C. The Global Market 1970—2015: Consumers[J]. A Companion to the History of the Book, 2019: 601-614.

[95] 戚德祥，王壮. 供应链理论指导下的中国出版"走出去"国际物流体系优化策略

[J].中国出版,2019(7):10-14.

[96] 刘秉镰.全球"互联网+"发展现状与展望[M]//中国国际经济交流中心.国际经济分析与展望(2015—2016).北京:社会科学文献出版社,2016:397.

[97] 李钊平,任彦宾.美国的媒介融合与出版创新[J].中国出版,2019(9):7.

[98] 于殿利.从融合出版到出版融合——数字传媒时代的出版新边界探析[J].出版发行研究,2022(4):5-15.

[99] 何国梅.出版深度融合发展的内涵、机制与路径[J].中国编辑,2022(9):85-90.

[100] 方卿,曾元祥,敖然.数字出版产业管理[M].北京:电子工业出版社,2013:1-6.

[101] 新闻出版总署.新闻出版总署关于加快我国数字出版产业发展的若干意见[EB/OL].[2010-08-16].https://www.gov.cn/gongbao/content/2011/content_1778072.htm.

[102] 司占军,顾翀.数字出版[M].北京:中国轻工业出版社,2013:1-2.

[103] 尹达.我国数字出版产业政策有效性评价研究[M].北京:中国社会科学出版社,2018:6.

[104] 张继光.中国文学走出去的重要推手——葛浩文[J].西安外国语大学学报,2016(4):105-108.

[105] 杨俊皎.中世纪阿拉伯百年翻译运动[D].呼和浩特:内蒙古大学,2004:4.

[106] 佟新华.中蒙矿产资源合作研究[M].北京:社会科学文献出版社,2016:5-7.

[107] 李晓丽,吴威,刘玮辰.基于国际公路运输链的"一带一路"区域公路通达性分析[J].地理研究,2020,39(11):2552-2567.

[108] 马德隆."一带一路"交通基础设施投融资机制研究[J].宏观经济管理,2020(10):56-63.

[109] 戚德祥,王壮.供应链理论指导下的中国出版"走出去"国际物流体系优化策略[J].中国出版,2019(7):10-14.

[110] 赵崧淞.铁路服务"一带一路"的机遇与挑战[J].铁道经济研究,2020(3):40-43.

[111] 余俊杰,支宇鹏,陈禹帆.中国与"一带一路"沿线国家的交通基础设施互联互通水平测度及动态演进[J].统计与决策,2020,36(19):56-59.

[112] 中国经济网.匈塞铁路世界共享"一带一路"建设丰硕成果[EB/OL].[2023-03-28].http://www.ce.cn/cysc/jtys/tielu/202303/28/t20230328_38467840.shtml.

[113] 自然资源保护协会."一带一路"电力综合资源规划研究[R]. 2018.

[114] 杨艳昭,封志明,孙通,等."一带一路"沿线国家水资源禀赋及开发利用分析[J]. 自然资源学报,2019,34(6):1146-1156.

[115] 陈冰.携手"一带一路"国家,增加绿色能源供给[N].新民周刊,2022-09-21.

[116] 廖峥嵘,中国社会科学院和平发展研究所."一带一路"、中国与世界[M].北京:社会科学文献出版社,2017:30-71.

[117] 丁波涛,唐涛.全球信息社会发展报告(2017)[M].北京:社会科学文献出版社,2017:1-52.

[118] 帅庆泽,付海燕.中国对"一带一路"沿线出版物出口贸易现状与对策分析[J].北京印刷学院学报,2020,28(9):42-46.

[119] 李本乾.中国传媒国际竞争力研究报告(2021)[M].北京:社会科学文献出版社,2022:92-138.

[120] 田常清,黄凯健."一带一路"倡议下中国—东盟印刷出版物贸易现状与提升对策[J].广西社会科学,2022(9):49-55.

[121] 方英,刘静忆.中国与"一带一路"沿线国家间的出版贸易格局[J].科技与出版,2016(10):26-30.

[122] 王大可,李本乾."一带一路"背景下中国图书出版"走出去"的思考[J]. 国际传播,2020,22(2):86-96.

[123] 21种语言追捧1本书[N].现代快报,2014-06-25(A9).

[124] 高靖,张子骞.学术图书"一带一路"传播的再思考——由雅加达国际书展活动所想到的[N].中华读书报,2022-11-30(6).

[125] 马利芳,王佳航.国际传播视角下中国出版"走出去"现状及路径研究[J].编辑之友,2021(11):34-38.

[126] 朱胜龙.教育出版 路在何方[J].编辑之友,2010,162(5):15-17.

[127] 陈霞.让中国教育出版"走出去"走进去[N].中国新闻出版广电报,2022-12-19(5).

[128] 李佳霖.中国已在"一带一路"相关国家和地区建立17个中医药海外中心[EB/OL].[2017-12-21]. https://www.yidaiyilu.gov.cn/p/40443.html.

[129] 李明轩,王田."一带一路"下图书"走出去"的出版设想[J]. 出版广角,2017,

305（23）：37-39.

[130] 何明星. 2021中国图书海外馆藏影响力报告[N]. 中国出版传媒商报，2021-08-27.

[131] 樊程旭，刘莹晨. 中国出版物在周边国家和"一带一路"沿线国家出版发行情况简析——以经典中国国际出版工程为例[J]. 出版发行研究，2016（11）：86-88.

[132] 邱红艳. 主题出版如何走出去：五洲传播出版社的思与行[N]. 中华读书报，2022-01-12（6）.

[133] UNDP Mongolia's Accelerator Lab Team. Bridging the Digital Divide in Mongolia[EB/OL]. [2021-04-23]. https://www.undp.org/mongolia/blog/bridging-digital-divide-mongolia.

[134] 王卉莲. 哈萨克斯坦出版业发展情况综述[J]. 传媒，2015（23）：52-55.

[135] 胡邦胜. 哈萨克斯坦媒体生态及其特征[J]. 对外传播，2017（7）：69-71.

[136] 阿达依·赛肯. 哈萨克斯坦疫情时期出版业状况及对后疫情时代出版业的思考[J]. 印刷文化（中英文），2021（4）：186-191.

[137] 刘新鑫，李婧，梁孙逸. 印度尼西亚大众传媒研究[M]. 北京：中国传媒大学出版社，2015：32.

[138] 杨晓强. 印度尼西亚[M]. 大连：大连海事大学出版社，2018：93.

[139] 裴永刚. 中国出版走进印度的成绩及发展策略探析[J]. 出版发行研究，2021（6）：93-99.

[140] 姚永春. "一带一路"倡议下中国出版企业投资印度的机遇与策略[J]. 出版科学，2019，27（6）：102-109.

[141] 杜羽. 希望中国图书在印度形成气候——记2016新德里世界书展中国主宾国活动[N]. 光明日报，2016-01-18（1）.

[142] 杨恕，王术森. 中亚与西亚的地缘经济联系分析[J]. 兰州大学学报（社会科学版），2018，46（1）：50-59.

[143] Ed Nawotka. Saudi Arabia Opens to Global Publishing Pros[N/OL]. [2022-09-28]. https://www.publishersweekly.com/pw/by-topic/international/trade-shows/article/90456-saudi-arabia-opens-to-global-publishing-pros.html.

[144] 让世界更加了解当今中国[N]. 人民日报，2022-01-09（3）.

[145] 周潼潼，张猛. 中国与阿拉伯国家图书出版合作交流越发密切[EB/OL]. [2019-08-

25]. https://www.thecover.cn/news/2533318.

[146] 夏晨. 综述：中国文学作品在阿拉伯国家受欢迎[N/OL]. 新华网，[2019-08-27]. https://news.china.com/internationalgd/10000166/20190827/36918724_1.html.

[147] 邱红艳. 中国对阿拉伯地区的图书传播[J]. 对外传播，2014（11）：3.

[148] Natalia Udziela. 中国文学在波兰的译介（1948—2015）[D]. 上海：上海外国语大学，2017.

[149] 鲁大智. 中国画报社推出波兰版《子夜》[N]. 中华读书报，2018-07-04（2）.

[150] 张隽. 履行"国家队"职责使命开启建设世界一流出版企业新征程[N]. 中华读书报，2022-04-13（17）.

[151] 闫玉清. 中国出版"走出去"如何进一步增强影响力[J]. 红旗文稿，2011（21）：29-31.

[152] 赵文静. 求真译林宣布成立，助力中国优秀图书海外传播[N]. 现代快报，2019-11-22（5）.

[153] 渠竞帆. 疫情催生对外出版创新开拓[N/OL]. 中国新闻出版传媒商报，[2020-05-26]. http://www.chinawriter.com.cn/n1/2020/0526/c403994-31723768.html?from=singlemessage&isappinstalled=0.

[154] 刘银娣，唐敏珊. 欧美大型学术出版机构营销战略研究[M]. 广州：华南理工大学出版社，2011：1.

[155] 伍杰. 中国出版社概述[M]. 沈阳：辽宁教育出版社，1989：162.

[156] 李永强. 从版权输出到搭建平台，倾力打造国家名片[N]. 中国出版传媒商报，2022-10-11（51）.

[157] 李永强. 图书走出去，要聚焦当代中国经验[N].人民日报，2015-11-12（12）.

[158] 左健，夏孟琦.高校出版社走出去模式探究[J]. 科技与出版，2019（11）：38-42.

[159] 李广良.专业出版"走出去"：越走越宽——上海交通大学出版社的国际化之路[J]. 出版广角，2011，172（4）：33.

[160] 李芳，李旦. 提升国际传播效能，让学术出版真正走出去[N]. 中国新闻出版广电报，2022-12-19（T18）.

[161] 中国作协网络文学中心. 2020中国网络文学蓝皮书[R/OL]. [2021-06-02]. http://www.chinawriter.com.cn/n1/2021/0602/c404023-32119854.html.

[162] 何弘."网文出海"的现状、问题及对策[J].人民论坛，2022（16）：104-106.

[163] 王飚，毛文思.中国网络文学海外传播现状探析[J].传媒，2022（15）：19-22.

[164] CNG，等.2018年中国游戏产业报告[R].海南：中国音数协游戏工委，2018.

[165] 黄项楚.国产游戏的文化创新模式探索——以《原神》为例[J].大众标准化，2021（22）：157.

[166] 郝雯婧，王雪梅，等."剧"说网络小说IP改编剧对外传播研究[M].成都：西南交通大学出版社，2017：3.

[167] 岳淼，等.中国影视传播史纲[M].北京：金盾出版社，2017：50.

[168] 许航，赵雪梅.流媒体时代中国电视剧的国际传播[J].传媒，2022，380（15）：15-18.

[169] 梁建华，孙兴林.国际著作权制度实用解读[M].长沙：湖南出版社，1993：1.

[170] 张晓蒙.我国网络文学海外输出路径研究[J].出版科学，2019，27（4）：70-74.

[171] 池永硕，陆烨.数字时代出版业的风险识别、应对策略与创新发展[J].中国编辑，2016（3）：22—25.

[172] 郝阳.中国国际出版新走向——从走出去到"走进去"[J].科技与出版，2019（6）：35-38.

[173] 倩倩.数字出版[N].新华书目报，2018-08-31.

[174] 韩春磊，贾子凡.高端国际会议助力数据库"走出去"[N].国际出版周报，2019-07-01（11）.

[175] 刘敏，贾子凡."内容为王"同样适用数据库"走出去"[N].国际出版周报，2019-06-24（12）.

[176] 江进.大学出版社境外投资风险防范初探——以北京语言大学出版社北美分社为例[J].教育财会研究，2016，27（6）：74—78.

[177] 洪涛.用数字技术"籍合"优秀典籍[N].光明日报，2022-04-15（7）.

[178] 杨文欢，冯若男.中国出版业高质量走出去的路径研究[J].长沙理工大学学报（社会科学版），2020（3）：60-65.

[179] 张影.数字文化企业出海，推动中华文化走出去[N].中国文化报，2022-08-18（2）.

[180] 王卉，张文飞，唐沛.基于移动端的知识服务产品运营策略探讨——以人大数媒

"壹学者"学术科研移动服务平台为例[J]. 出版发行研究, 2015 (11): 44-47.

[181] 曹晓娟. 借助海外社交媒体开展图书营销推广的思考与建议[J]. 对外传播, 2018, 261 (6): 27-29.

[182] 渠竞帆. 疫情之下如何实现出版"走出去"？[N]. 中国出版传媒商报, 2021-12-10 (22).

[183] 宋冰, 张亚欣. 中外文化交流平台走出去路径探析——以尼山书屋为例[J]. 出版广角, 2018 (10): 23-25.

[184] 穆宏志. 山东出版集团"中国汉字体验展"在新加坡开启全球首展[N]. 中国出版传媒商报, 2023-06-02 (1).

[185] 王鹏飞. 探寻我国出版"走出去"新模式——对尼山书屋的考察[J]. 中国编辑, 2017 (3): 70-73.

[186] 路遥. 中文传媒：版权社交平台助力"走出去"[EB/OL]. [2018-09-26]. https://www.sdpress.com.cn/News/4/100/NewsDetail_8038_1.html.

[187] 张聪, 董琦. 联盟平台运营机制解构[N]. 中国出版传媒商报, 2019-09-03 (4).

[188] 国际编辑部如何讲好中国故事？[N]. 中国出版传媒商报, 2018-08-21 (23).

[189] 孙海悦. 精准布局：下好走出去先手棋[N]. 中国新闻出版广电报, 2018-06-28 (1).

[190] 渠竞帆. 最优解实现走出去提质增效[N]. 中国出版传媒商报, 2022-02-15 (8).

[191] 徐赳赳. 中国出版业最大跨国并购案圆满收官[EB/OL]. [2014-07-31]. http://www.cpp114.com/news/newsShow_234704_2.htm.

[192] 胡珉琦. 海外并购, 科学出版社加快国际化步伐[N]. 中国科学报, 2019-08-02 (6).

[193] 张倩影. 人卫社加快"走出去"步伐, 成功收购国外出版资产[J]. 出版参考, 2008 (14): 1.

[194] 刘德良. 我国文化产业海外投资分析报告[M]// 刘德良. 中国文化投资报告（2015）. 北京：社会科学文献出版社, 2016: 47-74.

[195] 刘兴. 江西出版集团注入新基因：互联网思维带动转型[N]. 经济日报, 2015-07-22 (11).

[196] 王涛. 从做书到做资本, 多元开拓跨界发展[N]. 市场星报, 2015-11-25 (9).

[197] 诺文·明根特.好莱坞如何征服世界——市场、战略与影响[M].吕妤,译.北京:商务印书馆,2016:159-175.

[198] 唐世鼎,申家宁,赵子忠,等."一带一路"国家媒体指南[M].北京:中国传媒大学出版社,2018:45.

[199] Nina. Publishing in Kazakhstan: new ways for writers[EB/OL]. [2019-11-20]. https://www.zois-berlin.de/en/publications/zois-spotlight/archiv-2019/publishing-in-kazakhstan-new-ways-for-writers.

[200] 朱耿灿,张宝英.文化差异对中国在"一带一路"沿线国家投资的影响[J].福建农林大学学报(哲学社会科学版),2020,23(3):50-57.

[201] 吕斌.荷兰威科集团的中国新图谋[J].法人,2011(7):90.

[202] 黄先蓉,田常清.我国出版产业国际竞争力要素探析[J].武汉大学学报(人文科学版),2012,65(6):121-127.

[203] 曲如晓,杨修,李婧.中国与中东欧国家文化产品贸易发展与对策研究[J].国际贸易,2019(3):81-90.

[204] 陈柏福,刘莹.我国对外文化贸易竞争力状况分析——基于"一带一路"沿线国家核心文化产品贸易的比较[J].湖湘论坛,2021,34(1):115-128.

[205] 李文娟.浅议出版深度融合背景下数字出版人才的激励保障措施[J].科技与出版,2022(9):38-42.

[206] 尹琨.总局加快新闻出版业实验室建设[N].中国新闻出版广电报,2016-10-25(1).

[207] 王硕.总局公布首批新闻出版业科技与标准重点实验室[EB/OL].[2016-12-28]. http://www.cptoday.cn/news/detail/2490.

[208] 尹琨.新闻出版业科技与标准重点实验室:合力为高质量发展做好重点实验[N].中国新闻出版广电报,2020-08-12(1).

[209] 刘晓翔.由装帧到书籍设计[N].光明日报,2021-10-24(9).

[210] 杨梅博,王能.融媒体环境下国企新闻宣传探析[J].新闻采编,2017(3):19-21.

[211] 谢清风.中国出版走进俄罗斯的本土化策略分析[J].中国编辑,2019(12):58-62.

[212] 息慧娇.十八大以来中国出版业走出去概况[J].科技与出版,2019(2):67-71.

[213] 戚德祥.媒体融合背景下出版企业走出去创新策略[J].科技与出版,2019(11):32-37.

[214] 倪弋,荣翌.全球互联网发展的中国解读[N].人民日报,2017-12-05(12).

[215] 魏玉山."一带一路"国际出版合作发展报告(第一卷)[M].北京:中国书籍出版社,2019:527-528.

[216] 赵宏源.电子图书与纸质图书协同发展策略分析[J].出版与印刷,2022(5):63-73.

后 记

《文以载道：中国出版"走出去"数字化模式研究》即将付梓，此刻回想这个项目的发展历程，感慨万千。2018年刚到杭州电子科技大学工作那年，国家社会科学基金立项成功，王卉、张瑞静等老师在项目申报和研究初期做了很多工作，记忆犹新；疫情期间团队成员克服困难为项目结项而努力的一幕幕情景，历历在目；后期结项团队在嘉兴月河边讨论内容架构的场面，感人至深。从立项到结项说到容易做到难，感谢所有人的付出。后期接到出版任务后，我和付玉博士又反复提升形成书稿。

项目进入出版流程后许多领导和朋友更是提出了若干具体的指导和帮助。郝振省会长多次指导并为此书作序，感谢这位可亲可敬、学理深厚又平易近人的兄长。人民邮电出版社韦毅博士运用她丰富的编辑经验和一贯严谨认真的风格，对书稿进行了全面审校。浙江科学技术出版社历任领导吴明华、汤弘亮、毛建锋、宋东、莫沈茗、王巧玲等亲自关心支持，编辑团队罗瓘、方晴等认真运作、精益求精，为书稿高质量出版做了大量工作。此外，特别感谢研究院蒋琤琤老师，她在最后关头对书稿质量进行了统筹把关，让人甚为放心。还要感谢李婷、熊小明、陈矩弘、李广良、李旦等为此书做出的贡献。

此书出版正值党的二十届三中全会提出"构建更有效力的国际传播体系"之时，但国际传播不仅需要理论指导也需要实战探索，此书正当其时，希望能为中国国际话语体系建设和文化"走出去"战略做出一些贡献。

仰首可观数峰秀，抬头能见一线天。这本书是一项理论和实践相结合的探索之作，既得益于近年来轰轰烈烈的"走出去"实践，也有自己借鉴国内外同道学术理论研究的一些思考和升华。改革开放是中国社会经济取得巨大进步的关键一招，进一步扩大开放也是党的二十届三中全会的重要战略。中国是全球化的受益者和贡献者，也是数字化、智能化、电子商务发展的先行者。习近平总书记多次强调"中国开放的大门不会关闭，只会越开越大"。我们相信在党和政府的指导支持下，在有关方面的不断努力中，中国出版"走出去"数字化模式发展一定会取得新的突破和进步。

2024年12月